Vom Lehren zum Lebenslangen Lernen

Waxmann Verlag GmbH
Steinfurter Straße 555, 48159 Münster
info@waxmann.com

Eva Cendon, Roswitha Grassl,
Ada Pellert (Hrsg.)

Vom Lehren zum Lebenslangen Lernen

Formate akademischer Weiterbildung

Waxmann 2013
Münster / New York / München / Berlin

Bibliografische Informationen der Deutschen Nationalbibliothek
Die Deutsche Nationalbibliothek verzeichnet diese Publikation in
der Deutschen Nationalbibliografie; detaillierte bibliografische
Daten sind im Internet über http://dnb.d-nb.de abrufbar.

ISBN 978-3-8309-2971-0

© Waxmann Verlag GmbH, 2013
Postfach 8603, 48046 Münster

www.waxmann.com
info@waxmann.com

Umschlaggestaltung: Inna Ponomareva, Münster
Titelbild: © defun/fotolia.com
Satz: Sven Solterbeck, Münster
Druck: Hubert & Co., Göttingen

Gedruckt auf alterungsbeständigem Papier,
säurefrei gemäß ISO 9706

Printed in Germany

Alle Rechte vorbehalten. Nachdruck, auch auszugsweise, verboten.
Kein Teil dieses Werkes darf ohne schriftliche Genehmigung des
Verlages in irgendeiner Form reproduziert oder unter Verwendung
elektronischer Systeme verarbeitet, vervielfältigt oder verbreitet werden.

Inhalt

Einleitung 7

Abschnitt 1:
Ansatzpunkte und Konzepte akademischer Weiterbildung 11

Roswitha Grassl/Anita Mörth
LLL als profilbildendes Merkmal der Deutschen Universität für Weiterbildung ... 15

Ada Pellert
Rollenkonzepte in der akademischen Weiterbildung 27

Eva Cendon
Reflective Learning und die Rolle der Lehrenden 35

Peter Dehnbostel
Reflexive Handlungsfähigkeit im Kontext moderner Beruflichkeit 49

Rolf Stober
Von der klassischen Präsenz-Universität zur modernen Fernuniversität
für Weiterbildung 63

Ada Pellert
Das „Good Practice"-Beispiel der Carl Benz Academy 71

Udo Thelen
Organisationsformate wissenschaftlicher Weiterbildung
an der Schnittstelle von Hochschule und Unternehmen 79

Abschnitt 2:
Methodisch-didaktische Aspekte flexibilisierter Studienangebote 87

Eva Cendon
Lernergebnisse – Die Lehre vom Kopf auf die Füße stellen 91

Anita Mörth
Lernen und wissenschaftliche Weiterbildung mit E-Learning –
Eine Entzauberung 99

Maria Mikoleit/Oliver Schoepke
Das Format der Online-Einheit
im berufsbegleitenden Weiterbildungsstudium 109

Roswitha Grassl
Lehren an der Tastatur – Autorinnen und Autoren von Studienheften
als Lehrende in der Distance Education.................................. 117

Birte Fähnrich/Claudia I. Janssen
Kommunikative Herausforderungen in der akademischen Weiterbildung...... 135

Abschnitt 3:
Spezifische Lehr-Lern-Formate der akademischen Weiterbildung.......... 147

Eva Maria Bäcker/Eva Cendon/Anita Mörth
Das E-Portfolio für Professionals –
Zwischen Lerntagebuch und Kompetenzfeststellung....................... 151

Ekkehard Kappler
Wie wird aus ganz viel Praxis ein Fall für das Studium –
und warum überhaupt?... 163

Benjamin Michels/Arne Petermann
Der Business Case bin ich –
Konzept-kreative Fallentwicklung im Entrepreneurship................... 175

Lili Chai Hammler
Simulationsspiele in Präsenzveranstaltungen............................ 183

Eva Cendon/Ada Pellert
Tandemlernen – Lernen mit- und voneinander............................. 191

Eva Cendon/Kai Verbarg
Der Field-Trip – Ein reflektierter Praxisdialog........................ 199

Myriam Nauerz/Barbara Walder
Shadowing – Lernen durch Beobachten.................................... 211

Ada Pellert
Anforderungen an eine moderne Managementausbildung..................... 221

Die Autorinnen und Autoren 235

Quellennachweis.. 239

Einleitung

Wenn man viele Jahre in der hochschulischen Weiterbildung[1] tätig ist, fällt auf, dass Weiterbildung von den Hochschulen zwar zunehmend als ihre Aufgabe erkannt wird, letztlich aber aufgrund der Befassung mit anderen, vordringlicheren Themen (wie etwa der Bewältigung der enormen Expansion der Studierendenzahlen) wenig Kapazität auf der hochschulpolitischen sowie auf der institutionellen Ebene vorhanden ist, um diese relativ neue Aufgabe anzugehen. Dies führt dazu, dass die Aufgabe der hochschulischen Weiterbildung letztlich abgetrennt wird vom „Kerngeschäft" der Hochschulen. Das wird exemplarisch deutlich, wenn man versucht, internationalen Kolleginnen und Kollegen den Unterschied zwischen den sogenannten konsekutiven Masterstudiengängen und den weiterbildenden Masterstudiengängen zu erklären – eine in Deutschland einmalige Unterscheidung – und sich dabei die Differenz ihrer Finanzierung als ein sehr zentrales, unterscheidendes Merkmal herauskristallisiert: Während die einen – die konsekutiven Masterstudienangebote – vollständig öffentlich finanziert werden, müssen sich die anderen – die weiterbildenden Masterstudienangebote – wirtschaftlich selbst tragen. Eine solche Trennung hält einer gründlichen und bildungspolitisch begründbaren Argumentation selten stand.

Darüber hinaus ist auch in der hochschulischen Weiterbildung die Kluft spürbar, die im deutschsprachigen Raum traditionellerweise zwischen dem akademischen und dem betrieblichen Bereich festzustellen ist und nicht zuletzt für die Trennung von allgemeiner und beruflicher Bildung steht. Vor ihrem Hintergrund wenden sich Arbeitgeber, wenn sie ihre Personalentwicklung überhaupt mit der akademischen Weiterbildung verknüpfen, bislang vor allem an private Hochschulen und stehen der Kooperation mit dem öffentlichen Bereich eher skeptisch gegenüber. Dies ist aus Sicht öffentlicher Hochschulen umso bedauerlicher, da die Weiterbildung der Ort wäre, an dem jene Kluft kooperativ überwunden werden könnte.

Die hier angesprochene Differenzierung der Bereiche findet innerhalb der Hochschulen ihren Niederschlag in der Überzeugung, wonach es Institutionen und Hochschullehrenden, die sich stark in der Forschung engagieren, nicht anzuraten sei, in der Weiterbildung ebenfalls tätig zu werden, da Forschung und Weiterbildung in einem wechselseitigen Ausschlussverhältnis stünden. Dabei scheint es sich abermals um ein Missverständnis deutscher Universitätstradition zu handeln. Ein Blick auf international sehr renommierte Forschungsuniversitäten zeigt, dass dort gerade das Interesse an neuen Forschungsfragen zum Ausgangspunkt dafür wird, sich auf institutioneller wie persönlicher Ebene verstärkt in der Weiterbildung und den *Professional Studies* zu engagieren, um den Anschluss an ein System der Wissensproduktion nicht zu verlieren, das längst über die gesamte Gesellschaft verteilt ist.

Die Bildungspolitik wiederum ringt ihrerseits mit der Anpassung der Rahmenbedingungen des Hochschulsektors an die Bedürfnisse der Gruppe der berufserfahrenen und berufstätigen Studierenden. Immer wieder fällt auch hier das Finanzie-

---

1 Die Begriffe wissenschaftliche, akademische und hochschulische Weiterbildung werden in diesem Band abwechselnd und synonym verwendet.

rungsthema als das zentrale auf, wenn es beispielsweise um Stipendienmöglichkeiten geht. Dieses Thema wird besonders virulent, weil die Bildungspolitik im Bereich der Weiterbildung mit dem Diktum bricht, wonach Bildungsangebote öffentlich zu finanzieren seien. Durchdringt diese Auffassung das gesamte deutsche Bildungssystem von seiner Grundtendenz her, so wird mit Blick auf die Weiterbildung umgekehrt davon ausgegangen, dass sie vor allem eine neue Finanzierungsquelle für die Hochschulen, also privat – von Arbeitgebern oder Individuen – zu finanzieren sei. Der Weg der Hochschulen in das neue Aufgabenfeld der Weiterbildung, der auch die Qualifizierung der (Lehr-)Personen und die Entwicklung von entsprechenden Curricula und Prozessen enthalten muss, wird selten finanziert. Und auch der mittel- und langfristige „Return on Investment" jenseits der reinen Zahlen wird kaum in den Blick genommen. Dabei manifestiert er sich in innovativer Lehre und engagierten (Hochschul-)Lehrenden, von denen auch grundständige Studienangebote profitieren können, in interessanten neuen Forschungsthemen und in Kooperationsmöglichkeiten.

An dieser Stelle deutet sich in den letzten Jahren auf der Ebene der Bildungspolitik eine positive Veränderung an, indem die Entwicklung weiterbildender Studienangebote vermehrt durch öffentliche Projektausschreibungen (etwa im Bereich des BMBF-Wettbewerbs *Aufstieg durch Bildung: offene Hochschulen*) oder in einzelnen Länderwettbewerben (zum Beispiel die Ausschreibung zur Entwicklung von weiterbildenden Masterstudiengängen kürzlich in Baden-Württemberg) unterstützt wird.

Vor diesem Hintergrund nimmt der vorliegende Band vor allem die Lehr- und Lern-Formen akademischer Weiterbildung in den Blick und möchte damit einen Beitrag zu der Diskussion darüber leisten, wie die Praxis moderner akademischer Weiterbildung ausgestaltet werden kann. Er ist im Kontext des Aufbaus der Deutschen Universität für Weiterbildung (DUW) in Berlin als einer Einrichtung entstanden, die auf akademische Weiterbildung spezialisiert ist. Damit hat sie die Möglichkeit, sich ganz auf die Situation berufserfahrener und berufstätiger Studierender und deren Bedürfnisse zu konzentrieren und muss die Entwicklung ihrer Lehr-Lern-Formate nicht in den Rahmen allgemeiner hochschuldidaktischer Überlegungen stellen.

Die Autoren und Autorinnen sind der DUW in unterschiedlichen Rollen verbunden und haben zur Entwicklung des Studienkonzepts dieser neuen Einrichtung mitgewirkt, wie darüber hinaus das gesamte Team der DUW, alle Lehrenden, Fach- und E-Tutorinnen ihren Beitrag geleistet haben. Ihnen allen gilt unser Dank für ihren Einsatz bei der Erarbeitung und Implementierung der in diesem Band vorgestellten Lehr-Lern-Formate. Das Studienkonzept der DUW bildet den Referenzpunkt aller hier versammelten Beiträge. Diese Bezugnahme ist nicht in dem Sinne zu verstehen, dass die für einen konkreten Fall gefundenen Formen als solche zu verallgemeinern wären. Vielmehr gehen wir davon aus, dass die in den verschiedenen Buchbeiträgen angesprochenen Fragen und Themen auch jenseits unseres institutionellen Beispiels relevant sein können, da die dort beschriebenen Lehr-Lern-Formate an die jeweilige konkrete Umgebung angepasst werden können – und auch müssen.

In diesem Sinne hoffen wir, dass alle in der akademischen Weiterbildung projektförmig oder institutionell Engagierten in diesem Band eine Reihe von Anregungen finden zur Gestaltung ihrer Lehr- und Lern-Formate. Gemeinsames Ziel dieser Community sollte es sein, den hochschulischen Kernauftrag der forschungsbasierten Lehre auch für die berufserfahrenen Studierenden erfahrbar zu machen und daher die akademische Weiterbildung ebenfalls theoriebasiert inhaltlich-konzeptionell und methodisch-didaktisch qualitätsvoll voranzutreiben. So führen wir die Hochschulen gemeinsam etwas näher an die Mission des Lebenslangen Lernens heran.

Berlin, im Sommer 2013

Abschnitt 1:
Ansatzpunkte und Konzepte akademischer Weiterbildung

Das Konzept des Lebenslangen Lernens lässt sich mithilfe von fünf strategischen Leitlinien charakterisieren: Lebensphasenorientierung, Fokussierung auf die Lernenden, Lifelong Guidance, Kompetenzorientierung und schließlich Förderung der Teilnahme an Lebenslangem Lernen. In diesem ersten Buchabschnitt geht es um Ansatzpunkte und Konzepte akademischer Weiterbildung, also darum, die Möglichkeiten genauer zu beleuchten, wie hier diese Prinzipien Lebenslangen Lernens umgesetzt werden können. Dabei können die fünf strategischen Leitlinien als Raster dienen, anhand derer Institutionen insgesamt, aber auch hinsichtlich ihres jeweiligen Studienmodells überprüfen können, inwiefern sie den zentralen Aspekten Lebenslangen Lernens tatsächlich entsprechen. So haben die Leitlinien beispielsweise unter anderem Konsequenzen für die Personalentwicklung in Hochschuleinrichtungen, da sie die Rollen der Lehrenden in der akademischen Weiterbildung prägen. Weiterbildung richtet sich an bereits berufserfahrene Menschen, weshalb ihr Zugang stärker problem- als disziplinbezogen sein muss. Die klassische Expertenorganisation Hochschule hingegen ist in ihrer Struktur durch eine disziplinenbezogene Angebotsorientierung gekennzeichnet. Der Lehrkörper eines weiterbildenden Studiengangs muss diese überwinden und Qualifikationen aufweisen, die für die Lehre praxisbezogener hochschulischer Weiterbildungsstudiengänge erforderlich sind.

Was aber ist das Spezifikum akademischer Weiterbildung im Unterschied zu anderen Spielarten der Weiterbildung? Immer wieder wird Reflexionsfähigkeit als eine der zentralen Kompetenzen gesehen, die Hochschulabsolventinnen und -absolventen erwerben. Folgerichtig muss auch die hochschulische Weiterbildung die Reflexionsfähigkeit der Studierenden fördern, indem sie insbesondere zur Reflexion der Praxis beiträgt. Dabei hat reflexives Lernen zumeist zwei Aspekte: einen ordnenden Aspekt und einen akkumulierenden Aspekt. Hiernach dient akademische Weiterbildung vor allem dazu, bereits Gelerntes und Gewusstes neu zusammenzusetzen, neue Zusammenhänge zu erkennen, Anschlussstellen für Bekanntes zu finden und sie zum Erwerb neuen Wissens zu nutzen. Die Lehrenden in der akademischen Weiterbildung sind dabei Mittler und Mittlerinnen der Fähigkeit zu dieser Reflexion. Für sie geht es daher vornehmlich darum, die Lernenden zu ermuntern, mit ihrem eigenen Wissen zu arbeiten. Das bedeutet, sie müssen die Studierenden ermutigen und befähigen, die richtigen Fragen und Aufgaben zu stellen, die die Integration von vorhandenem Wissen und neu Gelerntem genauso fördern wie das Ordnen von Gedanken und die kritische Einschätzung bzw. Bewertung von Wissensbeständen.

Reflexionsprozesse in Gang zu setzen und Lernende mit dem Ziel zu begleiten, ihre Reflexionsfähigkeit zu fördern, ist dabei mehr als ein Spezifikum der akademischen Weiterbildung aus pädagogischer Sicht. Seit mehreren Jahrzehnten vollzieht sich in der Arbeitswelt ein Wandel von einer tayloristischen zu einer prozess- und innovationsorientierten Organisation der Arbeit. Die reflexive Handlungsfähigkeit der Beschäftigten ist damit zu einem dringenden Erfordernis dieser Arbeitswelt geworden. Zugleich führt die prozessorientierte Arbeitsorganisation zu neuen Konzepten von Beruflichkeit, in denen das Prinzip der Reflexivität in und bei der Arbeit von zentraler Bedeutung ist. Es entspricht damit sowohl einer an Bildung und Persönlichkeit orientierten Berufsbildung als auch modernen Arbeitsanforderungen.

Neben ihrer Einbettung in die Philosophie des Lebenslangen Lernens, in das reflexive Lernen als Ausdruck moderner Pädagogik und die Anforderung moderner Beruflichkeit ist es vor allem die Kooperation zwischen Wirtschaft und Wissenschaft, die über die Erfolgsträchtigkeit berufsbezogener akademischer Weiterbildung entscheidet. Für die klassische Expertenorganisation Universität bedeutet dies, dass sie ihre überkommene Angebotsorientierung durch die Co-Kreation von Studiengängen und Weiterbildungsmöglichkeiten mit Vertreterinnen und Vertretern der Nachfrageseite ergänzen muss. Benötigt werden Kooperationsformate, in denen sich die Partner auf Augenhöhe begegnen und es nicht um die bloße Anpassung einer Seite an die andere geht. Wissenschaftliche Weiterbildung ist dann zukunftsgerichtet, wenn gemeinsam nachfrageorientierte Formate entwickelt werden.

Zu den Beiträgen im Einzelnen

Der erste Beitrag von Roswitha Grassl und Anita Mörth führt in die Prinzipien des Lebenslangen Lernens ein und wendet sie auf ein konkretes Studienkonzept in der hochschulischen Weiterbildung an. Der Bezug auf die Heterogenität von Lebenssituationen berufserfahrener Studierender und die Kenntnisse und Praxis der Lernenden, die oft ein zeit- und ortsunabhängiges Lernen erforderlich machen, werden genauso erläutert wie die Beratung von Studieninteressierten und die Lernbegleitung von Studierenden. Lernergebnisorientierung ist eine konsequente Übersetzung der Outcome-Orientierung in den hochschulischen Bereich, Individualisierung eine zentrale Anforderung, die unmittelbare Auswirkung auf die Bildungsmotivation – das Salz des Lebenslangen Lernens – hat, und damit genauso notwendig ist wie lernförderliche Strukturen am Arbeitsplatz.

Im nächsten Beitrag von Ada Pellert werden die besonderen Konsequenzen eines Engagements in der hochschulischen Weiterbildung für die Rolle der Lehrenden beleuchtet. Lehrrollen müssen sehr viel differenzierter wahrgenommen werden, wenn unterschiedliche Lernformate (zum Beispiel in einem Blended-Learning-Ansatz) verwirklicht werden sollen. Die klassische Rolle der Hochschullehrenden als (frontal) Vortragende in Präsenzveranstaltungen zerfällt in viele einander ergänzende Rollen wie Autorin und Autor von Studientexten, Fach- oder E-Tutorin oder -Tutor, Dozenten und Dozentinnen in der Präsenzlehre oder die Studiengangleitung. Der Beitrag betont, dass ein systematisches Engagement in der wissenschaftlichen Weiterbildung einen Bedarf an spezialisierter hochschuldidaktischer Weiterbildung auslöst. Ihn zu decken kann auch von hohem Wert für den grundständigen Bereich sein, da die Grenzen zwischen grundständigen und weiterbildenden Studierenden mittelfristig vermutlich verschwimmen werden.

Der Beitrag von Eva Cendon zu Reflective Learning untersucht insbesondere die Aufgaben, die den Lehrenden bei der Anleitung zu Reflexion zukommen (die als besonderes Qualitätsmerkmal akademischer Weiterbildung charakterisiert wurde). Wenn Reflexion ein zentrales Element des Lernens ist, dann geschieht dies durch die systematische Reflexion von Theorien der berufserfahrenen Lernenden als deren Theories-in-Use mit dem Ziel einer theoriebasierten und gleichzeitig berufsbezogenen Weiterentwicklung. Die Lehrenden können durch einen möglichst breiten Ansatz unterschiedlicher Strategien die Lernenden dabei unterstützen, ihr Denken entlang der einzelnen Stufen des Lernens weiterzuentwickeln. Hierzu müssen sie eine offene Atmosphäre schaffen und Kontinuität im Reflexionsprozess gewährleisten. Insofern kann das Verfassen schriftlicher Arbeiten als zentrales Element reflexiven Lernens gesehen werden, das die Lernenden bei einer „Reflexion zweiter Ordnung" unterstützt. Der Beitrag schließt mit konkreten Vorschlägen für Lehrende, was die Gestaltung von reflexiven Lernprozessen betrifft.

Peter Dehnbostel untersucht in seinem Beitrag den Wandel der Arbeitswelt in den letzten Jahrzehnten und den wachsenden Stellenwert, der Reflexionsfähigkeit in dieser zukommt. Dabei fokussiert er auf die reflexive Handlungsfähigkeit, verstanden als die Fähigkeit, Handlungen auf der Basis von Erfahrungen und Wissen bewusst kritisch und verantwortlich einzuschätzen und zu bewerten. Der Beitrag zeichnet konsequent nach, wie angesichts einer Arbeitswelt, die zunehmend Prozess- und Innovationskompetenz fordert, berufliche Handlungsfähigkeit zu reflexiver Handlungsfähigkeit erweitert werden muss. Dies hat Folgen für betriebliche Lernkonzepte – einschließlich der akademischen Weiterbildung, die als ein Element betrieblicher Personalentwicklung gesehen werden kann –, die sich mit diesen Lern- und Arbeitsbedingungen in modernen Arbeitsprozessen und dem Lernen in der Arbeit auseinandersetzen müssen.

Wie Hochschullehrende die Aufgabe der Weiterbildung wahrnehmen, schildert Rolf Stober in seinem Beitrag. Als Universitätsprofessor, der an unterschiedlichen universitären Einrichtungen gelehrt hat, beschreibt er unter anderem die Unterschiede zwischen der Lehrtätigkeit an der klassischen Präsenzuniversität und der FernUniversität Hagen, die sich auf berufliche Erstausbildung konzentrieren, und dem Auftrag universitärer Weiterbildung. Auf dieser Grundlage skizziert er auch Anschlussstellen für die berufsbezogene akademische Weiterbildung, die durch ein spezielles Verhältnis von Theorie und Praxis und bestimmte Studienformate gekennzeichnet ist.

Im nächsten Beitrag beschreibt Ada Pellert die Carl Benz Academy als ein „Good Practice"-Beispiel für die enge Zusammenarbeit zwischen „Academia" und „Business" im Bereich der berufsbezogenen Weiterbildung. Diese im Aufbau befindliche Einrichtung wurde gemeinsam von Universitätspartnern aus den drei größten Automärkten der Welt (Deutschland, USA und China) und den fünf größten Mercedes-Benz-Händlergruppen gegründet. Sie ist der berufsbegleitenden Weiterbildung von Führungskräften gewidmet, die bei den Mercedes-Benz-Händlerorganisationen in China beschäftigt sind. Am Beispiel der Carl Benz Academy werden Geduld, Pioniergeist, zugestandene Entwicklungszeiten, Lehrende, die bereit sind in die eigene Weiterbildung zu investieren, und das kontinuierliche Einarbeiten von Feedbacks der berufserfahrenen Studierenden als Erfolgsvoraussetzungen für derartige Kooperationsmodelle erläutert.

Dieser Abschnitt zu Ansatzpunkten und Konzepten der hochschulischen Weiterbildung wird abgeschlossen durch Betrachtungen von Udo Thelen zu den Organisationsformen wissenschaftlicher Weiterbildung an der Schnittstelle von Hochschule und Unternehmen. Er beleuchtet Chancen und Risiken für Berufstätige und Arbeitgeberorganisationen sowie konkrete Kooperationsformate wie die Anrechnung unternehmensinterner Weiterbildung auf Studienprogramme, Hochschulzertifikate als Bestandteil des unternehmensinternen Talentmanagements oder den kooperativen Aufbau einer Corporate Academy als Weiterbildungseinrichtung eines Unternehmens als besonders komplexes Kooperationsmodell. Über eine rein transaktionale Beziehung von Auftraggeber und Auftragnehmer hinaus werden damit vielfältige Möglichkeiten aufgezeigt, unternehmensinterne Ansätze der Weiterbildung, Qualifizierung und Personalentwicklung mit berufsbegleitenden hochschulischen Studienangeboten zu verzahnen.

Roswitha Grassl/Anita Mörth

LLL als profilbildendes Merkmal der Deutschen Universität für Weiterbildung

Die Deutsche Universität für Weiterbildung (DUW) in Berlin ist eine Hochschule, die sich, wie ihr Name bereits andeutet, der akademischen Weiterbildung verschrieben hat und, seit 2009, ausschließlich postgraduale Studienangebote vornehmlich im Fernunterricht anbietet. Dabei versteht die DUW ihren Auftrag ausdrücklich als Beitrag zur „Weiterentwicklung der wissenschaftlichen Weiterbildung" im Sinne der Nationalen Strategie (BLK 2001, S. 27). Dies gilt zum einen für ihre in der Forschungsstelle Weiterbildungsforschung und Bildungsmanagement (FWB) gebündelten einschlägigen Forschungsvorhaben, zu denen u.a. die wissenschaftliche Begleitung des Programms *Aufstieg durch Bildung: offene Hochschulen* gehört, mit der die DUW gemeinsam mit zwei weiteren Universitäten vom BMBF im November 2011 beauftragt wurde. Zum anderen drückt sich das Selbstverständnis der Hochschule darin aus, dass ihr die Grundsätze des Lebenslangen Lernens (LLL) zu profilbildenden Leitlinien geworden sind.

Im Folgenden zeigen wir auf, wie die fünf Prinzipien Lebenslangen Lernens – Lebensphasenorientierung, Fokussierung der Lernenden, Lifelong Guidance, Kompetenzorientierung und Förderung der Teilnahme an LLL (vgl. Pellert/Cendon 2007) – den Lehrbetrieb an der DUW wie auch die Arbeit der ihn unterstützenden Funktionen bestimmen. Dabei gehen wir im Sinne eines Praxisberichts auf die inhaltliche, weiterbildungsdidaktische und organisatorische Gestaltung der DUW-Studienangebote, etwa das Studienmodell und die Lernarchitektur der Programme, ebenso ein wie beispielsweise auf die Dienstleistungen des Studienservices und zeigen deren Verwurzelung in den Thesen zum LLL auf.

1. Lebensphasenorientierung

Vielleicht *das* konstitutive Prinzip der Idee eines Lebenslangen Lernens ist seine Orientierung an den Lebensphasen der Menschen (vgl. Pellert/Cendon 2007, S. 70). Für eine Einrichtung wie die DUW, die sich ausdrücklich der akademischen Weiterbildung verschrieben hat, bedeutet dies, ihre Lernangebote insbesondere auf die spezifischen Bedürfnisse von Erwachsenen auszurichten (vgl. BLK 2001, S. 5).

1.1 Horizontale und vertikale Durchlässigkeit

„Das Erwachsenenalter stellt sich als eine zunehmend von Veränderungen und teilweise von Brüchen bestimmte Lebensphase dar" (BLK 2001, S. 26). LLL versetzt die Menschen in die Lage, auf Veränderungen adäquat zu antworten und/oder sie durch eine kontinuierliche Weiterentwicklung ihrer Kompetenzen selbst zu gestalten. Dies setzt allerdings eine vertikale wie horizontale Durchlässigkeit der Bildungssysteme voraus, die überdies die „Komplementarität von formalem, nicht-formalem und informellem Lernen" anerkennen (Kommission der Europäischen Gemeinschaften 2000, S. 10).

Hinsichtlich der vertikalen Durchlässigkeit der Hochschul(weiter)bildung wurde mit der Modularisierung der Studienangebote entsprechend der Vorgaben des Bologna-Prozesses ein wichtiger Schritt getan. Die DUW koppelt darüber hinaus einzelne Module und Kurse – orientiert am Lernbedarf der Individuen wie auch etwa an Arbeitsmarktentwicklungen (vgl. Kommission der Europäischen Gemeinschaften 2011, S. 4) – aus ihren Masterprogrammen aus und rundet sie curricular so ab, dass sie, in sich abgeschlossen, auch zielführend isoliert belegt werden können. Indem die DUW sowohl die in diesen Zertifikatsprogrammen erbrachten Leistungen basierend auf dem European Credit Transfer System (ECTS) als auch die Studienbeiträge auf jeweils umfassendere einschlägige Studienangebote anrechnet, schafft sie für Erwachsene die Möglichkeit, ihre Kompetenzentwicklung ausgerichtet an ihrer jeweiligen Lernausgangslage schrittweise voranzutreiben (vgl. BLK 2001, S. 28).

Dabei erkennt die DUW Vorleistungen – unabhängig vom Ort, an dem sie erbracht wurden – auf die explizit berufsfeld- und arbeitsmarktorientierte Hochschulweiterbildung an. Ihren weitreichendsten Ausdruck findet diese horizontale Durchlässigkeit der Bildungsbereiche in der Zugangssatzung der DUW, die die Zulassung von Studierenden ohne ersten Hochschulabschluss „zum Masterstudium in geeigneten weiterbildenden (...) Studiengängen" regelt (BerlHG § 10, Abs. 6 Nr. 9) und dabei im Rahmen der Eignungsprüfung von der grundsätzlichen Äquivalenz praktischen und akademischen Kompetenzerwerbs ausgeht (vgl. § 3 DUW Zugangssatzung). Diese Öffnung des Zugangs zu wissenschaftlicher Weiterbildung stellt eine wichtige Voraussetzung für Lebenslanges Lernen dar, erfordert aber auch einen sorgfältig aufgesetzten Prozess der Prüfung der Zulassung. Nicht verschwiegen werden soll daher, dass das Bemühen um eine „Osmose' zwischen den Angebotsstrukturen" (Kommission der Europäischen Gemeinschaften 2000, S. 10) erst am Anfang steht. Es gilt, das *Gestaltungsfeld Anrechnung*, das beispielsweise im Modellprojekt ANKOM ausgelotet wurde (vgl. Freitag et al. 2011), in der Praxis weiter wissenschaftlich zu begleiten.

1.2 Heterogenität der Lebenssituationen

Darüber hinaus nehmen die DUW-Studienangebote ausdrücklich auf die besondere Lebenssituation von Erwachsenen Bezug, indem sie als berufsbegleitendes Fernstudium organisiert sind. So rechnen sie, pointiert formuliert, mit der Theorie der Praxis und setzen in ihrem Lernarrangement ausdrücklich auf die jeweilige individuelle Expertise der berufstätigen Studierenden. Deren Heterogenität und Diversität hinsichtlich ihrer Lernausgangslagen, Lernvoraussetzungen und Erfahrungen wird zu einer wichtigen Säule von LLL, wo es gelingt, sie, beispielsweise im Sinne einer kollaborativen Wissensproduktion, fruchtbar zu machen. Zugleich bricht ein solches

Weiterbildungskonzept mit der überkommenen Vorstellung, die akademische (Aus-) Bildung sei einer frühen Lebensphase vorbehalten, an die sich die der Berufstätigkeit anschließe (vgl. Pellert/Cendon 2007, S. 70). Es setzt vielmehr gezielt auf die wechselseitige Durchdringung von Theorie und Praxis, wie sie sich auch in der Organisationsform der Studienangebote manifestiert.

Denn das Fernstudienmodell trennt gerade nicht (oder doch nur kaum) zwischen den Sphären des Studiums und der beruflichen Praxis und damit den verschiedenen Orten des Lernens. Vielmehr ermöglichen insbesondere das Selbststudium mithilfe von Studienheften und das asynchron organisierte E-Learning auf dem DUW Online-Campus die prinzipielle Aufhebung der Grenzen zwischen den Lernorten. Überdies erlaubt das weitgehend orts- und zeitungebundene Format den Studierenden – abhängig von ihren individuellen Vorkenntnissen, aber auch beispielsweise von ihrer konkreten Beschäftigungs- und Lebenssituation –, ihr Lerntempo weitgehend selbst zu bestimmen, zumal die DUW ihnen eine kostenfreie Verlängerung ihrer Betreuungszeit ermöglicht. So trägt das organisatorische Konzept der Studienangebote berufsbedingten Studienunterbrechungen, zum Beispiel in Hochphasen von Projekten, ebenso Rechnung wie es umgekehrt Phasen der Elternzeit oder der Arbeitslosigkeit für die akademische Weiterbildung unmittelbar nutzbar macht.

2. Lernende in den Mittelpunkt stellen

Lernende in den Mittelpunkt zu stellen, fordert als ein zweites Grundprinzip von LLL einerseits vom Individuum, Verantwortung für sich selbst zu übernehmen und das eigene Lernen selbst zu steuern: von der Entscheidung über Zeitpunkt, Ziel und Form des Lernens bis hin zur Gestaltung des Lernprozesses selbst. Damit die einzelne Person diese Verantwortung auch übernehmen kann, sind andererseits Bildungsinstitutionen im Sinne des Perspektivenwechsels von „Teaching to Learning" gefordert, ihre organisationalen Rahmenbedingungen und didaktischen Settings so zu gestalten und die Rollen der Lehrenden so zu definieren, dass dies auch gelingen kann (Pellert/Cendon 2007, S. 70).

2.1 Die Kenntnisse und die Praxis der Lernenden im Mittelpunkt

Bei der Weiterbildung von Personen, die neben einem ersten berufsqualifizierenden Hochschulabschluss oder gleichwertigen Kenntnissen bereits mehrjährige berufspraktische Erfahrungen erworben haben, steht die Verschränkung von Theorie und Praxis im Mittelpunkt. Hierbei ist es das Ziel, den Anschluss der Weiterbildung an die berufliche Praxis der Studierenden sicherzustellen und deren Weiterbildungsaktivitäten auf diese Weise Nachhaltigkeit zu verleihen.

Entsprechend dieser Grundlagen von LLL nimmt das Studienmodell der DUW die Studierenden, ihre Kenntnisse und Fähigkeiten ernst, was sich in der Anerkennung der beruflichen Tätigkeit als Teil des Lernens widerspiegelt. Denn indem sich die Lernprozesse am Konzept des *Reflective Practitioner* orientieren, das den Kreislauf von Reflexion und Aktion beschreibt (vgl. Schön 1983), werden die Erfahrungen aus der Praxis zum Ausgangspunkt für wissenschaftlich fundierte Reflexion und werden umgekehrt Theorien in die Praxis übersetzt. Ausgehend von Lernchancen, die in der eigenen beruflichen Praxis identifiziert werden können, erforschen die Studierenden an der DUW ihre eigene Praxis *während* des beruflichen Handelns. Die daraus folgenden Lernprozesse zielen – im Wechselspiel von Aktion und Reflexion – auf die Weiterentwicklung eigener praktischer Theorien. Darüber hinaus ermöglicht es die Gestaltung der Lernprozesse, Theorien zu erproben, und lässt Raum für Austausch und gegenseitiges Feedback.

2.2 Zeit und Ort des Lernens selbst steuern

Das Studienmodell der DUW besteht aus eigens verfassten Studienheften zum Selbststudium, zumeist kollaborativ ausgerichtetem E-Learning und wenigen Präsenzphasen. Dieser Mix ermöglicht es Studierenden, wie erwähnt, Orte und Zeiten des Lernens weitgehend selbst zielorientiert zu steuern und die Weiterbildungsaktivitäten so passend wie möglich in ihren Alltag zu integrieren. Zugleich werden so verschiedene Lerntypen angesprochen und unterschiedliche Lernformen miteinander verknüpft. Dabei ist der Online-Campus, die DUW-Lernplattform im Internet, verbindendes Element für die verschiedenen Formate, zumal die kollaborativen Lerneinheiten insbesondere in den hier stattfindenden E-Learning-Phasen die Entwicklung der im modernen Arbeitsleben erforderlichen Kompetenzen gezielt fördern, wie zum Beispiel die Fähigkeit zum Arbeiten im Team oder den konstruktiven Umgang mit Feedback. Gleichzeitig ist der Online-Campus zentraler Ort der Kommunikation und Vernetzung der Studierenden untereinander, mit den Lehrenden und dem Team der DUW.

2.3 Die Rollen der Lehrenden

Die Selbststeuerung des Lernprozesses durch die Studierenden und damit die Übernahme von mehr Verantwortung auf der einen Seite, verlangt auf der anderen Seite den Lehrenden einen ganz neuen Blick auf ihre eigene Rolle ab. Das weiterbildungsdidaktische Verständnis der DUW, dem die Erfahrungen der Lernenden zum Input werden, impliziert ein partnerschaftliches Lehrverständnis. Dieses kommt beispielsweise in der Konzeption der Präsenzeinheiten zum Ausdruck, in denen die Lehrenden aus Wissenschaft oder Berufsfeld je nach Phase des Lernprozesses (Wissens-)Vermittelnde, Feedback-Gebende, projektbezogene Beraterinnen und Berater sowie Mentorinnen und Mentoren sein können (vgl. Kommission der Europäischen Gemeinschaften 2000, S. 17).

3. Lifelong Guidance

Ein weiteres „essentielles Element" einer an LLL ausgerichteten Struktur ist die Bildungs-, Berufs- und Karriereberatung, die unter dem Stichwort der Lifelong Guidance zusammengefasst werden kann (Cendon et al. 2007, S. 5). Allgemein ist hierunter die Implementierung von Stützstrukturen zu verstehen, die Lernende in die Lage versetzt, selbstbestimmt und selbstverantwortlich zu agieren, d.h. persönliche Entwicklungsziele festzulegen, Wege zu ihrer Erreichung zu identifizieren, Alternativen abzuwägen und autonome Entscheidungen zu treffen. Die DUW richtet sowohl die Beratung von Studieninteressierten als auch die Begleitung ihrer Studierenden an dieser Maxime aus.

3.1 Beratung von Studieninteressierten

In der Beratung von Studieninteressierten an der DUW, via E-Mail, Telefon oder im persönlichen Gespräch vor Ort, steht in der Hälfte der Fälle die Anbieteranalyse im Mittelpunkt; dabei reicht das Themenspektrum von der Frage nach Studieninhalten über Regularien und die Anerkennung der Abschlüsse bis hin zur Finanzierung des kostenpflichtigen Studiums. Großen Raum nimmt überdies der Aspekt der Organisation der Weiterbildung ein: Gerade Berufstätigen, die eine Wiederaufnahme des formalen Lernens erwägen, stellt sich, zumal angesichts des Fernstudienformats, die Frage nach der Selbstmanagementkompetenz vor dem Hintergrund ihrer Work-Life-Education-Balance in verstärktem Maße (vgl. Fogolin 2011, S. 58).

Hier schlägt die Beratungsleistung der DUW die Brücke zur Idee der Lifelong Guidance, wonach Beratungsangebote „niederschwellig, (...) institutionenunabhängig und anbieterübergreifend" sein sollen (Pellert/Cendon 2007, S. 70). Denn wenngleich die DUW Studieninteressierte naturgemäß ausgehend von ihrem eigenen Bildungsangebot berät, stellt sie auch dabei stets die Lernenden und deren Lernausgangslage in den Mittelpunkt. Dies gilt übrigens nicht allein im Hinblick auf die Frage nach den Voraussetzungen eines erfolgreichen (Selbst-)Studiums, sondern, wie die Erfahrung zeigt, sehr häufig bereits bezüglich der Klärung von individuellen Weiterbildungszielen oder -strategien. In immerhin der Hälfte der Fälle zeigt sich die Notwendigkeit, gemeinsam mit den Studieninteressierten und ausgehend vom akuten Lernanlass, der sie zur DUW geführt hat, zuallererst Weiterbildungsangebote und -wege zu identifizieren, die genau zu ihrer Motivation und ihrem Kompetenzprofil passen. Ganz im Sinne des LLL wird die DUW-Studienberatung hierbei „Mittler zwischen Lernbedarf und Lernangebot" (Kommission der Europäischen Gemeinschaften 2001, S. 14) und „ist – ausgerichtet an realistischen Lern- und Berufszielen – behilflich bei der selbstgesteuerten Gestaltung von Lernarrangements" (BLK 2004, S. 27). Dabei ist eine solche prinzipiell ergebnisoffene Beratung durchaus im Interesse eines privaten Bildungsanbieters wie der DUW. Denn nur eine an den Bedürfnissen der Studieninteressierten, d.h. eine dienstleistungsorientierte Beratung, garantiert langfristig Kundenzufriedenheit und damit den Erfolg der Einrichtung insgesamt.

3.2 Lernbegleitung von Studierenden

Die Lernbegleitung ihrer Studierenden ist eine wichtige Säule des weiterbildungsdidaktischen Konzepts der DUW. Dies ist zum einen in der Natur des Fernstudiums begründet, das Kontaktpunkte gezielt inszenieren muss, um die für das Format konstitutive Distanz zu überbrücken und so eine wesentliche Voraussetzung für den Lernerfolg zu schaffen, der wesentlich immer auch von einer personalen Beziehung zwischen Lehrenden und Lernenden abhängt (vgl. Holmberg 2005, S. 75ff.). Hierzu gehört die proaktive Bereitstellung von Beratungs- und Betreuungsleistungen des Studienservices zumeist in organisatorischen Angelegenheiten ebenso wie etwa die dialogisch ausgerichtete Konzeption der eigens für das DUW-Fernstudium verfassten Studienhefte.

Zum anderen vollzieht die DUW, wie angesprochen, einen grundlegenden Perspektivenwechsel hinsichtlich der Rolle der Lehrenden, die immer daran ausgerichtet ist, die Reflexion der Studierenden auf ihre individuelle berufliche Praxis anzustoßen und zu begleiten. Dabei kommt der Studiengangleitung – Wissenschaftlerinnen und Wissenschaftler häufig auf Postdoc-Niveau – eine Schlüsselrolle zu: Sie ist die zentrale Ansprechperson während des gesamten DUW-Studiums, nicht nur in Bezug auf alle fachlichen Fragen. Vielmehr hat sie umfassend die Kompetenzentwicklung der Studierenden im Blick und gibt spätestens in den Entwicklungsgesprächen zum Modulabschluss Rückmeldung hinsichtlich des Weiterbildungsverlaufs. Dabei unterstützt die Studiengangleitung die Studierenden darin, ihre Weiterbildungsziele neu zu justieren, sollten sich diese im Verlauf des Studiums verschoben haben, und hilft ihnen vor diesem Hintergrund gegebenenfalls, individuelle Strategien neu festzulegen.

4. Kompetenzorientierung

Zum Konzept des LLL gehört der Wechsel von der Input- zur Outcome-Orientierung des Lernprozesses, womit die Lernenden mit ihren Kompetenzen in den Mittelpunkt gerückt werden (vgl. Pellert/Cendon 2007, S. 71). In den Lernzusammenhängen an der DUW zeigt sich diese Kompetenzorientierung und somit die Orientierung an den Ergebnissen der Lernprozesse an vielen Stellen: bei der Anerkennung von Vorleistungen, bei der Definition von Lernergebnissen als Ausgangspunkt für die Auswahl von Inhalten, Lern- und Prüfungsformaten und bei der Beurteilung.

4.1 Anerkennung von Vorleistungen

Die oben angesprochene Anerkennung von Vorleistungen findet in der Orientierung an Kompetenzen eine „Währung". An der DUW bedeutet dies, dass Studierende mit Blick auf jene Teile des Studiums, hinsichtlich derer sie Vorleistungen anerkannt wissen möchten, die einschlägigen Kompetenzen beschreiben müssen, indem sie ihr Kompetenzprofil erstellen. Können die Kompetenzen nachgewiesen werden und stimmen sie in Bezug auf Inhalt, Umfang und Niveau mit den Kompetenzen des entsprechenden Studienteils überein, so werden die Vorleistungen anerkannt, ganz gleich, ob sie formal oder informell erworben wurden. Die DUW unterstützt die Studierenden mittels eines Leitfadens und in der Interessiertenberatung bei der nicht immer einfachen Aufgabe, ihre eigenen Kompetenzen darzustellen.

4.2 Konsequente Lernergebnisorientierung in der Lehre

Der Wechsel von der Input- zur Outcome-Orientierung hat Auswirkungen auf die grundlegende Bestimmung der Ziele und Inhalte von Weiterbildung. Es geht nicht länger darum, dass die Studierenden nach erfolgreichem Abschluss der Weiterbildung über ein bestimmtes Wissen verfügen, dass sie etwas *wissen*, sondern vielmehr darum, dass sie über bestimmte Kompetenzen verfügen, dass sie etwas Bestimmtes *können*. Deshalb steht am Beginn der Curriculumentwicklung an der DUW die Definition der Lernergebnisse, also das, was die Studierenden nach Abschluss eines Lernelements, Kurses, Moduls oder auch eines Studiengangs insgesamt können werden. Erst anschließend und in Abhängigkeit von diesen Lernergebnissen sind die Inhalte festzulegen und die Formate zu bestimmen, in denen diese Inhalte vermittelt werden können und das zu Erlernende erprobt werden kann (vgl. Mörth 2010, S. 108). Hier spielen wiederum insbesondere in der wissenschaftlichen Weiterbildung innovative Praxisformate wie das Tandemlernen (vgl. Cendon/Pellert 2011) oder der Field-Trip (vgl. Cendon/Verbarg 2011) eine große Rolle, die Anschlussstellen für berufliche Erfahrungen und Reflexionsmöglichkeiten bieten.

Am Ende des Lernwegs stehen im DUW-Studienmodell – in Übereinstimmung mit den Grundsätzen des LLL und im Gegensatz zu inputorientierten Prüfungsformaten – Prüfungen, die feststellen, ob („bestanden" oder „nicht bestanden") und in welchem Ausmaß („sehr gut" bis „genügend") die Lernergebnisse erreicht wurden (vgl. Gosling/Moon 2002, S. 7). Bei der Gestaltung solcher Prüfungen ist die Passung des Formats mit den Lernergebnissen von großer Bedeutung und Kreativität gefragt. Geht es beispielsweise darum, zu prüfen, ob Studierende in der Lage sind, Coaching situationsadäquat in einer konkreten Situation in ihrer Organisation einzusetzen, bietet sich ein Rollenspiel an; soll geprüft werden, ob Studierende Führung in den Kontext der gesamten Managementaufgaben einordnen und die Bedeutung von Führung für den betrieblichen Erfolg darlegen können, ist zum Beispiel eine Fallstudie das passende Prüfungsformat.

4.3 Eigene Kompetenzen sichtbar machen – Kompetenzerwerb selbst steuern

Die Darstellung der eigenen Kompetenzen ermöglicht die Bestimmung des eigenen Standorts und kann damit Grundlage sein für eine zielgerichtete Weiterentwicklung;

zudem ermöglicht sie einen Nachweis der erworbenen Kompetenzen gegenüber Dritten, beispielsweise potenziellen Arbeitgebern. Aus diesen Gründen ist ein E-Kompetenz-Portfolio zentraler Bestandteil aller DUW-Masterstudiengänge.

Darüber hinaus wird das E-Portfolio zur Vernetzung mit anderen Studierenden und zur Reflexion eingesetzt: In ausgewählten Studieneinheiten sollen Studierende entlang von Leitfragen lerntagebuchartig die erworbenen Kompetenzen und deren Umsetzungspotenzial für die eigene Praxis beschreiben und besonders interessante Aspekte festhalten. Das E-Portfolio gewinnt damit eine weitere Dimension: die der Nachhaltigkeit. Studierende können die Entwicklung ihrer eigenen Kompetenzen immer wieder nachlesen und so zu späteren Zeitpunkten Ideen wieder aufgreifen – sei es zur Umsetzung in ihrer beruflichen Praxis oder im Rahmen ihrer Master-Thesis (vgl. Bäcker/Cendon/Mörth 2011).

5. Förderung der Teilnahme an LLL

Ein fünftes und letztes Prinzip von LLL ist die Förderung der Teilnahme insbesondere bildungsferner Personen (vgl. Pellert/Cendon 2007, S. 71) und die „Förderung einer positiveren Wahrnehmung des Lernens" (Europäische Kommission 2001, S. 14). In Anbetracht ihrer grundsätzlichen Ausrichtung als Weiterbildungsuniversität in privater Trägerschaft kann die DUW diesem Anspruch nur eingeschränkt gerecht werden. Sie findet gleichwohl Ansätze zur Förderung der Teilnahme an LLL auf drei Ebenen: auf individueller Ebene, der Ebene des Arbeitszusammenhangs und der Ebene (regionaler) Netzwerke.

5.1 Individuelle Förderung der Weiterbildungsbeteiligung

Förderung der Teilnahme an LLL heißt zum einen, Hindernisse etwa sozialer, wirtschaftlicher oder institutioneller Art abzubauen, die einer (Weiter-)Bildungsbeteiligung entgegenstehen, und zum anderen Anreize zu schaffen, die Beteiligung zu erhöhen (vgl. Cendon et al. 2007, S. 6). Nun ist, wer mit der DUW in Kontakt tritt, bereits grundsätzlich bildungsnah und weiterbildungsmotiviert. Damit dieses prinzipielle Weiterbildungsinteresse in eine tatsächliche Beteiligung münden kann, berät die DUW die Studierenden auch hinsichtlich bestehender Fördermöglichkeiten oder schafft in Zusammenarbeit mit den zuständigen Behörden die Voraussetzung dafür, dass beispielsweise für die Teilnahme am Field-Trip Bildungsurlaub beantragt werden kann.

Vor allem aber kann das spezifische Fernstudienformat der DUW als ihr entscheidender Beitrag zur Förderung der Weiterbildungsbeteiligung gewertet werden. Denn „durch die intensive Einbindung in Beruf und Familie sind Erwachsene in hohem Maße zeitlich beansprucht. Selbststrukturierbare Angebote des Fernunterrichts (...) bzw. des computergestützten Lernens ermöglichen auch in dieser Phase den Erwerb von Kompetenzen durch zeitliche Flexibilität" (BLK 2000, S. 26). Wie eingangs angedeutet, schafft das DUW-Studienmodell mit seinem Mix aus Studienheften, Online-Einheiten und sorgsam bemessenen Präsenztagen „Möglichkeiten für lebenslanges Lernen in unmittelbarer Nähe (am Wohnort) der Lernenden" (Kommission der Europäischen Gemeinschaften 2000, S. 22) und integriert dabei zugleich die unverzichtbaren „Echtzeit-Beziehungen zwischen Lehrenden und Lernenden" (ebd., S. 16).

5.2 Unterstützung lernförderlicher Strukturen im Arbeitszusammenhang

Der Fernstudienansatz schlägt zugleich die Brücke zum Arbeitszusammenhang, müssen doch Arbeitgeber ihre Beschäftigten nicht eigens freistellen, um ihnen eine Teilnahme an akademischer Weiterbildung zu ermöglichen. Zugleich kommt in diesem Kontext die Praxisorientierung des DUW-Studienmodells einmal mehr zum Tragen: Weil dieses wesentlich auf die Forschung in und mit der Praxis setzt, erweist es sich als im Wortsinne berufsbegleitend. Arbeitgeber profitieren damit sowohl von der Arbeitsmarktorientierung der Studienangebote insgesamt als auch von ihrer spezifischen Ausrichtung am Leitbild des Reflective Practitioner.

Doch die DUW geht noch einen Schritt weiter: Sie setzt auf Lernallianzen mit Unternehmen und Organisationen, indem sie beispielsweise Stipendienprogramme für Beschäftigte klein- und mittelständischer Unternehmen auslobt, um auch diesen Zugang zur akademischen Weiterbildung, in diesem Fall von Compliance-Verantwortlichen, zu eröffnen (vgl. DUW 2010), oder indem sie innerbetriebliche Weiterbildungsangebote von Unternehmen, etwa im Bereich General Management, explizit systematisch mit den eigenen hochschulischen Angeboten verschränkt. Um „das Lernen im Prozess der Arbeit zu unterstützen" (BLK 2004, S. 26), legt sie schließlich maßgeschneiderte Unternehmensprogramme auf, die insbesondere in kollaborativen Online- und Präsenzeinheiten ausdrücklich Bezug nehmen auf die spezifischen Herausforderungen und Projekte der Unternehmenspartner (vgl. DUW 2011).

5.3 Förderung von LLL durch Netzwerkarbeit

Darüber hinaus unternimmt die DUW einen ersten Anlauf zum Auf- und Ausbau eines Lernnetzwerks mit der von ihrer Forschungsstelle Weiterbildungsforschung und Bildungsmanagement (FWB) ins Leben gerufenen Kompetenzplattform. Dieses offene, informelle Forum ermöglicht einen institutionalisierten Austausch zwischen Theorie und Praxis mit dem Ziel, „die Praxis von Kompetenzmanagement unterschiedlicher Organisationen aus verschiedenen Branchen einer gemeinsamen Reflexion von Wissenschaft und Wirtschaft zu unterziehen." (DUW o.J.). Es hebt ab auf eine „Professionalisierung des Kompetenzmanagements" in Unternehmen und Organisationen und fokussiert dabei besonders auf „die Verbindung von organisationaler und individueller Kompetenzentwicklung" (FWB o.J.), womit sich der Kreis zum Lebenslangen Lernen einmal mehr schließt.

6. Ausblick

Die fünf Grundsätze Lebenslangen Lernens haben den Aufbau der Deutschen Universität für Weiterbildung bestimmt. Sie haben ihren Niederschlag gefunden sowohl im Studienmodell der Hochschule als auch in der Organisation ihrer weiterbildenden Studienangebote sowie der Stützfunktionen. Ist im Vorstehenden deutlich geworden, dass LLL zum profilbildenden Merkmal der DUW geworden ist, so ist freilich zugleich ersichtlich, dass sich hieraus für die Zukunft noch weitere Aufgaben ergeben.

So gilt es für die DUW in der nächsten Ausbaustufe, an die skizzierten Anfänge anzuschließen und mit einer solchen expliziten Positionierung als „Institution des (L)ebenslangen Lernens" auch dazu beizutragen, die „Hochschulen (...) im öffentlichen Bewusstsein als Anbieter von berufsbegleitenden oder weiterbildenden Angeboten" zu verankern (Minks/Netz/Völk 2011, S. 8).

Dazu gehört aus der Perspektive ihres Studienangebots beispielsweise, die fernstudiendidaktischen Ansätze weiter in Richtung moderner Lernarchitekturen zu entwickeln, die den Lebensbedingungen der Menschen in einer modernen Wissensgesellschaft Rechnung tragen (vgl. exemplarisch Arnold 2011). Mit der Integration innovativer Weiterbildungsformate wie etwa des Work-based Learning könnte die Verschränkung von Theorie und Praxis weiter vertieft und damit nicht zuletzt die Option eines im Wortsinne berufsbegleitenden Weiterbildungsstudiums für erwachsene Lernende wie auch für die Unternehmen noch attraktiver gestaltet werden.

Folgerichtig sollen die Kooperation mit Partnern sowohl im Wissenschaftsbereich als auch außerhalb der Hochschulen, d.h. beispielsweise mit Unternehmen, (Wirtschafts-)Verbänden, Kammern und anderen Trägern der Aus- und Weiterbildung in der Programmentwicklung gestärkt und das bislang geknüpfte Netzwerk ausgebaut werden. Das schließt ausdrücklich eine weitere Internationalisierung ein. Diese wird einerseits den Studierenden der DUW unmittelbar, etwa mit Blick auf die Praxisforschung im Rahmen ihres Field-Trip, zugutekommen, andererseits aber auch und vor allem den Austausch innovativer Ansätze fördern. Denn gerade die Benchmarks international vergleichender Untersuchungen zeigen, dass „die Einbettung der Hochschulweiterbildung in ein Lifelong Learning-Konzept speziell in Frankreich, Großbritannien und den USA sehr viel weiter vorangeschritten ist" als etwa in Deutschland oder Österreich (Hanft/Knust 2007, S. 10). Damit sind die Hochschulen wie die DUW ihrerseits gefordert, nicht zuletzt durch den Blick über Grenzen hinweg, selbst ständig weiterzulernen.

Literatur

Arnold, Rolf (2011): *„Aus dem Gehäuse befreit". Zum Verschwinden des Fernstudiums in der globalisierten Wissensgesellschaft*, in: Tomaschek, Nino/Gornik, Elke (Hrsg.): *The Lifelong Learning University*, Münster u.a.O., S. 43–52.

Bäcker, Eva Maria/Cendon, Eva/Mörth, Anita (2011): *Das E-Portfolio für Professionals. Zwischen Lerntagebuch und Kompetenzfeststellung*, in: Zeitschrift für e-learning, 6. Jg. (3), S. 37–50.

Berliner Hochschulgesetz (2011): Gesetz über die Hochschulen im Land Berlin (Berliner Hochschulgesetz – BerlHG) in der Fassung vom 26. Juli 2011, (GVBl. S. 378), BRV 221–11. http://gesetze.berlin.de/?typ=reference&y=100&g=BlnHG (zuletzt am 15.03.13).

Bund-Länder-Kommission für Bildungsplanung und Forschungsförderung (BLK) (Hrsg.) (2004): *Strategie für Lebenslanges Lernen in der Bundesrepublik Deutschland, Materialien zur Bildungsplanung und zur Forschungsförderung*, (115), Bonn. http://www.blk-bonn.de/papers/heft115.pdf (zuletzt am 15.03.13).

Cendon, Eva et al. (2007): *Leitlinien einer kohärenten LLL-Strategie für Österreich bis 2010 in einer ersten Konsultation abgestimmte Vorschläge einer facheinschlägigen ExpertInnengruppe*, Endfassung 20. Jänner 2007, Krems. http://l3lab.erwachsenenbildung.at/wp-content/uploads/lll-expertinnenpapier_end.pdf (zuletzt am 15.03.13).

Cendon, Eva/Pellert, Ada (2011): *Tandem-Lernen in Masterstudiengängen – Konzept, Erfahrungen, Schlussfolgerungen*, in: Berendt, Brigitte/Szczyrba, Birigt/Wildt, Johannes (Hrsg.): *Neues Handbuch Hochschullehre*, Berlin, A.3.10.

Cendon, Eva/Verbarg, Kai (2011): *Der Field-Trip als innovatives Lehr-Lernformat für den reflektierten Praxisdialog*, in: Das Hochschulwesen, 59. Jg. (02), S. 44–49.

Deutsche Universität für Weiterbildung (2010): *Förderprogramm ‚Compliance' für Unternehmen und Selbstständige*, Pressemitteilung vom 20.05.2010, Berlin. http://www.duw-berlin.de/de/aktuelles/im-gespraech/gespraech/datum/2010/05/20/foerderprogramm-compliance-fuer-unternehmen-und-selbststaendige.html (zuletzt am 15.03.13).

Deutsche Universität für Weiterbildung (2011): *DUW startet MBA-Programm für High Potentials von Mercedes-Benz in China*, Pressemitteilung vom 14.11.11, Berlin. http://www.duw-berlin.de/no_cache/de/presse/pressemitteilungen/pm/datum/2011/11/14/duw-startet-mba-programm-fuer-high-potentials-von-mercedes-benz-in-china.html (zuletzt am 15.03.13).

Deutsche Universität für Weiterbildung (o.J.): *Kompetenzplattform*, Berlin. http://fwb.duw-berlin.de/team/kompetenzplattform/ (zuletzt am 15.03.13).

Fogolin, Angela (2011): *Beratung im Fernlernen – Ergebnisse einer Onlinebefragung*, in: forum erwachsenenbildung, (1), S. 56–59.

Forschungsstelle Weiterbildungsforschung und Bildungsmanagement (FWB) (o.J.): *Kompetenzplattform. Mission Statement*, Berlin. http://fwb.duw-berlin.de/profil/kompetenzplattform/mission.html (zuletzt am 15.03.13).

Freitag, Walpurga Katharina et al. (Hrsg.) (2011): *Gestaltungsfeld Anrechnung. Hochschulische und berufliche Bildung im Wandel*, Münster u.a.O. http://www.his.de/pdf/22/gestaltungsfeld_anrechnung.pdf (zuletzt am 15.03.13).

Gosling, David/Moon, Jenny (2002): *How to Use Learning Outcomes and Assessment Criteria*, 3. Auflage, London (SEEC).

Hanft, Anke/Knust, Michaela (Hrsg.) (2007): *Weiterbildung und lebenslanges Lernen in Hochschulen. Eine internationale Vergleichsstudie zu Strukturen, Organisation und Angebotsformen*, Münster u.a.O.

Holmberg, Börje (2005): *The Evolution, Principles and Practices of Distance Education*, Universität Oldenburg. Studien und Berichte der Arbeitsstelle Fernstudienforschung der Carl von Ossietzky Universität Oldenburg, Bd. 11. http://www.mde.uni-oldenburg.de/download/asfvolume11_eBook.pdf (zuletzt am 17.05.13).

Kommission der Europäischen Gemeinschaften (Hrsg.) (2000): *Memorandum über Lebenslanges Lernen,* Arbeitsdokument der Kommissionsdienststellen, SEK (2000) 1832, 30.10.2000, Brüssel. http://www.bologna-berlin2003.de/pdf/MemorandumDe.pdf (zuletzt am 15.03.13).

Kommission der Europäischen Gemeinschaften (Hrsg.) (2001): *Einen europäischen Raum des lebenslangen Lernens schaffen,* Mitteilungen der Kommission, KOM (2001) 678 endgültig, 21.11.2001, Brüssel. http://eur-lex.europa.eu/LexUriServ/LexUriServ.do?uri=COM:2001:0678:FIN:DE:PDF (zuletzt am 15.03.13).

Minks, Karl-Heinz/Netz, Nicolai/Völk, Daniel (2011): *Berufsbegleitende und duale Studienangebote in Deutschland. Status quo und Perspektiven,* HIS: Forum Hochschule, (11/2011), Hannover. http://www.his.de/pdf/pub_fh/fh-201111.pdf (zuletzt am 19.03.13).

Mörth, Anita (2011): *Lernen und Wissenschaftliche Weiterbildung mit E-Learning. Eine Entzauberung,* in: Schröttner, Barbara/Hofer, Christian (Hrsg.): *Looking at Learning/Blicke auf das Lernen,* S. 101–110, Münster u.a.O.

Pellert, Ada/Cendon, Eva (2007): *Life Long Learning meets Bologna. Wissenschaftliche Weiterbildung im Kontext des lebensbegleitenden Lernens in Österreich,* in: Gützkow, Frauke/Quaißer, Gunter (Hrsg.): *Jahrbuch Hochschule gestalten 2006. Denkanstöße zum lebenslangen Lernen,* S. 69–80, Bielefeld.

Schön, Donald A. (1983): *The Reflective Practitioner. How Professionals Think in Action,* New York (Basic Books).

Ada Pellert

Rollenkonzepte in der akademischen Weiterbildung

Die Hochschulen des deutschsprachigen Raumes beginnen erst langsam das Thema des Lebenslangen Lernens für sich als institutionelle Herausforderung zu begreifen. Die akademische Weiterbildung ist jener Bereich, mit dem Hochschulen meist beginnen, sich auf neue Zielgruppen vorzubereiten. Da die überwiegende Mehrheit der Hochschulen aber aktuell noch intensiv mit anderen Aufgaben beschäftigt ist (zum Beispiel mit dem verstärkten Zustrom von Studierenden aufgrund doppelter Abiturjahrgänge oder des Wegfalls der Wehrpflicht sowie mit der Exzellenzinitiative in Deutschland, die sehr stark auf die forschungsgeleitete Profilierung der Hochschule abstellt), beschäftigen sich erst wenige Hochschulen systematisch mit der Herausforderung der Weiterbildung und deren Integration in ihre strategische Ausrichtung. In den letzten Jahren waren die Hochschulen im deutschsprachigen Raum vor allem damit befasst, nach geeigneten Formen der Institutionalisierung von Weiterbildung zu suchen (vgl. Hanft/Knust 2007). Die Aufgabe der Weiterbildung wurde oft an Vereine, GmbHs bzw. Institute ausgelagert, um die nötige Flexibilität in der organisatorischen und finanziellen Gestaltung der weiterbildenden Studienangebote zu erreichen.

Zunehmend wird nun aber über Ziel- und Leistungsvereinbarungen die Verpflichtung zur Entwicklung weiterbildender Angebote von staatlicher Seite im gesetzlichen Aufgabenkatalog der Hochschulen verankert. Mit Blick auf die mittelfristige sozioökonomische und demografische Entwicklung richtet der Staat verstärkt die Aufmerksamkeit auf diese neuen Aufgaben der Hochschulen. Dies geschieht zum einen durch die Festlegung von Indikatoren der Budgetierung oder über Ziel- und Leistungsvereinbarungen und zum anderen durch die Initiierung von Projekten – beispielsweise, wie gerade in Deutschland geschehen, das groß angelegte Projekt des Bundesministeriums für Bildung und Forschung (BMBF) in Form des Wettbewerbs *Aufstieg durch Bildung: offene Hochschulen* (vgl. BMBF 2011) –, um durch zusätzliche Projektgelder die Beschäftigung der Hochschulen mit neuen Zielgruppen zu stimulieren. Insbesondere in regionalen, eher peripheren Lagen beginnen zudem einzelne Hochschulen, den demografischen Wandel in Form von sinkenden Studierendenzahlen erstmals selbst zu spüren, wodurch die aktive Auseinandersetzung mit neuen Zielgruppen ebenfalls gefördert wird. Durch diese verschiedenen Initiativen und Einflüsse wird insgesamt die Mission des Lebenslangen Lernens verstärkt an die Hochschulen herangetragen und rückt damit langsam in den Fokus ihrer Aufmerksamkeit.

1. Weiterbildung – Die besondere Herausforderung für Hochschulen

Weiterbildung von bereits berufserfahrenen Menschen, die einen eher problem- als disziplinbezogenen Zugang erfordert, ist dabei eine besondere Herausforderung für die Expertinnen- und Expertenorganisation Hochschule, denn diese ist in ihrer klassischen Struktur durch disziplinorientierte Angebotsorientierung gekennzeichnet: „Societies have problems, universities have departments" lautet ein treffendes Bonmot der Hochschulforschung. Die Expertinnen- und Expertenorganisation hat erhebliche Schwierigkeiten, sich als ganze Organisation sozusagen von außen zu betrachten und eine systematische Nachfrageorientierung in ihre Studiengänge einzubauen. Gelungene Weiterbildungsaktivitäten setzen jedoch bei einer Analyse der potenziellen Nachfrage an. Am Anfang muss die Frage stehen: „Wen wollen wir erreichen und wie sehen die konkreten Bedürfnisse dieser Zielgruppe aus?" Durch die Auswertung vorliegender Analysen, Studien sowie durch Befragungen (z.B. von Arbeitgeber-, Arbeitsmarkt- oder Berufsfeldvertreterinnen und -vertretern) kann die Hochschule sich in einem ausgewählten Berufs- oder Praxisbericht der Nachfragesicht annähern. Es geht darum, möglichst vielfältige Rückkoppelungsschleifen zu etablieren, um die Angebots- und Nachfrageentwicklung in ein ausgewogenes Gleichgewicht zu bringen. Nachfrageorientierung bedeutet dabei nicht, sich an einen einmal erhobenen Bedarf einer bestimmten Zielgruppe anzupassen. Die Hochschule muss vielmehr und genauso intensiv darüber nachdenken, wofür sie steht, was sie besonders gut kann und mit welchen Stärken sie eine Zielgruppe ansprechen möchte.

Der Einstieg in den hoch kompetitiven Weiterbildungsmarkt bedeutet für Hochschulen vor allem, dieses permanente Zusammenspiel zwischen Angebotsorientierung und Nachfragesicht adäquat zu organisieren. Die Auseinandersetzung mit den Bedürfnissen einer Zielgruppe ist ein besonderes Kennzeichen der hochschulischen Weiterbildung und stärker ausgeprägt als im grundständigen Bereich, da man es mit Zielgruppen zu tun hat, die ihren Bedarf schon eher artikulieren können als 20-Jährige im Rahmen ihrer Erstausbildung. Gleichwohl ist der dynamische Arbeitsmarkt des 21. Jahrhunderts dadurch gekennzeichnet, dass sich die Entwicklungen und damit der Bedarf des nächsten Jahrzehnts nicht exakt prognostizieren lassen und daher immer eine gemeinsame Interpretation dieser Bedürfnisse vonnöten ist. Um mit John Erpenbeck und Volker Heyse (vgl. Erpenbeck/Heyse 2007) zu sprechen, geht es bei der Kompetenzentwicklung des 21. Jahrhunderts vor allem darum, Handlungsfähigkeit in ergebnisoffenen Situationen zu unterstützen. Das bedeutet für die Angebotsentwicklung in der hochschulischen Weiterbildung eine Öffnung für die Ansprüche externer Gruppierungen und vor allem die Etablierung adäquater Kommunikationsorte, damit dieser Dialog alle Phasen der Angebotsentwicklung begleiten und in zyklischen Verbesserungsschleifen zu immer höherer Passgenauigkeit von Angebot und Nachfrage beitragen kann. Wesentliche Voraussetzungen für ein erfolgreiches Engagement in der Weiterbildung sind somit:

- die Neugier, mehr über das „Fremdbild" der eigenen Einrichtung bei verschiedenen externen Anspruchsgruppen zu erfahren,
- die institutionsinterne Aufmerksamkeit für das Thema,
- die Formulierung von eigenen Stärken und Schwächen sowie
- eine Auseinandersetzung mit den generellen Anforderungen und Erwartungen an hochschulische Weiterbildung.

Die meisten Menschen sehen Hochschulen dann als geeignete Orte der Weiterbildung an, wenn sie eine ausgewogene Mischung zwischen wissenschaftlicher Reflexion, Forschungsbasierung und Praxisorientierung vorfinden. Wenn das Interesse an der Entwicklung von Praxisfeldern, an neuen Partnerschaften und an der Auseinandersetzung mit unterschiedlichen Handlungslogiken heterogener Akteurinnen und Akteure gegeben ist, dann ist ein wichtiges Fundament für ein erfolgreiches Engagement in der Weiterbildung gelegt. Es darf aber nicht übersehen werden, dass die institutionellen Rahmenbedingungen der Hochschulen sowie die Karriereanreize und die bislang stark rechtliche Steuerung nicht dazu angetan waren, diese Öffnung besonders zu unterstützen. Sie musste den vorhandenen Strukturen oft abgetrotzt werden.

2. Besonderheiten der Teilnehmerinnen und Teilnehmer

Es ist zu beobachten, dass das lange gelebte Selbstverständnis vieler Hochschulen immer weniger zu den sich rasant verändernden Lebensläufen und Berufsbiografien und den sich verändernden gesellschaftlichen Rahmenbedingungen einer wissensbasierten Gesellschaft passt (vgl. Kerres et al. 2012). Organisation und Inhalte vieler hochschulischer Studienangebote gehen immer noch davon aus, dass die berufliche Entwicklung im Erwachsenenalter in klar gegliederten, nacheinander ablaufenden zeitlichen Phasen erfolgt: Nach dem Schulabschluss nimmt man ein Studium auf, mit Abschluss des Studiums beginnt man eine Berufstätigkeit und vielleicht bildet man sich dann im Laufe seiner Berufstätigkeit, eventuell vom Arbeitgeber unterstützt, punktuell weiter. Strukturen und Leitbilder sind immer noch stark von der Vorstellung der 20-jährigen Vollzeitstudentin und des 20-jährigen Vollzeitstudenten durchdrungen, obwohl die Realität der Studierenden heute eine deutlich andere ist. Alle Untersuchungen zu „Non-traditional Students" (Wilkesmann et al. 2012) zeigen, dass diese beinahe die Mehrheit der Studierenden ausmachen. Die Angebots- und Organisationsstrukturen der Hochschulen passen jedoch nur partiell zu diesen sehr vielfältigen Biografien und Lebensentwürfen. Studierende erwarten heutzutage vermehrt flexible Strukturen, die es ihnen ermöglichen, persönliche Lebensumstände, aber eben auch Berufstätigkeit mit dem Studium zu vereinbaren. Dies trifft sowohl auf jene zu, die sich in der Erstausbildung an den Hochschulen befinden (vgl. Kerres et al. 2012), als auch und in besonderem Maße auf Weiterbildungsstudierende. Gerade Studierende, die schon ein Erststudium abgeschlossen und erste Berufsjahre hinter sich gebracht haben, sind zumeist auf der Suche nach einem Studienmodell, das es ihnen zum einen ermöglicht, ihr Berufs- und Privatleben mit einem „Bildungsleben" zu kombinieren. Sie sind also an zeitökonomischen, flexiblen Studienangeboten und -strukturen interessiert. Zudem ist für diese Zielgruppe die Reflexion ihrer beruflichen Erfahrungen von besonderer Bedeutung. Hans G. Schuetze und Maria Slowey (2012, zitiert in: Wolter 2011, S. 27) unterscheiden in Anlehnung an eine ältere OECD-Studie folgende Typen von „lifelong learners": „second chance learners" (z.B. Studierende des zweiten Bildungsweges), „deferrers" (z.B. Studierende, die nach dem Erwerb der Studienberechtigung zunächst eine Berufsausbildung absolvieren, erwerbstätig sind und erst danach ein Studium aufnehmen), „recurrent learners" (solche Studierende, die zum Erwerb eines weiteren akademischen Grades an die Hochschule zurückkehren – diese Gruppe wird mit der Einführung der neuen Bachelor-/Master-Studienarchitektur deutlich anwachsen), „returners" (z.B. vorübergehende Studienabbrecher oder Studienunterbrecherinnen, die ihr Studium zu einem späteren Zeitpunkt wieder aufnehmen), „refreshers" (die ihr Wissen und ihre Kompetenzen auffrischen wollen) oder „learners in later life" (z.B. Seniorenstudierende). Die bislang typischen Zielgruppen wissenschaftlicher Weiterbildung sind vor allem die *recurrent learners* und die *refreshers*.

3. Rollen der Lehrenden

Der Lehrkörper eines Studiengangs muss als Ganzer jene Qualifikationen aufweisen, die für die Lehre in praxisbezogenen hochschulischen Weiterbildungsstudiengängen erforderlich sind. Insbesondere betrifft dies die wissenschaftliche Qualifikation, etwa ausgedrückt durch den Anteil an habilitierten Lehrenden und die berufspraktische Qualifikation, ausgedrückt durch einen entsprechenden Anteil an Praktikern und Praktikerinnen als Lehrende im Studienprogramm. Darüber hinaus muss der Lehrkörper Erfahrungen in der Weiterbildung aufweisen, da diese Lehrsituation sich deutlich vom grundständigen Studium unterscheidet. Und die Lehrenden müssen das jeweilige didaktische Format kennen: Beispielsweise müssen Tutorinnen und Tutoren sich den besonderen Anforderungen der Konzeption von onlinebasierten Lerneinheiten stellen. Am Beispiel der Lehrendenrollen, die an der Deutschen Universität für Weiterbildung (DUW) eingeführt wurden, soll im Folgenden kurz die Vielfalt der Rollen erläutert werden (vgl. DUW 2012).

Als *Dozentinnen* und *Dozenten* bezeichnen wir jene Lehrenden, welche die Präsenzphasen mit Fokus auf die Vertiefung berufspraktischer Handlungskompetenzen gestalten. Das Ziel der Präsenzphasen ist, dass die Studierenden adäquate Handlungsstrategien entwickeln und entsprechende Fähigkeiten, etwa auch im Bereich der Personal Skills und Soft Skills, erwerben können. Dozentinnen und Dozenten sind in der überwiegenden Zahl Hochschullehrende sowie Expertinnen und Experten aus der Praxis. Kollaboratives webbasiertes Lernen, unterstützt durch eine Lernplattform, ist ein weiteres wesentliches Element des DUW-Studienmodells. Hier sind Lehrende in zweifacher Rolle eingesetzt: zum einen als *Fachtutorinnen* und *Fachtutoren,* die Studierende in allen fachlichen Fragen unterstützen. Sie übernehmen innerhalb der Online-Einheiten die Konzeption und das fachliche Tutoring und stehen per E-Mail in regelmäßigem Kontakt mit den Studierenden (etwa um Feedback zu Lösungen zu geben oder Fachfragen zu beantworten). Sie beteiligen sich zudem aktiv am Geschehen auf dem Online-Campus und kommentieren Beiträge der Studierenden. Da nicht alle Fachtutorinnen und Fachtutoren für die onlinebasierte Lehr-Lern-Kommunikation ausgebildet sind, werden ihnen zum anderen *E- Tutorinnen* und *E-Tutoren* zur Seite gestellt. Diese sind auf die Begleitung des Kommunikationsprozesses im Sinne der Moderation spezialisiert. Sie unterstützen die Konzeption, sind primäre Ansprechpartnerinnen und Ansprechpartner für die Studierenden, holen die Rückmeldung der Studierenden ein und reagieren auf spezifische Anforderungen. Alle Tutorinnen und Tutoren sind in der Regel Hochschullehrende oder Expertinnen und Experten aus der Praxis, das heißt, sie verfügen über Hochschulabschlüsse und umfassende wissenschaftliche bzw. berufsfeldbezogene Erfahrungen. In einigen Fällen sind sie gleichzeitig als Dozentinnen und Dozenten in den Präsenzveranstaltungen oder als Autorinnen und Autoren von Studienmaterialien tätig. Der Abstimmungsprozess ist dann natürlich einfacher, als wenn sich diese Rollen auf verschiedene Lehrpersonen verteilen. In diesen Fällen ist die Studiengangleitung besonders gefordert, die Abstimmung und die Kommunikation zwischen diesen verschiedenen Lehrendenrollen sicherzustellen. Die *Studiengangleitung* – meist eine wissenschaftliche Postdoc-Stelle – spielt eine zentrale Rolle für das Gelingen eines weiterbildenden Studiengangs. An diese Position werden besondere Anforderungen gestellt, vor allem entsprechende Berufsfeldkenntnisse, aber auch eine einschlägige hochschulische Ausbildung. Gleichzeitig kann die Studiengangleitung als eine Art Hybridaktivität zwischen Management und inhaltlicher Entwicklung angesehen werden. Ihr wird daher eine hohe Kommunikationsleistung abverlangt – sowohl im Hinblick auf die differenzierten Rollen des Lehrkörpers als auch im Hinblick auf die fachliche Beratung der Studierenden, deren wichtigste Anlaufstelle sie ist. In ihrer inhaltlich-konzeptionellen Arbeit wird die Studiengangleitung durch die *wissenschaftliche Gesamtleitung* eines Studiengangs unterstützt, die an der DUW jeweils durch eine Professur wahrgenommen wird. Die wissenschaftliche Gesamtleitung hat vor allem in der Konzeption, Entwicklung und qualitätsentwickelnden Begleitung des Studiengangs eine wesentliche Rolle inne. So entstehen die meisten Studienangebote über die Berufsfeld- und Praxiskontakte sowie die wissenschaftlichpraxisbezogenen Arbeiten dieser wissenschaftlichen Gesamtleitung. Neben dem Einbringen eines einschlägigen Kontaktnetzes und der Formulierung einer ersten Angebotsskizze ist es zudem Aufgabe der wissenschaftlichen Gesamtleitung, die Auseinandersetzung mit dem Berufsfeld in immer neuen Kommunikationsformen nicht abreißen zu lassen und darauf zu achten, dass die Zusammensetzung des Lehrkörpers in entsprechender Weise sowohl den Wissenschafts- als auch den Praxisbezug widerspiegelt. Unterstützt wird die wissenschaftliche Gesamtleitung dabei meistens durch einen *Fachbeirat,* der die Entwicklung und Durchführung eines Studiengangs begleitet. Hier wird darauf geachtet, prominente Vertreterinnen und Vertreter des

Praxisfeldes zu gewinnen, die gleichzeitig Interesse an einer inhaltlichen Entwicklung passgenauer Weiterbildungsangebote haben. Sie werden in einer für sie zeitlich passenden Form dafür gewonnen, immer auch einen „evaluierenden Blick" auf den Studiengang aus Sicht des Praxisfeldes zu werfen. Nicht zuletzt hat die Erstellung des Lehrmaterials im Blended-Learning-Modell der DUW einen hohen Stellenwert. Die *Verfasserinnen und Verfasser* dieser Studienmaterialien nehmen eine zentrale Position unter den Lehrenden ein, denn die Studienhefte sind die verschriftlichte Lehre der DUW und stellen ein Seminar in Schriftform dar. Die didaktisch aufbereiteten Studienhefte werden in Abstimmung mit der Studiengangleitung erstellt und laufend aktualisiert. Die Autorinnen und Autoren sind in der Mehrzahl Hochschullehrende von Präsenzhochschulen und zu einem kleineren Teil ausgewiesene Expertinnen und Experten aus der Praxis. Sie zeichnen sich durch die erfolgreiche Umsetzung theoretischer Ansätze und Methoden in ihrer jeweiligen beruflichen Praxis aus und stehen in besonderer Weise für das Gelingen des Praxishandelns. In einigen Fällen werden Studienhefte von Autorenteams verfasst (in der Regel bestehend aus einer Hochschullehrerin oder einem Hochschullehrer und einer Expertin oder einem Experten aus der Praxis).

4. Aufgaben für die Personalentwicklung

Im Hinblick auf die Entwicklung von Weiterbildungsangeboten hat die wissenschaftliche Leitung, wie bereits angedeutet, zumeist die Funktion, im Austausch mit dem jeweiligen Praxisfeld die Angebotsentwicklung zu initiieren. Das setzt aber voraus (dies zeigt sich an den meisten erfolgreichen hochschulischen Weiterbildungsangeboten), dass es sich um Wissenschaftlerinnen und Wissenschaftler handelt, die eine hohe intrinsische Motivation zur Auseinandersetzung mit Berufs- und Praxisfeldern mitbringen, sei es aufgrund ihres angewandten Forschungsverständnisses, sei es aufgrund ihrer speziellen disziplinären Ausrichtung. Das Beziehungs- und Strukturkapital renommierter Hochschullehrender ist ein wichtiger und durch nichts zu ersetzender Teil des Erfolgs von Weiterbildungsangeboten und Voraussetzung für das Gewinnen eines entsprechend ausgewiesenen Lehrkörpers. Die aktive Entwicklungsleistung einzelner Hochschullehrender und ihre intrinsische Motivation zu dieser speziellen Form der Lehre ist eine Ressource, die durch keine Maßnahmen der Weiterbildung ersetzt werden kann. Wenn Weiterbildung sich aber über verdienstvolle Einzelaktivitäten hinaus entwickeln soll, dann stellt sich die Frage, wie ein Engagement in der Weiterbildung auch entsprechend begleitet und belohnt werden kann. Hier spielt insbesondere die Verankerung von Kriterien eine wichtige Rolle, die den Erfolg einer hochschulischen Einrichtung messen. Hier muss sich das Engagement in der Weiterbildung ebenso niederschlagen wie in den individuellen, die akademische Laufbahn bestimmenden Karrierekriterien für Nachwuchswissenschaftlerinnen und -wissenschaftler. Mittelfristig wird eine differenzierende Schwerpunktsetzung innerhalb einer Hochschullehrendenkarriere für eine zunehmende Professionalisierung auch im Weiterbildungsbereich notwendig sein.

5. Die Studiengangleitung verlangt vielfältige Kompetenzen

Für hauptamtliche Studiengangleitungen auf Postdoc-Level sind insbesondere die Kompetenz im Projektmanagement, die Bereitschaft zur Beschäftigung mit Vertriebsformen und Marktforschung sowie die Freude an der Auseinandersetzung mit der Praxis von großer Bedeutung. Auch die Rückbindung an die angewandte Forschung ist ein wesentlicher Aufgabenbereich der Studiengangleitung, wobei hier zusätzlich auf spezialisiertes Forschungspersonal zurückgegriffen werden muss. Denn die Studiengangleitung hat die wichtige Aufgabe, tatsächlich forschungsbasierte Weiterbildung zu ermöglichen, indem sie die forschungsorientierten Zugänge mit dem aktuellen Lehrgeschehen verknüpft. Da die Studiengangleitung das „kommunikative Herz" eines Studiengangs ist, hat außerdem die Verknüpfung der wissenschaftlich-inhaltlichen Fachkenntnisse mit sozial-kommunikativen Fertigkeiten große Bedeutung. Eine wesentliche Aufgabe ist zudem die Entwicklung und Weiterentwicklung einer entsprechenden Lernarchitektur. Spezielles Know-how in der Didaktik von Weiterbildung ist unerlässlich, wobei es vor allem um die Gestaltung der „Gesamtarchitektur" und das „Orchestrieren" der verschiedenen Rollen des Lehrkörpers geht. Auch die Vorbereitung auf diese einzelnen Rollen im Lehrkörper ist Aufgabe der Studiengangleitung: Autorinnen und Autoren von Studienmaterialien müssen entsprechend begleitet und durch Lektoratsarbeit unterstützt werden. Ähnliches gilt für den Bereich des onlinebasierten Lernens: Es sind entsprechende didaktische Konzeptionen (ausgerichtet nach kleinen oder großen Gruppen, nach der Reflexion von Praxisberichten oder der Entwicklung von Social Skills) in gemeinsamen hochschuldidaktischen Weiterbildungen zu vertiefen und die Erfahrungen, welche die Fachtutorinnen und E-Tutoren aus anderen Zusammenhängen mitbringen, auf die speziellen Anforderungen und das spezifische Modell der jeweiligen Hochschule anzupassen. In Präsenzveranstaltungen mit berufserfahrenen Studierenden bewähren sich in der Regel nur Hochschullehrende, die sehr viel Kontakt mit der Praxis haben, sodass die erfahrenen Studierenden den Eindruck gewinnen, dass sie tatsächlich in ihrer Berufserfahrung verstanden und ernst genommen werden. Auch hier geht es wieder darum, verschiedene Arten von „praktischer" Erfahrung (z.B. auch in Form von Kamingesprächen mit ausgewiesenen Praktikerinnen und Praktikern) mit den Erfahrungen wissenschaftlich orientierter Expertinnen und Experten des jeweiligen Berufsfeldes zu verknüpfen.

6. Hochschulische Weiterbildung – Testzone für die Hochschule der Zukunft

Insgesamt löst ein systematischeres Engagement in der hochschulischen Weiterbildung einen Bedarf an spezialisierter hochschuldidaktischer Weiterbildung aus. Die Investition in den weiterbildenden Lehrbereich ist aber auch von hohem Wert für den grundständigen Bereich, da mittelfristig die Grenzen zwischen sogenannten grundständigen und weiterbildenden Studierenden ohnehin verschwimmen werden. Die Lifelong-Learning-Institution Hochschule wird nur noch verschiedene Lernende in unterschiedlichen Lebensphasen unterscheiden, die unterschiedliche Vorerfahrungen aufweisen, sich aber alle im Erwachsenenalter befinden und verschiedene Anforderungen zeitlich und organisatorisch miteinander verknüpfen müssen. Die in der Weiterbildung gewonnenen Erfahrungen werden insgesamt dem Lehrbetrieb einer modernen Universität zugutekommen. Insofern kann Weiterbildung auch als eine Testzone für eine stärkere Ausrichtung der Hochschulen an den unterschiedlichen Bedürfnissen vielfältiger Zielgruppen angesehen werden. Besonders engagierte Lehrende in der Weiterbildung können im Übrigen von äußerst interessanten Impulsen für ihre Forschungsarbeit berichten, sodass die derzeit manchmal noch unterstellte Dichotomie zwischen jenen, die im Forschungsbetrieb arbeiten, und jenen, die sich in der Weiterbildung engagieren, mittelfristig insbesondere für den Bereich der angewandten Forschung nicht mehr zu konstatieren sein wird.

Literatur

BMBF (2011): *Wettbewerb: Aufstieg durch Bildung: offene Hochschulen*, Berlin. http://www.wettbewerb-offene-hochschulen-bmbf.de (zuletzt am 22.05.13).
DUW (2012): *Modulhandbuch „Masterstudiengang Bildungs- und Kompetenzmanagement"*, Berlin.
Erpenbeck, John/Heyse, Volker (2007): *Die Kompetenzbiographie. Wege der Kompetenzentwicklung*, 2., aktualisierte und überarbeitete Auflage, Münster u.a.O.
Hanft, Anke/Knust, Michaela (Hrsg.) (2007): *Weiterbildung und lebenslanges Lernen in Hochschulen. Eine internationale Vergleichsstudie zu Strukturen, Organisation und Angebotsformen*, Münster u.a.O.
Kerres, Michael et al. (Hrsg.) (2012): *Studium 2020. Positionen und Perspektiven zum Lebenslangen Lernen an Hochschulen*, Münster u.a.O.
Schuetze, Hans G./Slowey, Maria (Hrsg.) (2012): *Global Perspectives in Higher Education and Lifelong Learning*, London (Routledge).
Wilkesmann, Uwe et al. (2012): *Abweichungen vom Bild der Normalstudierenden – Was erwarten Studierende?*, in: Kerres, Michael et al. (Hrsg.) (2012): *Studium 2020. Positionen und Perspektiven zum Lebenslangen Lernen an Hochschulen*, Münster u.a.O., S. 59–81.
Wolter, Andrä (2011): *Die Entwicklung wissenschaftlicher Weiterbildung in Deutschland. Von der postgradualen Weiterbildung zum lebenslangen Lernen*, in: Beiträge zur Hochschulforschung, 33. Jg. (4), S. 8–34.

Eva Cendon

Reflective Learning und die Rolle der Lehrenden

> "But the promise of the student's higher education is realized when the student is able to raise him(-) or herself out of that state of 'delight' (…) and to reflect on what he or she is doing and thinking. Only in that moment of self-reflection can any real state of intellectual freedom be attained; and then only to a limited degree. Only through such a position of critical self-evaluation can the restricted epistemological validity of one's position, and its possible ideological strains, be recognized for what it is. Only through becoming a continuing 'reflective practitioner' can the student – and graduate – avoid succumbing naively to conventional 'wisdom'. And only in that way will the student gain a measure of personal integrity." (Barnett 1990, S. 160)

Reflexionsfähigkeit ist eine der immer wieder als zentral herausgestellten Kompetenzen von Hochschulabsolventinnen und -absolventen. Mit Blick auf die lange Tradition und auf aktuelle Entwicklungen im Hochschulbereich lässt sich festhalten: Wenn Lernende neben dem disziplinären Fachwissen etwas lernen sollten, dann Reflexionsfähigkeit, Argumentation und kritisches Denken (vgl. Pellert 1999, S. 55). Der eingangs zitierte Hochschulforscher Ron Barnett stellt Reflexion im Sinne einer kritischen Auseinandersetzung mit dem eigenen Wissen als *das* zentrale Moment des hochschulischen Lernens heraus und betont die Notwendigkeit, dass Lernende zu Reflective Practitioners werden (vgl. Barnett 1990, S. 160).

Eine Beobachtung der Autorin ist der Umstand, dass auf die zentrale Rolle der Lehrenden wenig(er) Augenmerk gerichtet wird. Während auf die bildungspolitisch aktuellen Themen Kompetenzentwicklung und Lernergebnisorientierung zumindest auf curricularer Ebene reagiert wird mit dem Versuch, den Fokus auf die Lernenden – im Sinne der Lernendenzentrierung – zu richten, bleibt die sich damit wandelnde Rolle der Lehrenden im Hintergrund. Und dies, obwohl sie als Mittlerinnen und Mittler die Lernprozesse der Lernenden begleiten und fördern müssen.

Dieser Beitrag stellt eine Verknüpfung zwischen Reflexion, der Notwendigkeit der entsprechenden Gestaltung von Lehr-Lern-Prozessen und der Rolle der Lehrenden her. Dabei wird auf Texte von Jennifer Moon Bezug genommen, die sich seit über einem Jahrzehnt im angloamerikanischen Raum in Theorie und Praxis mit Reflexion, reflexivem Lernen und kritischem Denken befasst. Sie beleuchtet damit verbundene Anforderungen an Konzeption, Durchführung und Beurteilung von Lernprozessen vor dem Hintergrund der bildungspolitischen Entwicklungen. Zudem werden die Erfahrungen der Autorin als Mit-Entwicklerin eines Studienmodells, welches das Konzept des Reflective Practitioner von Donald A. Schön (1983) in den Mittelpunkt des Lehr-Lern-Verständnisses stellt und Reflexion als zentrales Element im Lehr-Lern-Prozess betont, sowie ihre eigene Rolle als Lehrende einbezogen. Diese Erfahrungen bieten den Kontext, um akademische Lehrkompetenz in der wissenschaftlichen Weiterbildung als Begleitung von Reflexionsprozessen zu konkretisieren.

1. Reflexion

Zunächst ist die Frage zu stellen: Was bedeutet Reflexion? In einer ersten Annäherung lässt sich Reflexion mit Jennifer Moons Worten folgendermaßen umschreiben (2004, S. 4):

> "... a form of mental processing with a purpose and/or an anticipated outcome that is applied to relatively complicated or unstructured ideas for which there is not an obvious solution. This suggests close association with, or involvement in, learning and the representation of learning."

Reflexion ist der Umgang mit bereits Vorhandenem und stellt eine Form der kognitiven Bearbeitung, Weiterverarbeitung oder Strukturierung von komplexen Ideen oder Konzepten dar, wobei das betrachtete Material größtenteils bekannt ist (vgl. Moon 2008, S. 128). Grundsätzlich kann dabei Reflexion unterschiedliche zeitliche Perspektiven haben: Sie kann sich auf Vergangenes, auf Gegenwärtiges oder auf Zukünftiges beziehen (vgl. van Manen 1995). Um die unterschiedlichen Qualitäten von Reflexion sichtbar zu machen, ist folgende Kategorisierung von Max van Manen hilfreich. Diese Kategorisierung ist hierarchisch, denn die einzelnen Kategorien bilden auch einen Entwicklungsprozess ab (vgl. Moon 2004, S. 62):

Reflexion lässt sich ganz grundlegend als Denken und Handeln auf Basis des gesunden Menschenverstandes einordnen und damit als basale Abwechslung von Reflexion und Aktion. In einer nächsten Stufe fokussiert Reflexion auf Vorgänge und Ereignisse. Diese Art der Reflexion ist differenzierter und weist in die Richtung einer Reflexion über die Handlung (vgl. Schön 1983). Reflexion kann sich in einer dritten Kategorie auf persönliche Erfahrung oder die Erfahrung anderer beziehen. Hier handelt es sich um eine systematische Reflexion mit dem Ziel, ein neues Verständnis zu erreichen. Dabei können mehrere Ereignisse gemeinsam oder die Ergebnisse einer Reflexion erneut reflektiert werden. In eine vierte Kategorie schließlich lässt sich Selbstreflexion fassen. Hier findet Reflexion über die Reflexion selbst statt und beinhaltet Reflexion über das eigene Wissen und damit Metakognition.

2. Lernen

Lernen und Reflexion lassen sich für Lehrende nur aus ihrer Repräsentation – unabhängig davon, in welcher Form diese erfolgt – ablesen. Über die Beschreibung der Repräsentation von Lernen wiederum lassen sich Entwicklungsstufen des Lernens identifizieren. In Bezug auf das Zusammenspiel von Lernen und Reflexion und die Rolle der Lehrenden ist das folgende, von Jennifer Moon entwickelte Stufenmodell im Sinne einer Landkarte des Lernens („Map of Learning") hilfreich (vgl. 2004, S. 141–146; 2001, S. 6):

Tabelle 1: Landkarte des Lernens (adaptiert nach Moon 2004, S. 138)

Art des Lernens	Stufen des Lernens	Repräsentation des Lernens	Rolle der/des Lehrenden
Oberflächenlernen (Surface Learning)	bemerken	auswendig gelernte Repräsentation	Vermittler/Vermittlerin
	Sinn geben	kohärente Reproduktion ohne Verknüpfung zu weiteren Ideen	Verknüpfer/ Verknüpferin
tiefes Lernen (Deeper Learning)	Bedeutung geben	Ideen integriert, miteinander verbunden, Anzeichen einer ganzheitlichen Perspektive	Feedbackgeberin, Mittlerin zwischen Wissenswelten
	Arbeiten mit Bedeutung	bedeutungsvolle Darstellung, Einbezug von weiterem Wissen, reflexiv	Coach oder Beraterin
	transformatives Lernen	kritischer Überblick über Wissen, eigenes Wissen und Wirken in Relation, Eigensinn, Kreativität	Mentorin/Mentor

In der dargestellten Landkarte des Lernens ist das *Bemerken* die am wenigsten differenzierte Art von Lernen. Auf dieser Lernstufe werden von den Lernenden unverbundene Informationen aufgenommen und benannt. Die Repräsentation des Gelernten auf dieser Lernstufe erfolgt durch eine Reproduktion des Gelernten – Abweichungen ergeben sich aus dem Vergessen oder aus Ungenauigkeiten der Wiedergabe. Eine zentrale Funktion der oder des Lehrenden ist auf dieser Lernstufe, das Lernmaterial den Lernenden näherzubringen, d.h. als Vermittlerinnen oder Vermittler ihre Aufmerksamkeit zu wecken.

Auf der zweiten Lernstufe, dem *Sinn-Geben*, werden sich die Lernenden bewusst, dass die gelernten Ideen einen gewissen Zusammenhang aufweisen. Dadurch wird eine Verknüpfung einzelner Informationen möglich. Der Zugang bleibt allerdings oberflächlich, Bezüge zu bereits vorhandenem Wissen können noch nicht hergestellt werden. Die Repräsentation des Gelernten erfolgt durch eine kohärente Wiedergabe, die weder mit weiteren Ideen verknüpft noch weiterverarbeitet wird. Die Rolle der Lehrenden besteht darin, als Verknüpfer bzw. Verknüpferinnen diesen Überblick über das Lernmaterial zu unterstützen und das Schlussfolgern zu fördern; dies aber ohne die weiteren Gedankengänge und Argumentationen der Lernenden einzubeziehen. Lehren bleibt somit „surface teaching" (Moon 2004, S. 142), also an der Oberfläche.

Auf der Lernstufe *Bedeutung geben* beginnt der tiefere Zugang zum Lernen. Die Lernenden bekommen ein Verständnis für die Bedeutung der Inhalte, Lernen wird im Rahmen der gelernten Inhalte bedeutungsvoll. Im hochschulischen Kontext ist diese Stufe die Basis für ein produktives Anwachsen und Vertiefen des Gelernten über einen bestimmten Zeitraum hinweg. Jennifer Moon konkretisiert dies folgendermaßen: "It allows the building of an understanding of the discipline." (2004, S. 143) Die Repräsentation des Gelernten zeigt sich bei den Lernenden in Ideen und Konzepten, die integriert und gut miteinander verbunden sind, sowie in ersten Anzeichen für eine ganzheitliche Perspektive. Die Rolle der Lehrenden besteht darin, die Lernenden dabei zu unterstützen, das neu Erlernte mit bereits Gewusstem in Beziehung zu setzen. Zur Verknüpfung von vorhandenem Wissen und neuem disziplinären Wissen eignen sich Diskussionen, Tutorien und das Feedback an Lernende. So lässt sich das Herstellen von Verbindungen zwischen den unterschiedlichen Wissensarten gewinnbringend unterstützen.

Ab der vierten Stufe des Lernens, dem *Arbeiten mit Bedeutung*, ist es nicht mehr notwendig, dass die Lernenden mit dem Lernmaterial konfrontiert werden. Das Gelernte ist nun Teil der kognitiven Struktur der Lernenden und hat Potenzial, weitere Lernprozesse in Gang zu setzen. Die Lernenden greifen dafür vielleicht zu externen Ressourcen. Der wichtige Prozess auf dieser Stufe ist das Arbeiten mit der Bedeutung des Vorhandenen, um daraus ein vertieftes Verständnis zu erreichen und Gedanken zu einzelnen Fragestellungen zu klären. Dies kann vom einfachen Überdenken und Durcharbeiten des Gelernten bis hin zum Hervorbringen neuer Ideen und Konzeptionen reichen. Jennifer Moon fasst die zentrale Bedeutung dieser Stufe wie folgt zusammen: "The ability to work with meaning and generate new meaning is fundamental to a deep learning approach and the generally accepted functions of a higher education system." (2004, S. 145) Die Repräsentation von Lernen beinhaltet im besten Fall eine bedeutungsvolle Darstellung, die weiteres persönliches und disziplinäres Wissen auf eine Art einbezieht, die auf Vorwegnahme und Reflexion hindeutet. Die Rolle der Lehrenden ist dabei jene eines Coachs oder einer Coachin: Generieren von Ideen, Beratung, Formulieren von Fragen, die das Arbeiten mit Bedeutung fördern, sowie das Geben von Zwischenfeedback sind zentrale Aufgaben.

Auf der Stufe des *transformativen Lernens* zeigen die Lernenden, dass sie in der Lage sind, ihre Referenzrahmen, also ihr eigenes Wissen und das Wissen anderer sowie den Prozess des Wissens selbst, zu evaluieren. Dieser Prozess erfordert mehr Kontrolle über die eigene kognitive Struktur sowie mehr Klarheit in den Lernprozessen und in der Art und Weise, wie dieses Lernen repräsentiert wird, als auf der Stufe des *Arbeitens mit Bedeutung*. Lernende auf dieser Stufe sind von sich aus motiviert. Sie können sich Unterstützung von Diskussionen und von Umgebungen ableiten, in denen ihre Ideen und Konzepte von anderen geprüft und kritisiert werden. Die Repräsentation von Lernen auf dieser Stufe zeigt sich im Vermögen der oder des Lernenden, einen kritischen Blick auf Wissen einzunehmen und das eigene Wissen und Wirken in Relation dazu setzen zu können – und dies mit Eigensinn und Kreativität. Die Rolle von Lehrenden als Mentor oder Mentorin, der bzw. die den Lernprozess bis zu dieser Stufe unterstützen kann, könnte darin bestehen, die Lernenden bei der Entwicklung ihrer Fähigkeiten zu begleiten und zu fördern. Jennifer Moon formuliert dies so: "In formal education terms, 'transformative learning' is the place of intellectual excitement and of the deeply satisfying discourse that can occur in good-quality tutorial work." (2004, S. 146)

3. Reflexives Lernen

Reflexion ist nicht auf jeder Stufe von Lernen möglich; vielmehr erfordert es eine über das einfache Aneignen von Informationen hinausgehende Auseinandersetzung mit diesen. Ausgehend von dem beschriebenen Modell lassen sich mehrere Verbindungen zwischen Reflexion und Lernen herstellen (vgl. Moon 2001, S. 6). Reflexion findet bei den schon genannten Stufen des Lernens statt, die dem tieferen Lernen zuzuschreiben sind: *Bedeutung geben, Arbeiten mit Bedeutung* und *transformatives Lernen*. Wenn Lernende das Gelernte präsentieren – beispielsweise durch das Halten eines Vortrags, das Malen eines Bildes oder das Schreiben eines Essays – durchlaufen sie in der (Wieder-)Aufarbeitung des Gelernten einen reflexiven Lernprozess. Das Ausbauen von Erlerntem durch das Zurückgehen zu Ideen, die auf der untersten Stufe gelernt wurden, und das Wiederaufbereiten dieser Ideen durch Reflexion ist eine weitere Verbindung. Dabei werden diese Ideen mit aktuellen Erkenntnissen zusammengeführt.

Darüber hinaus gibt es weitere Gründe dafür, warum Reflexion für das Lernen eine so wichtige Rolle spielt (vgl. Moon 2001, S. 7): Reflexion entschleunigt die Aktivitäten und erlaubt den Lernenden, über das Gehörte, das Gelesene oder das Gesehene nachzudenken. Deshalb ist es im Rahmen von Lernprozessen wesentlich, dass Lehrende sicherstellen, dass es immer wieder Pausen zur Reflexion gibt. Reflexion erlaubt den Lernenden, das Erlernte stärker in Besitz zu nehmen, es für sie sinnstiftender zu machen und ihr Verständnis dafür zu verbessern. Sie stärkt damit auch die Positionierung der Lernenden gegenüber dem Erlernten. Des Weiteren unterstützt Reflexion das Lernen, indem sie die Metakognition fördert, also das Bewusstsein für die eigene kognitive Arbeitsweise. Und, nicht zuletzt, fordert Reflexion Lernen heraus – durch die Bearbeitung von kompliziertem oder schlecht strukturiertem Material verbessern Lernende ihre kognitiven Fähigkeiten.

Reflexives Lernen hat zwei Aspekte. Zum einen hat es einen ordnenden Aspekt: Es dient dazu, komplexe Wissensmengen zu ordnen, zu strukturieren und damit die Komplexität zu reduzieren. Zum anderen hat es einen akkumulierenden Aspekt: Es dient dazu, bereits Gelerntes und Gewusstes neu zusammenzusetzen, neue Zusammenhänge zu erkennen, Anschlussstellen zu finden und daraus Neues zu lernen. Unterschiedliche Arten der Reflexion ermöglichen somit verschiedene Erkenntnisse. Reflexives Lernen hängt, wie andere Arten des Lernens auch, auf vielfältige Weise mit Emotionen zusammen. So können Emotionen – positive wie negative – Anlässe oder Auslöser für Reflexion sein. Aber auch die Reflexion selbst kann Auslöser für Emotionen sein, in der Auseinandersetzung mit oder durch Infragestellen von Einstellungen und Werthaltungen. Emotionen können kognitive Prozesse erleichtern oder verändern – ein Beispiel dafür ist das Aufgehen in Tätigkeiten, welches als Phänomen des Flow bezeichnet wird. Und Emotionen zeigen sich nicht zuletzt in der emotionalen Intelligenz, hier verstanden als das Vermögen, sich in die Gefühlszustände anderer hineinzuversetzen. Insgesamt, und das ist das Wesentliche dieser Form von Lernen, beinhaltet reflexives Lernen die Möglichkeit, sich selbst im

Verhältnis zu seinem Wissen sowie zur Qualität seines Wissens einzuschätzen und weiterzuentwickeln. Ziel dabei ist es, unabhängiges Urteilen zu erreichen.

In seiner tiefsten Ausprägung erlaubt reflexives Lernen, unterschiedliche Perspektiven bewusst einzunehmen. Es ermöglicht die Auseinandersetzung mit wichtigen vorgängigen Erfahrungen, Metakognition sowie das Einbeziehen eines breiteren Kontextes der betrachteten Sachverhalte. Zugleich besteht ein Bewusstsein für die Möglichkeiten der Einflussnahme durch Emotionen. Während oberflächliches reflexives Lernen eher explorativen Charakter hat, geht es bei tiefem reflexivem Lernen um die Identifizierung und Bewertung von Sachverhalten. Jennifer Moon betont dabei die Nähe zu kritischem Denken: "… in particular, it seems that the development[s] of effective reflection and critical thinking are both contingent on the progression of the learner away from an absolutist position and towards contextual knowing." (2008, S. 129)

4. Reflexion an einer Weiterbildungsuniversität

Reflexion und Reflexionsfähigkeit sind wichtige Qualitäten hochschulischen Lernens, und – so sollten die Ausführungen zu Arten des Lernens und reflexivem Lernen zeigen – sie erfordern eine bestimmte Tiefe und Qualität von Lernen. Insbesondere die Verknüpfung von unterschiedlichen Wissensbeständen und das daraus zu generierende neue Wissen stellen höchste Ansprüche an die Lehr-Lern-Prozesse. An einer Universität für Weiterbildung, an der Lernende dazu angehalten werden, ihre beruflichen Erfahrungen mit akademischem Wissen im Rahmen eines berufsbegleitenden weiterbildenden Studiums zu verbinden, sind die (Weiter-)Entwicklung von Reflexionsfähigkeit und das reflexive Lernen zentrale Elemente. Handlungsleitend ist hier das Konzept des Reflective Practitioner des US-amerikanischen Philosophen Donald A. Schön. Schön, der sich auf Arbeiten von John Dewey bezog (vgl. Schön 1983, S. 357), stellte das reflexive professionelle Handeln in den Mittelpunkt seiner Ausführungen. Er plädierte für ein Modell reflexiver Praxis, das auf der Gleichwertigkeit von Theorie und Praxis beruht und das er auf drei Ebenen beschrieb – wie Wolf Hilzensauer (2008, S. 4f.) treffend zusammenfasst: „… sich die eigenen Erfahrungen zu Nutze zu machen (*looking to our experiences*), diese mit unseren Gefühlen zu koppeln (*connecting with our feelings*) und sich dabei auf die uns bekannten Theorien zu beziehen (*attending to our theories*)". Im Studienmodell wird dieser Anspruch durch die Einbeziehung von Reflexion als zentrales Element des Lernens übernommen. Dies geschieht beispielsweise durch die systematische Reflexion von praktischen Theorien der Lernenden als „theories-in-use" (Argyris/Schön 1974, S. 15) zum Zweck einer theoriebasierten und gleichzeitig berufsbezogenen Weiterentwicklung. In diesem Setting ändert sich auch die Rolle der Lehrenden. Sie lernen gemeinsam mit den Lernenden im Wechselspiel von Theorie und Praxis sowie von den Lernenden bzw. von deren Handlungswissen und professioneller Expertise. Daraus folgt, dass die Lehr-Lern-Prozesse nicht mehr nur durch ein hierarchisches

Verhältnis geprägt sind, welches durch den Wissensvorsprung der Lehrenden gekennzeichnet ist, sondern dass zwischen Lehrenden und Lernenden vielmehr ein kooperatives und kollaboratives reflexives Lernen als Partnerinnen und Partner im Lernprozess möglich wird.

5. Prinzipien für reflexives Lernen

Reflexives Lernen lässt sich an einigen generellen Prinzipien für die Gestaltung von Lehr-Lern-Prozessen festmachen. Im Folgenden wird versucht, ausgehend von den allgemeinen Prinzipien, die Jennifer Moon zu kritischem Denken entwickelt hat (vgl. 2008, S. 130–134), eine Bündelung von Reflexion und reflexivem Lernen, das eine große Nähe zu kritischem Denken aufweist, vorzunehmen (vgl. ebd., S. 129). Wo erforderlich, wird eine Konkretisierung zum Umgang mit Weiterbildungsstudierenden vorgenommen.

Lehrende als Mittlerinnen und Mittler: Ein erstes wichtiges Prinzip für den Umgang mit Lernenden: Niemand kann eine andere Person reflexiv oder kritisch denkend „machen", daher kann die Rolle des oder der Lehrenden nur eine unterstützende, vermittelnde sein. Für die Lehrenden geht es nicht darum, auf das eigene Wissen zu fokussieren, sondern darum, die Lernenden zu ermuntern, mit ihrem eigenen Wissen zu arbeiten – dies in einem Prozess des „connected teaching" (Moon 2008, S. 131).

Unterschiedliche Strategien der Unterstützung: Es gibt unterschiedliche Strategien, um reflexives Lernen und damit auch kritisches Denken zu befördern. Zum Teil wird der Zugang in eigenen Kursen gelegt, zum Teil als Querperspektive in alle Kurse und Lehrveranstaltungen integriert. Wichtig ist, dass die Förderung von reflexivem Lernen und kritischem Denken von allen Lehrenden mitverantwortet und mitgetragen wird. Durch einen möglichst breiten Ansatz (vgl. Jenert 2008, S. 12–14) bzw. die Bündelung unterschiedlicher Strategien können die Lernenden ihr Denken und Lernen entlang der einzelnen Stufen des Lernens weiterentwickeln.

Weiterentwicklung der Denkart: Die Weiterentwicklung von einem absoluten Wissen in Richtung eines kontextualen Wissens lässt sich mit dem „Herauslocken" der Lernenden aus ihren „Komfortzonen des Wissens" unterstützen. Damit ist auch gemeint, dass Lehrende die Lernenden dazu bringen, ihre Denkarten, die sich gerade bei Weiterbildungsstudierenden auch im Rahmen ihrer professionellen Praxis herausgebildet haben, zu überprüfen und weiterzuentwickeln bzw. neu zu strukturieren und zu kontextualisieren.

Schaffen einer offenen Atmosphäre: Das Erkennen von möglichen Hindernissen ist ein erster Schritt, um reflexives Lernen und damit kritisches Denken zu fördern. So verhindert zu Beginn oft der Respekt vor dem akademischen Kontext, der Sprache und dem Expertenwissen der Lehrenden den aktiven Austausch und die Auseinandersetzung mit den eigenen Denkkonzeptionen. Auch Weiterbildungsstudierende, die nach einigen Berufsjahren wieder an die Hochschule zurückkehren und ihre damaligen Lernerfahrungen mitbringen, oder Lernende ohne ersten Hochschulabschluss, für die der akademische Kontext und die Atmosphäre neu sind, zeigen sich zu Beginn oft verunsichert. Hier ist entscheidend, wie die ersten Interaktionen ablaufen und inwieweit die Lehrenden in ihren Kommentaren zeigen, dass ein respektvoller Umgang möglich und Offenheit für die Fragen und die Beiträge der Lernenden vorhanden ist.

Der geschützte Klassenraum: Eng verknüpft mit dem vorherigen Prinzip ist der geschützte Raum, den die Lernenden vorfinden: Das Verlassen von Komfortzonen wird nur dann gelingen, wenn ein entsprechender Rahmen es ermöglicht, Ideen zu entwickeln, Problemstellungen herauszukristallisieren und zu konkretisieren und sich dabei auch selbst auszuprobieren. Für (Weiterbildungs-)Studierende heißt das, sehr unterschiedliche Zugänge kennenzulernen und eine grundsätzlich tolerante Haltung gegenüber anderen Perspektiven zu entwickeln. Dieser Rahmen ermöglicht reflexives Lernen und kritisches Denken.

Interaktion zwischen den Lernenden: Lernen und Denken als soziale Prozesse benötigen Interaktion. Im Sinne einer gemeinsamen Wissensproduktion ist der Austausch zwischen den Lernenden essenziell. Darüber hinaus unterstützt das mehrperspektivische Wahrnehmen eines Problemfeldes den Übergang zu einem kontextualen Denken. Für Weiterbildungsstudierende haben diese beiden Punkte eine besondere Bedeutung: Zum einen sind sie in ihrer professionellen Umgebung gefordert, immer wieder mit unterschiedlichen Akteurinnen und Akteuren gemeinsam Wissen zu konstruieren und können so im hochschulischen Kontext ihre Mit-Lernenden als Peers einbeziehen. Zum anderen ist in Bezug auf professionelle und disziplinäre Hintergründe das Kennenlernen der unterschiedlichen Perspektiven und Wahrnehmungen förderlich für die kritische Auseinandersetzung mit den eigenen „blinden Flecken".

Kontinuität im Reflexionsprozess der Lernenden: Damit Reflexion zu einem wichtigen Element im Denk- und Lernprozess der Lernenden wird und es auch bleibt, ist es wichtig, sie in das Lehr-Lern-Geschehen kontinuierlich einzubinden, beispielsweise über regelmäßige Reflexionsrunden in Lehrveranstaltungen bis hin zu Lerntagebüchern, (E-)Portfolios oder Selbsteinschätzungen. Wichtig sind dabei ein roter Faden sowie Kontinuität. Für Weiterbildungsstudierende bietet sich hier als wesentlicher Anknüpfungspunkt die Verschränkung von Theorie und Praxis an.

Schreiben als zentrales Element für reflexives Lernen: Lehrende sind auf die Repräsentation von Reflexion angewiesen. Insofern ist die Verschriftlichung eine wichtige Form der Repräsentation – und bei großen Studierendenzahlen auch besonders hilfreich. Zudem unterstützt der Prozess des Schreibens die Lernenden bei einer Reflexion zweiter Ordnung, d.h. bei einer Reflexion über bereits Reflektiertes zu einem späteren Zeitpunkt (vgl. Moon 2001, S. 14). Darüber hinaus ist diese Reflexion der zweiten Ordnung, vor dem Hintergrund der Theorie-Praxis-Verschränkung bei Weiterbildungsstudierenden, auch eine gute Vorbereitung auf deren Praxisforschungsarbeiten im Laufe des Studiums.

Definition von reflexivem Lernen im Kontext: Wichtig ist es, kontextbezogen zu klären, was reflexives Lernen heißt, sodass alle Beteiligten – Lehrende und Lernende – wissen, worauf sie sich beziehen. So kann sich reflexives Lernen für Weiterbildungsstudierende beispielsweise an dem Modell des Reflective Practitioner von Donald A. Schön (1983) orientieren und eine Reflexion der beruflichen Praxis als zentrales Element reflexiven Lernens mit einschließen. Für Lernende ist wichtig, dass Reflexion und reflexives Lernen veranschaulicht werden – am besten anhand konkreter Beispiele. So wird es möglich, Reflexion vom individuellen Prozess zum akademischen Prozess zu machen. Ein gemeinsames Verständnis darüber, was Reflexion und Reflexionsfähigkeit sind und woran sie sich zeigen, schafft auch die Voraussetzung für die Beurteilung von Reflexion.

Beurteilung als Unterstützung für reflexives Lernen: Die Beurteilung ist für Lernende oft der Anlass zu Reflexion, unter anderem, weil es um eine Fremdbewertung geht. Als Unterstützung für die Weiterentwicklung von reflexivem Lernen ist die Note aber nur bedingt hilfreich. Unter der Voraussetzung, dass die Beurteilungskriterien klar und für alle transparent sind, ist es viel wichtiger – das zeigen die Erfahrungen mit Weiterbildungsstudierenden – ein entsprechendes Feedback durch die Lehrende bzw. den Lehrenden zu erhalten, das den Lernenden ermöglicht, neue Impulse für die Weiterentwicklung ihrer Reflexionsfähigkeit zu erkennen.

Heterogenität in der Entwicklung zu reflexivem Lernen: Der Reflexionsgrad bei Lernenden ist unterschiedlich – damit müssen Lehrende zurechtkommen und arbeiten. Damit eine Weiterentwicklung möglich ist, soll der bzw. die einzelne Lernende individuell gefordert und gefördert werden, denn manche Lernende benötigen für ihre Weiterentwicklung mehr Unterstützung als andere. Bei Weiterbildungsstudierenden mit zum Teil sehr unterschiedlichen beruflichen und disziplinären Hintergründen erhöht sich die Heterogenität. Daher ist das Finden eines konkreten gemeinsamen Verständnisses von reflexivem Lernen ein wesentliches Moment.

Lehrende zeigen reflexives Lernen: Die Art des Lehrens, des Umgangs mit den Lernenden, die Form der Interaktion, das Feedback und die Beurteilungen: All dies setzt voraus, dass die Lehrenden den Prozess des reflexiven Lernens nicht nur kennen, sondern auch selbst immer wieder beschreiten. Als reflektierende Praktikerinnen und Praktiker müssen sie in der Lage sein, ihre Lehre, das Umfeld, die beteiligten Akteurinnen und Akteure sowie sich selbst immer wieder kritisch zu reflektieren. Im Umgang mit Weiterbildungsstudierenden zeigt sich, dass die Erfahrung und Reflexionsfähigkeit und damit die Fähigkeit, Übersetzungsleistungen in die unterschiedlichen Kontexte, (Unternehmens-)Kulturen und (Fach-)Sprachen im Spannungsfeld von Theorie und Praxis zu erbringen, für Lehrende eine unabdingbare Voraussetzung ist, um reflexive Lehr-Lern-Prozesse erfolgreich zu steuern.

6. Reflexion und die Gestaltung von Lehr-Lern-Prozessen

Wie lassen sich Reflexion und Reflexionsfähigkeit durch die Lehrenden unterstützen? Wie lässt sich Reflexion bei den Studierenden anregen? Dazu finden sich konkrete Vorschläge bei Jennifer Moon (vgl. Moon 2004, S. 175f.):

- *Wenig strukturiertes Material nehmen*: Eine unklare Aufgabenstellung, Situationen oder Fälle aus der Praxis, bei denen beispielsweise erst die Problemstellung herausgefunden werden muss, sind gute Ansätze, um Reflexion anzuregen. Wenn erlernte Analyse- und Handlungskriterien nicht mehr greifen, dann ermöglicht die Reflexion den Lernenden, beispielsweise durch Verknüpfungen neue Wege zu beschreiten.
- *Die richtigen Fragen stellen*: Reflexion wird angeregt durch entsprechende Fragen. Dem Reflexionszyklus von Graham Gibbs (vgl. Roffey-Barentsen/Malthouse 2009, S. 7f.) folgend, lässt sich ein Ereignis so auf unterschiedlichen Ebenen anhand folgender Fragen reflektiert darstellen: Was ist passiert? Was habe ich mir gedacht und was habe ich gefühlt? Was war gut, was war schlecht? Welchen Sinn kann ich aus der Situation ziehen? Was hätte ich anders machen können? Wenn diese Situation wiederkehrt, was werde ich tun?
- *Herausforderungen bieten*: Dies kann sowohl durch unklare Aufgabenstellung, nicht strukturiertes Material als auch durch entsprechende Fragen unterstützt werden. Wichtig ist dabei, dass die Lernenden ihre „Komfortzonen" des bereits Gelernten verlassen müssen und dass das Geforderte über das bereits Bekannte und Gewusste hinausreicht.
- *Aufgaben stellen, die die Integration von vorhandenem Wissen und neu Gelerntem fördern*: Dies fördert die Verknüpfungsleistung und ist insbesondere bei Weiterbildungsstudierenden vor dem Hintergrund der Verschränkung von Theorie und Praxis zentral. Die Integration ermöglicht den Lernenden, ihr professionelles Wissen anders einzubetten und ihm eine neue Bedeutung zu geben.
- *Aufgaben stellen, die das Ordnen von Gedanken erfordern*: Eine hohe Komplexität von Aufgaben veranlasst Lernende, Strategien zu entwickeln, diese zu strukturieren und zum Teil zusammen, zum Teil getrennt voneinander weiterzuentwickeln, um daraus Neues entstehen zu lassen.
- *Aufgaben stellen, die eine Einschätzung/Bewertung erfordern*: Das Evaluieren von Aufgaben erfordert zumindest einen zweiten Blick auf diese. Konkret erfordert die Rezension eines Buches oder Artikels – neben dem Vermögen, den Text in Kurzform wiederzugeben –, sich mit dem Text vertieft auseinanderzusetzen, sich zu ihm in Bezug zu setzen und die Beurteilung im besten Fall unter der Einbeziehung weiterer Quellen vorzunehmen.

7. Repräsentation durch reflexives Schreiben

Für Lehrende ist zentral, dass die Reflexion der Lernenden sichtbar wird, d.h., es geht um die Repräsentation von Reflexion. Dieses Sichtbarwerden des reflexiven Moments erfolgt zumeist durch Sprache – schriftlich oder mündlich. Die Stufen der Reflexion im hochschulischen Schreiben, die Jenny Moon wie folgt beschreibt, dienen dazu, den Grad der Reflexion anhand der Repräsentation einzuschätzen (2001, S. 12f.):

Beim *beschreibenden Schreiben* werden Ereignisse nur beschrieben. Es gibt abseits der Beschreibung keine weitere Diskussion, d.h., es wird lediglich der Kontext dargestellt. Diese Art von Schreiben beinhaltet keine Reflexion. Auch bei der *beschreibenden Reflexion* handelt es sich um eine Darstellung von Ereignissen, es zeigen sich aber Anzeichen tiefer gehender Überlegungen in weitgehend beschreibender Sprache. Auf die Wahrnehmung unterschiedlicher Blickwinkel oder Standpunkte gibt es noch keinen Hinweis. Die *dialogische Reflexion* deutet ein Heraustreten aus den Ereignissen und Handlungen an und führt zu einer gehobenen Diskursebene. Es gibt Anzeichen für ein erstes Überdenken, einen Diskurs mit sich selbst und eine Erforschung der eigenen Rolle. Die Güte von Urteilen sowie mögliche Alternativen für Erklärungen und Hypothesen werden berücksichtigt. Die Reflexion ist analytisch oder integrativ, und sie verbindet Einflussfaktoren und Perspektiven. Bei der *kritischen Reflexion* schließlich sind sich die Lernenden ihrer eigenen Kontextbezogenheit bewusst. Sie nehmen wahr, dass dieselben Handlungen und Ereignisse in anderen Kontexten mit anderen Erklärungen versehen werden können und somit von vielfältigen historischen und sozio-politischen Einflüssen beeinflusst sind.

Für die Beurteilung von schriftlichen Reflexionsarbeiten sind Fragen zu klären, die an dieser Stelle nur kurz angedeutet werden sollen: Wird ein finales Produkt oder ein Prozess beurteilt? Wird Beurteilung mit einer bewertenden Note kombiniert oder wird sie nur in Form eines Feedbacks gegeben? Erhalten Lehrende Zugriff auf Originalquellen (z.B. Lerntagebücher) oder nur auf einen zu beurteilenden Ausschnitt? Dies alles sind Fragen, die sich Lehrende – insbesondere vor dem Hintergrund ihrer Rolle bei der Unterstützung von reflexivem Lernen – für den konkreten Lehr-Lern-Kontext stellen müssen (vgl. Moon 2006, S. 107–121).

8. Reflexion fördern und fordern

Mit Bezug auf das Stufenmodell von Lernen und die unterschiedlichen Stufen von Reflexion stellt sich die Frage, welche Möglichkeiten Lehrende haben, die Reflexion der Lernenden zu fördern und gleichzeitig zu fordern, sodass eine entsprechende Vertiefung und Weiterentwicklung der Reflexion erreicht werden kann. Im Folgenden sollen Arten von Übungen, konkretisiert durch Beispiele, aufgezeigt werden, die es Lernenden ermöglichen, Reflexion zu vertiefen und weiterzuentwickeln (vgl. Moon 2001, S. 13f.).

1) *Übungen, die es ermöglichen, die eigenen Lernprozesse gewissermaßen von außen zu betrachten:* Bei diesen Übungen schreiben Lernende über ihre eigenen Lernprozesse aus einer kritischen Perspektive – beispielsweise über eine konkrete Lehr-Lern-Situation aus der Perspektive des oder der Lehrenden.
2) *Übungen, die Reflexionen über das gleiche Thema aus unterschiedlichen Perspektiven (von Personen, Institutionen) beinhalten:* Eine Situation wird durch die Lernenden aus unterschiedlichen Perspektiven beleuchtet. So kann eine konkrete Lehr-Lern-Situation aus unterschiedlichen Perspektiven reflektiert werden: zum Beispiel aus derjenigen des bzw. der involvierten Lernenden, der Lehrperson, der Mitstudierenden, weiterer Beteiligter.
3) *Übungen, in denen über dasselbe Thema aus der Sicht unterschiedlicher Disziplinen oder Professionen reflektiert wird:* Die Lernenden nehmen unterschiedliche disziplinäre oder professionelle Standpunkte zu einem Thema ein, beispielsweise beschreiben sie reflexives Lernen aus Sicht einer Neurobiologin, eines Psychologen, einer Sprachwissenschaftlerin oder einer Weiterbildnerin.
4) *Übungen, die den Einfluss emotionaler Reaktionen auf die Reflexion einbeziehen:* Die Lernenden beschreiben ein real erlebtes oder ein fiktives Ereignis, beispielsweise eine Lernerfahrung. Ausgehend von diesem Ereignis verfassen sie fiktive Reflexionen zu unterschiedlichen Zeiten nach diesem Ereignis. Jede Reflexion wird dabei mit einem anderen emotionalen Bezug zum Ereignis – beispielsweise Trauer, Aggression, Freude – geschrieben. Anhand dieser Übung lässt sich zeigen, wie der Gefühlszustand Betrachtungsweisen verändert. Im weiteren Blick auf die Reflexionsfähigkeit erlaubt diese Art der Übung das Erkennen der Konstruiertheit von Wissen und die Problematik rund um die „Richtigkeit" von Schlussfolgerungen.
5) *Kollaborative Methoden, um Reflexion zu vertiefen*: Der Einsatz kollaborativer Methoden mithilfe von *Critical Friends* oder auch im Tandemlernen (vgl. Cendon/Pellert 2011) ist eine wichtige Möglichkeit, um Reflexion insbesondere über einen längeren Zeitraum und mit einem vertrauten Gegenüber zu vertiefen. Die Lernenden als Peers sind sich dabei zugleich unterstützende und kritische Gegenüber – bei Weiterbildungsstudierenden mit oft unterschiedlichen disziplinären und beruflichen Hintergründen. Das methodische Vorgehen und die Rollen müssen dabei genau erläutert werden, sodass das Ziel – Vertiefung der Reflexionsfähigkeit – erreicht werden kann.
6) *Reflexion zweiter Ordnung*: Reflexion zweiter Ordnung liegt immer dann vor, wenn die Lernenden aufgefordert werden, eine vorangegangene reflexive Arbeit zu betrachten und darüber eine reflexive Gesamtdarstellung zu schreiben. Eine Möglichkeit, dies zu tun, ist ein Lerntagebuch mit doppeltem Eintrag: Die eine Hälfte einer Seite wird für die erste Reflexionsschleife verwendet, die andere Seite bleibt zunächst unbeschrieben. Zu einem späteren Zeitpunkt sehen die Lernenden das Geschriebene noch einmal durch und schreiben weitere Kommentare, die aus einem besseren Überblick und einer zweiten Reflexion der ersten Arbeit resultieren.

9. Die Rolle der Lehrenden

Die Ausführungen zeigen, dass selbst in einem in hohem Maße selbst gesteuerten hochschulischen Lernprozess, in dem die Weiterentwicklung von Reflexion im Mittelpunkt steht, die Rolle der Lehrenden zu beachten ist. Lehrende setzen Reflexionsprozesse in Gang und begleiten Lernende bei der Vertiefung der Reflexion. Die Rollen der Lehrenden – als Vermittlerinnen, Verknüpfer, Feedbackgebende, Coaches oder Mentorinnen – verändern sich mit der Lernebene. Was im Bereich weiterbildender Studiengänge zum Teil schon differenzierter gelebt wird, nämlich diese Rollen adäquat auszufüllen und akademische Lehrkompetenz entsprechend zu entwickeln, sollte in der hochschulischen Lehre mehr Aufmerksamkeit erfahren. Dabei kann an bereits Vorhandenes angeknüpft werden. Das Ziel einer solchermaßen gelebten akademischen Lehrkompetenz muss sein, Lernende dabei zu unterstützen, Reflective Practitioner zu werden, und zwar in dem Sinne, wie es die Autorin eingangs mit Ron Barnett (1990, S. 160) formuliert hat. Es geht für Lernende also nicht darum, sich möglichst große Wissensmengen anzueignen, vielmehr geht es darum, unterschiedliche Wissensbestände miteinander zu verknüpfen und das Wissen kontextbezogen anzuwenden. Jennifer Moon bringt die erforderlichen Lehr-Lern-Prozesse, die Rolle der Lehrenden und die Zielstellung hochschulischen Lernens dabei folgendermaßen auf den Punkt (2008, S. 128):

"Perhaps it is not just critical thinking with which we are concerned. We might suggest that the frequent allusion to critical thinking (and reflection, Anm. d. Verf.) in higher education is actually a reference to the underlying epistemological development and not just to the thinking process, and thus another way of saying that educational processes should support the shift of learners from absolute conceptions of knowledge towards contextual knowing."

Literatur

Argyris, Chris/Schön, Donald A. (1974): *Theory in Practice. Increasing Professional Effectiveness*, San Francisco (Jossey-Bass).

Barnett, Ronald (1990): *The Idea of Higher Education*, Maidenhead/New York (The Society for Research into Higher Education and Open University Press).

Cendon, Eva/Pellert, Ada (2011): *Tandem-Lernen in Masterstudiengängen – Konzept, Erfahrungen, Schlussfolgerungen*, in: Berendt, Brigitte/Szczyrba, Birigt/Wildt, Johannes (Hrsg.): *Neues Handbuch Hochschullehre*, Berlin, A.3.10.

Hilzensauer, Wolf (2008): *Theoretische Zugänge und Methoden zur Reflexion des Lernens. Ein Diskussionsbeitrag*, in: *bildungsforschung*, 5. Jg. (2), S. 1–18. http://bildungsforschung.org/index.php/bildungsforschung/article/view/77 (zuletzt am 17.04.13).

Jenert, Tobias (2008): *Ganzheitliche Reflexion auf dem Weg zu Selbstorganisiertem Lernen*, in: *bildungsforschung*, 5. Jg. (2), S. 1–18. http://bildungsforschung.org/index.php/bildungsforschung/article/view/76/79 (zuletzt am 17.04.13).

Moon, Jenny (2001): *Reflection in Higher Education Learning*, PDP Working Paper 4, Heslington (LTSN Generic Centre). https://www.york.ac.uk/admin/hr/researcher-development/students/resources/pgwt/reflectivepractice.pdf (zuletzt am 17.04.13).

Moon, Jennifer A. (2004): *Reflection in Learning & Professional Development. Theory and Practice*, London/New York (RoutledgeFalmer).

Moon, Jennifer A. (2006): *Learning Journals. A Handbook for Reflective Practice and Professional Development*, 2. Auflage, London/New York (Routledge).

Moon, Jennifer A. (2008): *Critical Thinking. An exploration of theory and practice*, London/New York (Routledge).

Pellert, Ada (1999): *Die Universität als Organisation. Die Kunst, Experten zu managen*, Wien (Böhlau).

Roffey-Barentsen, Jodi/Malthouse, Richard (2009): *Reflective Practice in the Lifelong Learning Sector*, Exeter (Learning Matters).

Schön, Donald A. (1983): *The Reflective Practitioner. How Professionals Think in Action*, New York (Basic Books Inc.).

Van Manen, Max (1995): *On the Epistemology of Reflective Practice*, in: *Teachers and Teaching. Theory and Practice*, Vol. 1 (1), S. 33–50. http://www.maxvanmanen.com/files/2011/04/1995-EpistofReflective-Practice.pdf (zuletzt am 17.04.13).

Peter Dehnbostel

Reflexive Handlungsfähigkeit im Kontext moderner Beruflichkeit

Das Bildungs- und Kompetenzmanagement ist in den letzten Jahren zu einem zentralen wissenschaftlichen Fachgebiet für den Arbeitsmarkt und die wissenschaftliche Weiterbildung geworden. Die Deutsche Universität für Weiterbildung (DUW) hat dementsprechend einen Masterstudiengang *Bildungs- und Kompetenzmanagement* in ihr Studienangebot aufgenommen.

Das Bildungs- und Kompetenzmanagement leitet und lenkt die betrieblichen Lern- und Bildungsprozesse: einerseits indem es den betrieblichen Nutzen und die ökonomische Rationalität abwägt; andererseits indem es auf die Lern- und Bildungsprozesse von Individuen eingeht. Neben ihren primären ökonomischen Zielen muss die betriebliche Bildung die Kompetenzbedarfe der Beschäftigten realisieren, wobei sowohl unternehmens- als auch persönlichkeitsbezogene Ziele und Interessen zu berücksichtigen sind. Aufgrund ihrer Position zwischen Bildungs- und Beschäftigungssystem schafft die betriebliche Bildung darüber hinaus den Anschluss individueller betrieblich erworbener Qualifikationen und Kompetenzen an das öffentlich-rechtliche Bildungssystem. Unternehmens- und persönlichkeitsbezogene Ziele und Interessen gehen also gleichermaßen in die betriebliche Bildung ein, auch wenn die ökonomische Rationalität prinzipiell im Vordergrund steht.

Mit den seit den 1980er-Jahren auf breiter Basis eingeführten neuen Organisations- und Arbeitskonzepten vollziehen Unternehmen den Wandel von einer tayloristischen zu einer prozess- und innovationsorientierten Organisation der Arbeit. Die Vermittlung abgeschlossener Wissensbestände wird ersetzt durch ein prozessorientiertes, exemplarisches Lernen in und bei der Arbeit und den Erwerb umfassender Kompetenzen. Nicht zuletzt haben gesellschaftliche Entwicklungen wie Individualisierung und der Wunsch nach Selbstständigkeit, Partizipation und Mitbestimmung Einfluss auf den Wandel der Arbeit. Die Berücksichtigung individueller Eigenschaften und Interessen bei der Gestaltung der Arbeit fördert Lern- und Arbeitsmotivation und die Kompetenzentwicklung. Damit ist zugleich die Reflexion und reflexive Handlungsfähigkeit der Beschäftigten angesprochen – ein zentraler Inhalt des Bildungs- und Kompetenzmanagements. Unmittelbar verbunden damit ist die Frage nach Beruflichkeit und Berufsform der Arbeit.

1. Beruf und moderne Beruflichkeit

Der Beruf und die berufliche Sozialisation (vgl. Lempert 2006) verleihen dem Individuum Selbstbewusstsein und sozialen Status und sind so eine Grundlage seiner Identitätsfindung und gesellschaftlichen Anerkennung. Entsprechend ihrem Ansehen und Stellenwert im Beschäftigungssystem bieten Berufe Aufstiegswege und Einkommen. Eng damit verknüpft sind die Tarif- und Sozialsysteme. Die historische Bedeutung der Beruflichkeit in Deutschland zeigt sich an ihrem wirtschaftlichen Erfolg und ihrem internationalen Ansehen, zu denen die breite fachliche Qualifizierung der Arbeitnehmer und Arbeitnehmerinnen wesentlich beigetragen hat. Gleichzeitig waren und sind Berufe und ihre Regelungen Teil des korporatistischen gesellschaftlichen Ordnungs- und Steuerungssystems. Dieses System fördert die soziale und wirtschaftliche Integration, indem Arbeitgeber, Gewerkschaften und Arbeitskräfte, Bund und Länder zusammenwirken. Den Betrieben ermöglicht die Beruflichkeit, Arbeitskräfte im Rahmen ihrer Unternehmensorganisation und -planung auszuwählen und einzustellen.

Berufe entsprechen Organisationsmustern von Arbeitskraft und erfüllen verschiedene Funktionen: gesellschaftlich vor allem die der Qualifikation der Arbeitskräfte, der Sozialisation und der Allokation. Aus der Arbeitsmarktperspektive haben Berufe eine Selektionsfunktion: Sie dienen dazu, Arbeitskräfte in das Beschäftigungssystem einzuordnen. Darüber hinaus haben sie Erwerbs- und Versorgungsfunktion und leisten einen Beitrag zur Persönlichkeitsentwicklung (vgl. Pahl 2012, S. 213). Das Berufskonzept der klassischen Berufsbildungstheorie hat den Beruf als Lebensberuf zur Persönlichkeitsbildung und Entfaltung des Subjekts idealisiert, wie folgende Kernsätze von Eduard Spranger und Georg Kerschensteiner deutlich zum Ausdruck bringen: „Der Weg zu der höheren Allgemeinbildung führt über den Beruf und nur über den Beruf." (Spranger 1969, S. 9) „Die Berufsbildung steht an der Pforte zur Menschenbildung." (Kerschensteiner 1954, S. 48)

Dagegen versteht die neuere Berufsdiskussion Berufe als Ordnungsmuster gesellschaftlicher Arbeitsteilung, die auf technisch-funktionellen Notwendigkeiten ebenso beruhen können wie auf Ordnungprozessen, die von sozialen Gruppen interessengeleitet angetrieben werden. In der besonders durch die Soziologie vorangetriebenen Berufsforschung werden – so eine schon als klassisch zu bezeichnende Definition – Berufe beschrieben als „relativ tätigkeitsunabhängige, gleichwohl tätigkeitsbezogene Zusammensetzungen und Abgrenzungen von spezialisierten, standardisierten und institutionell fixierten Mustern von Arbeitskraft (Arbeitsvermögen), die mit wenigen Ausnahmen (z.B. freie Berufe) als Ware am Arbeitsmarkt gehandelt und gegen Bezahlung in fremdbestimmten, kooperativ-betrieblich organisierten Arbeitszusammenhängen eingesetzt werden" (Beck/Brater/Daheim 1980, S. 20). Insbesondere für anerkannte Aus- und Fortbildungsberufe wird diese Definition um eine Subjekt- und Bildungsdimension auf der Grundlage der gesetzlich abgesicherten beruflichen Bildung erweitert.

Mit dem Aufkommen der Wissens- und Dienstleistungsgesellschaft unterliegen die Anforderungen, Formen und Inhalte gesellschaftlicher Arbeit und das in Deutschland bewährte Berufskonzept mit dem Fundament der anerkannten Ausbildungsberufe einem elementaren Wandel. Die seit den 1980er-Jahren eingeführten neuen Unternehmens- und Arbeitskonzepte wie *Lean Production* und *Lernendes Unternehmen* erfordern veränderte Qualifikationen und – als deren zeitgemäße Erweiterung – ganzheitliche Kompetenzen. Die mit den Ursprüngen des dualen Systems um 1900 verbundene Ausrichtung der Berufsausbildung auf einen Lebensberuf ist ebenso wenig aufrechtzuerhalten wie eine einseitige Input-Ausrichtung der Lehrpläne sowie die Vermittlung von scheinbar objektiven, mit der Arbeits- und Lebenswelt kaum verbundenen Wissensbeständen.

Der Wandel von Arbeit und Unternehmenskonzepten mit erweiterten und neuen Arbeitsanforderungen und -tätigkeiten beruht auf einer Vielfalt von Ursachen. Diese lassen sich in den folgenden fünf Megatrends zusammenfassen, die sich besonders auf Berufe und die Berufsbildung auswirken (vgl. u.a. Sloane 2000, S. 93ff.; Dehnbostel 2007, S. 17f.; Schiersmann 2007, S. 16ff., Konsortium Bildungsberichterstattung 2010, S. 15ff.):
1) Internationalisierung und demografische Entwicklung,
2) der wachsende Einfluss der Informations- und Kommunikationstechnologien,
3) der wachsende Dienstleistungscharakter von Arbeit,
4) die wachsende Lern- und Prozessorientierung moderner Arbeitsorganisationen,
5) Wertewandel und die Subjektivierung der Arbeit.

Diese Megatrends gehen mit umfangreichen betrieblichen Reorganisations- und Umstrukturierungsprozessen sowie mit einer Renaissance des Lernens in der Arbeit einher. Es kehrt eine Art des Lernens zurück, die historisch zum Arbeitsleben gehörte und erst mit industriell organisierten Strukturen ihre Bedeutung einbüßte. In der Wissens- und Dienstleistungsgesellschaft dagegen ist das Lernen in der Arbeit zu einem wichtigen Wettbewerbsvorteil für Unternehmen geworden.

Für Qualifikationsanforderungen und die Berufsbildung hat der gesellschaftliche und betriebliche Wandel unmittelbare Konsequenzen, die in mehrfacher Hinsicht ambivalent sind: Auf der einen Seite stehen Globalisierung, neue Technologien und erhöhte Produktivität für den massiven Abbau von Arbeitsplätzen, für höhere Belastung in der Arbeit und für die Zunahme von prekären Beschäftigungsverhältnissen. Auf der anderen Seite scheinen Enthierarchisierung und Dezentralisierung sowie die Schaffung ganzheitlicher und partizipativer Arbeitsformen durchaus Vorteile zu bieten: verbesserte Arbeitsbedingungen – im Sinne größerer Arbeitsumfänge, größerer Vielfalt, höherer Freiheitsgrade – und damit bessere Lern- und Qualifizierungsmöglichkeiten. Wird einerseits konstatiert, dass soziale Bindungen zerfallen und die Identifikationsmöglichkeiten mit der Arbeit abnehmen, so scheinen moderne Arbeits- und Organisationsformen andererseits neue soziale Bindungen, auch individuell nutzbare Lernpotenziale und eine breite Kompetenzentwicklung zu ermöglichen.

Wie wirken sich diese Veränderungen auf das Berufskonzept der Arbeit und die Beruflichkeit aus? Seit den 1990er-Jahren diagnostizieren eine Reihe von soziologischen, aber auch berufspädagogischen Abhandlungen die Erosion der Arbeitsform Beruf. Dies zeige sich in dem Wandel von einer funktionsbezogenen zu einer prozessorientierten Arbeitsorganisation unter Abschwächung herkömmlicher Beruflichkeit. Grund dafür seien schnell wechselnde Marktbedingungen, beschleunigte Innovationszyklen und die zunehmende Globalisierung der Wertschöpfungskette (vgl. Lisop 1994; Baethge/Schiersmann 1998; Lipsmeier 1998; Corsten 2006; Baethge et al. 2007). Diese hypothetisch angenommenen Erosions- und Entgrenzungstendenzen der berufsförmigen Arbeit etikettieren das Berufsprinzip als inflexibel und die Berufsform von Arbeit als hinfällig. Schon in den 1990er-Jahren postulierte Lipsmeier ein Bildungsverständnis des beruflichen Lernens jenseits des Berufs: „Gegen das in vieler Hinsicht obsolete Konzept Beruf wird hier ein neues Bildungs- und Methodenverständnis jenseits des Berufs gesetzt und für eine an Arbeit als solcher orientierte Bildungsauffassung plädiert." (Lipsmeier 1998, S. 481) In der aktuellen Diskussion werden anstelle des Berufsprinzips vor allem die Begriffe der Entberuflichkeit, Employability, Modularisierung und des Entrepreneurship gesetzt, zumeist verbunden mit normativen Leitbildern der Selbstorganisation und Selbstverpflichtung.

Gegenüber der oben beschriebenen Entberuflichkeitsthese wird der Fortbestand der Beruflichkeit bzw. die Entwicklung einer neuen, modernen Beruflichkeit vielfach vertreten (vgl. Kurtz 2009). Es gilt weiterhin die bereits Anfang der 1990er-Jahre von Kutscha getroffene Feststellung, dass „die Verberuflichung der Arbeit in unserer Gesellschaft ein nie zuvor dagewesenes Ausmaß angenommen hat" (Kutscha 1992). Sie wird durch neue Berufsformen sowie die Verzahnung von Aus- und Weiterbildungsberufen noch gestützt. Nach dem Aufkommen der Erosions- und Entberuflichkeitsannahmen ist die Beruflichkeit in der Berufsentwicklung für anerkannte Ausbildungsberufe weiterentwickelt worden, indem vor allem neue Strukturkonzepte erarbeitet wurden. Damit wurde der These begegnet, die duale und die schulische Berufsausbildung – und damit im Kern auch das Berufsprinzip – seien an die herkömmliche Industriegesellschaft gebunden und somit obsolet. Das Berufsprinzip beizubehalten, beinhaltet allerdings nicht die Bewahrung eines Berufskonzepts, das von einem lebenslangen Beruf ausgeht. Vor dem Hintergrund lebensbegleitenden Lernens, einer hohen Arbeits- und Berufsdynamik sowie der Prozessorientierung der Arbeit ist eine neue Beruflichkeit gefragt, die in der berufspädagogischen Berufsforschung vielfach thematisiert wird (vgl. Kutscha 1992; Meyer 2000; Sauter 2003; Brötz 2005; Elster 2007; Kutscha 2008; Harney 2009). Danach erfüllt eine am Berufsprinzip orientierte zukunftsorientierte Berufsbildung vor allem drei Aufgaben:
1) Sie bereitet auf ein Bündel zusammenhängender Tätigkeiten vor, das an Qualifikations- und Kompetenzstandards ausgerichtet ist, die in Ausbildungsordnungen dokumentiert sind.
2) Sie dient dem Erwerb von fachlichen, sozialen und personalen Kompetenzen mit dem Ziel einer umfassenden beruflichen Handlungskompetenz und Handlungsfähigkeit und versteht sich als Grundlage für das selbstständige Weiterlernen.
3) Sie leistet einen wesentlichen Beitrag für die gesellschaftliche Integration der Jugendlichen sowie deren spätere soziale und berufliche Absicherung.

2. Reflexivität in und bei der Arbeit

Das Prinzip der Reflexivität in und bei der Arbeit ist für eine moderne Beruflichkeit von zentraler Bedeutung. Es entspricht sowohl modernen Arbeitsanforderungen als auch einer an Bildung und Persönlichkeit orientierten Berufsbildung. Allerdings wird der Begriff der Reflexivität weder einheitlich definiert noch gleichförmig verwendet. Einerseits gebrauchen ihn sowohl die Berufs- und Weiterbildung als auch die Arbeits- und Organisationspsychologie vor allem im Kontext von Lernen und Kompetenzentwicklung. In diesem Sinne fragen Unternehmen die Kompetenz der Reflexivität zunehmend nach, um den wachsenden Innovations-, Kommunikations- und Qualitätserfordernissen in der Arbeit nachzukommen. Andererseits bildet Reflexivität als „Seele des Lernprozesses" (Mader 1984, S. 56) eine Kernkategorie pädagogischen Denkens und erziehungswissenschaftlicher Theoriebildung. Beispielsweise stellte Reflexivität für den amerikanischen Philosophen und Pädagogen John Dewey bereits Anfang des letzten Jahrhunderts eine zentrale Denkkategorie dar: „Reflektierendes Denken besteht in einem regen, andauernden sorgfältigen Prüfen von etwas, das für wahr gehalten wird, und zwar im Lichte der Gründe, auf die sich die Ansicht stützt und der weiteren Schlüsse, denen sie zustrebt." (Dewey 1951 [1910], S. 6)

Nach Deweys grundlegendem Ansatz zur Verbindung von „experience and education" ist die Reflexivität theoretisch und praktisch mit dem Erfahrungslernen verbunden. Mit *experience* ist in diesem Zusammenhang die unmittelbare Erfahrung gemeint, der immer eine Handlung vorausgeht. Diese Erfahrung führt, in Reflexion eingebunden, dann zur Erkenntnis, wenn Handlungen sich nicht ständig wiederholen, sondern Probleme oder offene Fragen entstehen. In sich permanent ändernden Arbeitsprozessen und Umwelten ist das die Regel. Die Abfolge von Handlung – Erfahrung – Reflexion, die kontinuierlich fortgeführt wird und vorherige Erfahrungs- und Erkenntnisprozesse berücksichtigt, ist bei Dewey lerntheoretisch als „evolutiver Fortschritt" gedacht unter der Voraussetzung, dass die Lernenden selbsttätig und möglichst selbstbestimmt lernen. Auf der Basis von Selbsttätigkeit und Selbstbestimmung wird die Wirklichkeit über Lern- und Erfahrungsprozesse individuell erschlossen.

Ein weiteres, auch bereits als klassisch zu bezeichnendes Modell der Reflexivität bietet das Konzept *The Reflective Practitioner* (1983) des amerikanischen Erziehungs- und Organisationstheoretikers Donald A. Schön. Schön vertieft Deweys Idee eines Lernens aus Erfahrung durch Reflexivität. Reflexivität ist nach Schön ein Dialog zwischen Denken und Handeln, der es dem Praktiker ermöglicht, seine mit komplexen Problemen behafteten Aufgaben zu bewältigen. Bei der Problemlösung durch professionelles Handeln werden zwei Reflexionsarten unterschieden: die Reflexion in der Handlung und die Reflexion über die Handlung.

Durch Reflexion *in* der Handlung löst der Praktiker Probleme, hinsichtlich derer ihm sein stillschweigendes Wissen (*tacit knowledge*) nicht mehr hilft, während er die Handlung ausführt. Reflexion dieser Art setzt ein Bewusstsein über eigenes Wissen voraus, muss aber von dem handelnden Menschen nicht unbedingt in Worten ausgedrückt werden können. Das Ergebnis ist ein situativ abgestimmtes Handeln (vgl. Schön 1983, S. 9). Die zweite Reflexionsart, die Reflexion *über* die Handlung, bezeichnet ein Zurücktreten oder Aussteigen aus dem Handlungsfluss, um über eine bereits vollzogene Handlung oder noch anstehende Handlungen und Arbeitsschritte reflektieren zu können. Reflektiert wird, indem die Handlung begrifflich oder bildhaft gefasst, gespeichert und analysiert wird. Dazu wird das Handlungswissen explizit formuliert. Auf diese Weise wird es analysierbar und reorganisierbar; es ist als mitteilbares Wissen der Diskussion und Kritik zugänglich. Gravierende Handlungsprobleme, die auf Unzulänglichkeiten oder Fehler im Handlungswissen zurückgehen, können behoben werden, indem dieses Wissen verändert wird.

Für die aktuelle Ausrichtung der beruflichen Weiterbildung ist insbesondere eine Begriffsbestimmung der Reflexivität bedeutsam, die der amerikanische Soziologe Scott Lash eingeführt hat. Er spricht von einer zweifachen Reflexivität: der strukturellen Reflexivität und der Selbstreflexivität (1996, S. 203f.). Ziel der strukturellen Reflexivität ist es, dass sich die Handelnden die Regeln und Ressourcen, die eigenen Strukturen und sozialen Existenzbedingungen bewusst machen. Bei der Selbstreflexivität hingegen tritt die Eigenbestimmung an die Stelle der früheren fremdgesetzlichen Bestimmung der Handelnden. Die Selbstreflexivität beschreibt also das Reflektieren der Handelnden über sich selbst. Diese Fähigkeit zur Reflexion und damit zur Distanzierung von sich selbst und den umgebenden Strukturen wird bestimmt von der Biografie und der darin enthaltenen Bildungs- und Entwicklungsschritte, beeinflusst diese aber wiederum rückbezüglich. Eigenbestimmung und Persönlichkeitsbildung sind so mit der Fähigkeit zur Selbstreflexion und dem Erkennen gesellschaftlich-betrieblicher Vorgänge aus eigenem Urteil untrennbar verbunden. Im realen Arbeitsvollzug bedeutet Reflexivität demnach, sowohl über Arbeitsstrukturen als auch über sich selbst zu reflektieren, während Arbeitsaufgaben vorbereitet, durchgeführt und kontrolliert werden.

Tabelle 1: Zweifache Reflexivität (vgl. Lash 1996)

Reflexivität (Lash)	Reflexivität in der Arbeit
strukturelle Reflexivität	Hinterfragen und Mitgestalten von Arbeit, Arbeitsumgebungen, Arbeitsstrukturen
Selbstreflexivität	Reflexion über eigene Kompetenzen (beruflich und privat), Gestaltung der eigenen Kompetenzentwicklung

Die Fähigkeit zur Reflexion zeigt zusammengefasst das Vermögen an, vorgegebene Situationen und überkommene Sichtweisen in Lern- und Reflexionsprozessen zu hinterfragen, zu deuten und in handlungsorientierter, kompetenzbasierter Absicht zu bewerten. So erst werden Bildungsprozesse möglich, „denn diese schließen eine Distanzierung des Verstandes von der gegenständlichen Welt, um sie gedanklich erfassen zu können, notwendig mit ein" (Bender 1991, S. 63). Erst die auf Handlung bezogene Reflexion ermöglicht es in ihren strukturellen und subjektbezogenen Dimensionen, sich von Erfahrungen zu distanzieren und diese in die Praxis zurückzuführen, oder wie Bender es ausdrückt: „Erst das theoretische Verstehen von Erfahrungen ermöglicht auch den selbstbestimmten praktischen Umgang mit ihnen." (Bender 1991, S. 63) Qualifizierung als Anpassungslernen verfehlt dies gerade, wohingegen der subjektbezogene Lernansatz in der Kompetenzentwicklung vielfältige Möglichkeiten bietet, die Entwicklungs- und Bildungsdimension einzubeziehen.

3. Reflexive Handlungsfähigkeit

In der Diskussion über betriebliche Kompetenzentwicklung wird vielfach von einer tendenziellen Harmonie oder Konvergenz zwischen Bildung und Ökonomie ausgegangen. Bislang liegen zumindest kaum empirische Befunde und Analysen der Berufsbildungsforschung zum Spannungsverhältnis von ökonomischer Zweckorientierung und Bildungsorientierung vor. Allerdings gibt es sozialwissenschaftliche Studien zu dem Spannungsfeld, in dem berufliches Handeln stattfindet. Sie beschreiben die Wechselwirkung von Handeln und Lernen einerseits und Strukturen und Gegebenheiten bzw. Arbeits- und Lernbedingungen andererseits. Dieses Verhältnis von Handlung und Struktur in analytischer, theoriebildender und anwendungsorientierter Hinsicht zu klären, ist das Anliegen strukturationstheoretischer Ansätze (vgl. u.a. Goltz 1999; Walgenbach 2001). Gemeinsam ist ihnen, dass sie auf der Strukturationstheorie des englischen Soziologen Anthony Giddens basieren.

Die folgende Abbildung stellt die Wechselbeziehungen zwischen Handlung bzw. beruflichem Lernen und Handeln auf der einen Seite und Strukturen auf der anderen Seite dar. Das berufliche Handeln wird zum einen geprägt von der Kompetenzentwicklung – in der Einheit von Fachkompetenz, Sozialkompetenz und Personalkompetenz –, zum anderen durch die damit in Wechselbeziehung stehenden Strukturen bzw. Arbeits- und Handlungsbedingungen. Darunter sind vor allem die Lern-, Arbeits- und Unternehmenskultur, Lernpotenziale in der Arbeit sowie Entwicklungs- und Aufstiegswege zu verstehen (vgl. Dehnbostel 2007, S. 34ff.).

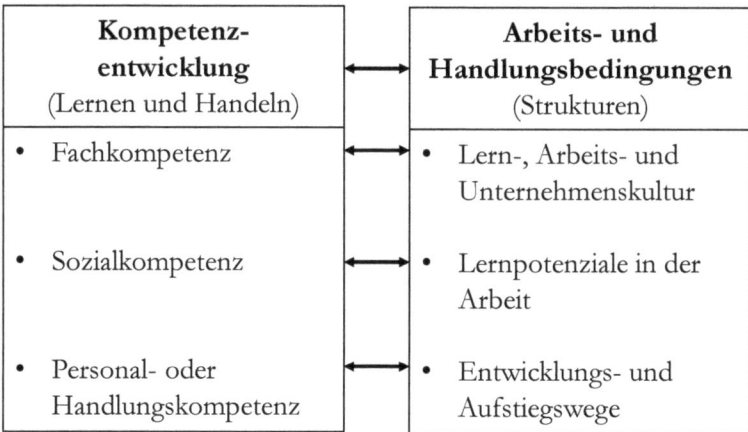

Abbildung 1: Konstituierende Elemente beruflichen Handelns in der Wechselwirkung von Struktur und Handlung

Dass der Dualismus von Handlungen und Strukturen sich häufig als nicht kompatibel oder integrationsfähig erweist, belegt die Praxis. Einerseits lassen Arbeitsabläufe und -strukturen, die allein betriebswirtschaftlich und unter kurzfristigen Kostengesichtspunkten festgelegt sind, zumeist keinen Raum für ein lern- und kompetenzförderliches Arbeitshandeln. Andererseits haben Kompetenzentwicklungsmaßnahmen, die konzipiert wurden, ohne ökonomische Aspekte zu berücksichtigen, natürlich auch kaum Realisierungschancen im Unternehmen. Hier setzt nun eine strukturationstheoretisch ausgerichtete betriebliche Bildungsarbeit an, die nicht nur zwischen beiden Ansätzen vermitteln, sondern Handeln und Strukturen integrieren will.

Eine wichtige Rolle spielt dabei die reflexive Handlungsfähigkeit, die über die berufliche Handlungskompetenz hinausgeht. Sie ermöglicht es, erworbene Kompetenzen, die individuell und selbstgesteuert angewandt werden, reflexiv auf Handlungen und Verhaltensweisen sowie auf die damit verbundenen Arbeits- und Sozialstrukturen zu beziehen. Mit der reflexiven Handlungsfähigkeit sind also Qualität und Souveränität des realen Handlungsvermögens angesprochen. Reflexivität meint hierbei, Handlungen auf der Basis von Erfahrungen und Wissen bewusst, kritisch und verantwortlich einzuschätzen und zu bewerten (vgl. Dehnbostel 2010, S. 16ff.). In der Arbeit bedeutet dies zunächst vom unmittelbaren Arbeitsgeschehen abzurücken, um Ablauforganisation, Handlungsabläufe und Handlungsalternativen zu hinterfragen und in Beziehung zu eigenen Erfahrungen und zum eigenen Handlungswissen zu setzen.

Wie oben dargestellt begründet Lash eine in der Arbeits- und Lebenswelt zweifach wirksame Reflexivität: die strukturelle Reflexivität und die Selbstreflexivität. Die Reflexivität ist also eine in mehrfacher Hinsicht für die berufliche Handlungsfähigkeit zentrale Kategorie: Diese rechtfertigt es, von der reflexiven Handlungsfähigkeit als einem Ziel beruflicher Bildung zu sprechen, das über die berufliche Handlungskompetenz hinausgeht (vgl. Gillen 2006, S. 78ff.; Dehnbostel 2007, S. 39ff.). Ist die „Handlungsfähigkeit als Zielpunkt aller Kompetenzentwicklung" (Erpenbeck/Heyse 1996, S. 37) anzusehen, so schließt die reflexive Handlungsfähigkeit darüber hinaus die Qualität und Souveränität des realen Handlungsvermögens mit ein. Dabei bezieht sich die Handlungsfähigkeit sowohl auf die berufliche Handlungskompetenz als auch auf die Arbeits- und Lernbedingungen sowie die eben thematisierten Wechselbeziehungen zwischen beiden. Die Möglichkeiten und Grenzen der Reflexivität werden nicht nur bestimmt durch individuelle Dispositionen, sondern vor allem durch die realen Bedingungen und die Lernchancen in der Arbeit, die wiederum von den dargestellten Strukturen bzw. Arbeits- und Handlungsbedingungen geprägt sind. Insgesamt bilden diese Voraussetzungen und Einflussfaktoren ein komplexes Bedingungsgefüge, um reflexive Handlungsfähigkeit auf der Basis des Lernens in und bei der Arbeit zu entwickeln.

Abbildung 2: Bedingungsrahmen reflexiver Handlungsfähigkeit

Reflexive Handlungsfähigkeit ist die Voraussetzung dafür, mithilfe von Lern- und Reflexionsprozessen vorgegebene Situationen und überkommene Sichtweisen im beruflichen Handeln zu hinterfragen, zu deuten und in handlungsorientierter Absicht zu bewerten. Die berufliche Handlungskompetenz wird in ihrer Erweiterung auf die reflexive Handlungsfähigkeit von vornherein mit der Reflexion des Handelns verknüpft. Reflexive Handlungsfähigkeit ermöglicht im Rahmen moderner Unternehmens- und Organisationskonzepte ganzheitliche Facharbeit und damit verbundene Innovations- und Gestaltungsfähigkeit im Kontext selbstgesteuerten und arbeitsprozessorientierten Lernens.

Zusammengefasst heißt reflexive Handlungsfähigkeit in der Arbeit, sowohl über die Strukturen und Umgebungen als auch über sich selbst während der Vorbereitung, Durchführung und Kontrolle von Arbeitsaufgaben zu reflektieren. Reflexivität meint, Handlungen bewusst, kritisch und verantwortlich einzuschätzen und zu bewerten – und dies auf der Basis eigener Erfahrungen und verfügbaren Wissens. Dabei geht es gleichermaßen um eine strukturelle Reflexivität, die sich auf die Umgebung richtet, als auch um eine auf das Subjekt gerichtete Selbstreflexivität. Erweitert um die berufliche Handlungskompetenz stellt die reflexive Handlungsfähigkeit ein Handlungsvermögen dar, das sich prinzipiell zusammensetzt aus den sich wechselseitig bedingenden Faktoren einer umfassenden beruflichen Handlungskompetenz, aus Arbeits- und Lernbedingungen und aus individuellen Dispositionen.

4. Reflexives Lernen als Erfahrungslernen

Betrachtet man die reflexive Handlungsfähigkeit im Hinblick auf ihren Erwerb, dann ist das entsprechende Konzept des betrieblichen Lernens das reflexive Lernen. Es basiert auf Erfahrungen, die in Reflexionen eingebunden werden und zu Erkenntnis führen. Dieses reflexive Lernen kommt ebenso wie andere moderne betriebliche Lernkonzepte (vgl. Dehnbostel 2010, S. 44ff.) den veränderten Lern- und Arbeitsbedingungen in modernen Arbeitsprozessen und der Renaissance des Lernens in der Arbeit entgegen. Ihm liegen reale Arbeits- und Handlungssituationen zugrunde, und ihre Einbeziehung in arbeitsbezogene Lernkonzepte hat historisch viele Vorläufer.

Konstitution und kontinuierliche Fortsetzung des reflexiven respektive Erfahrungslernens finden in einer Vielzahl von vergleichbaren Spiral- bzw. Kreislaufmodellen ihren Niederschlag. Beispielhaft sei auf das in der folgenden Übersicht dargestellte Modell von Heinz-Hermann Krüger und Rainer Lersch (1993, S. 147) verwiesen. Der „Kreislauf der Erfahrung" wird in vier Phasen beschrieben: Er beginnt mit der aktiven Phase der äußeren Erfahrung durch eine Arbeitshandlung, die in der zweiten Phase auf die Realität bzw. Umwelt einwirkt. In der passiven Phase der äußeren Erfahrung erhalten die Handelnden oder an der Handlung Beteiligten daraufhin eine sinnliche Rückmeldung. In der abschließenden Phase der inneren Erfahrung des Subjekts wird zwischen der aktiven und passiven äußeren Erfahrung ein Zusammenhang hergestellt. Die Verarbeitung der abgeglichenen Erfahrung erfolgt nach Krüger und Lersch über die Reflexion und führt zu einem verbesserten Handlungswissen, das wiederum die Ausgangsposition für eine neuerliche aktive Handlung bildet.

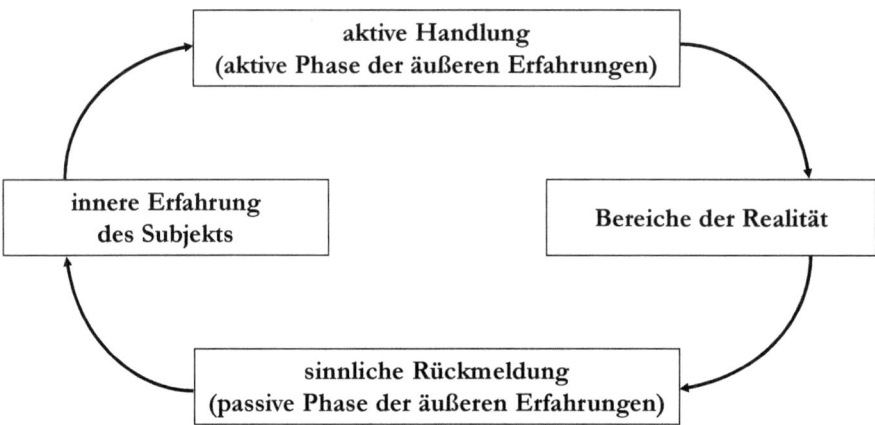

Abbildung 3: Der Kreislauf der Erfahrung

Dieses Kreislaufmodell des reflexiven Lernens gilt prinzipiell für alle Orte, an denen Handlungen erfolgen und reflektiert werden. Die Erfahrungen beziehen sich dabei vorrangig auf sinnliche, zusätzlich aber auch auf kognitive, emotionale und soziale Erfahrungsanteile. Inwieweit sie zum Tragen kommen, hängt wesentlich von den jeweiligen Handlungsgegenständen, Sozialbeziehungen und Organisationskonzepten ab. Die Logik betrieblicher Organisations- und Geschäftsprozesse setzt hier Grenzen, da das Arbeitshandeln vorrangig technisch-ökonomische Ziele und Zwecke verfolgt. Diese Grenzen werden allerdings dadurch erweitert, dass das betriebliche und arbeitsintegrierte Lernen neu gestaltet wird.

Im Kreislauf der Erfahrung stellen Bereiche der Realität den Bezugspunkt der äußeren Erfahrungen dar. Im Bereich des unmittelbaren Arbeitsvollzugs beziehen sich die Erfahrungen immer auf Arbeitsgegenstände und Arbeitssituationen, die der handelnden Person eine sinnliche Rückmeldung geben und zur inneren Erfahrung des Subjekts führen. Allerdings gilt das nicht für jede aktive Handlung und jede sinnliche Wahrnehmung. Arbeitshandlungen lösen zumeist erst dann einen inneren Erfahrungsprozess aus, wenn sie verändernd auf den Arbeitsgegenstand einwirken und individuell als bedeutsam empfunden werden. Auf Routinehandlungen und gleichförmige Arbeiten trifft dies im Allgemeinen nicht zu. In jedem Fall ist die innere Erfahrung des Subjekts nach impliziten und reflexiven Lernprozessen zu differenzieren. Das reflexive Lernen erfolgt über das Verstehen und das bewusste Reflektieren von Erfahrungen. Die zugrunde liegenden Erfahrungen sind das Ergebnis sinnlicher, emotionaler, sozialer und kognitiver Wahrnehmungen. Es findet dann ein intensives reflexives Lernen in der Arbeit statt, wenn die Arbeitshandlungen, die mit Problemen, Herausforderungen und Ungewissheiten für die Arbeitenden verbunden sind, reflektiert werden und zu Erkenntnissen führen.

Äußere Erfahrungen werden in modernen Arbeitsprozessen nicht mehr in gleicher Weise gemacht wie in herkömmlichen Arbeitshandlungen. Die sinnlichen Rückmeldungen von Arbeitstätigkeiten an das Subjekt werden durch den Einsatz von Informations-, Kommunikations- und Steuerungstechnologien teils verändert, teils abgebaut. Vor allem die aktiven Arbeitshandlungen, die zu einem erheblichen Teil über die Sinnesorgane des Sehens, Hörens und Fühlens gesteuert werden, werden im Zuge der Automation, des Einsatzes von Handhabungsgeräten, Diagnosesystemen und rechnergesteuerten Maschinen erheblich eingeschränkt. Der IT-Bereich zeichnet sich gar von Beginn an dadurch aus, dass Arbeitshandlungen informatisiert werden. Reflexives Lernen bezieht sich hier nicht nur auf die reflexive Verarbeitung sinnlicher Eindrücke, sondern auf eine über die herkömmlichen Sinne hinausgehende Erweiterung der äußeren Erfahrungen durch mentale, emotionale und interaktive Prozesse, die auch die innere Erfahrung verändern. Diese Entwicklung ist also ambivalent: Der Erweiterung äußerer Erfahrungen steht nicht nur ein Verlust bisheriger sinnlicher Erfahrungen gegenüber, sondern es besteht auch die Gefahr, dass die innere Erfahrung und damit auch die Reflexivität informationstechnisch normiert und reduziert werden.

Eine andere Sicht auf das Erfahrungslernen entsteht, wenn es als subjektivierendes Arbeitshandeln vorrangig aus dem impliziten Lernen hergeleitet wird. Fritz Böhle sieht es durch komplexe sinnlich-körperliche Wahrnehmungen und Empfindungen charakterisiert, wie die Orientierung an Geräuschen, das Gespür für Material und das Gefühl für technische Abläufe. „Erfahrungswissen als verborgene Seite professionellen Handelns" (Böhle 2005, S. 10) lässt sich nicht aus dem Fachwissen ableiten, sondern wird eigenständig erworben. Es wird auch als „erfahrungsgeleitetes Arbeiten und Lernen" und „erfahrungsgeleitet-subjektivierendes Arbeitshandeln" bezeichnet, das vom „planmäßig-rationalen Arbeitshandeln" zu unterscheiden ist und in diesem Verständnis das reflexive Lernen nicht einbezieht (vgl. auch Bauer u.a. 2002).

Im Unterschied zum reflexiven Lernen erzeugt das implizite Lernen einen Lernprozess, dessen Verlauf und Ergebnis dem Lernenden nicht bewusst ist und der nicht reflektiert wird. Einschlägige Beispiele hierfür sind die Lernprozesse, die zum Schwimmen oder zum Fahrradfahren befähigen. Aber auch die Expertise des Schachmeisters und der erfahrenen Ärztin oder des Automechanikers erfolgt im Wesentlichen über implizite Lernprozesse. Lernen ist dabei ein eher unbewusster Prozess (vgl. Polany 1985). Es wird in der Situation unmittelbar erfahren, ohne dass Regeln und Gesetzmäßigkeiten erkannt oder gar zur Basis von strukturierten Lernprozessen gemacht würden.

5. Schlussbemerkungen

Bereits in den 1980er-Jahren war mit der Einführung neuer Arbeits- und Organisationskonzepte eine Requalifizierung, Reprofessionalisierung und Prozessorientierung von Facharbeit zu beobachten. Management- und Unternehmenskonzepte wie Lean Production, Lean Management und Lernendes Unternehmen sind seitdem Ausdruck einer anhaltenden Umbruchsituation in der Arbeitswelt. Die Ganzheitlichkeit und Reflexivität in der Arbeit, die in posttayloristischen Arbeits- und Organisationskonzepten zunehmend gefordert wurde, könnte insofern ein Indiz für verstärkte Bildungspotenziale und Bildungschancen sein. Reflexivität, reflexive Handlungsfähigkeit und moderne Beruflichkeit scheinen sich in der betrieblichen Bildungsarbeit durchzusetzen. Sie sind in den Handlungsfeldern betrieblicher Bildungsarbeit, wie der lern- und kompetenzförderlichen Arbeitsgestaltung, der Implementierung von Lernformen und betrieblichen Aufstiegs- und Entwicklungswegen, umzusetzen und zu gestalten. Hier kommt dem betrieblichen Bildungs- und Kompetenzmanagement eine besondere Rolle zu. Ihre jeweiligen Ausrichtungen – von den Setzungen eines normativen Bildungsmanagements über die Maßnahmen des strategischen und operativen Bildungsmanagements bis hin zu einem kompetenzbasierten Bildungscontrolling – sind praktisch-konzeptionell mit der reflexiven Handlungsfähigkeit und den Inhalten einer modernen Beruflichkeit zu verbinden. Die reflexive Handlungsfähigkeit im Kontext moderner Beruflichkeit bietet neue Chancen der Kompetenz- und Persönlichkeitsentwicklung in der Arbeit, die es zu analysieren und für die Zukunft zu gestalten gilt.

Literatur

Baethge, Martin/Schiersmann, Christiane (1998): *Prozeßorientierte Weiterbildung – Perspektiven und Probleme eines neuen Paradigmas der Kompetenzentwicklung für die Arbeitswelt der Zukunft,* in: Arbeitsgemeinschaft Qualifikations-Entwicklungs-Management (Hrsg.): *Kompetenzentwicklung 98. Forschungsstand und Forschungsperspektiven,* Münster u.a.O., S. 11–87.

Baethge, Martin/Solga, Heike/Wieck, Markus (2007): *Berufsbildung im Umbruch. Signale eines überfälligen Aufbruchs,* Studie im Auftrag der Friedrich-Ebert-Stiftung, Bonn.

Bauer, Hans G. et al. (2002): *Hightech-Gespür. Erfahrungsgeleitetes Arbeiten und Lernen in hochtechnisierten Arbeitsbereichen,* Bielefeld.

Bender, Walter (1991): *Subjekt und Erkenntnis. Über den Zusammenhang von Bildung und Lernen in der Erwachsenenbildung,* Weinheim.

Böhle, Fritz (2005): *Erfahrungswissen hilft bei der Bewältigung des Unplanbaren,* in: BWP – Berufsbildung in Wissenschaft und Praxis, (34) 5, S. 9–13.

Brötz, Rainer (2005): *Das Berufsprinzip im Kontext neuer Strukturkonzepte der Aus- und Weiterbildung und der Flexibilitätsdiskussion,* in: Jacob, Marita/Kupka, Peter (Hrsg.): *Perspektiven des Berufskonzepts – Die Bedeutung des Berufs für Ausbildung und Arbeitsmarkt,* Nürnberg, S. 161–177.

Corsten, Michael (2006): *Die gesellschaftliche Relevanz beruflicher Bildung im Spiegel von Sozialisationsstudien,* in: Zeitschrift für Berufs- und Wirtschaftspädagogik, (102) 3, S. 391–404.

Dehnbostel, Peter (2007): *Lernen im Prozess der Arbeit,* Münster u.a.O. Studienreihe Bildungs- und Wissenschaftsmanagement, Bd. 7.

Dehnbostel, Peter (2010): *Betriebliche Bildungsarbeit. Kompetenzbasierte Aus- und Weiterbildung im Betrieb,* Baltmannsweiler.

Dewey, John (1951 [1910]): *Wie wir denken,* Zürich (Conzett & Huber).

Elster, Frank (2007): *Der Arbeitskraftunternehmer und seine Bildung. Zur (berufs-)pädagogischen Sicht auf die Paradoxien subjektivierter Arbeit,* Bielefeld.

Erpenbeck, John/Heyse, Volker (1996): *Berufliche Weiterbildung und berufliche Kompetenzentwicklung,* in: Arbeitsgemeinschaft Qualifikations-Entwicklungs-Management (Hrsg.): *Kompetenzentwicklung '96. Strukturwandel und Trends in der betrieblichen Weiterbildung,* Münster u.a.O., S. 15–152.

Gillen, Julia (2006): *Kompetenzanalysen als berufliche Entwicklungschance. Eine Konzeption zur Förderung beruflicher Handlungskompetenz,* Bielefeld.

Goltz, Marianne (1999): *Betriebliche Weiterbildung im Spannungsfeld von tradierten Strukturen und kulturellem Wandel,* München.

Harney, Klaus (2009): *Beruf als Referenz von Aus- und Weiterbildung – Überlegungen zur theoretischen Grundlegung der Berufs- und Wirtschaftspädagogik,* in: Lisop, Ingrid/Schlüter, Anne (Hrsg.): *Bildung im Medium des Berufs? Diskurslinien der Berufs- und Wirtschaftspädagogik,* Frankfurt a.M., S. 37–64.

Kerschensteiner, Georg (1954): *Grundfragen der Schulorganisation,* 7. Auflage, München.

Konsortium Bildungsberichterstattung (2010): *Bildung in Deutschland. Ein indikatorengestützter Bericht mit einer Analyse zu Perspektiven des Bildungswesens im demografischen Wandel,* Bielefeld.

Krüger, Heinz-Hermann/Lersch, Rainer (1993): *Lernen und Erfahrung. Perspektiven einer Theorie schulischen Handelns,* Opladen.

Kurtz, Thomas (2009): *Eine soziologische Reflexion zur These vom Ende des Berufs*, in: Lisop, Ingrid/Schlüter, Anne (Hrsg.): *Bildung im Medium des Berufs? Diskurslinien der Berufs- und Wirtschaftspädagogik*, Frankfurt a.M., S. 207–222.

Kutscha, Günter (1992): *‚Entberuflichung' und ‚Neue Beruflichkeit' – Thesen und Aspekte zur Modernisierung der Berufsbildung und ihrer Theorie*, in: Zeitschrift für Berufs- und Wirtschaftspädagogik, (88) 7, S. 535–548.

Kutscha, Günter (2008): *Beruflichkeit als regulatives Prinzip flexibler Kompetenzentwicklung – Thesen aus berufsbildungstheoretischer Sicht*, in: bwp@Berufs- und Wirtschaftspädagogik 14.

Lash, Scott (1996): *Reflexivität und ihre Doppelungen. Struktur, Ästhetik und Gemeinschaft*, in: Beck, Ulrich et al. (Hrsg.): *Reflexive Modernisierung*, Frankfurt a.M., S. 195–286.

Lempert, Wolfgang (2006): *Berufliche Sozialisation*, Baltmannsweiler. Studientexte Basiscurriculum Berufs- und Wirtschaftspädagogik, Bd. 5.

Lipsmeier, Antonius (1998): *Vom verblassenden Wert des Berufs für das berufliche Lernen*, in: Zeitschrift für Berufs- und Wirtschaftspädagogik, (94) 4, S. 481–495.

Lisop, Ingrid (1994): *Zur Neuorientierung der Weiterbildung unter den durch „Lean Production" veränderten Produktionsbedingungen*, in: Fischer, Andreas/Hartmann, Günter (Hrsg.): *In Bewegung. Dimensionen der Veränderung von Aus- und Weiterbildung*, Bielefeld, S. 87–98.

Mader, Wilhelm (1984): *Paradigmatische Ansätze in der Erwachsenenbildung*, in: Schmitz, Enno/Tietgens, Hans (Hrsg.): *Erwachsenenbildung*, Stuttgart/Dresden, S. 43–58. Enzyklopädie Erziehungswissenschaft, Bd. 11.

Meyer, Rita (2000): *Qualifizierung für moderne Beruflichkeit. Soziale Organisation der Arbeit von Facharbeiterberufen bis zu Managertätigkeiten*, Münster u.a.O.

Meyer, Rita (2006): *Theorieentwicklung und Praxisgestaltung in der beruflichen Bildung. Bildungsforschung am Beispiel des IT-Weiterbildungssystems*, Bielefeld.

Pahl, Jörg-Peter (2012): *Berufsbildung und Berufsbildungssystem. Darstellung nicht-akademischer und akademischer Lernbereiche*, Bielefeld.

Polanyi, Michael (1985): *Implizites Wissen*, Frankfurt a.M.

Sauter, Edgar (2003): *Strukturen und Interessen. Auf dem Weg zu einem kohärenten Berufsbildungssystem*, Bielefeld.

Schiersmann, Christiane (2007): *Berufliche Weiterbildung*, Wiesbaden.

Schön, Donald A. (1983): *The Reflective Practitioner. How Professionals Think in Action*, New York (Basic Books).

Sloane, Peter F. E. (2000): *Veränderung der Betriebs- und Arbeitsorganisation – Konsequenzen für die betriebliche Bildungsarbeit*, in: Dehnbostel, Peter/Dybowski, Gisela (Hrsg.): *Lernen, Wissensmanagement und berufliche Bildung*, Bielefeld, S. 93–109.

Spranger, Eduard (1969): *Gesammelte Schriften*, Bd. 1, Heidelberg.

Walgenbach, Peter (2001): *Giddens' Theorie der Strukturierung*, in: Kieser, Alfred (Hrsg.): *Organisationstheorien*, 4., unveränderte Auflage, Stuttgart, S. 355–375.

Rolf Stober

Von der klassischen Präsenz-Universität zur modernen Fernuniversität für Weiterbildung

Wer viele Jahre an klassischen Präsenz-Universitäten gelehrt, seit Langem für die erste deutsche FernUniversität Hagen Skripte erstellt und zwei Masterprogramme für die Deutsche Universität für Weiterbildung (DUW) in Berlin entwickelt hat, der hat einen intimen Einblick in die verschiedenen Typen wissenschaftlicher Hochschulen gewonnen. Basierend auf diesem Erfahrungshintergrund wird nachfolgend aufgezeigt, wie sich die Lehre an den einzelnen Hochschultypen aus Sicht eines Universitätsprofessors unterscheidet und welche Rolle fachliche sowie pädagogisch-didaktische Erkenntnisse jeweils bei der Ausprägung ihres Studienangebots spielen. Dabei werden die drei Hochschultypen anhand von sechs Parametern kurz beleuchtet:
1) Gründung und Trägerschaft
2) Zugang und Zielgruppe
3) Studienangebot
4) Theorie und Praxis
5) Studienformate
6) Organisationsstruktur

1. Gründung und Trägerschaft

Die klassische Präsenz-Universität beruht auf einem schlichten Konzept der Gründung und Trägerschaft. Sie wird von der öffentlichen Hand, den Bundesländern, als Körperschaft des öffentlichen Rechts errichtet und betrieben, die damit neben wissenschaftspolitischen zugleich Ziele regionaler Infrastrukturpolitik verfolgt. In jüngerer Zeit werden die Universitäten teilweise zu Stiftungen umgewidmet, wobei der prägende öffentlich-rechtliche Selbstverwaltungsstatus erhalten bleibt. Vergleichbares gilt mit Blick auf die FernUniversität Hagen. Sie ist ebenfalls eine staatliche Einrichtung. Sie soll das Angebot der klassischen öffentlichen Präsenz-Universität ergänzen und mit ihrem spezifischen Studienformat auch andere wissenschaftsinteressierte Personenkreise als die typischen Anfängerinnen und Anfänger im Erststudium ansprechen. Für die Hochschullehrenden resultiert aus dem Status der öffentlichen Universitäten einerseits ein sicherer dienstrechtlicher Status, der unabdingbare Voraussetzung für freie Forschung und Lehre ist. Andererseits besteht eine prinzipielle thematische Einengung durch festgelegte Fachbereichs- und Lehrstuhlbezeichnungen, die häufig intra- und interdisziplinäres Arbeiten erschweren.

Diesen strukturellen Nachteil können private Hochschulen oder Hochschuleinrichtungen vermeiden, wenn sie, wie die Deutsche Universität für Weiterbildung, etwa als Public-private-Partnership gegründet werden. Hier kooperierten eine klassische

Präsenz-Universität, die Freie Universität Berlin, mit einem privaten Unternehmen, der Klett-Gruppe. Dieses Modell eröffnete die Möglichkeit, Universitätsbildung neu oder doch zumindest weiterzudenken, indem sich der Sachverstand zweier Welten – einer renommierten Forschungsuniversität hier und eines erfahrenen Bildungsanbieters dort – verband. Für die Hochschule insgesamt wie auch für die einzelnen Angehörigen ist hieraus die Chance – und die Aufgabe – erwachsen, akademische Bildung und neue Bedürfnisse von Wirtschaft und Gesellschaft beständig neu aufeinander zu beziehen. Zumal im Falle einer privatrechtlich geführten Hochschule letztlich eine solche Nachfrageorientierung über ihren Erfolg oder Misserfolg entscheidet.

2. Zugang und Zielgruppe

Die genannten Hochschultypen unterscheiden sich darüber hinaus hinsichtlich des Zugangs und ihrer jeweiligen Zielgruppen. An der klassischen Präsenz-Universität sind regelmäßig vor allem junge Menschen zu finden, denn ihr Angebot fokussiert vor allem auf die grundständige akademische Erstausbildung. Diese haben in der Regel das Abitur in der Tasche, zumal die Bundesländer erst vor kurzem die Studienvoraussetzungen gelockert und das sogenannte Meister-Studium, das Studium ohne Hochschulreife, ermöglicht haben. Darüber hinaus bieten viele Universitäten mittlerweile ein Studium für Senioren an, das mit fortschreitendem demografischen Wandel an Bedeutung und Attraktivität gewinnen kann. Universitätsprofessorinnen und -professoren haben es dabei mit einem anspruchsvollen Publikum zu tun, das seine Lebens- und Berufserfahrung einbringt und sehr lernbegierig ist.

Die FernUniversität Hagen setzt ebenfalls generell die Allgemeine Hochschulreife oder eine besondere berufliche Qualifikation voraus. Dabei hat sie, so ihre Gründungsidee, vor allem Personen im Blick, die aus persönlichen oder beruflichen Gründen kein Vollzeitstudium an einer Präsenzhochschule aufnehmen können oder wollen. Sie richtet sich mit ihrem Studienangebot demnach sehr breit an alle an akademischer Bildung Interessierte, wobei auch die FernUniversität Hagen einen deutlichen Akzent auf die akademische Erstausbildung legt.

Das Konzept der Deutschen Universität für Weiterbildung weicht von diesen Vorstellungen ab. Es konzentriert sich, wie ihr Name bereits andeutet, auf die wissenschaftliche Weiterbildung. Ihr Studienangebot richtet sich demnach an Berufstätige mit Berufserfahrung, die regelmäßig über einen ersten Hochschulabschluss verfügen. Dabei folgen die Studienprogramme einem Blended-Learning-Modell und sind auch aus inhaltlicher Perspektive ausdrücklich als berufsbegleitend angelegt. Denn die Verschränkung von Theorie und Praxis ist allen DUW-Masterstudiengängen gemein. Hierauf wird noch ausführlich einzugehen sein.

An dieser Stelle genügt es festzuhalten, dass dieser Universitätstyp eine Brücke schlägt in dreifachem Sinne:

- Zum einen wendet er sich nur an Berufstätige mit Berufserfahrung.
- Zum anderen setzt er grundsätzlich eine Erstgraduierung voraus. Allerdings zeigt die Lebensrealität, dass gleichwertige Kompetenzen auch während einer langjährigen einschlägigen Berufstätigkeit sowie hochwertigen Fachausbildungen, wie Meisterlehrgängen, erworben werden können. Sie können im Sinne des Lebenslangen Lernens, dem sich die DUW gerade als Weiterbildungsuniversität verpflichtet weiß, zur Grundlage eines wissenschaftlichen Studiums werden. So lässt die DUW auch Studierende ohne ersten Hochschulabschluss zum Masterstudium zu, wenn sie ein spezifisches Zulassungsverfahren erfolgreich durchlaufen. Sie müssen einen von der DUW gegenüber der Wissenschaftsverwaltung des Landes Berlin verantworteten Kompetenz- und Eignungstest absolvieren sowie einen Kurs zur Praxisforschung und zum wissenschaftlichem Arbeiten erfolgreich belegen. Damit eröffnet sich vielen Studierwilligen eine neue Chance, die sie in ihrem bisherigen Leben aus unterschiedlichen Gründen nicht wahrnehmen konnten.
- Und zum Dritten ermöglicht das DUW-Studienmodell in seinem ausdrücklichen Praxisbezug das Neben- oder besser: Miteinander von Beruf und Studium, wie es sich bereits in dualen Studiengängen bewährt hat, die von Berufsakademien und Fachhochschulen angeboten werden.

Insoweit schließt das DUW-Konzept eine akademische Lücke, weil sie vielen Berufstätigen die Möglichkeit eröffnet, sich weiter zu qualifizieren und ihre erworbenen Kenntnisse in einem wissenschaftlichen Kontext zu reflektieren und zu erweitern. Dabei zeigt die Erfahrung allerdings, dass Studierende ohne akademischen Erstabschluss mitunter große Einstiegsschwierigkeiten haben, die insbesondere wissenschaftsmethodische Fragen betreffen, weshalb die DUW großen Wert auf die Entwicklung und Förderung dieser Kompetenzen, etwa im erwähnten Kurs zur Praxisforschung und zum wissenschaftlichen Arbeiten, legt.

3. Studienangebot

Die klassischen Universitäten konzentrieren sich, wie erwähnt, unbeschadet der Reform und Umstellung der Studiengänge auf das gestufte Studiensystem von Bachelor und Master nach wie vor auf das Angebot grundständiger und erster Ausbildungen. Zwar verpflichten die Hochschulgesetze der Bundesländer auch zum Angebot akademischer Weiterbildung. Offensichtlich waren jedoch die Universitätsprofessoren und -professorinnen bislang so sehr durch die akademische Lehre für dieses Klientel ausgelastet und mussten hier teilweise Überlasten bedienen, dass akademische Weiterbildung kaum in den Katalog der Studienangebote aufgenommen werden konnte.

Demgegenüber hat sich die Deutsche Universität für Weiterbildung ausdrücklich auf Studienprogramme spezialisiert, die jenseits der grundständigen Erstausbildung angesiedelt sind. Der Bedarf hierfür ist nicht von der Hand zu weisen, denn den Anforderungen an die Zukunftsfähigkeit von Berufen kann eine Grundausbildung vor Beginn des Berufslebens allein unmöglich entsprechen. Vielmehr verlangen die aktuellen Entwicklungen des Arbeitsmarkts nach lebenslangem und lebensbegleitendem Lernen und damit geradezu nach Studienmodellen, die die Berufserfahrung einfangen und auf ihrer Grundlage eine wissenschaftsbasierte Weiterentwicklung individueller Kompetenzen ermöglichen. Das ist insbesondere in einem Land notwendig, das kaum über natürliche Ressourcen verfügt, sondern darauf angewiesen ist, kluge Köpfe zu „produzieren" und kluge Akademikerinnen und Akademiker deshalb permanent zu fördern. Die positive Resonanz, die die DUW-Studienangebote finden, zeigt, dass die Studierenden diese Form der akademischen Weiterbildung als wichtiges Element ihrer eigenen beruflichen Langfristqualifizierung begreifen.

4. Verhältnis von Theorie und Praxis

Die klassische Universitätsidee denkt Forschung und Lehre als Einheit. Allerdings bleibt festzuhalten, dass Erstere durch Jahrhunderte die Letztere dominiert hat und sich die Reputation von Universitätsprofessorinnen und -professoren über lange Zeit hinweg fast ausschließlich aus ihren Forschungsleistungen speiste. Dementsprechend selten galt ihr Hauptaugenmerk der universitären Lehre. Zudem ist „Praxis" zwar Forschungsgegenstand, kaum aber systematisch Inhalt noch gar Adressatin der universitären Lehre gewesen. Obwohl sich die meisten Universitäten längst zu Stätten beruflicher (Erst-)Ausbildung gewandelt haben, ist die Befürchtung geblieben, die Freiheit der Forschung und Lehre dort aufs Spiel zu setzen, wo Lehrinhalte an den Bedürfnissen beruflicher Praxis ausgerichtet werden. Je nach Perspektive galt etwa der Einsatz von Planspielen und Fallaufgaben in der universitären Lehre lange Zeit entweder als Preisgabe wissenschaftlicher Ansprüche oder als hochschuldidaktische Innovation. In jedem Fall „fremdelt" die klassische Universität gegenüber der Praxis, was mit dem Aufkommen von Fachhochschulen oder Hochschulen für angewandte Wissenschaften möglicherweise noch verstärkt wurde.

Die Deutsche Universität für Weiterbildung hingegen gründet – ihrem spezifischen Bildungsauftrag entsprechend – ihr Selbstverständnis auf den Wechselbezug von Theorie und Praxis. Ihr Leitbild ist der *Reflective Practicioner,* also die berufstätige Person, die ihr berufliches Handeln an (neuen) theoretischen Inhalten spiegelt und so ihre praktische Theorie erweitert. Dieser Bildungsansatz bietet vielfältigen Raum für Veränderungen und eine „schöpferische Zerstörung". Hierbei spielt der Austausch mit den Lehrenden sowie anderen Studierenden in einer Community of Practice eine zentrale Rolle. Das Studienangebot der DUW ist somit im Wortsinne berufsbegleitend angelegt und erhält seine spezifische Prägung durch den wechselbezüglichen Wissenstransfer zwischen Praxis und Theorie.

Hieraus folgt für die einzelnen Lehrenden, dass sie bereits in der Konzeption aller Lerneinheiten, insbesondere aber der auf Kollaboration angelegten Online- und Präsenzeinheiten, mit der Berufserfahrung und Expertise ihrer Studierenden rechnen müssen. Anders als an der klassischen Universität *müssen* sie ihnen auf Augenhöhe begegnen und ihre Lehrtätigkeit daran ausrichten, eben jene Praxisreflexion zu ermöglichen. Studieninhalte werden demzufolge von den Studierenden mitbestimmt und geprägt, was in ganz besonderem Maße für die Praxisforschung der Studierenden im Rahmen von Field-Trip und Master-Thesis gilt. Die Rolle des Universitätsprofessors wandelt sich damit vom reinen Hochschullehrenden zum Moderator von (Weiter-)Bildungsprozessen und zum Impulsgeber.

Vergleichbares gilt für die Arbeit an den Curricula der DUW-Studiengänge, die in enger Zusammenarbeit mit der Praxis entstehen. Beispielsweise gehören dem Beirat des Masterstudiengangs *Sicherheitswirtschaft und Unternehmenssicherheit* Vertreter zahlreicher einschlägiger Unternehmen sowie der Branchenverbände an. Zugleich unterhält die DUW eine Partnerschaft mit der Bundespolizei, die eine wertvolle Abrundung ihres Bildungsangebots im Hinblick auf die öffentliche Sicherheit ermöglicht. Der Autor ist nun als wissenschaftlicher Leiter des Studiengangs gefordert, diesen so weiterzuentwickeln, dass seine Inhalte und Formate den sich beständig wandelnden Anforderungen der Praxis entsprechen und zugleich wissenschaftlich fundiert bleiben. Nicht zuletzt vor diesem Hintergrund legt er großen Wert darauf, die Studierenden zu Veranstaltungen des Forschungsinstituts für Compliance, Sicherheitswirtschaft und Unternehmenssicherheit (FORSI) einzuladen und ihnen so die Möglichkeit zu eröffnen, noch weiter einzutauchen in die Welt der Forschung.

5. Studienformate

Die Studierenden an den klassischen Universitäten bewegen sich vornehmlich im Rahmen von Präsenzveranstaltungen in Form von Vorlesungen, Übungen, Seminaren und Prüfungsveranstaltungen. Zwar unternehmen die Hochschulen inzwischen zaghafte Versuche, auch andere, etwa internetbasierte Lehrformate zu etablieren. Doch im Kern sind die Universitäten an dem permanenten Gegenüber von Dozierenden und Studierenden orientiert. Im Vordergrund steht das „Mündlichkeitsprinzip", das gelegentlich auf Kosten sprachlicher Präzision geht.

Das Studienmodell der FernUniversität Hagen setzt umgekehrte Schwerpunkte: Präsenzveranstaltungen bilden hier die Ausnahme, um den vielen Studierenden entgegenzukommen, die ortsunabhängig, weil zumeist berufsbegleitend, einen Hochschulabschluss erwerben wollen und daher auf räumliche wie zeitliche Flexibilität angewiesen sind. Das Studienangebot ist deshalb durch Schriftlichkeit geprägt. Studienhefte ersetzen Vorlesungen und Fernklausuren ersetzen Prüfungen im Hörsaal. Ergänzt werden diese Lehrformen durch Veranstaltungen, die in Regional- und Studienzentren abgehalten werden, wo auch persönliche Beratung und Betreuung der Studierenden stattfindet. Hinzu kommen zunehmend internetgestützte Lehr- und Betreuungsangebote.

Studienhefte bilden auch die Grundlage des Studienmodells der Deutschen Universität für Weiterbildung. Dabei werden sie verstanden als „verschriftlichte Lehrveranstaltung". Diese Anforderung wirkt sich auf die Erstellung der Skripte aus, die nur dann akzeptiert werden, wenn sie adressatengerecht sind. Ob dies zutrifft, wird sehr sorgfältig von der zuständigen Studiengangleitung und der Abteilung Programmentwicklung geprüft, die damit als Nadelöhr für die Studienhefte sämtlicher Studiengänge fungiert. Die Hefte müssen die jüngsten fernstudien- und weiterbildungsdidaktischen Erkenntnisse berücksichtigen und dürfen sich deshalb nicht auf eine schlichte Niederlegung der Inhalte beschränken. Vielmehr müssen etwa „Stopper" wie Übungen oder Beispiele eingebaut und die Studierenden auf dem Weg durch das Skript mitgenommen werden.

Das ist eine mitunter harte Aufgabe für einen Universitätsprofessor, der sich weder an klassischen Präsenz-Universitäten noch an der FernUniversität Hagen vertieft mit solchen didaktischen Fragen befasst hatte. Sie zu berücksichtigen, ist aber ein Must-have und ein Gewinn für Studierende, die das Studium neben dem Beruf absolvieren. Ihnen muss der Gang durch die jeweilige Weiterbildung so leicht wie möglich gemacht und so vielfältig wie nötig gestaltet werden.

Die zweite Säule des DUW-Studienmodells sind Online-Einheiten, in denen das kollaborative Arbeiten der Studierenden im Vordergrund steht. Hinzu kommen Präsenzveranstaltungen, die in besonderer Weise auf die Bedürfnisse der berufstätigen Studierenden eingehen, indem sie in ihren jeweiligen Formaten immer wieder Gelegenheit zur Praxisforschung geben. Hierzu zählt das Shadowing ebenso wie der Field-Trip, ein einwöchiger Kurs, in dessen Rahmen im wahrsten Sinne des Wortes Felderfahrungen gesammelt, vertieft und reflektiert werden. So waren etwa die Studierenden des Masterstudiengangs *Compliance* unter der Federführung des Autors in Peking. Dort besuchten sie deutsche DAX-Unternehmen und Zweigstellen mittelständischer Firmen mit dem Ziel, Gemeinsamkeiten und Unterschiede bei der Anwendung von Compliance herauszufinden. Die Studierenden des Masterstudiengangs *Sicherheitswirtschaft und Unternehmenssicherheit* erhielten in Basel und anderen Städten in der Schweiz Einblicke in unterschiedliche Einrichtungen der Sicherheitswirtschaft, der Unternehmenssicherheit und der Polizei und verfolgten dort ihre individuellen Projekte der Praxisforschung. Stets stellen die Studierenden die Ergebnisse ihrer Feldforschung in Vorträgen vor Ort vor, die auch für die Mitglieder der besuchten Organisationen gewinnbringend sein können. Insbesondere dieser spezifische Zugang zur Praxisforschung bringt in kurzer Zeit einen hohen wissenschaftlichen Ertrag, der gleichsam „aus erster Hand" gewonnen wird.

6. Organisationsstruktur

Lehre und Forschung sind an Universitäten traditionellerweise in bestimmten, überkommenen Fakultäten organisiert („klassische Disziplinarität"). Erinnert sei etwa an die Rechtswissenschaften, denen in der Regel eine eigene Fakultät gewidmet ist, die ihrerseits beispielsweise in Institute oder zumindest Professuren für Zivilrecht, Strafrecht und Öffentliches Recht untergliedert ist. An dieser, an wissenschaftlichen Disziplinen orientierten Organisationsstruktur hat sich bis heute nichts Grundlegendes geändert. Die FernUniversität Hagen hat dieses Konzept übernommen, das für Hochschullehrende bedeutet, dass sie thematisch eingeengt sind und häufig kaum problem- und realitätsorientierte übergreifende Aspekte in ihrer Lehre unterbringen können.

Einen anderen Weg beschreitet die Deutsche Universität für Weiterbildung, deren organisationale Struktur sich an den Bereichen orientiert, in denen sich gesellschaftliche und arbeitsmarktrelevante Veränderungen zurzeit am schnellsten vollziehen. So arbeiten die Hochschullehrenden transdisziplinär in den vier Departments *Management und Wirtschaft, Bildung, Gesundheit* und *Kommunikation* zusammen, um bedarfsorientierte Studiengänge „aus einem Guss" anzubieten. Damit soll dem Gedanken Rechnung getragen werden, dass wissenschaftliche Weiterbildung in der Regel auf eine berufliche Praxis reflektiert, die ihrerseits gerade nicht disziplinär strukturiert ist, sondern zu deren Bewältigung es der Beiträge verschiedener Wissenschaften bedarf. Dementsprechend heben die Studienangebote nicht allein auf die Wissensvermittlung ab, sondern auch auf den Erwerb und den Ausbau von System- und Methodenkompetenzen, personalen sowie Kommunikationskompetenzen.

Für den Autor lässt sich der Vorteil dieses ganzheitlichen Ansatzes exemplarisch am Studiengang *Sicherheitswirtschaft und Unternehmenssicherheit* festmachen. Er ist der erste universitäre Studiengang, der auf der Grundlage vorangegangener einschlägiger Forschung auf dem Gebiet des Sicherheitsgewerbes beruht, die ihrerseits in die Gründung des Forschungsinstituts für Compliance, Sicherheitswirtschaft und Unternehmenssicherheit (FORSI) an der DUW mündete. In diesem Masterstudiengang, der die drei Sicherheitsmärkte Sicherheitswirtschaft, Unternehmenssicherheit und Behördensicherheit im Blick hat, wird die gesamte Wertschöpfungskette im Bereich Sicherheit einschließlich der zugehörigen Prozesse, Betriebsabläufe und Unternehmensfunktionen thematisiert. Die Studierenden beschäftigen sich mit rechtlichen und ökonomischen Aspekten ebenso wie mit technischen und interkulturellen Fragen der Sicherheit. Dabei werden die einzelnen Aspekte durchaus breit aufgefächert. So bearbeiten die Studierenden im Bereich der Rechtswissenschaften beispielsweise nicht nur zivilrechtliche Fragestellungen (Ausschreibung von Leistungen, Haftung, Vertragsgestaltung, Nothilfe, Datenschutz), sondern auch strafrechtliche (Diebstahl, Korruption) und öffentlich-rechtliche Aspekte (Gewerbezulassung). Daneben spielen sogenannte Personal Skills eine Rolle, die etwa im Kurs *Führung* zum Ausdruck kommen.

7. Fazit

Die Erfahrungen des Autors mit den drei skizzierten Universitätstypen zeigen, dass das DUW-Studienmodell eine Optimierung moderner akademischer Anforderungen gestattet. Denn es kombiniert aus Sicht eines Universitätsprofessors Bewährtes mit neuen fachlichen und didaktischen Erkenntnissen, um einen optimalen Studienerfolg für Berufstätige zu sichern und eine hochwertige Weiterqualifizierung zu ermöglichen. Ihr langfristiger Erfolg ist allerdings nur gesichert, wenn akademische Weiterbildung als solche anerkannt und sowohl „nach unten" – durch die Implementierung weiterbildender Bachelor-Studiengänge in der deutschen Hochschullandschaft – als auch „nach oben" – durch die Einführung von *professional Doctorates* – anschlussfähig gemacht wird.

Ada Pellert

Das „Good Practice"-Beispiel der Carl Benz Academy

Im deutschsprachigen Raum ist die Kooperation zwischen Wirtschaft und Wissenschaft mit vielen Schwierigkeiten verbunden, ist doch eine Tendenz der Abschottung zwischen dem Bereich des Beruflichen und dem Bereich des Akademischen unverkennbar. Diese Abschottung bezieht sich sowohl auf unterschiedliche Institutionalisierungsformen (getrennte Einrichtungen, wenig gelungene Kooperationsmodelle) als auch auf unterschiedliche Anforderungen an Wissen und Kompetenzen. Dabei sind die Abschottungstendenzen zum Teil so stark, dass der Soziologe Martin Baethge (2007) gar vom „deutschen Bildungs-Schisma" spricht, welches das Verhältnis des beruflichen zum akademischen System kennzeichne.

Dies führte im letzten Jahrzehnt dazu, dass in vielen Unternehmen eigene Corporate Universities und innerbetriebliche Akademien entstanden; ein Umstand, den man auch als Indiz dafür werten kann, dass kein besonders großes Vertrauen in die Kooperation mit der akademischen Welt gesetzt wurde. Mittlerweile haben Unternehmen jedoch durchaus gemischte Erfahrungen mit diesen Initiativen gesammelt.

Der akademische Bereich wiederum wurde inzwischen durch die Bologna-Reform zur Umgestaltung und auch zur stärkeren Auseinandersetzung mit den Employability-Aspekten der akademischen Ausbildung gezwungen. Zudem wächst die bildungspolitische Einsicht, dass in der wissensbasierten Gesellschaft zwar höhere Akademisierungsraten vonnöten sind, sich die akademische Ausbildung dann aber nicht mehr primär am Leitbild des rein akademischen Nachwuchses orientieren kann. An seine Stelle tritt vielmehr die Vermittlung von Kompetenzen, welche die Absolventinnen und Absolventen auch für die Beschäftigung in außerakademischen Arbeitsmärkten zu befähigen vermag. Letztlich verstärken die Erfahrungen beider Bereiche damit auch das Interesse an innovativen Kooperationsmodellen zwischen „Academia" und „Business". Ein Praxisbeispiel für solch eine Kooperation soll mit der Carl Benz Academy im Folgenden näher beschrieben werden.

1. Das Projekt

Im Jahr 2011 griff Mercedes-Benz (China) Ltd. (MBCL) die wachsende Nachfrage der chinesischen Händlerbetriebe der Marke nach Personalentwicklung auf und gründete gemeinsam mit Universitätspartnern aus den drei größten Automärkten der Welt (Deutschland, USA und China) und den fünf größten Mercedes-Benz-Händlergruppen in China die *Carl Benz Academy (CBA)* in Peking. Ziel dieser noch immer im Aufbau befindlichen Akademie ist die berufsbegleitende Weiterbildung von Führungskräften, die bei Mercedes-Benz-Händlerorganisationen in China beschäftigt sind. Mit diesem Ziel entwickelt die Deutsche Universität für Weiterbildung

(DUW) zusammen mit ihren akademischen Partnerinnen in Woodbury, USA und Peking, China ein MBA-Programm für Mercedes-Benz (China) Ltd. (MBCL).

1.1 Anlässe und Hintergründe des Vorhabens

Die Automobilindustrie ist in ihrer über 125-jährigen Geschichte zu einer der organisational, technisch und prozessual hochentwickeltsten Branchen geworden. In den USA, in China und in Deutschland kommt ihr zudem hohe volkswirtschaftliche Bedeutung zu. Dabei ist China momentan der am stärksten wachsende Markt für die Autoindustrie. Mercedes-Benz (China) Ltd. (MBCL) hat in China in den letzten fünf Jahren eine unvergleichliche Erfolgsgeschichte geschrieben. Mit einer bildungsorientierten Antwort auf die stets wachsende Nachfrage nach Innovationen und Zukunftsstrategien und in Anspielung auf Carl Benz, den Erfinder des Automobils, soll dieser Pioniergeist nun in einer modernen Weiterbildungsakademie lebendig werden.

Zwar verfügt MBCL in China bereits über ein sehr etabliertes System des Corporate Learning mit einem differenzierten Aus- und Weiterbildungsprogramm. Ein akademisches Programm wollte man jedoch nur mithilfe von Partnern realisieren, weil dies nicht als Kernauftrag und -kompetenz der innerbetrieblichen Weiterbildung gesehen wird. Dabei spielten vor allem zwei Argumentationslinien eine zentrale Rolle:

1) Ein Aspekt war die Bindung der Mitarbeiterinnen und Mitarbeiter auf einem sehr angespannten Personalmarkt, auf dem sich die Besten ihre Arbeitgeber aussuchen können. Diese Bindung soll durch das Angebot zur akademischen Weiterbildung gestärkt werden, denn gesellschaftliche Anerkennung und berufliche Karrieren sind in China wie in kaum einem anderen Land mit einem akademischen Bildungsabschluss verbunden (vgl. Rauner 2011).
2) Weiterhin sollte für dieses akademische Weiterbildungsangebot ein innovativer, mit Forschung und Entwicklung verbundener Ansatz gefunden werden.

Übergeordnetes Ziel war, gemeinsam mit den Partnern ein akademisches Angebot zu schaffen, das durchdrungen ist von derselben Idee, die auch für das deutsche, höchst erfolgreiche Berufsbildungssystem leitend ist: von der Idee, einen Bezug auf das praktische Arbeitsumfeld zu befördern und den Studierenden ein auf den Arbeitsplatz bezogenes (work-based) Lernen einerseits und kreative Formen des forschungsbasierten Lernens andererseits zu ermöglichen. Dieser Ansatz erhält besonderes Gewicht durch die bildungspolitische Aufwertung, die die berufliche Bildung derzeit auch in China erfährt, und die durch die Etablierung beruflicher Hochschulen erreicht werden soll. Die Carl Benz Academy möchte zu dieser einen Beitrag leisten.

Allerdings hat sich MBCL bewusst dagegen entschieden, eine eigene Corporate University zu gründen. Mit der Carl Benz Academy setzt man vielmehr auf einen Zusammenschluss unterschiedlicher akademischer Partnerinstitutionen sowie der Arbeitnehmer- bzw. Arbeitgeberseite der Händlerorganisationen in einem virtuellen Netzwerk. So soll sowohl Programmentwicklung in einer kooperativen Form als auch *institution building* mit dem Ziel ermöglicht werden, tragfähige Governance-Strukturen zu entwickeln, sodass die Carl Benz Academy ihren (Weiter-)Bildungsauftrag in China gut erfüllen kann.

Indem MBCL den Aufbau der Carl Benz Academy wie auch Pilotdurchgänge ihres MBA-Studienprogramms finanziell unterstützt, hat das Unternehmen also eine Anschub- und Hebammenfunktion übernommen. Das Unternehmen bietet mit der Initiative der Carl Benz Academy auch eine Entwicklungsplattform für adäquate Formen einer berufsbezogenen, international ausgerichteten akademischen Personalentwicklung. Dabei sollen nicht nur kürzere und längere Weiterbildungsprogramme für differenzierte Zielgruppen erarbeitet werden, sondern das Lehrangebot soll forschungsbasiert entwickelt werden und unter Berücksichtigung der Aspekte der Corporate Social Responsibility und innovativer Lernarchitekturen entstehen. So soll die Carl Benz Academy mittelfristig Angebote für den chinesischen Bildungsmarkt entwickeln, die innovative Konzepte für berufliche Hochschulen verkörpern und durch die mit ihnen verbundenen Forschungsleistungen interessante Impulse, auch zur Entwicklung von Mobilitätskonzepten für das 21. Jahrhundert, geben.

1.2 Die Projektpartner

Was die akademische Projektpartnerschaft betrifft, so geht diese zum einen auf die über 40-jährige erfolgreiche Zusammenarbeit zwischen der Topuniversität Chinas, der Peking University, und der Freien Universität Berlin zurück. Beide Exzellenz-Universitäten beauftragten ihre jeweiligen Spezialistinnen mit der Durchführung: auf der chinesischen Seite die Guanghua School of Management und auf der deutschen Seite die Deutsche Universität für Weiterbildung (DUW), seinerzeit zu 50 % eine Tochter der Freien Universität Berlin, und die Internationale Akademie (INA) für innovative Pädagogik, Psychologie und Ökonomie an der Freien Universität Berlin. Zum anderen ist die Woodbury University California (Los Angeles, USA) wiederum eine langjährige Forschungspartnerin von Mercedes-Benz (China) Ltd.

1.3 Der Projektstart

Die Carl Benz Academy wurde am 14. November 2011 in Peking gegründet. Bei der Eröffnungsfeier waren nicht nur zahlreiche Lehrende des Programms, darunter Professorinnen und Professoren der beteiligten drei Universitäten, sowie Vertreter und Vertreterinnen der Mitbegründer aus den Händlerorganisationen von Mercedes-Benz (China) Ltd. und Mercedes-Benz Auto Finance (China) Ltd. anwesend, sondern auch die ersten Studierenden, Vertreterinnen und Vertreter der Presse und Regierung sowie andere Stakeholder der Akademie. Die Präsidentin der DUW wurde vom dort konstituierten wissenschaftlichen Rat zur Gründungspräsidentin der Carl Benz Academy ernannt. Damit sind die Carl Benz Academy und die DUW in einer ersten Aufbauphase personell eng verknüpft. Zugleich zeichnet die DUW für den ersten Masterstudiengang, das erwähnte MBA-Programm, verantwortlich, das die Carl Benz Academy anbietet.

Dabei wirkt das Engagement der DUW durchaus auf die heimischen Studienangebote zurück, die um Studieneinheiten mit „chinesischem Fokus", etwa im Hinblick auf Verhandlungsstrategien, Markteinstieg oder Organisationsaufbau, bereichert werden. Die DUW erhält die Möglichkeit, die interkulturelle Kompetenz ihrer Studierenden durch die Zusammenarbeit mit Universitäten aus verschiedenen und z.T. auch sehr unterschiedlichen Kulturen mit ihren jeweiligen Weltanschauungen zu erhöhen und durch ihre Beteiligung an der Carl Benz Academy zudem ihr internationales Profil aus institutioneller Sicht zu schärfen.

2. Das Curriculum als Verbindung der Stärken der Kooperationspartner

Das MBA-Programm ist als berufsbegleitender Studiengang konzipiert, der einem Blended-Learning-Ansatz folgt und im Pilotstudiengang auf drei Jahre angelegt ist. In diesem Studienprogramm spiegelt sich das Profil der Carl Benz Academy wider:

- *Zielgruppe* ist das mittlere und obere Management der Händler- und Linienorganisationen von Mercedes-Benz (China) Ltd. und Mercedes-Benz Auto Finance (China) Ltd.
- Das Programm ist ein *Internationales General-Management-Programm* mit einem speziellen Fokus auf Aspekte von Luxury Brands in der chinesischen Automobilindustrie.
- *Ziel* des Studienprogramms ist es, eine Generation von Nachwuchsmanagern und -managerinnen auszubilden, die in der Lage ist, die internationalen (Vertriebs-) Konzepte zu vergleichen und zu bewerten und an ihre konkreten Arbeitssituationen anzupassen.
- Die *Studieninhalte* werden von einem internationalen Hochschulkonsortium auf drei Kontinenten vermittelt. Mit diesen drei Partnern sind die unterschiedlichen inhaltlichen, didaktischen und kulturellen Zugänge der akademischen Personalentwicklung aus den wichtigsten Märkten der Mercedes-Benz-Nachwuchsmanager und -managerinnen vertreten.
- Der *Blended-Learning-Ansatz* ermöglicht die Flexibilität, die für berufsbegleitendes Lernen erforderlich ist.
- Der *Situationsansatz* verbindet Theorie und Praxis.

In den letzten Monaten haben sich alle Kooperationspartner hauptsächlich mit dem Aufbau eines gemeinsamen MBA-Programms unter Führung der DUW beschäftigt. Dabei wurden Elemente der bestehenden MBA-Programme der jeweiligen Universitäten adaptiert und zu einem gemeinsamen Programm zusammengefasst. Ausgangspunkt hierfür waren die Anforderungen, die die Mercedes-Benz-Händler in

China im Hinblick auf die Weiterbildung ihres Führungsnachwuchses formulierten. Anschließend wurde auf Basis des DUW-Studiengangs ein Curriculum entwickelt, das die Stärken der jeweiligen Universitäten verbindet. So unterrichtet die Guanghua School of Management der Peking University hauptsächlich landesspezifische Inhalte wie Accounting, Finance, Economics, Doing Business in China oder Negotiation. Die Woodbury University verantwortet die Bereiche Leadership und Luxury Brand Marketing, auf die sie ihrerseits spezialisiert ist. Die Internationale Akademie (INA) an der Freien Universität bringt Intercultural Education und den Situationsansatz als didaktische Methode des Lernens in realen Situationen ein, auf dem ihr programmatischer Schwerpunkt liegt. Die DUW schließlich steuert Lerneinheiten etwa zu Strategie, Organisation, Personalentwicklung und Entrepreneurship bei und bringt vor allem ihre Kompetenzen ein, Studienangebote speziell für Professionals, also Berufstätige, zu konzipieren und in einem modernen Blended-Learning-Modell durchzuführen. Dieses eröffnet den Studierenden die Möglichkeit zu einem praxisnahen Studium, das ihre Kompetenzentwicklung im Blick hat, und zudem erfolgreich mit anspruchsvoller Berufstätigkeit und familiären Verpflichtungen verbunden werden kann.

Die folgende Abbildung zeigt exemplarisch am Beispiel des Curriculums des ersten Studienjahres den Aufbau des MBA-Studiums an der Carl Benz Academy.

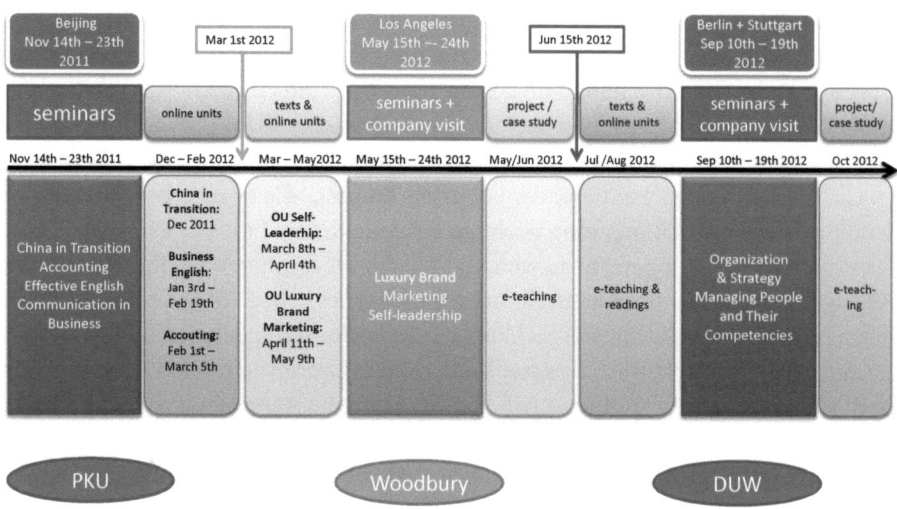

Abbildung 1: Curriculum des ersten Studienjahres an der Carl Benz Academy

2.1 Co-Kreation durch Pilotdurchgang

In den Pilotdurchgang des MBA-Programms wurden im November 2011 insgesamt 35 Studierende mit dem Ziel aufgenommen, die konkreten Studieninhalte gemeinsam mit den Studierenden weiterzuentwickeln. Indem die Studierenden eigene Fragestellungen oder Probleme, die sie besonders bewegen, einbringen, wird der Berufsalltag der Teilnehmerinnen und Teilnehmer zum Ausgangspunkt für die Beschäftigung mit Lösungsansätzen aus der Wissenschaft. Dieser Situationsansatz sorgt für eine hohe Praxisrelevanz der akademischen Weiterbildung.

Daneben bietet dieser Ansatz der Programmentwicklung die Möglichkeit, spezifische Problemstellungen zu extrahieren, um das MBA-Programm zukünftig noch stärker auf die Bereiche Luxury Brand Marketing und Automotive Industry zu fokussieren. Insofern sind die Studierenden sozusagen Co-Kreatoren und Co-Kreatorinnen ihres eigenen Studiengangs. Dies wirkt sich positiv auf die Kompetenzentwicklung der Nachwuchsführungskräfte aus und steigert zugleich ihre Motivation und Zufriedenheit. Die Loyalität und Bindung der Beschäftigten, so die Annahme, wird erhöht und die in diesem Sektor hohe Fluktuationsrate gesenkt.

Das Studium folgt einem Blended-Learning-Modell, wobei die Präsenzphasen jährlich an den beteiligten Hochschulen in Peking, Los Angeles und Berlin stattfinden. Des Weiteren bietet das Programm sogenannte On-Site-Visits, d.h. in allen drei Ländern werden Händlervertretungen (Dealerships) besucht, Best Practices analysiert und Fallstudien bei Firmenbesuchen erarbeitet.

3. Die Lernerfahrung

Die Entwicklung eines qualitätsvollen internationalen und auf die spezifischen Bedürfnisse eines betrieblichen Branchenumfeldes ausgerichteten Studienprogramms erfordert Zeit. Die Anschubfinanzierung bzw. die Unterstützung der ersten Pionierkohorten durch MBCL gibt der Carl Benz Academy diese Entwicklungszeit bei gleichzeitigem Pilotbetrieb mit der tatsächlichen Zielgruppe.

Gerade den ersten Studierendenkohorten kommt, wie bereits beschrieben, bei der Programmentwicklung eine wichtige Rückmeldefunktion zu. Um dem Ansatz des situativen Lernens gerecht zu werden, müssen die Studierenden ihre Arbeitsumgebung, die konkreten Problemstellungen ihres betrieblichen Alltags einbringen. Zugleich trägt dieser Input zur Entwicklung der Reflexionsfähigkeit der Teilnehmenden bei, die eine wissenschaftlich basierte Weiterbildung vermitteln soll. Denn nur wenn die Weiterentwicklung konkreter Arbeitsplätze und die Auseinandersetzung mit den spezifischen Anforderungen einer Branche Gegenstand des Studiums sind, kommt es zu einer tatsächlichen Verschränkung von Theorie und Praxis, in der *die* Herausforderung der berufsbezogenen akademischen Weiterbildung des 21. Jahrhunderts ausgemacht werden kann.

Die höchst unterschiedlichen, weil aus ganz verschiedenen hochschulischen und kulturellen Kontexten stammenden Lehrenden mussten auf dieses didaktische Paradigma erst langsam „eingeschworen" werden. Dies setzte eine intensive Kommunikation der Projektverantwortlichen voraus, um die Logik der Partner und ihre Zugangsweisen kennenzulernen und zu verstehen. Die Kommunikationsdichte war daher im ersten Jahr besonders hoch – Vertreter und Vertreterinnen der drei Universitäten wie von MBCL haben sich in gut vor- und nachbereiteten Projektmeetings regelmäßig getroffen. Die dadurch geschaffene Kommunikationsbasis stärkte das Commitment aller Beteiligten und ermöglichte auf dieser Grundlage relativ rasch die Etablierung des Pilotdurchgangs in seiner aktuellen Fassung.

Die Anforderungen an das Commitment der Beteiligten waren deshalb besonders hoch, weil die ungewöhnliche Konstellation der Carl Benz Academy auch voraussetzt, dass jeder beteiligte Projektpartner einen Teil des Risikos trägt und Vorleistungen erbringt. Die zu etablierenden Prozesse des Lehr-Lern-Geschehens und seiner Abstimmung sind für alle Beteiligten neu und können daher in der jeweils eigenen Organisation Verzögerungen verursachen, da sie etwa erst an alle verantwortlichen Organisationsmitglieder kommuniziert und dann vor allem von diesen auch mit Leben gefüllt werden müssen.

Auf eine allgemeinere Ebene gehoben bedeutet das: Geduld einerseits und Pioniergeist andererseits sind damit von jedem Partner eines solchen innovativen Projekts einzubringen und dem gemeinsamen Lernen geschuldete Irritationen und Umwege sind zu tolerieren. Denn wenn diese Fehlerkultur nicht vorhanden ist – und die mit ihr verbundene Entwicklungszeit nicht zugestanden wird –, kann kaum Neues entstehen. Gerade das aber ist in dem vorgestellten Beispiel klarer Anspruch aller Beteiligten. Anstatt lediglich ein maßgeschneidertes MBA-Programm in Auftrag zu geben bzw. bereitzustellen, soll eine neue und innovative Möglichkeit geschaffen werden, unterschiedliche Weiterbildungsangebote sinnvoll mit bereits etablierten Formen der innerbetrieblichen Weiterbildung zu verknüpfen und in einschlägige Forschung und Entwicklungsvorhaben einzubetten. Dies macht den Reiz und die Attraktivität der Gründungsidee der Carl Benz Academy aus. Durch sie gelingt es auch, Lehrende zu gewinnen, die bereit sind, in ihre eigene Weiterbildung zu investieren, indem sie sich auf die neuen Formate des Blended-Learning in einem interkulturellen Lernsetting einlassen und beispielsweise die Feldforschung in den Händlerorganisationen begleiten.

Literatur

Baethge, Martin (2007): *Das deutsche Bildungs-Schisma. Welche Probleme ein vorindustrielles Bildungssystem in einer nachindustriellen Gesellschaft hat*, in: Lemmermöhle, Doris/Hasselhorn, Marcus (Hrsg.): *Bildung – Lernen. Humanistische Ideale, gesellschaftliche Notwendigkeiten, wissenschaftliche Erkenntnisse*, Göttingen, S. 93–116.

Rauner, Felix (2011): *Sie wollen alle studieren*, in: *Die Zeit* 42 (13.10.2011), S. 89.

Udo Thelen

Organisationsformate wissenschaftlicher Weiterbildung an der Schnittstelle von Hochschule und Unternehmen

Hochschulen bemühen sich in den vergangenen Jahren vermehrt um Studienangebote, die – vor dem Hintergrund betrieblicher Bildungsbedarfe und dem steigenden Bewusstsein von Berufstätigen hinsichtlich der Notwendigkeit kontinuierlicher Weiterbildung – von den etablierten Mustern universitärer Lehre abweichen. Betrieblicher Bildungsbedarf und individuelles Weiterbildungsverhalten sind dabei jedoch schwer zu fassende Größen. Wird im Rahmen der Debatten um Fachkräftemangel und demografische Entwicklung einerseits auf die steigende Bedeutung betrieblicher und individueller Weiterbildung verwiesen (vgl. Utikal 2012, S. 153 und Wolter 2012, S. 274f.), so dokumentiert der aktuelle *Bildungsbericht 2012* andererseits erneut stagnierende Zahlen aus der Weiterbildungslandschaft (vgl. Autorengruppe Bildungsberichterstattung 2012, S. 8).

Welche Chancen und Risiken ergeben sich vor diesem Hintergrund für Hochschulen, die sich mit berufsbegleitenden Weiterbildungsangeboten für Berufstätige und Arbeitgeberorganisationen öffnen? Wie sehen konkrete Kooperationsformate und -perspektiven für Unternehmen und Hochschulen aus? Was müssen Unternehmen berücksichtigen, wenn sie sich um eine vorausschauende Personalentwicklung und langfristig orientierte Bildungsplanung bemühen?

1. Organisation und Formate kooperativer Weiterbildung

Hochschulen und Unternehmen, die gemeinsam Konzepte für integrierte Programme der Weiterbildung und Personalentwicklung suchen, müssen sich über die Rahmenbedingungen ihrer Kooperation verständigen. So ist abhängig vom Weiterbildungs- und Qualifizierungsbedarf im Unternehmen sowie von vorgegebenen Eckdaten (Zahl der Teilnehmenden, Zeitaufwand, Budget etc.) insbesondere über didaktische Formate, Programmformate sowie Struktur und ggf. Rechtsform des gemeinsamen Vorhabens zu entscheiden.

Im Hinblick auf die fachlich-strategische Seite wird es in den meisten Fällen das Unternehmen sein, welches den Qualifizierungs- und Weiterbildungsbedarf seiner Beschäftigten kennt und, hierauf basierend, Erwartungen an die Hochschule formuliert. Mit Blick auf didaktisch-formatbezogene Aspekte bringt die Hochschule ihre Kompetenz ein und berät den Unternehmenspartner in allen Fragen der Programmentwicklung und des Programmbetriebs.

Das *didaktische Format* eines Weiterbildungsprogramms wird häufig immer noch an den Kategorien Präsenzseminar, Fernstudium oder E-Learning ausgerichtet. Neuere Ansätze legen jedoch für die gemeinsame Programmentwicklung von Hochschule und Unternehmen einen Blended-Learning-Ansatz zugrunde. Selbststudienelemente (Studienheft, E-Book, WBT/CBT) werden dabei mit Präsenzseminaren am Unternehmens- oder Hochschulort sowie einer Online-Plattform verbunden, die kollaborative Lernelemente ermöglicht und praktische Organisationsfunktionen (Curriculum-Manager, Betreuung der Teilnehmenden etc.) übernimmt. Technische Grundlagen, Lehr- und Lernlogistik werden dabei von der Hochschule oder den Unternehmen gestellt.

Das *Programmformat* richtet sich nach den akademischen und berufsbezogenen Kompetenzen und Qualifikationen der Teilnehmenden sowie nach den von Unternehmen und Hochschule einvernehmlich festgelegten Lernergebnissen der Maßnahme. Diese haben auch administrativ-hochschulrechtliche Konsequenzen. Ist zur Erreichung der Lernergebnisse beispielsweise ein viermonatiges berufsbegleitendes Programm einer bestimmten Fachrichtung ausreichend, kann auf die Vergabe von ECTS-Punkten verzichtet werden. Ist jedoch die Erreichung eines akademischen Abschlusses Haupt- oder Nebenziel der Maßnahme, wird das Programmformat einem weiterbildenden Bachelor- oder Masterstudiengang oder – bei Teilnehmenden höherer Führungsebenen und mit entsprechender Vorbildung – einem Executive Master entsprechen. Bei einer sorgfältig vorgenommenen Modularisierung des Curriculums können die Grenzen fließend und ein Übergang vom Zertifikatniveau zum Bachelor- oder Masterstudiengang ohne zusätzlichen Zeit- oder Kostenaufwand möglich sein.

Hochschule und Unternehmen müssen in Abwägung fachlich-strategischer, organisatorischer und kostenbezogener Faktoren die Entscheidung treffen, ob ein gemeinsam entwickeltes und betriebenes Weiterbildungsprogramm ausschließlich Beschäftigten des Unternehmens zugänglich ist (*customized education*) oder auch für andere Interessierte geöffnet ist (*open enrollment*).

In besonderen Fällen kann es sinnvoll sein, dass das von Hochschule und Unternehmen entwickelte und betriebene Programm eine eigene Struktur und Rechtsform erhält. Steuerliche Gründe und eine beabsichtigte Haftungsbeschränkung können dabei ebenso eine Rolle spielen wie eine von beiden Partnern entwickelte und dem spezifischen Projektzweck angepasste *Governance-Struktur*. Auch Kooperationsformate, die gemeinsam von einem staatlichen und einem privaten Partner (*public private partnership*) oder im Rahmen einer Unternehmensakademie (*corporate university/academy*) entwickelt und betrieben werden, erfordern möglicherweise eine eigene Rechtsform (z.B. Stiftung, GmbH, gGmbH oder Verein).

2. Modelle und Praxis-Beispiele kooperativer Weiterbildung

Im Folgenden werden Beispiele für die erfolgreiche Kooperation von Hochschule und Unternehmen im Rahmen von integrierten Konzepten der Weiterbildung und Personalentwicklung vorgestellt.

2.1 Anrechnung unternehmensinterner Weiterbildung

Bei diesem Modell kann die Hochschule im Rahmen ihrer Kooperation mit einem Unternehmen unter bestimmten Voraussetzungen Weiterbildungsleistungen anrechnen, die Beschäftigte des Unternehmens betriebsintern erbracht haben. Die Deutsche Universität für Weiterbildung praktiziert dieses Kooperationsmodell mit der Deutsche Telekom AG. Telekom-Mitarbeiterinnen und -Mitarbeiter absolvieren dabei ausgewählte Seminare zu Fachthemen wie Führung, Projektmanagement und Controlling aus dem offenen Weiterbildungsprogramm von Telekom Training und können sich diese Leistungen an der DUW über ein Credit-Point-Transfer-System auf ein Zertifikatsprogramm anrechnen lassen. Sind individuell die Zugangsvoraussetzungen erfüllt, so besteht sogar die Möglichkeit, die betriebsintern erbrachten Leistungen auf einen DUW-Masterstudiengang anrechnen zu lassen.

Der Vorteil dieses Kooperationsmodells aus Sicht der Beschäftigten: Ihre Weiterbildungsanstrengungen werden gewürdigt und ihr Lebenslanges Lernen mündet in eine formale Qualifikation. Sie können berufsbegleitend schnell und günstig zu einem universitären (Zertifikats-)Abschluss gelangen. Der Vorteil aus Unternehmensperspektive: Das betriebsinterne Weiterbildungsangebot erhält durch die akademische Anrechenbarkeit, die im offenen Weiterbildungskatalog des Unternehmens ausgewiesen ist, zusätzliche Attraktivität. Außerdem steht für die Personalentwicklung ein Modell zur Verfügung, das Weiterbildungsansätze des eigenen Hauses in den Hochschulbereich hinein fortsetzt.

Für beide Kooperationspartner ist vorteilhaft, dass dieses Modell in der Entwicklungs- und Betriebsphase nur geringe Kosten verursacht. Eine wichtige Voraussetzung gilt es jedoch unter dem Qualitätsblickwinkel zu beachten: Hochschule und Unternehmen müssen im Vorfeld sorgfältig prüfen, ob und in welchem Umfang die betriebsinternen Weiterbildungsangebote nach Art, Qualität und Dauer hochschulischen Studienangeboten gleichzusetzen sind. Dies gilt in besonderem Maße, wenn vorgesehen ist, betriebsintern erbrachte Leistungen auf einen Masterstudiengang anzurechnen, da dieser besondere hochschulrechtliche Auflagen erfüllen muss.

2.2 Hochschulzertifikate als Bestandteil des unternehmensinternen Talent-Managements

Große und größere mittelständische Unternehmen betreiben häufig eigene Talent-Entwicklungsprogramme. Ziel dieser Programme ist es, Mitarbeiterinnen und Mitarbeiter eines bestimmten Karrierelevels gezielt auf die nächste Stufe vorzubereiten. Das 18-monatige General-Management-Zertifikat, das die Deutsche Universität für Weiterbildung gemeinsam mit GALERIA Kaufhof entwickelt hat, ist Bestandteil eines solchen differenzierten Talent-Entwicklungsprogramms des Unternehmens. Ziel ist die Vorbereitung auf eine Position in der nächsthöheren Führungsebene im Vertrieb oder in einem Zentralbereich. Das General-Management-Zertifikat umfasst daher Module zur Entwicklung zentraler Schlüsselkompetenzen wie Wissensmanagement,

Führungskompetenz sowie Unternehmensführung und Controlling mit besonderer Ausrichtung auf den Handel.

In diesem Kooperationsmodell gewinnt das unternehmensinterne Talent-Entwicklungsprogramm durch die Einbindung eines akademischen Moduls an Attraktivität. Zugleich schafft es einen Distanzraum für die das Programm durchlaufenden Beschäftigten, indem sie Prozesse und Aufgaben des Berufsalltags ebenso wie die Unternehmenskultur insgesamt mit einem gewissen Abstand reflektieren können. Für das Unternehmen besteht der Vorteil zusätzlich in der Fortsetzung des eigenen Weiterbildungsansatzes in den akademischen Sektor hinein. Aufgrund des unternehmensspezifischen Charakters und der komplexen Einbindung des Hochschulzertifikats in das Talent-Management des Unternehmens sind die Entwicklungs- und Betriebskosten dieses Kooperationsmodells höher als bei dem oben beschriebenen Anrechnungsmodell.

2.3 Corporate Academy

Der kooperative Aufbau einer *Corporate Academy* als Weiterbildungseinrichtung eines Unternehmens stellt ein besonders komplexes Kooperationsmodell dar. Aus Unternehmenssicht bietet eine Corporate Academy gute Voraussetzungen, um bedarfsorientiert und flexibel auf die unternehmensinternen Anforderungen an Weiterbildung, Qualifizierung und Personalentwicklung einzugehen. Hochschulen werden bei diesem Kooperationstyp häufig leider nur als Erbringer von Lehrdienstleistungen betrachtet: Die Kooperation verharrt dann auf der Ebene einer transaktionalen Beziehung zwischen Auftraggeber und Auftragnehmer. Verständigen sich Unternehmen und Hochschule jedoch auf eine gemeinsame Verantwortung für Entwicklung und Betrieb der Corporate Academy, so birgt dieses Kooperationsformat erhebliches Potenzial für alle Beteiligten.

Gemeinsam mit internationalen akademischen Partnern ist die Deutsche Universität für Weiterbildung am Aufbau der Carl Benz Academy in Peking beteiligt (vgl. Pellert 2012). Ziel dieser im Aufbau befindlichen Einrichtung ist die berufsbegleitende Weiterbildung von Führungskräften der Mercedes-Benz-Händlerorganisationen in China. Das Startprogramm basiert auf dem *Master of Business Administration (MBA)* der DUW unter Anrechnung von Studienleistungen, die die Teilnehmenden an der Peking University (Peking) und der Woodbury University (Los Angeles) erbringen. Finanziell angeschoben wird die Gründung dieser unternehmensübergreifenden Weiterbildungsakademie von Mercedes-Benz China (Ltd.).

Bewusst hat das Unternehmen nicht den leichten Weg gewählt, der darin bestanden hätte, Beschäftigte der jeweiligen Unternehmensbereiche in eines der zahlreichen existierenden MBA-Programme in Asien, Amerika oder Europa zu entsenden. Gezielt wurde stattdessen mit Hochschulpartnern aus den drei größten Automobilmärkten der Welt (Deutschland, USA, China) der Aufbau einer eigenen Akademie angegangen. Das Weiterbildungsangebot profitiert so von den spezifischen wissenschaftlichen sowie transfer- und studienformatbezogenen Kompetenzen der beteiligten Wissenschaftler und Wissenschaftlerinnen aus drei Kulturräumen. Der erzielte Effekt liegt neben dem Reputationsgewinn des Unternehmens vor allem in der langfristigen strategischen Ausrichtung von Personalentwicklung, Gewinnung und Bindung von Führungskräften auf dem Wachstumsmarkt China. Angesichts der Komplexität und internationalen Ausrichtung des Gesamtprojekts ist offensichtlich, dass dieses Modell der Kooperation zwischen Hochschule und Unternehmen in der Aufbauphase einen erheblichen finanziellen Mitteleinsatz des tragenden Unternehmens und in der Betriebsphase eine durchdachte Mischfinanzierung aus Studienbeiträgen von Arbeitgebern und Teilnehmenden erfordert.

3. Akzeptanz und Motivationslage kooperativer Weiterbildung

Eine Kooperation von Unternehmen und Hochschulen ist nur sinnvoll, wenn dieses Angebot im Besonderen, wie berufliche Weiterbildung im Allgemeinen, von den Beschäftigten auch angenommen wird. Im Auftrag der Deutschen Universität für Weiterbildung befragte FORSA 2012 rund 1.000 Erwerbstätige im Alter zwischen 25 und 65 Jahren zu ihrer Einschätzung der Bedeutung von beruflicher Weiterbildung.

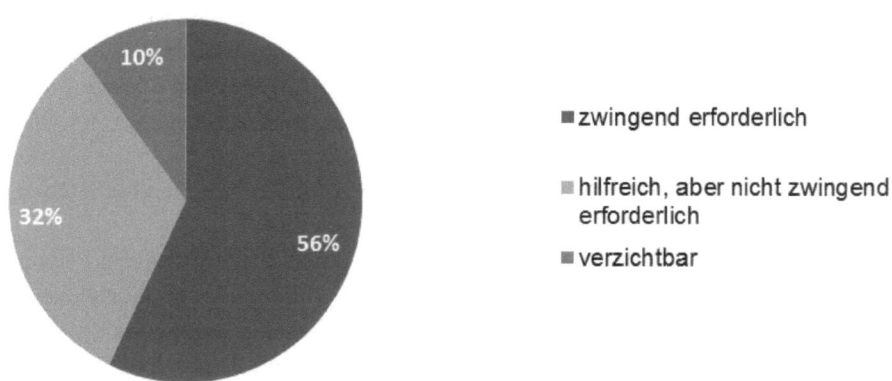

Abbildung 1: Bedeutung beruflicher Weiterbildung (DUW/FORSA-Studie 2012)

Dass hiernach immerhin 10 Prozent der Befragten der Meinung sind, berufliche Weiterbildung sei „verzichtbar", kann überraschen. Mit fast 90 Prozent geht jedoch eine große Mehrheit davon aus, dass berufliche Weiterbildung „zwingend erforderlich" oder „hilfreich" sei. Wenngleich nicht auf die konkrete Weiterbildungsbeteiligung, so kann aus diesen Ergebnissen doch darauf geschlossen werden, dass entsprechende Arbeitgeberangebote auf Akzeptanz der Beschäftigten stoßen werden. Hierauf deutet auch der Befund, wonach für 43 Prozent der 25- bis 35-jährigen Erwerbstätigen

Weiterbildungsangebote am Arbeitsplatz „sehr wichtig" sind. Für 60 Prozent dieser Altersgruppe sind sie sogar „ausschlaggebend bei der Entscheidung für ihren Arbeitgeber".

Konkret erwarten sich die Teilnehmenden an akademischer Weiterbildung gleichermaßen einen Gehalts- und Verantwortungszuwachs wie auch eine Steigerung der „beruflichen Zufriedenheit und Souveränität bei der Aufgabenerledigung". In diesem Sinne äußerten sich zumindest über die Hälfte der 100 Interessentinnen und Interessenten für ein MBA-Studium an der Deutschen Universität für Weiterbildung, die 2011 informell zu ihrer Weiterbildungsmotivation befragt wurden.

Welche Motive haben umgekehrt Unternehmen für ihr Weiterbildungsengagement?

Tabelle 1: Motive der Unternehmen für Ausgaben im Bereich der akademischen Weiterbildung (IWD/Stifterverband 2011)

Rekrutierung von Fachkräftenachwuchs	95%
Personalentwicklung	87%
Imagegewinn für das Unternehmen	79%
Stärkung des Standorts des Unternehmens	74%
Verankerung neuer Lehrinhalte	64%
Vertiefung/Ergänzung der Forschungsaktivitäten	57%

Wie eine Umfrage von IWD/Stifterverband zeigte, gehören die „Rekrutierung von Führungskräftenachwuchs" und „Personalentwicklung", die von 95 bzw. 87 Prozent der befragten Unternehmen genannt werden, zu den wichtigsten Zielen, die Unternehmen mit ihrem Engagement im Bereich der akademischen Weiterbildung verbinden. Dies ist insofern bemerkenswert, als diese beiden Kategorien im Unterschied zu den weiteren angegebenen Motiven auf sehr individuelle Weise Karriereperspektiven, Lebensplanung und persönliche Motivation von Beschäftigten und Jobsuchenden betreffen (vgl. Konegen-Grenier/Winde 2011).

Was können HR-Verantwortliche sowie Personalentwicklerinnen und Personalentwickler aus den vorstehenden Befunden lernen? Unternehmen, die gleichermaßen die subjektiven Bedürfnisse ihrer Beschäftigten, den betrieblichen Qualifizierungsbedarf und eine nachhaltige Personalentwicklung im Blick haben, sollten bei ihrer Bildungsplanung die folgenden Grundsätze berücksichtigen:

- *Zugang zu differenziertem Bildungsangebot*: Arbeitgeber, die der Weiterbildungsmotivation ihrer Beschäftigen Rechnung tragen, halten für Beschäftigte aller Alters- und Karrierestufen ein jeweils differenziertes, niedrigschwellig zugängliches und jederzeit verfügbares Bildungsangebot bereit.
- *Gleichrangigkeit von betrieblichem Qualifizierungsbedarf und persönlichem Bildungsinteresse*: Das Bildungsangebot berücksichtigt die berufliche und persönliche Lebenslage von Beschäftigten und greift gleichermaßen branchenorientiertbetriebliche wie individuell-persönliche Bildungsinteressen auf.

- *Verbindung von Lernen am Arbeitsplatz und formaler Bildung*: Die institutionelle Verortung des Bildungsangebots spielt (zunächst) keine Rolle. Es weist vielmehr eine große Formatbandbreite auf, ist modular aufgebaut und integriert arbeitsplatzbezogene sowie arbeitsplatzunabhängige formalbildende Ansätze. Dem können Kooperationsmodelle von Unternehmen und Hochschule Vorschub leisten.

4. Fazit und Ausblick

Vor dem Hintergrund des wachsenden Verständnisses von Beschäftigten und Unternehmen für die Bedeutung Lebenslangen Lernens kommt der Kooperation zwischen Hochschulen und Unternehmen große Bedeutung zu. Über eine rein transaktionale Auftraggeber-/Auftragnehmerbeziehung hinaus gibt es vielfältige Möglichkeiten, unternehmensinterne Ansätze der Weiterbildung, Qualifizierung und Personalentwicklung mit berufsbegleitenden hochschulischen Studienangeboten zu verzahnen.

Ihre Realisierung verlangt beiden Seiten Verständnis für die Arbeitsweise und Kultur des jeweiligen Partners ab. Auf Hochschulseite setzt sie die Bereitschaft voraus, neben der akademischen Perspektive den branchen- und betriebsbezogenen Qualifizierungsbedarf zu berücksichtigen. Darüber hinaus ist bei Programmentwicklung und -betrieb eine kompetenzorientierte Grundhaltung erforderlich, die berufliches Erfahrungswissen und in der Praxis erworbene Fähigkeiten gleichermaßen berücksichtigt wie formale Bildungsqualifikationen[1]. Auf Unternehmensseite wiederum muss das Verständnis dafür wachsen, dass über unmittelbar anwendungs- und transferorientierte Bildungsziele hinaus bei einer integrativen Programmgestaltung die Grundlagen wissenschaftlichen Arbeitens und Reflexionsfähigkeit auf hohem Niveau entscheidend sind für den nachhaltigen Erfolg der Weiterbildungsmaßnahmen.

Die aktuellen Entwicklungen auf dem Arbeitsmarkt und erfolgreichen Pilotprojekte der vergangenen Jahre lassen erwarten, dass intelligenten Kooperationsformaten dieser Art die Zukunft der berufsbegleitenden wissenschaftlichen Weiterbildung gehört und dass sie ein wesentlicher Baustein der erweiterten Kooperationen auf Augenhöhe zwischen Hochschulen und Unternehmen sein werden.

Literatur

Autorengruppe Bildungsberichterstattung (Hrsg.) (2012): *Bildung in Deutschland 2012. Ein indikatorengestützter Bericht mit einer Analyse zur kulturellen Bildung im Lebenslauf*, Bielefeld.

Bethscheider, Monika/Höhns, Gabriela/Münchhausen, Gesa (Hrsg.) (2011): *Kompetenzorientierung in der beruflichen Bildung*, Bielefeld.

DUW/FORSA-Studie (2012): *Schöne neue Lernwelt? Berufliche Weiterbildung im Wandel*. Berlin. FORSA-Umfrage im Auftrag der Deutschen Universität für Weiterbildung.

---

[1] Einen Überblick über die Kompetenzorientierung bietet u.a. der Sammelband Bethscheider/Höhns/Münchhausen 2011.

Konegen-Grenier, Christiane/Winde, Mathias (2011): *Bildungsinvestitionen der Wirtschaft. Ausgaben der Unternehmen für Studierende und Hochschulen*, IDW/Stifterverband, Essen.

Pellert, Ada (2012): *Das Good-Practice-Beispiel der Carl Benz Academy*, in: Tomaschek Nino/Hammer, Edith (Hrsg.): *University meets Industry. Perspektiven des gelebten Wissenstransfers offener Universitäten*, Münster u.a.O., S. 189–197.

Utikal, Hannes (2012): *Passgenauen Bildungsmaßnahmen gehört die Zukunft*, in: Garn, Markus/Mohr, Roland/Utikal, Hannes (Hrsg.): *Die Zukunft der Industrie in Deutschland. Innovationstreiber für Wirtschaft und Gesellschaft*, Frankfurt a.M., S. 151–157.

Wolter, Andrä (2012): *Studium neben dem Beruf – eine Realisierungsform lebenslangen Lernens an Hochschulen*, in: Kerres, Michael et al. (Hrsg.): *Studium 2020. Positionen und Perspektiven zum lebenslangen Lernen an Hochschulen*, Münster u.a.O., S. 271–284.

Abschnitt 2:
Methodisch-didaktische Aspekte flexibilisierter Studienangebote

Wissenschaftliche Weiterbildung richtet sich in erster Linie an Berufstätige. Für sie ist – weit mehr noch als für Studierende im grundständigen Studium – die Hochschule nur einer von vielen Bezugspunkten. Berufsbegleitend Studierende stehen vor der Herausforderung, ihre berufliche, ihre private und ihre Lernwelt aufeinander abzustimmen, um eine Balance ihrer Aktivitäten und Rollen herstellen zu können. Dafür ist ein hohes Maß an Selbstorganisation erforderlich. Zugleich resultieren hieraus besondere Anforderungen an die zeitliche und örtliche Gestaltung von Lehr-Lern-Prozessen, indem diese möglichst flexibel und individuell angelegt sein müssen.

Darüber hinaus findet wissenschaftliche Weiterbildung im Schnittfeld von Theorie und Praxis statt. Sie gilt es aufeinander zu beziehen, um der wachsenden Komplexität der modernen Arbeitswelt und zunehmend wissensbasierten Berufsfeldern Rechnung tragen zu können. Für die Gestaltung wissenschaftlicher Weiterbildungsangebote heißt dies unter anderem, die systematische Reflexion praktischer Theorien der Studierenden in ihr Studienmodell einzubeziehen, um eine theoriebasierte und berufsbezogene Weiterentwicklung zu ermöglichen. Hierzu wiederum gehört wesentlich das Konzept einer gemeinsamen Wissensproduktion, angefangen bei der Möglichkeit des Lernens durch das Geben und Entgegennehmen konstruktiven Feedbacks bis hin zur gemeinsamen Entwicklung neuer Wissensbestände durch das Zusammenspiel spezifischen professionellen Wissens, das die einzelnen Studierenden als Expertinnen und Experten ihrer eigenen Praxis ebenso in den Lehr-Lern-Prozess einbringen wie die Lehrenden.

Wissenschaftliche Weiterbildung bedarf demnach eines Studienmodells, das *beiden* grundlegenden Anforderungen der berufstätigen Studierenden entspricht: zum einen dem Erfordernis einer möglichst weitreichenden zeitlichen und örtlichen Flexibilisierung ihres Studiums und zum anderen der Notwendigkeit gemeinsamem Lernens.

In diesem zweiten Buchabschnitt geht es um die Gestaltung einer Lernarchitektur, die diesen komplexen Anforderungen zu entsprechen sucht. Er fokussiert insbesondere auf Online-Einheiten und Studienhefte als Säulen eines Blended-Learning-Ansatzes (neben Präsenzveranstaltungen), dessen besondere didaktische wie auch organisatorische Voraussetzungen die nachstehenden Beiträge erläutern. Darüber hinaus greift er die Frage auf, wie die Entstehung einer Studierendengemeinschaft ermöglicht und der kollegiale Austausch im Rahmen einer Community of Learning gefördert werden kann. Fundament dieser Überlegungen ist dabei eine kritische Auseinandersetzung mit den Lernergebnissen der Studienangebote. Denn letztlich sind sie der Maßstab dafür, welches Lehr-Lern-Format im Einzelfall zweckmäßigerweise zum Einsatz kommt.

Zu den Beiträgen im Einzelnen

In diesem Sinne lotet Eva Cendon im ersten Beitrag die Dimensionen aus, die Lernergebnisse auf institutioneller und didaktischer Ebene kennzeichnen, und erläutert, wie sich die Rolle der Lehrenden unter ihrem Eindruck wandelt. Sie skizziert, wie mit der Orientierung an Lernergebnissen die lehrendenzentrierte, inputorientierte Curriculumentwicklung abgelöst wird durch eine Gestaltung von Lehr-Lern-Prozessen, die die Lernenden und das in den Mittelpunkt stellt, was sie nach deren Abschluss in der Lage sind zu tun. Es wird deutlich, dass hiernach die Antworten aufeinander zu beziehen sind, die Lehrende auf die Frage nach ihrer Didaktik – als Frage nach Lerninhalten –, nach ihrer Methodik – als Frage nach dem angelegten Lernweg – und auf die Frage nach Prüfungsformaten – als Frage nach der Überprüfung von Lernergebnissen – geben.

Anita Mörth beschreibt im folgenden Beitrag das Szenario des Lernens mit neuen Medien in der wissenschaftlichen Weiterbildung, die sie als Ausdruck Lebenslangen Lernens versteht. Dementsprechend ist die Gestaltung von E-Learning einzubetten in den Kontext der Kompetenzentwicklung insgesamt. Wo die Studierenden im Sinne der *Reflective Practice* angeregt werden, ihre beruflichen Erfahrungen sowie ihr anderweitig erworbenes Wissen in den Lernprozess einzubinden, stehen neben der Wissensvermittlung und -aneignung immer auch kollaborative Aktivitäten im Zentrum. Diese werden orts- und teilweise auch zeitunabhängig ermöglicht durch den Einsatz von E-Learning-Tools zum internetbasierten Austausch. Deren Auswahl ist demnach niemals Selbstzweck, sondern muss sich daran orientieren, inwiefern sie die Erreichung der Lernergebnisse unterstützen: Die Form folgt dem Inhalt.

Vor diesem Hintergrund stellen Maria Mikoleit und Oliver Schoepke in ihrem Beitrag konkrete E-Learning-Tools vor. Anhand praktischer Beispiele zeigen sie auf, wie E-Mail, Forum, Blog und Wiki als Instrumente asynchronen Austausches sowie Chat und Webkonferenz als Instrumente synchroner Kommunikation in Online-Einheiten zur wissenschaftlichen Weiterbildung eingesetzt werden können. Dabei erläutern sie die methodisch-didaktischen Möglichkeiten, die sich mit den einzelnen Tools verbinden, ebenso wie die Grenzen ihres Einsatzes. Zugleich wird erkennbar, dass die Tools unterschiedliche Ansprüche hinsichtlich der Medienkompetenz sowohl der Studierenden als auch der Tutorinnen und Tutoren stellen, die sie betreuen.

Studienhefte stehen im Mittelpunkt des Beitrags von Roswitha Grassl. Sie fragt nach den Voraussetzungen, unter denen Autorinnen und Autoren das Lehren durch Schreiben möglich ist, und erläutert, weshalb diese Frage im Lichte konsequenter Lernergebnisorientierung nur im Rückgang auf die Voraussetzungen des Lernens durch Lesen beantwortet werden kann. Vor diesem Hintergrund orientiert sich die Textgestaltung eines Studienheftes von der Wortwahl bis zur Gliederung insgesamt auf allen Ebenen an der aktiven (Re-)Produktionsleistung der Studierenden. Diese wird durch eine dialogische Ausrichtung des Studientextes unterstützt, was sowohl für den Schreibstil als auch für Übungen, Aufgaben und Projekte gilt, die damit zu maßgeblichen didaktischen Elementen eines Studienhefts werden.

Birte Fähnrich und Claudia I. Janssen gehen schließlich auf die kommunikativen Herausforderungen ein, die sich mit akademischer Weiterbildung im Allgemeinen und mit ihren flexibilisierten Spielarten im Besonderen verbinden. Sie zeigen, dass Lernen nicht von Kommunikation zu trennen ist wie auch eine Studierendengemeinschaft – als wichtige Grundlage kollaborativen Lernens – nur durch Kommunikation entstehen kann. Dabei beschreiben sie die verschiedenen Kommunikationsstrategien ebenso wie die besonderen kommunikativen Anforderungen, die sich ergeben, wenn sich Lernende und Lehrende in der wissenschaftlichen Weiterbildung als Expertinnen und Experten auf Augenhöhe begegnen. Wie Studienhefte und Online-Einheiten als Säulen eines flexibilisierten Angebots diesen vielfähigen Anforderungen gerecht werden können, deklinieren die Autorinnen im letzten Teil ihres Beitrags.

Eva Cendon

Lernergebnisse – Die Lehre vom Kopf auf die Füße stellen

Lernergebnisse sind Aussagen darüber, was jemand gelernt hat, also „explizite Aussagen zum Ergebnis des Lernens" (Adam 2007, S. 1). Dies ist ein erster Aspekt eines Begriffes, der im europäischen Kontext v.a. durch den Bologna-Prozess und die Entwicklung eines Europäischen Qualifikationsrahmens für Lebenslanges Lernen (EQR) immer populärer wird. Über dieses technische Verständnis – zu formulieren, was eine Person nach einem Lernprozess kann, d.h., in der Lage ist zu wissen, zu verstehen und zu tun – hinaus verbindet sich mit dem Begriff des Lernergebnisses noch ein zweiter Aspekt: ein grundlegend neues Verständnis der Entwicklung von Curricula und ein veränderter methodologischer Ansatz zur Gestaltung der Lehr-Lern-Prozesse unter Einbeziehung unterschiedlicher Referenzsysteme (vgl. Adam 2007, S. 2). Stephen Adam formuliert das folgendermaßen: „Lernergebnisse und ergebnisbasierte Ansätze haben starke Auswirkungen auf die Lehrplangestaltung, die Lehre, den Lernprozess und die Beurteilung sowie auf die Qualitätssicherung." (Adam 2007, S. 3) Ein dritter Aspekt des Begriffs der Lernergebnisse, der mit den beiden ersten in unmittelbarem Zusammenhang steht, betrifft die Rollen von Lehrenden und Lernenden, die sich vor seinem Hintergrund wandeln.

Für Hochschulen, die sich dem Lebenslangen Lernen verschreiben, indem sie sich an der oder dem einzelnen Lernenden orientieren und in den Lehr-Lern-Prozessen die Verknüpfung der unterschiedlichen Erfahrungswelten der Lernenden anstreben, sind vor allem die beiden letztgenannten Aspekte zentral. Dies gilt umso mehr für berufsbegleitende (mit Fokus auf die zeitliche und örtliche Organisation des Lernens) und weiterbildende Studienprogramme (mit Fokus auf Anschlusslernen und die Verzahnung von beruflicher Praxis und theoretischen Zugängen): Für ihre curriculare Entwicklung wie methodische Gestaltung ist die Orientierung an Lernergebnissen ein wichtiges Element. In ihrem Kontext sind auch die folgenden Ausführungen zu lesen: Lernergebnisorientierung ermöglicht zum einen, Theorie und Praxis möglichst weitreichend aufeinander zu beziehen, wie auch zum anderen eine größere Transparenz und bessere Vergleichbarkeit der Lernleistung für (potenzielle) Studierende.

1. Lernergebnisse als Bausteine auf allen Ebenen

Die Anwendungsbereiche von Lernergebnissen lassen sich auf unterschiedlichen Ebenen zusammenfassen.

1.1 Europäische Ebene

Auf europäischer Ebene gibt der *Europäische Qualifikationsrahmen für lebenslanges Lernen (EQR)* der Orientierung an Lernergebnissen im Gesamtkontext von Bildung den Rahmen vor. Das im Moment wichtigste Instrument zur Förderung des Lebenslangen Lernens, das von der Europäischen Kommission in Zusammenarbeit mit den Mitgliedsländern entwickelte wurde, wird von der Europäischen Kommission seit 2005 politisch lanciert. Dabei dient der EQR als gemeinsamer europäischer Metarahmen, der die unterschiedlichen nationalen Qualifikationssysteme miteinander verknüpfen und damit Transparenz, Vergleichbarkeit und Übersetzbarkeit ermöglichen soll. In diesem Sinne umfasst er das gesamte Bildungssystem von der allgemeinen über die berufliche Aus- und Weiterbildung bis hin zur hochschulischen Bildung und soll den jeweiligen nationalen Systemen der Mitgliedsstaaten als Referenz für die qualitative Identifizierung und Anerkennung aller Bildungsprogramme und Abschlüsse dienen.

Dabei verfolgt die EU mit der Implementierung des EQR zwei Kernziele: Zum einen will sie die grenzüberschreitende Mobilität der Bürgerinnen und Bürger fördern und zum anderen ihr Lebenslanges Lernens unterstützen.

Die Beschreibung der insgesamt acht Referenzniveaus von Bildung im EQR geht von Lernergebnissen aus. Von der grundlegenden Bildung auf Niveau 1 (z.B. Schulabschluss) bis zum Niveau 8 (z.B. Promotion) werden die jeweiligen Outcomes angegeben, indem beschrieben wird, „was ein Lernender (eine Lernende) nach Abschluss eines Lernprozesses weiß, versteht und in der Lage ist zu tun" (Europäische Kommission 2008, S. 3). Dieser outcomeorientierte Zugang soll sicherstellen, dass Qualifikationen tatsächlich nach dem Ergebnis des Lernens, also dem Können, den einzelnen Niveaustufen zugeordnet werden.

Die Lernergebnisse werden im EQR in drei Kategorien beschrieben:
- als *Kenntnisse*: Sie sind das „Ergebnis der Verarbeitung von Information durch Lernen. Kenntnisse bezeichnen die Gesamtheit der Fakten, Grundsätze, Theorien und Praxis in einem Arbeits- oder Lernbereich. (…) Kenntnisse (werden) als Theorie- und/oder Faktenwissen beschrieben" (Europäische Kommission 2008, S. 11).
- als *Fertigkeiten*: Sie bezeichnen „die Fähigkeit, Kenntnisse anzuwenden und Know-how einzusetzen, um Aufgaben auszuführen und Probleme zu lösen. (…) Fertigkeiten (werden) als kognitive Fertigkeiten (logisches, intuitives und kreatives Denken) und praktische Fertigkeiten (Geschicklichkeit und Verwendung von Methoden, Materialien, Werkzeugen und Instrumenten) beschrieben" (ebd.).
- als *Kompetenz*: Dies ist „die nachgewiesene Fähigkeit, Kenntnisse, Fertigkeiten sowie persönliche, soziale und methodische Fähigkeiten in Arbeits- oder Lernsituationen und für die berufliche und/oder persönliche Entwicklung zu nutzen. (…) Kompetenz (wird) im Sinne der Übernahme von Verantwortung und Selbstständigkeit beschrieben" (ebd.).

Auch im Zusammenhang des einige Jahre früher gestarteten Bologna-Prozesses sind Lernergebnisse die grundlegenden Bausteine (vgl. Adam 2007, S. 3). Hier finden sie sich in den sogenannten Dublin-Deskriptoren des Europäischen Hochschulrahmens, welche die einzelnen Lernergebnisse in den Kategorien Wissen und Verstehen, Anwendung von Wissen und Verstehen, Urteilen, Kommunikation und Lernstrategien bündeln (vgl. Bologna Working Group on Qualifications Frameworks 2005).

Insofern bilden Lernergebnisse auch in diesem Zusammenhang zentrale Bezugspunkte und eröffnen neue Möglichkeiten:
- Sie ermöglichen die Abgrenzung der unterschiedlichen Niveaus der drei Bologna-Zyklen (Bachelor- und Master-Abschluss sowie Promotion),
- schaffen internationale Vergleichbarkeit von Studierendenleistungen mit der Weiterentwicklung und Stärkung des europäischen Leistungspunktesystems (ECTS),
- schaffen Grundlagen für die Anerkennung – auch außerhochschulisch non-formal und informell erworbener Kompetenzen im Sinne des Lebenslangen Lernens,
- fördern die Mobilität (innerhalb eines Studienprogramms, aber auch zwischen einzelnen Programmen und Zyklen),
- unterstützen die Zusammenarbeit in der Qualitätssicherung und
- fördern die europäische Dimension in der Hochschulbildung durch eine gemeinsame Art und Weise der Formulierung von Curricula. (vgl. Adam 2007, S. 19–22)

1.2 Nationale Ebene

Die Lernergebnisse der internationalen Referenzrahmen – EQR einerseits und Europäischer Hochschulrahmen andererseits – dienen als Bezugspunkte für die nationalen Akteure, die mit Blick auf diese ihre eigenen detaillierteren Deskriptoren entwickeln können. In Deutschland geschieht dies mit der Festlegung des *Deutschen Qualifikationsrahmens (DQR)* für den gesamten Bildungsbereich (vgl. Arbeitskreis Deutscher Qualifikationsrahmen 2011) und der Entwicklung des *Qualifikationsrahmens für Deutsche Hochschulabschlüsse* für den Hochschulbereich (vgl. KMK 2005) – wobei sich der Letztgenannte bislang kaum durchgesetzt hat.

1.3 Ebene der einzelnen Institution

Auf der Ebene der einzelnen Institution – etwa der Schulen und Hochschulen – finden Lernergebnisse Anwendung in allen relevanten Dimensionen der Lehre, d.h. von der Gestaltung einzelner Lehrveranstaltungen über die Entwicklung von Modulen und Programmen bis hin zur Ausrichtung der Qualifikationen insgesamt. Dabei besitzt Lernergebnisorientierung Implikationen für die Curriculumentwicklung im Hinblick auf Lehre, Lernen und Beurteilung: Indem Lernergebnisse beispielsweise Anwendung finden auf der Ebene der Lehrveranstaltung oder des Moduls, wissen Lernende, was von ihnen erwartet wird und was sie am Ende eines erfolgreichen Lernprozesses wissen, verstehen und in der Lage sein sollen zu tun. Für Lehrende klären Lernergebnisse, was sie in einer Lehrveranstaltung oder einem Modul vermitteln sollen in Verbindung mit der entsprechenden Lehrstrategie sowie den Prüfungsformaten und Beurteilungskriterien. Die Qualifikation, die zum Abschluss der Lerneinheiten erworben wird, kann in weiter gefassten Lernergebnissen dargestellt werden, die sich auf externe Referenzen beziehen.

Wie sich beispielsweise in der Praxis der Hochschulbildung zeigt, sind Lernergebnisse inzwischen in aller Munde und sie werden auch auf politischer Ebene breit diskutiert. Bis sie allerdings auf Ebene der einzelnen Institution konsequent umgesetzt sind, was mit der outcomeorientierten Curriculumentwicklung beginnt und in einer adäquaten Gestaltung der Lehr-Lern-Prozesse und der Prüfungsformate endet (vgl. Bergstermann et al. 2012), ist noch Einiges an Arbeit zu tun.

2. Outcomeorientierte Curriculumentwicklung

David Gosling und Jenny Moon beschreiben die zwei unterschiedlichen Zugänge zur Curriculumentwicklung (vgl. Gosling/Moon 2002, S. 7):

Der *traditionelle, inputorientierte Zugang* zur Curriculumentwicklung ist lehrendenzentriert. Er setzt beim Inhalt an, der gelehrt werden soll. Der Inhalt des Programmes, der Module oder der Lehrveranstaltung wird von der oder dem Programmleitenden oder Lehrenden festgelegt. Hierauf aufbauend wird über die Lehrziele und darüber entschieden, wie gelehrt wird, d.h. über die Lehrstrategie. Im letzten Schritt wird die Form der Beurteilung festgelegt.

Dem gegenüber steht das an Lernergebnissen orientierte, d.h. *outcomeorientierte Vorgehen*, das darauf fokussiert, was Studierende am Ende eines Lernprozesses können sollen. Die Erwartung dessen, was gelernt werden soll, wird in Lernergebnissen formuliert. Davon ausgehend ist dann zu überlegen, anhand welcher Inhalte die Erreichung der Lernergebnisse ermöglicht werden soll und wie die Erreichung der Lernergebnisse im Rahmen der Benotung überprüft werden kann, d.h. welche Beurteilungskriterien angelegt werden sollen. Abschließend ist die Frage zu beantworten, was diese Festlegungen für die Entwicklung von Lehr-Lern-Strategien bedeutet, wie also das Erreichen der Lernergebnisse durch die Lehr-Lern-Strategie bestmöglich unterstützt werden kann.

Die Unterscheidung von Lehrzielen, Lernzielen und Lernergebnissen ist eine wichtige Voraussetzung für eine outcomeorientierte Gestaltung von Curricula und Lehrveranstaltungen (vgl. Gosling/Moon 2002; Moon o.J.; 2002; DAAD 2008).

Als *Lehrziele* (Aims) werden allgemeine, von Lehrenden intendierte Ziele einer Lehrveranstaltung, eines Moduls oder eines Studiengangs bezeichnet. Sie unterliegen auch der Kontrolle des oder der Lehrenden. Sie können erreicht werden, indem der oder die Lehrende lehrt – und dies fast unabhängig davon, ob die Studierenden anwesend sind oder nicht (vgl. Moon 2002, S. 62). Lehrziele sind aus Sicht der Lehrenden in der Studiengangs- oder Modulbeschreibung formuliert; sie sollten im Vergleich zu den Lernergebnissen kurz und knapp gehalten werden.

Demgegenüber liefern *Lernziele* (Objectives) meist spezifischere Aussagen über die geplanten Lehrinhalte, also die intendierte Lehre. Sie bergen allerdings die Gefahr, dass sie teilweise aus der Sicht der Lehrenden (Lehrabsicht), teilweise aus der Perspektive der Lernenden (erwartetes Lernen) formuliert werden. Moon (o.J., S. 13) plädiert daher dafür, Lernziele in Modul- oder Studiengangbeschreibungen gar nicht zu verwenden, da sie die unterschiedlichen Perspektiven vermischen.

Lernergebnisse (Learning Outcomes) schließlich sind Aussagen darüber, was der oder die Studierende am Ende des Lernprozesses erreicht hat, und wie er oder sie den Lernerfolg nachweisen soll. Sie fokussieren auf das Lernen bzw. das Gelernte und erlauben daher zum einen, deutlich zu machen, was von dem oder der Lernenden in Bezug auf das Lernen erwartet wird. Zum anderen zeigen sie die Verbindung zwischen Lernen und Beurteilungskriterien für dieses Lernen auf (vgl. Moon 2002, S. 53).

Den Unterschied zwischen Lehrzielen und Lernergebnissen zeigt Declan Kennedy anhand der zu ihrer Formulierung jeweils verwendeten Verben auf:

Tabelle 1: Lehrziele vs. Lernergebnisse (Kennedy 2008, S. 57)

Lehrziele	Lernergebnisse
wissen	unterscheiden zwischen
verstehen	wählen
bestimmen	zusammenfügen
anerkennen	anpassen
begreifen	identifizieren
bekannt machen mit	lösen, anwenden, aufzählen

Die angeführten Beispiele für Lernergebnisse zeigen, dass das Gelernte als solches operationalisierbar ist, d.h. dass letztlich das Ergebnis des Lernens als Repräsentation des Lernprozesses beurteilt wird, da nur das, was gezeigt werden kann, auch beurteilbar ist.

3. Konsequenzen für die Umsetzung

Wenn der lernergebnis- oder outcomeorientierte Ansatz der Lehrentwicklung in Hochschulen verstärkt verwendet werden soll, wird die Frage nach darstellbaren Ergebnissen von Lernen zu einer der zentralen Herausforderungen. Dabei wird die klassische inputorientierte Lehre, die auf eine möglichst umfassende Auseinandersetzung mit einem Themengebiet abhebt, wenig zielführend sein. Stattdessen wird die Hochschullehre – im Detail abhängig von der Disziplin oder dem jeweiligen Fach – gefordert sein, den Bezug zum „Handeln-Können" der Studierenden zu verstärken. Durch die Formulierung von Lernergebnissen wird dieses Handeln sichtbar, beschreibbar, vergleichbar und damit bewertbar. So wird auch der Anschluss an die berufliche Welt und an die Praxis hergestellt (vgl. Cendon 2010).

Dies hat weitreichende Konsequenzen für Lehrende:

Indem auf der Ebene der Institution – bei der Gestaltung von Lehrveranstaltungen, Modulen und Programmen – der Fokus auf Lernergebnissen liegt, wird der Blick auf die Lernenden gelenkt. Damit besteht die wesentliche Neuerung und auch Herausforderung für die Curriculumentwicklung in einem Perspektivenwechsel von den Lehrenden zu den Lernenden, von der Lehrenden- zur Lernendenzentrierung (vgl. Adam 2007, S. 13). Für die einzelnen Lehrenden verbindet sich mit der Umsetzung einer lernergebnisorientierten Lehre damit ein neues Herangehen an das Lehren selbst. Mit dem verstärkten Fokus darauf, was die Studierenden am Ende des Lernprozesses können sollen, ist es notwendig, die Lehre vom Kopf auf die Füße zu stellen: Anstatt vom Input, den vielfältigen Themen und Inhalten auszugehen, wird der Outcome als Startpunkt genommen. Die Themen und Inhalte ergeben sich dann aus den Lernergebnissen, was zu einer Konzentration der Lehrinhalte auf die Resultate führen soll.

Lernergebnisorientierte Lehre fordert Lehrende dazu auf, einen Schritt aus ihrer Rolle als fachliche Expertinnen und Experten und dem fachlichen Selbstverständnis herauszutreten und zu überlegen, was die Studierenden können sollen. Dabei erweist sich das Formulieren solcher Lernergebnisse in der Planung der Lehre oftmals als die erste Hürde, zumal wenn die Festlegung der Lernergebnisse über Formen der Wissensvermittlung und des „Kennen-Könnens" hinausgehen und die Auseinandersetzung mit Lerninhalten zu „greifbaren" Ergebnissen führen soll.

Die zweite Hürde besteht dann darin festzulegen, wie Lehrende das Erreichen der Lernergebnisse im Rahmen ihrer Lehraktivitäten angemessen unterstützen können. John Biggs und Catherine Tang meinen dazu: "This is where many tertiary teachers are lacking; not in theories relating to their content discipline, but in explicit and well structured theories relating to teaching their discipline. Reflecting on your teaching, and seeing what is wrong and how it may be improved, requires you to have an explicit theory of teaching." (Biggs/Tang 2007, S. 43)

Die „explicit theory", die John Biggs und Catherine Tang hier ansprechen, ist ein theoretischer Rahmen, oder, wie Johannes Wildt und Beatrix Wildt es nennen, eine „Argumentationsfigur"(2011, S. 10), in der Lernergebnisse, Lehr-Lern-Strategien und Prüfungsformate systematisch aufeinander ausgerichtet werden. Sie ermöglicht ein „constructive alignment" der Lernaktivitäten, die im Rahmen der Lernergebnisse formuliert werden (Biggs/Tang 2007, S. 7).

Die systematische Abstimmung aller Elemente in der lernergebnisorientierten Lehre erfordert die fortlaufende Auseinandersetzung mit folgenden drei Fragen (vgl. Biggs/Tang 2007, S. 249):
1) Was sollen meine Studierenden lernen?
2) Welches ist – unter den gegebenen Umständen und mit den vorhandenen Ressourcen – der beste Weg zu dazu?
3) Wie kann ich feststellen, ob und ggf. wie gut sie etwas gelernt haben?

Das regelmäßige Beantworten dieser Fragen ermöglicht den Lehrenden eine systematische Reflexion ihrer Lehrtätigkeit und bahnt den Weg für eine Veränderung ihrer Rolle als Lehrende oder Lehrender weg von ihrer Rolle als fachliche Expertinnen und Experten hin zu einer Moderatorinnen- und Moderatorenrolle, in der sie den Lernprozess der Studierenden unterstützen. Dies geht einher mit einem gewissen Kontrollverlust in Bezug darauf, was die Studierenden lernen und vor allem, wie sie lernen.

Auch für die Lernenden bedeutet Lernergebnisorientierung ein neues Rollenverständnis und zugleich einen gewissen Mehraufwand. Für sie wird wichtig, schon bei der Entscheidung für eine Lehrveranstaltung, ein Modul oder ein ganzes Studium in den Blick zu nehmen, was sie am Ende des jeweiligen Lernprozesses können werden. Dabei bildet die durch die Formulierung von Lernergebnissen geschaffene Transparenz eine rationale Grundlage für die Entscheidung darüber, ob eine Lehrveranstaltung, ein Modul oder der Studiengang insgesamt zu den eigenen Vorstellungen passt. Darüber hinaus können die Studierenden, je nach bisherigem Lernpfad, auf der Grundlage von Lernergebnissen schneller Klarheit darüber gewinnen, welche der Kompetenzen, die zur Erreichung der Lernergebnisse erforderlich sind, sie schon mitbringen, und welche ihnen noch fehlen. Vor allem aber erhalten die Lernenden, wie angedeutet, mit der Lernergebnisorientierung des Lehr-Lern-Prozesses eine größere Autonomie hinsichtlich der Gestaltung ihres eigenen Lernens und damit auch mehr Verantwortung dafür. So werden sie zu selbstbestimmten Akteuren und Akteurinnen ihrer eigenen Lernwege – und dies bereits innerhalb der Hochschule und nicht erst nach dem ersten Studienabschluss.

4. Fazit

Lernergebnisse stellen die Lehre vom Kopf auf die Füße – sowohl im Rahmen der Planung, d.h. in der Lehr- und Curriculumentwicklung, als auch in der Durchführung der Lehre, d.h. in der Gestaltung von Lehr-Lern-Prozessen, und beim Prüfen. Die Anforderungen an die Lehrenden, die sich mit der Lernergebnisorientierung verbinden, sind hoch. So erfordern lernergebnisorientierte Lehrentwicklung und Lehre eine aktive Auseinandersetzung mit dem Lehr-Lern-Prozess wie auch und vor allem mit seiner Zielgruppe, den Studierenden. Letztlich verbindet sich mit ihr damit eine neue Perspektive auf das eigene Wissen um Lehr-Lern-Prozesse und verändert die Reflexion darauf. Dies kann für Lehrende eine fruchtbare Erfahrung darstellen, denn so wird es ihnen möglich, die eigene Lehrkompetenz weiterzuentwickeln, indem sie Lernergebnisse, Lehren und Prüfen in einen für sie selbst sinnvollen Zusammenhang bringen.

Literatur

Adam, Stephen (2007): *Orientierung an Lernergebnissen (Learning outcomes) – eine Einführung*, in: Benz, Winfried/Kohler, Jürgen/Landfried, Klaus (Hrsg.): *Handbuch Qualität in Studium und Lehre. Evaluation nutzen – Akkreditierung sichern – Profil schärfen*, Berlin/Stuttgart, Abschnitt D 1.6.

Arbeitskreis Deutscher Qualifikationsrahmen (2011): *Deutscher Qualifikationsrahmen für lebenslanges Lernen* verabschiedet vom Arbeitskreis Deutscher Qualifikationsrahmen (AK DQR) am 22. März 2011, zuletzt aktualisiert am 16.09.2011. http://www.deutscherqualifikationsrahmen.de/de?t=/documentManager/sfdoc.file.supply&fileID =347453494007 (zuletzt am 23.05.13).

Bergstermann, Anna et al. (2012): *Handreichung Lernergebnisse,* herausgegeben von der wissenschaftlichen Begleitung: Aufstieg durch Bildung: offene Hochschulen. Entwurfsfassung, Berlin.

Biggs, John/Tang, Catherine (2007): *Teaching for Quality Learning at University. What the Student Does,* 3. Auflage, Maidenhead, New York (Society for Research into Higher Education & Open University Press).

Bologna Working Group on Qualifications Frameworks (2005): *A Framework for Qualifications of the European Higher Education Area.* http://www.bologna-bergen2005.no/Docs/00-Main_doc/050218_QF_EHEA.pdf (zuletzt am 23.05.13).

Cendon, Eva (2010): *Kompetenz- und Lernergebnisorientierung: Neue Perspektiven für die Umsetzung von Lebenslangem Lernen,* in: Schröttner, Barbara/Hofer, Christian (Hrsg.): *Kompetenzen – Interdisziplinäre Rahmen. Competences – Interdisciplinary Frameworks,* Graz (Grazer Universitätsverlag), S. 41–51.

Europäische Kommission (2008): *Der Europäische Qualifikationsrahmen für lebenslanges Lernen (EQR),* Luxemburg (Amt für amtliche Veröffentlichungen der Europäischen Gemeinschaften). http://ec.europa.eu/education/pub/pdf/general/eqf/broch_de.pdf (zuletzt am 23.05.13).

Gosling, David/Moon, Jenny (2002): *How to Use Learning Outcomes and Assessment Criteria,* 3. Auflage, London (SEEC).

Kennedy, Declan (Hrsg.) (2008): *Lernergebnisse (Learning Outcomes) in der Praxis. Ein Leitfaden,* Bonn, DAAD-Publikation.

KMK (Kultusministerkonferenz) (2005): *Qualifikationsrahmen für Deutsche Hochschulabschlüsse.* Im Zusammenwirken von Hochschulrektorenkonferenz, Kultusministerkonferenz und Bundesministerium für Bildung und Forschung erarbeitet und von der Kultusministerkonferenz am 21.04.2005 beschlossen. http://www.kmk.org/fileadmin/veroeffentlichungen_beschluesse/2005/2005_04_21-Qualifikationsrahmen-HS-Abschluesse.pdf (zuletzt am 23.05.13).

Moon, Jennifer (2002): *The Module & Programme Development Handbook,* London (Routledge).

Moon, Jenny (2004): *Some thoughts on learning outcomes. Their role and use in higher education in the UK,* Presentation at the Bologna process Seminar at the Heriot-Watt University, Edinburgh, 1–2 July 2004. http://www.aic.lv/ace/ace_disk/Bologna/Bol_semin/Edinburgh/JennyMoon.pdf (zuletzt am 22.05.13)

Moon, Jenny (o.J.): *Linking Levels, Learning Outcomes and Assessment Criteria,* Background material for the Bologna process Seminar at the Heriot-Watt University, Edinburgh, 1–2 July 2004. http://www.aic.lv/ace/ace_disk/Bologna/Bol_semin/Edinburgh/J_Moon_backgrP.pdf (zuletzt am 22.05.13).

Wildt, Johannes/Wildt, Beatrix (2011): *Lernprozessorientiertes Prüfen im „Constructive Alignment". Ein Beitrag zur Förderung der Qualität von Hochschulbildung durch eine Weiterentwicklung des Prüfungssystems,* in: Neues Handbuch Hochschullehre, Berlin, H 6.1, S. 1–46.

Anita Mörth

Lernen und wissenschaftliche Weiterbildung mit E-Learning – Eine Entzauberung

Mein früherer Wohnungskollege meinte einmal zu mir, er hätte schon immer ein Problem mit Autorität gehabt. Das sei der Grund dafür, dass er es absolut nicht aushalte, wenn ich ihn zurechtweise oder ihn auch nur darauf hinweise, er solle etwas anders tun, als er es gerade tut oder vorhat, es zu tun. Dann werde er aggressiv. Ich entgegne, dass ich dann eben auf Antipädagogik umstellen würde: Dann solle er eben die DVD in die Playstation schieben und beides ruinieren, weil bereits eine DVD eingelegt ist. Solle sich halt der Anrufbeantworter einschalten, weil er, statt abzuheben, das Telefon durch die Wohnung schleppt und mir in die Hand drückt (ich werde es ertragen). Und die Pflanzen werden dann diesen Winter wieder erfrieren. Und wenn er unbedingt auf die heiße Herdplatte greifen wolle, nur zu. Daraufhin meinte er jedoch, ein bisschen antiautoritär sei ja wohl genug, es müsse nicht gleich Antipädagogik sein. So wie man auch sagen könne: Steckdosen sind Schweinenasen. Schweinenasen? Ja, genau! Wir haben in jedem Zimmer der Wohnung mehrere Schweine. In jeder Wand wohnen mehrere Schweine, die nur ihre Schweinenasen aus der Wand herausstrecken und nicht weiter sichtbar werden. In den Schlafzimmern sind es die Schlafschweine, im Badezimmer die Wasserschweine und im Wohnzimmer die Fernsehschweine. Die wollen immer fernsehen oder zumindest DVDs anschauen, und das in jedem Fall mit dem Beamer und nicht am Laptop. Dann haben nämlich alle Fernsehschweine was davon.

Vermutlich haben Sie sich schon gefragt: Worum geht es hier eigentlich? Nun, der hier vorliegende Text möchte ein Einsatz-Szenario vom Lernen mit neuen Medien skizzieren. Einsatzort ist die wissenschaftliche Weiterbildung. Zielpersonen sind berufstätige Studierende, die sich auf wissenschaftlichem Niveau an einer Hochschule weiterbilden. Damit sie sich an einer Hochschule im Rahmen von Masterstudiengängen weiterbilden können, müssen sie laut Berliner Hochschulgesetz (Berliner Hochschulgesetz 2011, §10 Abs. 5) – dieses nehme ich als (meinen) Rahmen, weil ich derzeit in Berlin lebe und arbeite – einen ersten berufsqualifizierenden Hochschulabschluss erlangt haben sowie eine „qualifizierte berufspraktische Erfahrung von i. d. R. nicht unter einem Jahr" (Kultusministerkonferenz 2010, S. 5, A4: 4.2) nachweisen. Wissenschaftliche Weiterbildung verorte ich im Kontext des Lebenslangen Lernens: Lebenslang lernen müssen wir, weil die Komplexität des Lebens insgesamt zugenommen hat und Arbeits- sowie Bildungsbiografien nicht linear und eindimensional sind, wie schon 1986 der deutsche Soziologe Ulrich Beck beschrieben hat.

Immer öfter finden wir uns in Situationen wieder, in denen wir Wissen oder erworbene Qualifikationen nicht einfach anwenden können (sofern das jemals möglich war). Stattdessen müssen wir in neuartigen, ergebnisoffenen, möglicherweise einmaligen Situationen entsprechend handeln. Kompetenzorientierung ist an sich nichts Neues. John Erpenbeck, Professor für Kompetenzmanagement an der Steinbeis-Hochschule Berlin, meint auf die Frage, ob die Kompetenzdiskussion nicht nur alter Wein in neuen Schläuchen sei: „Kompetenz und Kompetenzentwicklung hat es solange gegeben, wie es die Menschheit gibt. Nämlich die Fähigkeit, in offenen Situationen selbstorganisiert und kreativ handeln zu können. Aber mit den neuen Bedingungen einer Globalisierung, einer Komplexität, wie sie noch nie existiert hat, der Wirtschaft, der Politik, der Kultur, ist die Notwendigkeit aufgekommen, ein solches Handeln im Grunde genommen für jedermann und besonders natürlich im Bereich der Unternehmen zu etablieren. Insofern ist Kompetenzentwicklung eine Sache der letzten fünfzehn Jahre vielleicht, und mit besonders hoher Intensität wurde sie in den letzten fünf bis acht Jahren betrieben und ein Ende ist nicht abzusehen, sicherlich auch unter dem Label eines Talentmanagements, was ja auch zu einem großen Teil aus Kompetenzmanagement besteht." (Erpenbeck 2010, 0.48"–1.56")

Damit wir in unserer wissensbasierten Gesellschaft auf die hochkomplexen Anforderungen der Lebens- und Arbeitswelt adäquat reagieren können und damit beschäftigungsfähig bleiben, müssen wir immer wieder (Neues) lernen und uns bzw. unsere Kompetenzen weiterentwickeln. Kompetenz will in diesem Text handlungsbezogen verstanden sein. Der Begriff Kompetenz wurde ursprünglich im Bereich der Justiz verwendet und verwies in diesem Sinne auf den Zuständigkeitsbereich einer Person. In der zweiten Hälfte des 20. Jahrhunderts wurde der Kompetenzbegriff auf die Bedeutung der Fähigkeit ausgeweitet. Der Sprachwissenschaftler Noam Chomsky prägte in den 1960er-Jahren den Begriff der Sprachkompetenz und bezeichnete damit die Fähigkeit von Sprechern und Sprecherinnen sowie Hörern und Hörerinnen, mittels eines endlichen Inventars von Elementen, wie Wörtern oder Lauten sowie Verknüpfungsregeln, eine unendliche Zahl verschiedener Äußerungen hervorzubringen bzw. zu verstehen. Und bereits 1959 hatte der Motivationspsychologe Roger W. White Kompetenz als Handlungsfähigkeit beschrieben, die vom Individuum im Wechselspiel mit der Umwelt hervorgebracht werde. In der Arbeits- und Organisationspsychologie wurde dieser Gedanke schließlich aufgenommen und zum Begriff der *Handlungskompetenz* weiterentwickelt (vgl. Erpenbeck/Sauter 2007, S. 63f.): Die Entwicklung von Kompetenzen in diesem Verständnis geht über den reinen Wissenserwerb (Erwerb der Kenntnis von Fakten und Regeln) und über Qualifikationen (Kenntnisse, Fähigkeiten und Fertigkeiten, die in organisierten Bildungsprozessen vermittelt und zertifiziert werden) hinaus. Erst wenn das Wissen in Handlungen übersetzt und somit ein Handlungsbezug gegeben ist, sprechen wir von Kompetenz als der Fähigkeit zur erfolgreichen Bewältigung komplexer Anforderungen in spezifischen Situationen und als der Fähigkeit, in entscheidungsoffenen Situationen selbstorganisiert zu handeln, oder anders ausgedrückt: von einer reflektierten Handlungsfähigkeit. Auch die Europäische Union beschäftigt sich mit Kompetenzorientierung und definiert Kompetenz im Kontext der Debatte über Lebenslanges Lernen wie folgt: Kompetenz ist die „nachgewiesene Fähigkeit, Kenntnisse, Fertigkeiten sowie persönliche, soziale und methodische Fähigkeiten in Arbeits- oder Lernsituationen und für die berufliche und/oder persönliche Entwicklung zu nutzen" (Europäische Kommission 2008, S. 11). Kompetenz schließt also sowohl das Wissen als auch Qualifikationen ein, erschöpft sich aber nicht darin.

Die Kompetenzentwicklung, verstanden als Transformationsprozess, den eine Person durchlebt, lässt sich wie folgt beschreiben:
1) Von außen herangetragenes Wissen wird verinnerlicht und zum eigenen Vorwissen.
2) Vorgelebte Werte werden durch deren Annahme oder Ablehnung zu eigenen Werten.
3) Probehandeln führt zu eigenen Erfahrungen, Fertigkeiten und Fähigkeiten.

Der Antrieb für diesen Transformationsprozess ist die eigene Motivation, Kompetenzen (weiter) zu entwickeln. Diese Faktoren bilden das Kompetenzniveau einer Person und diese Person kann dann potenziell – je nach den Rahmenbedingungen einer Situation – auch kompetent handeln (vgl. Brohm 2009, S. 58).

Zurück zum Wohnungskollegen: Er wird es auch ohne meine Unterstützung lernen. Bereits in seiner Kindheit hat er die Bedeutung von Gegenständen und Besitztümern zu einem wichtigen Bestandteil seines Wertesystems gemacht: Er wertschätzt den Besitz anderer und versucht, weder fremde Besitztümer noch sein persönliches Eigentum zu beschädigen. Die von ihm gelesene Information aus der Bedienungsanleitung seines MacBooks (Wenn sich die DVD nicht einschieben lässt, dann versuchen Sie, den Auswurf-Knopf zu drücken; möglicherweise befindet sich bereits eine DVD im Gerät.) verinnerlicht er und macht sie zu seinem Vorwissen. Als er noch bei seinen Eltern wohnte, hatte er es oftmals sehr eilig, die neueste Folge von Two and a Half Men *zu sehen, wenn endlich die neue Staffel auf DVD erhältlich war. Gelang ihm das Einlegen nicht sofort, weil er in der Eile vergessen hatte, dass noch eine DVD drin war, besann er sich auf sein Vorwissen zur Problemlösung beim Einlegen von DVDs in MacBooks.*

Aber wie kam ich eigentlich zu meinem Mitbewohner? Eines Tages kaufte ich mir eine Playstation und einen Beamer, konnte mir infolgedessen die Miete nicht mehr leisten und suchte daher einen Wohnungskollegen. Er – plötzlich mein Mitbewohner – wollte nun unbedingt die neuen Folgen von Two and a Half Men *auf dem Beamer ansehen. Seine Motivation, auf den Beamer umzusteigen, wurde nicht nur durch sein Mitgefühl für die Fernsehschweine – Sie erinnern sich – und von seinem Bedürfnis, diesen eine Freude zu machen, beflügelt, sondern war auch durch das Zurücklassen seines Laptops im Haushalt seiner Eltern bedingt. Doch die DVD ließ sich – mal wieder – nicht in die Playstation schieben. Ich biss mir auf die Lippen und schwieg. Er versuchte es nochmals, die DVD quietschte ein bisschen. Dann besann er sich, erkannte die Ähnlichkeit des Symbols neben dem Ein-/Ausschaltknopf an der Playstation mit dem Symbol auf seinem MacBook und voilà: Es gelang! Alte DVD raus (Babylon 5, Staffel 1, CD 3), neue DVD rein.*

Deutlich wird anhand des strukturalistischen Kompetenzmodells der Bildungswissenschaftlerin Michaela Brohm, dass die Kompetenzentwicklung immer vom Individuum ausgeht und dass umgekehrt Kompetenzvermittlung und Kompetenzentwicklung von außen nicht möglich sind. Lediglich kann der Kompetenzerwerb von außen unterstützt werden, indem eine entsprechende Unterstützungsstruktur zur Verfügung gestellt wird. Die Hochschulforscherin Ada Pellert beschreibt die Rollen und Aufgaben, die sich aus Kompetenzorientierung und Kompetenzentwicklung für Bildungseinrichtungen und Unternehmen ergeben, folgendermaßen: „Am Anfang muss die Erkenntnis stehen, dass erwachsene Menschen ihre Kompetenzentwicklung nur selbst steuern können. Aber sie müssen dabei natürlich unterstützt werden. In den Betrieben haben die Führungskräfte eine wichtige neue Rolle als Lernbegleiter – die Personalentwicklung muss hier Unterstützung leisten, aber natürlich auch Bildungseinrichtungen. Und es geht darum, dass zwischen diesen Akteuren innovative Kooperationsmodelle erstellt werden, neue Lernarchitekturen gebaut werden. Aber im Mittelpunkt steht der erwachsene, sich selbst steuernde Mensch, den wir darauf vorbereiten, dass er in ergebnisoffenen Situationen gut handeln kann." (Pellert 2010, 3.00"–3.53")

Lebenslanges Lernen ist oftmals organisiert als Weiterbildung. Diese wiederum ist meist berufsbegleitend. Einerseits weil „die klassische Abfolge Schule – Ausbildung – Beruf – Weiterbildung in dieser Form nicht mehr funktioniert. Geänderte Rahmenbedingungen erfordern (...) von den einzelnen Personen immer wieder Bildungsprozesse aufzunehmen und in Lernprozesse einzusteigen" (Cendon 2010, S. 171). Zudem können und wollen wir es uns selten leisten, eine Beschäftigungspause einzulegen, um uns weiterzubilden. Andererseits ist die Verschränkung der Weiterbildung mit der Berufspraxis ein wichtiger Anspruch an berufsbegleitende Weiterbildung, da Weiterbildungsziele oftmals eng mit dem Beruf verknüpft sind. Diese enge Verknüpfung von Lernen und berufspraktischen Handlungen legt das Konzept des Erfahrungslernens nahe: Der Berufs- und Arbeitspädagoge Peter Dehnbostel beschreibt es als Lernen durch bewusstes Verstehen und Reflektieren von Erfahrungen (vgl. Dehnbostel 2007, S. 29). Erfahrungen sind dabei das Ergebnis von meist besonders bedeutsam erscheinenden oder ungewohnten Wahrnehmungen, deren Reflexion zum Erfahrungslernen führt. Eine ähnliche Vorstellung des Lernens liegt dem Konzept des *Reflective Practitioner* zugrunde. Es geht zurück auf den US-amerikanischen Philosophen Donald A. Schön (1983) und meint den Kreislauf von Reflexion und Aktion sowie das Nutzen von Lernchancen, die sich in der jeweiligen beruflichen Praxis identifizieren lassen. In diesem Konzept erfolgt zeitgleich mit dem praktischen Handeln die Erforschung der eigenen Praxis, wobei die praktische Theorie, die der jeweiligen Handlung zugrunde liegt, im Wechselspiel von Aktion und Reflexion kontinuierlich weiterentwickelt wird.

Bei wissenschaftlicher Weiterbildung – um den Kreis zum Anfang dieses Textes zu schließen – beziehe ich mich auf Weiterbildung auf wissenschaftlichem Niveau für Personen, die einen ersten berufsqualifizierenden Abschluss erlangt und danach mehrjährige berufspraktische Erfahrungen erworben haben. Für diese Form der Weiterbildung sind spezifische Lernformen und didaktische Settings erforderlich, um die Entwicklung der unterschiedlichen Kompetenzen zu unterstützen, die in den Zielsetzungen eines universitären Studiums als solche definiert sind. Im Gegensatz zu grundständigen Studiengängen geht es hier um eine andere Art der Verschränkung von Theorie und Praxis: In der wissenschaftlichen Weiterbildung sind die Erfahrungen und das Vorwissen der Studierenden zentraler Bestandteil der Lehre. Zudem geht es in der wissenschaftlichen Weiterbildung um die Begleitung von Lernprozessen, deren Ausgangspunkt die Lernenden selbst sind. Selbststeuerung spielt in diesem Bildungssegment, in dem die Eigenmotivation und die Zielerreichung eine wesentlich größere Bedeutung als in einer Erstausbildung haben, eine zentrale Rolle. Denn die Entscheidung für und vor allem die tatsächliche Teilnahme an organisierten Weiterbildungsaktivitäten neben dem Beruf erfordern neben hoher Motivation, Bereitschaft zu Mehreinsatz und Durchhaltevermögen vor allem auch effizientes Zeitmanagement und Flexibilität. Die wissenschaftlich fundierte Reflexion und die Übersetzbarkeit der Theorien in die Praxis, z.B. anhand eigener oder fiktiver Praxisbeispiele, zur Erprobung theoretischer Rahmungen sind wesentliche Motivationen. Durch eine reflektierte Praxis entstehen weiterentwickelte praktische Theorien.

Im Gegensatz zu mir selbst war mein Wohnungskollege zu jener Zeit bereits berufstätig. Nach seinem Studium der Soziologie arbeitete er bereits seit einigen Jahren als Helfer in einem Altenheim. Da es mit uns beiden zwar grundsätzlich gut klappte, unser Bedürfnis nach je eigenem Bad und eigener Küche mit der Zeit aber zunahm, beschloss er, sich weiterzubilden. Er wollte sich professionalisieren, um sich für Managementtätigkeiten zu qualifizieren und sich, mit den erhofften Einkünften, zukünftig eine eigene Wohnung leisten zu können. Im Rahmen seiner Weiterbildung ging es in einem der Kurse um Veränderungsprojekte. Die Studierenden wurden aufgefordert, aus ihrer eigenen Berufspraxis ein Veränderungsprojekt mitzubringen und anhand dieses Fallbeispiels ihre Kompetenzen im Umgang mit Veränderungen zu vertiefen und zu erweitern. An seinem eigenen Beispiel – im Altenheim sollte ein computergestütztes System für die Benutzung der Waschräume eingeführt werden, um Überlastungen derselben zu vermeiden – lernte mein Mitbewohner beispielsweise, dass bei Veränderungen alle Beteiligten entsprechend mit einbezogen werden müssen. Darüber hinaus konnte er das neu Erlernte direkt in die Praxis umsetzen und die Ergebnisse wiederum im Kontext der Weiterbildung reflektieren. Dabei zeigte sich, dass es nicht ausreichte, die Bewohner und Bewohnerinnen des Altenheims lediglich das Farb- und Tonsignal für die Benutzung auswählen zu lassen, sondern dass den von der Veränderung Betroffenen auch die Vorteile der neuen Regelung besser vermittelt werden müssen. Der Protest, auf den ich hier nicht näher eingehen möchte, hätte dadurch sicherlich vermieden oder zumindest verringert werden können.

Eine Didaktik, die Kompetenzentwicklung unterstützt (vermitteln kann sie diese ja nicht), muss entsprechende Rahmenbedingungen und Unterstützungsstrukturen schaffen. Hochmotivierte Studierende mit umfassendem Vorwissen und Erfahrungen theoretischer und praktischer Art wollen ihre Kompetenzen in bestimmten Bereichen weiterentwickeln. Das ist die Ausgangslage, aus der folgende Herausforderungen resultieren: Auf inhaltlicher Ebene ist die Vermittlung von neuem Wissen mit dem Vorwissen und den Erfahrungen der Lernenden zu verschränken; auf organisatorischer Ebene sind sowohl Strukturen erforderlich, die es ermöglichen, Theorien handelnd zu erproben, als auch Räume für Austausch, für gegenseitiges Feedback und zur Reflexion.

Wissenschaftliche Weiterbildung als eine Form des Lebenslangen Lernens ist eine zentrale Aufgabe von Universitäten (vgl. Hochschulrahmengesetz, §2 Abs. 1). Im deutschsprachigen Hochschulraum kommen vor allem staatliche Universitäten diesem Auftrag kaum nach (vgl. Meyer-Guckel et al. 2008, S. 20). Berufstätige, die sich auf Hochschulniveau berufsbegleitend weiterbilden wollen, finden daher in der Regel im Umkreis von 25 Kilometern kein inhaltlich-fachlich adäquates Weiterbildungsangebot. Es liegt also nahe, das Angebot an wissenschaftlicher Weiterbildung auf Personen auszurichten, die weiter entfernt wohnen/leben/arbeiten. Viel passender als ein Präsenzstudium ist daher ein Angebot, das Fernstudienelemente enthält – und E-Learning. Jedoch zeigt sich: „Die Nutzung von digitalen Medien (E-Learning/ Blended Learning) scheint in der wissenschaftlichen Weiterbildung noch nicht weit verbreitet zu sein." (Kalis 2009, S. 33)

Wie kann die Nutzung digitaler Medien in der wissenschaftlichen Weiterbildung aussehen? Ich möchte an dieser Stelle das Studienmodell der Deutschen Universität für Weiterbildung (DUW) und die dort praktizierte Anwendung von E-Learning in der wissenschaftlichen Weiterbildung skizzieren. Die DUW kombiniert Blended Learning (E-Learning in Verschränkung mit Präsenzlehre) mit Fernstudienelementen und ermöglicht ihren berufstätigen Studierenden so orts- und zeitunabhängiges sowie arbeitsplatznahes Lernen. Der Format-Mix der Studienangebote besteht aus selbstständig zu bearbeitenden Studienheften, aus zumeist kollaborativen Online-Einheiten sowie aus Präsenzseminaren. Die arbeitsmarktbezogene Auswahl der Studieninhalte, deren weiterbildungsdidaktische Aufbereitung und der Einsatz spezifischer Lehr-Lern-Formate gewährleisten berufsgruppen- und bedarfsorientierte Module. Neben der Wissensvermittlung und -aneignung steht die gemeinsame, problemorientierte, schrittweise Bearbeitung von praxisbezogenen Fallbeispielen aus dem Themenkomplex des Studiengangs im Zentrum. Die Themen sind an der alltäglichen Berufspraxis der Studierenden orientiert und die Studierenden werden angeregt, ihre beruflichen Erfahrungen sowie ihr anderweitig erworbenes Wissen in den Lernprozess einzubinden. Diese Lernmethode entspricht den Anforderungen an eine erwachsenengerechte Didaktik. Die Studienhefte sind speziell für den Zweck des Selbstlernens erstellte Texte, die didaktisch aufbereitet sind. So enthalten sie beispielsweise Übungen, die immer wieder den Lesefluss unterbrechen und dazu anregen, das soeben Gelesene in die eigene Erfahrungswelt zu transferieren. Zusätzlich gibt es am Ende eines jeden Heftes eine sogenannte Einsendeaufgabe: eine Aufgabe, auf deren Lösung die Studierenden eine ausführliche Rückmeldung und damit eine Information über ihren aktuellen Lernstand erhalten. Problemorientiertes Lernen findet insbesondere in den Präsenzveranstaltungen und in den Online-Phasen statt. Im Rahmen der Online-Phasen können die Studierenden in eigens dafür eingerichteten Arbeitsumgebungen kontinuierlich verschiedene Fallstudien nach wissenschaftlichen Kriterien bearbeiten oder Lösungen für komplexe, praxisrelevante Fragestellungen entwickeln. In den Präsenzveranstaltungen liegt der Schwerpunkt auf sozialen und Aktivitätskompetenzen mit Möglichkeiten zum Probehandeln. Insgesamt soll auf diese Weise das Konzept des Blended Learning umgesetzt werden, auch um verschiedene Lerntypen anzusprechen, unterschiedliche Lernformen miteinander zu verknüpfen und den Lernprozess zielorientiert zu steuern.

Der Einsatz von E-Learning-Tools und internetbasiertem Austausch verfolgt dabei mehrere Ziele: Austausch und Vernetzung über die und trotz der Distanz, Mit- und Voneinanderlernen in virtuellen Räumen und gleichzeitig die Erweiterung der Kompetenzen im Umgang mit neuen Medien, wie beispielsweise erfolgreiche virtuelle Kommunikation (von E-Mail bis hin zu virtuellen Konferenzen) und der Umgang mit Web 2.0-Tools (wie Wikis und Blogs). In neuen Arbeitswelten erlangen internetbasierte Tools – von Informations-Wikis innerhalb eines Unternehmens bis hin zur Nutzung unterschiedlicher Tools in Projekten mit internationalen Partnern und Partnerinnen – für Kommunikation, Kooperation und Wissensmanagement eine immer größere Bedeutung (beispielsweise Back et al. 2008). Gleichzeitig wird erfolgreichem Arbeiten im Team ein immer größerer Stellenwert für die Erreichung von Projektzielen zuteil – bei gleichzeitigem Ansteigen der Bedeutung von Management-Skills, wie die Expertin für Leadership und High-Risk-Management Amy L. Fraher am Beispiel von Risikosituationen zeigt (vgl. Bauer 2010, S. K1). Dementsprechend stehen in Online-Lernsettings kollaborative Aufgabenstellungen im Vordergrund: Es gilt, Ergebnisse gemeinsam zu erarbeiten. Überdies wird auf die Entwicklung einer Feedback-Kultur geachtet – konstruktives Feedback geben zu können sowie mit Feedback konstruktiv umgehen zu lernen, sind zentrale Bestandteile dieses Lehr- und Lernkonzepts. Kollaboration und Austausch unterstützen die Studierenden dabei, jene Fähigkeiten weiterzuentwickeln, die sie für die Übersetzung und Übertragung des Gelernten in das eigene berufliche und private Umfeld benötigen.

Doch kurz zurück zum fehlenden Laptop. Vermutlich haben Sie sich bereits gefragt, wieso mein Mitbewohner seinen Laptop im Haushalt seiner Eltern zurückgelassen hatte. Nun, er wusste, dass er für sein Weiterbildungsstudium nicht mehr mit Schreibmaschine und Faxgerät arbeiten konnte, dass er lernen musste, den Laptop für mehr zu nutzen, als nur DVDs damit zu schauen, und dass er sich auch bei der Nutzung des PCs nicht mehr nur darauf beschränken durfte, Spiele zu spielen. Dies, verbunden mit der Notwendigkeit, die durch den Umzug bedingte Distanz zu seinen Eltern zu überbrücken (statt Wand an Wand lebten sie nun 7,8 Kilometer oder 23 Autominuten bei normaler Verkehrsauslastung voneinander entfernt), führte ihn zu dem Entschluss, auch seine Eltern dazu zu bringen, sich der digitalen Kommunikationsmedien mittels E-Mail und Skype zu bedienen, indem er ihnen den Laptop daließ. Interessanterweise erlernten seine Eltern den Umgang mit den neuen Medien durch die gemeinsame Nutzung nicht nur extrem schnell, sie nutzten auch die neuen Medien und das Internet so intensiv, dass innerhalb kürzester Zeit das nach Verbrauch abgerechnete mobile Internet durch einen Flatrate-ADSL-Anschluss ersetzt wurde. Mein Mitbewohner hingegen, der immer wieder von DVDs und nach neuen Folgen bettelnden Fernsehschweinen abgelenkt wurde, kam wesentlich langsamer voran.

Die E-Learning-Settings an der DUW sind eingebunden in ein kompetenzbasiertes Studienmodell. Auf Programmebene werden Lernergebnisse formuliert, diese werden auf die verschiedenen Ebenen heruntergebrochen: Module, Kurse und

Studieneinheiten. Die Inhalte einer Studieneinheit werden den Lernergebnissen entsprechend ausgewählt, die Formen des Lehrens und Lernens folgen ebenso den Lernergebnissen. Mithilfe von abgestimmten Aufgaben wiederum wird die Erreichung der Lernergebnisse geprüft. Die Note einer Prüfung gibt darüber Auskunft, wie gut (sehr gut bis genügend) das Lernergebnis erreicht wurde (vgl. Gosling/Moon 2002, S. 7). Vor diesem Hintergrund gilt es, noch einmal zu unterstreichen, dass E-Learning an der DUW nicht aus einer Mode heraus eingesetzt wird, sondern um eine dem modernen Fernstudium entsprechende Methode zu verwenden und um Medienkompetenzen zu vertiefen. Ein besonderes Element der Masterstudiengänge der DUW, das E-Learning mit Kompetenzorientierung verschränkt, ist das E-Portfolio, ein blogbasiertes Kompetenzportfolio. Es wird von den Studierenden während des gesamten Studienverlaufs geführt und dient neben dem Ausbau der Medienkompetenz insbesondere der Dokumentation der Kompetenzen und deren Weiterentwicklung.

Wie E-Learning konkret aussehen und welche Form es in der Praxis annehmen kann, ist einfach erklärt. In einer Schlichtheit, die sich dagegen verwehrt, E-Learning um seiner selbst willen einzusetzen und somit noch ein weiteres neues Tool zu verwenden, nur um „aktuell rüberzukommen", liegt aus meiner Sicht der Schlüssel zum erfolgreichen Einsatz von E-Learning. Natürlich müssen aktuelle Tools verwendet werden, natürlich muss die Lernumgebung eine hohe Nutzerfreundlichkeit aufweisen. Aber die erfolgreiche Umsetzung – sichtbar beispielsweise an der Erreichung der Lernergebnisse und daran, dass Studierende die Online-Phasen als besonders lernträchtige Situationen erleben – darf nur einer Logik folgen: Die Form folgt dem Inhalt.

Was bedeutet das nun konkret? Geht es um eine Diskussion, wird ein Forum eingesetzt; soll gemeinsam ein Text verfasst werden oder wird ein Glossar erstellt, kommt ein Wiki zum Einsatz; soll ein Lerntagebuch erstellt werden, wird ein Blog verwendet. Neben der Auswahl des jeweils passenden Tools sind folgende weitere Aspekte von essenzieller Bedeutung: Die – der Auswahl des passenden Tools vorgelagerte – Auswahl und Aufbereitung der Inhalte und Aufgabenstellungen erfolgt entlang der oben beschriebenen Verschränkung mit der Praxis und der berufspraktischen Erfahrungen der Studierenden. Die zeitliche Struktur einer Online-Phase schafft den Spagat zwischen freier Zeiteinteilung und vorgegebenen Abgabeterminen, damit Studierende flexibel studieren können und dennoch Zusammenarbeit stattfinden kann. Der Aufbau jeder kollaborativen Online-Einheit berücksichtigt im Grunde die fünf Phasen von Gilly Salmon (vgl. 2000):
1) Zugang und Motivation,
2) Online-Sozialisation,
3) Informationsaustausch,
4) Wissenskonstruktion und
5) Transfer.

Die Moderation der Online-Phasen ist aktivierend und motivierend, fachliche Feedbacks sind an den richtigen Stellen eingeplant. Die Rückmeldungen erfolgen zeitnah und entsprechend der Lernzeiten von berufstätigen Studierenden auch oder insbesondere in den Abendstunden und an Wochenenden. Die Rollen der Lehrenden sind dabei vielfältig: Sie sind Lernbegleiterinnen, Lernpartner, Coachs und Partnerinnen in der Wissenskonstruktion und bilden somit ein wichtiges Element der für Kompetenzentwicklung erforderlichen Unterstützungsstruktur.

Ach ja, und auch die Wohnungsschweine lernen lebenslang: Die Wasser-, Fernseh- und Schlafschweine arbeiten ja täglich und bilden sich notgedrungen ständig weiter. Nicht nur, weil sie alle Nase lang ein neues elektrisches Gerät mit Strom versorgen. Sie lernen auch mit, wenn wir lernen, wenn das Studium sich immer stärker aus den Vorlesungssälen an die Arbeitsplätze und in die Wohnzimmer verlagert. Da sehen und hören sie uns und lernen mit uns mit, und in der Zwischenzeit verlangen sie bereits häufiger nach neuen Online-Phasen statt nach neuen DVDs.

Literatur

Back, Andrea/Gronau, Norbert/Tochtermann, Klaus (Hrsg.) (2008): *Web 2.0 in der Unternehmenspraxis,* München.

Bauer, Karin (2010): *Krisenmanagement pur und hautnah,* in: *Der Standard*, Nr. 6631 vom 13./14.11.2010, S. K1.

Beck, Ulrich (1986): *Risikogesellschaft. Auf dem Weg in eine andere Moderne,* Frankfurt a.M.

Berliner Hochschulgesetz: *Gesetz über die Hochschulen im Land Berlin (Berliner Hochschulgesetz – BerlHG) in der Fassung vom 26. Juli 2011,* (GVBl. S. 378), BRV 221–11. http://gesetze.berlin.de/?typ=reference&y=100&g=BlnHG (zuletzt am 15.03.13).

Brohm, Michaela (2009): *Sozialkompetenz und Schule. Theoretische Grundlagen und empirische Befunde zu Gelingensbedingungen sozialbezogener Interventionen*, Weinheim/München.

Cendon, Eva (2010): *Was ist der genuine Beitrag von Hochschulen zu berufsbezogener Weiterbildung?*, in: Schlögl, Peter/Dér, Krisztina (Hrsg.): *Berufsbildungsforschung. Alte und neue Fragen eines Forschungsfeldes,* Bielefeld.

Dehnbostel, Peter (2007): *Lernen im Prozess der Arbeit*, Münster u.a.O. Studienreihe Bildungs- und Wissenschaftsmanagement, Bd. 7.

Erpenbeck, John (2010): *Was heißt Kompetenzorientierung für Wissenschaft, Unternehmenspraxis und Weiterbildung? Ein Interview von Dr. Eva Cendon.* http://www.youtube.com/watch?v=vHl0hQYGIcw (zuletzt am 15.03.13).

Erpenbeck, John/Sauter, Werner (2007): *Kompetenzentwicklung im Netz,* Köln.

Europäische Kommission (2008): *Der Europäische Qualifikationsrahmen für lebenslanges Lernen (EQR),* Luxemburg (Amt für amtliche Veröffentlichungen der Europäischen Gemeinschaften). http://ec.europa.eu/education/pub/pdf/general/eqf/broch_de.pdf (zuletzt am 15.03.13).

Gosling, David/Moon, Jenny (2002): *How to Use Learning Outcomes and Assessment Criteria,* 3. Auflage, London (SEEC).

Hochschulrahmengesetz (2007): *Hochschulrahmengesetz in der Fassung der Bekanntmachung vom 19. Januar 1999 (BGBl. I S. 18), das zuletzt durch Artikel 2 des Gesetzes vom 12. Ap-*

ril 2007 (BGBl. I S. 506) geändert worden ist. http://bundesrecht.juris.de/hrg/index.html (zuletzt am 15.03.13).

Kalis, Peer-Olaf (2010): ‚Café Bologna', das World Café der DGWF-Jahrestagung 2009, in: Kalis, Peer-Olaf/Strate, Ulrike (Hrsg.): *DGWF Beiträge 49. Jahrestagung 2009. Wissenschaftliche Weiterbildung: Zehn Jahre nach Bologna – alter Wein in neuen Schläuchen oder Paradigmenwechsel*, Hamburg, DGWF, S. 32–33.

Kultusministerkonferenz (2010): *Ländergemeinsame Strukturvorgaben für die Akkreditierung von Bachelor- und Masterstudiengängen, Beschluss der Kultusministerkonferenz vom 10.10.2003 i.d.F. vom 04.02.2010*. http://www.kmk.org/fileadmin/veroeffentlichungen_beschluesse/2003/2003_10_10-Laendergemeinsame-Strukturvorgaben.pdf (zuletzt am 15.03.13).

Meyer-Guckel, Volker et al. (2008): *Quartäre Bildung. Chancen der Hochschulen für die Weiterbildungsnachfrage von Unternehmen*, Essen.

Pellert, Ada (2010): *Was heißt Kompetenzorientierung für Wissenschaft, Unternehmenspraxis und Weiterbildung? Ein Interview von Dr. Eva Cendon*. http://www.youtube.com/watch?v=vHl0hQYGIcw (zuletzt am 15.03.13).

Salmon, Gilly (2000): *E-Moderating. The Key to Teaching and Learning Online*, London (Taylor & Francis).

Schön, Donald A. (1983): *The Reflective Practitioner. How Professionals Think in Action*, New York (Basic Books).

Maria Mikoleit/Oliver Schoepke

Das Format der Online-Einheit im berufsbegleitenden Weiterbildungsstudium

Weiterbildung wird häufig berufsbegleitend im Fernstudium betrieben. War ein direkter Austausch zwischen den Studierenden untereinander und mit den Lehrenden im klassischen Fernstudium nur in den Präsenzzeiten möglich und damit stark begrenzt, kann es heute durch den Einsatz von Online-Einheiten, die mithilfe bestimmter Tools eine zeitversetzte (asynchrone) oder auch synchrone Kommunikation ermöglichen, unterstützt und nahezu uneingeschränkt kooperativ ausgerichtet werden. Daher sind Online-Einheiten mittlerweile als eine von drei Säulen der Lehre und neben Studienheften und Präsenzphasen ein entscheidendes Element, das aus dem Blended-Learning-Modell eines Weiterbildungsstudiums nicht mehr wegzudenken ist. Dabei stehen die drei Säulen – auch in der Lehre an der Deutschen Universität für Weiterbildung (DUW) in Berlin – grundsätzlich gleichberechtigt nebeneinander, denn sie werden jeweils unterschiedlichen Bedürfnissen gerecht.

Was können Online-Einheiten im berufsbegleitenden Weiterbildungsstudium leisten? Diese Frage kann auf verschiedenen Ebenen beantwortet werden. Eine der besonderen Herausforderungen im klassischen Fernstudium war es, nicht nur den Kontakt zwischen den Studierenden selbst zu fördern, sondern zugleich die Verbindung zwischen Universität und Studierenden zu stärken. Online-Einheiten lassen die Universität zu einer Ansprechpartnerin der Studierenden werden, indem sie direkt über eine Lernplattform – den DUW Online-Campus – mit den Verantwortlichen kommunizieren können. Verstärkt wird diese Bindungswirkung zusätzlich dadurch, dass die Studierenden sich auf dem Online-Campus einloggen müssen, um an den Einheiten teilnehmen zu können. Sie treten sozusagen in ihre virtuelle Hochschule ein.

Dabei machen sie sich zugleich *en passant* mit dem Campus und seinen Möglichkeiten vertraut. Sie erkunden z.B. die Möglichkeit, die Foren zum Kontakt untereinander oder die Online-Bibliothek für sich zu nutzen. Diese kann auch im Rahmen von Online-Einheiten von Bedeutung sein, wenn die Studierenden z.B. ausgewähltes Textmaterial bearbeiten müssen. Aufgaben und Rechercheaufträge, die sie im Rahmen der Online-Einheit erhalten, unterstützen sie zudem, sich das Wissen anzueignen, das zur Erreichung der anvisierten Lernergebnisse notwendig ist.

Zugleich verweisen gerade diese Elemente auf einen weiteren Mehrwert von Online-Einheiten für die Studierenden: Durch die konsequente Nutzung der verschiedenen Tools, die in Online-Einheiten eingesetzt werden, können sich die Studierenden mit den sogenannten neuen Medien vertraut machen und ihre Fertigkeiten im Umgang mit ihnen weiterentwickeln. Zudem unterstützen Online-Einheiten die Studierenden insbesondere beim Training ihrer kommunikativen Fähigkeiten auch und gerade im virtuellen Raum.

Die Bedeutung von Online-Einheiten in der Struktur des Weiterbildungsstudiums ist also nicht zu unterschätzen. Dabei steht zu ihrer Durchführung eine Vielzahl von Tools zur Verfügung, die jeweils verschiedene Vor- und Nachteile bieten und damit je nach Anforderungen einzusetzen sind. Wir möchten im Folgenden Elemente und technische Möglichkeiten vorstellen, die wir im Rahmen von Online-Einheiten verwenden, ergänzt durch konkrete Beispiele für deren Einsatz in den Studiengängen der DUW. Zum Schluss werden wir noch kurz auf die besonderen Anforderungen an Tutorinnen und Tutoren eingehen, die mit dem Einsatz von Online-Einheiten verbunden sind.

1. Aufbau und Elemente von Online-Einheiten

Die Online-Einheiten auf dem DUW Online-Campus sind so strukturiert und aufgebaut, dass sie das praxisorientierte Lernen in Studierendengruppen in den Mittelpunkt stellen und somit zugleich die zunehmend projektförmige Arbeitswelt abbilden. Zu den Tools, die in in den Online-Einheiten der DUW eingesetzt werden, gehören E-Mail, Forum, Blog, Wiki, Chat und Webkonferenz. Alle Tools weisen naturgemäß Vor- und Nachteile auf und sind für die verschiedenen Aufgaben unterschiedlich gut geeignet. Dies muss bei der Konzeption und der Gestaltung einer Online-Einheit beachtet werden, um einen sinnvollen und effektiven Einsatz dieser Tools zu gewährleisten.

Dabei müssen die Lehrenden im Blick haben, dass die Tools unterschiedlich kompliziert und anspruchsvoll in der Anwendung sind und ihr Einsatz daher auch mit unterschiedlich großem Betreuungsaufwand verbunden ist.

Grundsätzlich ist die Anzahl der verwendeten Tools pro Einheit variabel; jedoch sollte darauf geachtet werden, dass die Studierenden durch den Einsatz der technischen Hilfsmittel nicht überfordert werden. Insbesondere auf technikaverse Studierende kann der Einsatz von zu vielen Tools in einer Einheit unter Umständen demotivierend wirken, zumal wenn sich bei der Anwendung technische Probleme ergeben. Überhaupt hängt die Qualität der Online-Einheit nicht davon ab, dass möglichst viele Tools eingesetzt werden, sondern davon, dass die Tools gezielt und der Aufgabe entsprechend ausgewählt werden. Als Grundregel kann deshalb gelten, dass in einer Online-Einheit nicht mehr als drei verschiedene Tools verwendet werden sollten. Dies gilt umso mehr, wenn wir uns vergegenwärtigen, dass es durchaus Studierende gibt, die beispielsweise während einer Online-Einheit zum ersten Mal einen Beitrag zu einem Forum schreiben. Auch haben viele Studierende vor ihrer ersten Webkonferenz noch nie online eine Präsentation gehalten. Als Begleiteffekt werden also mit dem Einsatz solcher Tools im Rahmen von Online-Einheiten Berührungsängste abgebaut und die Entwicklung neuer Fertigkeiten gefördert, die dann auch in der Berufs- und Arbeitswelt von Nutzen sein können. Auch auf diesen Aspekt sollte daher bei der Einsatzplanung der Tools Rücksicht genommen werden.

Ebenfalls ein wichtiger Faktor bei der Auswahl von Tools ist die Gruppengröße, da sich nicht alle Tools gleichermaßen für jede Gruppengröße eignen. Wie nachstehend erläutert, ist die Nutzung einiger Tools hinsichtlich technischer Aspekte bei größeren Gruppen eingeschränkt oder unmöglich; andere verursachen einen erhöhten Betreuungsaufwand gerade bei kleiner Gruppengröße und wieder andere verlieren mit steigender Teilnehmendenzahl an Übersichtlichkeit.

Im Folgenden werden die einzelnen Tools näher erläutert, insbesondere im Hinblick auf ihre Eignung und Anwendbarkeit für bestimmte Zwecke sowie hinsichtlich des Betreuungsaufwands.

2. Asynchrone Tools bieten größtmögliche Flexibilität

Asynchrone Tools sind Applikationen, die eine zeitversetzte Kommunikation erlauben. Sie ermöglichen die zeitliche und räumliche Flexibilität der Studierenden und unterstützen somit den wohl größten Vorteil eines Fernstudiums. Asynchrone Tools, die in den Online-Einheiten der DUW eingesetzt werden, sind E-Mail, Forum, Blog und Wiki.

Das allgemein wohl bekannteste und auch an der DUW am häufigsten genutzte Kommunikationstool ist die *E-Mail*. Per E-Mail können sich die Studierenden vor allem zur Klärung von Fragen jederzeit an die betreuenden Fach- oder E-Tutorinnen bzw. -Tutoren wenden. Dabei verfügt der Online-Campus der DUW über ein passwortgeschütztes geschlossenes E-Mail-System. Dieses weist alle Funktionalitäten eines klassischen Web-Mail-Systems auf (E-Mails verfassen/beantworten/weiterleiten, Ordner verwalten, Dateien anhängen); allerdings können E-Mails nur innerhalb des Online-Campus ausgetauscht werden und nicht mit externen Adressen. Dies erhöht die Sicherheit und schützt damit die Vertraulichkeit der Information. Der Betreuungsaufwand, der mit dem Einsatz des Tools verbunden ist, ist grundsätzlich eher gering, doch ist die Reaktionszeit des Tutors oder der Tutorin entscheidend für den erfolgreichen Einsatz. Denn je schneller die Lehrenden auf die Beiträge der Studierenden reagieren, desto größer ist der positive Einfluss auf die Motivation der Studierenden. Dies gilt im Übrigen nicht nur für die Antwort auf E-Mails, sondern auch für Reaktionen auf Beiträge in Foren und Blogs.

Ein ebenfalls fast schon standardmäßig in jeder DUW Online-Einheit angewandtes Tool ist das *Forum*. In diesem Fall werden Mitteilungen nicht verschickt, sondern auf einem Server gespeichert und von dort den Forumsmitgliedern zugänglich gemacht. Die Beiträge sind dem jeweiligen Verfasser oder der jeweiligen Verfasserin stets eindeutig zuzuordnen. Grundsätzlich können Foren von einer Tutorin oder einem Tutor moderiert werden oder unmoderiert sein. Ein unmoderiertes Forum kann dazu genutzt werden, um z.B. vorher in Einzelarbeit erbrachte Aufgaben zu publizieren, um dann ein Feedback der anderen Studierenden zu erhalten oder einfach nur die Ausarbeitungen auszutauschen. Besonders gut eignet sich das Forum darüber hinaus für Diskussionen oder Gruppenarbeiten, an denen sich sowohl die

Studierenden als auch der Fachtutor bzw. die Fachtutorin beteiligen. Von den Beiträgen der Lehrenden können dann alle Studierenden profitieren. Zudem können sie durch geschickte Moderation ganz gezielt den Diskussionsverlauf und damit den Inhalt der Diskussion so steuern, dass die Studierenden bestmöglich profitieren. Die Diskussionen in solchen moderierten Foren funktionieren auch mit einer größeren Anzahl von Studierenden gut und können mittels von dem Tutor oder der Tutorin erstellten Diskussionssträngen (z.B. Unterthemen oder Teilgruppen) übersichtlich gehalten werden. Als nachteilig kann sich jedoch eine zu kleine Gruppengröße erweisen, da es unter Umständen schwierig sein kann, die Diskussion aufrecht zu erhalten und sie nicht vorzeitig abbrechen zu lassen. Hier sind der Tutor oder die Tutorin gefragt: Didaktische Aufgabe ist es, die Studierenden gegebenenfalls immer wieder zu motivieren und ihnen in regelmäßigem Abstand Feedback zu geben.

Beispiele für die Nutzung dieses Tools, das damit generell insbesondere sinnvoll eingesetzt werden kann für Diskussionen, Gruppenarbeiten, das Bearbeiten von Fallstudien und Fachartikeln, Reflexionsaufgaben, Hochladen und Austauschen von Ausarbeitungen und das Geben von Feedback, finden sich in zahlreichen Online-Einheiten der DUW, so unter anderem in der Einheit *Sicherheit als Führungsaufgabe in der betrieblichen Praxis* aus dem Studiengang *Sicherheitswirtschaft und Unternehmenssicherheit*. Hier recherchieren die Studierenden zunächst im Internet Beispiele für sicherheitskritische Ereignisse in Unternehmen und erläutern dann anhand von drei Leitfragen, inwiefern die Beschreibung der Ereignisse hinreichend ist für die Berufspraxis von Sicherheitsverantwortlichen. Die vorgegebenen Leitfragen sollen dabei von den Studierenden um weitere ergänzt werden, die geeignet sind, die Qualität der Berichte zu prüfen. Die Ergebnisse werden von den jeweiligen Studierenden im Forum in Form eines pdf-Dokuments präsentiert, sodass zum einen alle beteiligten Studierenden einen Eindruck gewinnen können, wie die anderen an die Aufgabe herangegangen sind und dabei Dimensionen entdecken können, die sie selbst vielleicht noch gar nicht erkannt haben. Zum anderen eröffnet die Nutzung des Forums die Möglichkeit, die Ausarbeitungen in einer Diskussion kritisch zu beurteilen.

Der *Blog* (auch Weblog) kann als eine Art Online-Tagebuch angesehen werden, in dem die Einträge der Studierenden jeweils in einer Liste chronologisch sortiert werden. Der wesentliche Unterschied zum Forum ist, dass Form und Inhalt eines Blogs durch eine Person, den Blog-Besitzer oder die Blog-Besitzerin, bestimmt werden, die auch festlegt, wer Zugang zum Blog erhält. Dieses Kommunikationstool hat sich als sehr einfach zu bedienendes Werkzeug zur Veröffentlichung von aktuellen Inhalten im Internet etabliert. Ähnlich wie das Forum kann der Blog insbesondere zur Präsentation von Arbeitsergebnissen sowie auch zur gemeinsamen Erstellung von Texten genutzt werden. Eine Kommentarfunktion innerhalb des Blogs bietet eine einfache Möglichkeit, aufeinander Bezug zu nehmen und miteinander zu diskutieren, sodass Blogs auch für Gruppenarbeiten genutzt werden können. Damit Beiträge nicht nur chronologisch, sondern auch anhand inhaltlicher Kriterien aufzufinden sind, können den einzelnen Beiträgen Schlagworte, sogenannte Tags, zugewiesen werden. Diese erweiterte Suchfunktion ist ein klarer Vorteil gegenüber dem Forum.

Bei den Studierenden ist der Blog ein recht beliebtes Tool, da er einfach zu bedienen ist und gleichzeitig viele Verwendungsmöglichkeiten bietet.

Ein *Beispiel* für den Einsatz dieses Tools auf dem Online-Campus der DUW findet sich in der Online-Einheit *Das Management von Veränderungsprojekten*, in der die Studierenden ihr eigenes Veränderungsprojekt für ihre Organisation oder ihr Unternehmen entwickeln. Dazu legen sie jeweils einen persönlichen Blog an und beschreiben z.B. in einem ersten Schritt eine Vision des Tages X, an dem die Veränderung erfolgreich abgeschlossen sein wird. In einer zweiten Teilaufgabe lesen sich die Studierenden die Visionen ihrer Mitstreitenden durch und geben einer Person ein detailliertes Feedback, indem sie den Beitrag im Blog dieser Person kommentieren. So ist die Rückmeldung direkt dem ursprünglichen Blogeintrag zugeordnet.

In einem *Wiki* können Webseiten angelegt werden, die von allen Beteiligten immer wieder bearbeitet werden können, sodass am Ende ein gemeinsam erarbeitetes Produkt steht. Das allgemein bekannteste Beispiel für die Anwendung dieses Tools ist die *Wikipedia*. Im Unterschied zu einem Blog (in Standardkonfiguration) bleiben bei einem Wiki verschiedene Versionen einer Seite erhalten, sodass Veränderungen nachverfolgt oder auch zurückgenommen werden können. Wikis eignen sich somit hervorragend für kollaborative Erstellung und Bearbeitung von Internetseiten, d.h. für gemeinsame Textarbeit ebenso wie für den Aufbau von Glossaren sowie für das Projektmanagement in Gruppen.

Unsere Erfahrungen haben gezeigt, dass die Studierenden bei der Arbeit mit dem Wiki die größten technischen Probleme haben, da sie oft erst durch das Lesen der Hilfeseiten im Wiki verstehen, wie sie einen Eintrag erstellen und bearbeiten können. Der Einsatz dieses Tools erfordert daher eine intensive Betreuung, um die Studierenden zu unterstützen und nicht mit ihren Problemen alleinzulassen.

Ein *Beispiel* für den Einsatz eines Wikis ist die DUW Online-Einheit *Täterprofile* aus dem Studiengang *Compliance*. Ziel der Einheit ist es, dass die Studierenden ein Täterprofil der in einer Fallstudie auftauchenden Personen erstellen können. Nach Darstellung eines „typischen Wirtschaftskriminellen" betreiben die Studierenden eine Vorrecherche zu Neutralisierungstechniken, zum Leipziger Verlaufsmodell und zur Beziehung Täter – Tatgelegenheit. Bei der Erstellung des Täterprofils sollen die Studierenden auf diese Vorrecherchen Bezug nehmen. Die Ergebnisse der Recherche werden dann, ähnlich wie ein Wikipedia-Eintrag, aufbereitet und im Wiki gepostet. Bei Bedarf können die Studierenden die Beiträge der Mitstudierenden ergänzen oder Anmerkungen hinzufügen.

3. Synchrone Tools ermöglichen direkte Interaktion

Synchrone Tools sind Anwendungen, die eine direkte, gleichzeitige Kommunikation ermöglichen. In den Online-Einheiten der DUW werden hierzu Chats und Webkonferenzen eingesetzt. Weil mit diesen Tools definitionsgemäß nur simultan gearbeitet werden kann, sind die Studierenden durch ihren Einsatz zeitlich gebunden und müssen sich untereinander sowie mit den Lehrenden zu einem bestimmten Zeitpunkt verabreden. Dadurch wird zwar einerseits die Flexibilität enorm eingeschränkt, andererseits bietet sich die Möglichkeit zu direkter Interaktion. Diese ist gleichzeitig der entscheidende Vorteil synchroner Tools.

In einem *Chat* tauschen sich Studierende und Lehrende schriftlich synchron aus. Besonders gut eignet sich dieses Tool für Diskussionen der Mitglieder von Projektgruppen untereinander, für einen (moderierten) Austausch mit dem Fachtutor bzw. der Fachtutorin oder zur Klärung von Fragen, für die das Instrument E-Mail nicht ausreicht. Ein wesentlicher Nachteil dieses Tools über die zeitliche Festlegung hinaus besteht darin, dass ein Chat ab einer Gruppengröße von zehn Personen praktisch nicht mehr durchführbar ist, weil es dann allen Beteiligten schwerfällt, dem Gesprächsverlauf zu folgen. Notfalls kann jedoch ein Chatprotokoll bei der nachträglichen Aufarbeitung helfen.

Eingesetzt wird der Chat an der DUW vor allem zum (synchronen) Austausch über Forschungsthemen und Projektideen im Sinne eines Brainstormings für Projektarbeiten bis hin zu Master-Theses. Darüber hinaus bauen teilweise ganze Online-Einheiten auf diesem Tool auf. Hierzu gehört auch das Lernelement *Perspektiven auf Führung*, das Bestandteil aller DUW-Masterstudiengänge und daher ein gutes Beispiel für unseren Einsatz des Chats ist. In dieser Einheit arbeiten die Studierenden an einer Fallstudie. In mehreren Aufgaben und anhand verschiedener Leitfragen sollen sie den ihnen vorliegenden Fall analysieren. Der Chat dient dabei dem direkten Austausch mit den anderen Teilnehmenden und dem Tutor oder der Tutorin, z.B. zur gemeinsamen Erarbeitung einer Lösung. Bei großen Teilnehmendenzahlen wird der Chat in dieser Einheit allerdings zunehmend durch die Webkonferenz ersetzt.

Die *Webkonferenz* oder das *Webinar* ist ein weiteres synchrones Tool. Wo es an der DUW zum Einsatz kommt, finden sich im Terminplan der Online-Einheit zwei feste Termine: Dies ist zum einen der Techniktest, um sicherzustellen, dass keine technischen Probleme die Konferenz be- oder verhindern, und zum anderen der Termin, an dem die eigentliche Konferenz stattfindet. Wie beim Chat sind die Studierenden durch den Einsatz dieses Tools zeitlich festgelegt und können nicht so flexibel arbeiten wie im Falle asynchroner Tools. Jedoch bieten Webkonferenzen gegenüber anderen Tools den großen Vorteil, dass sie viele didaktische Funktionen einer Präsenzveranstaltung erfüllen. Studierende und Lehrende können – per Mikrofon und Lautsprecher – miteinander sprechen und sich unter Umständen – bei gleichzeitiger Bildübertragung – auch sehen. Medieninhalte können ausgetauscht und beispielsweise Folien-Präsentationen hochgeladen und für alle sichtbar während des virtuellen Treffens eingesetzt werden. Des Weiteren besteht die Möglichkeit, die Sitzungen bei Bedarf aufzuzeichnen.

Die Teilnahme an einer Webkonferenz ist allerdings an bestimmte technische Voraussetzungen gebunden. So benötigen die Teilnehmenden einen modernen Browser, möglichst ein Headset oder Kopfhörer und ein Mikrofon sowie eine schnelle und stabile Internetverbindung. Diese erweist sich mitunter als größte Hürde: Wenn nur ein Teilnehmer oder eine Teilnehmerin eine zu langsame Internetverbindung hat, kann dadurch die gesamte Kommunikation erschwert und die Sitzung erheblich verlängert werden. Zu beachten ist auch, dass eine Kommunikation mit Bildübertragung ab einer Gruppengröße von sechs Personen schwierig sein kann.

An der DUW werden Webkonferenzen in fast jedem Studiengang eingesetzt, so z.B. in der Online-Einheit, die auf den Field-Trip vorbereitet. Im Masterstudiengang *Compliance* wählen die Studierenden in der ersten Aufgabe ihr Forschungsthema für den Field-Trip und die im Anschluss folgende Projektarbeit. Dann folgt die Auswahl der Forschungsmethoden. Bei dieser Aufgabe sollen die Studierenden anhand vorgegebener Literatur verschiedene Methoden der Praxisforschung beleuchten und dann analysieren, welche dieser Methoden sich besonders gut für das eigene Forschungsvorhaben eignen. Am Ende der Einheit fertigen die Studierenden eine Projektskizze an und präsentieren den anderen Teilnehmenden sowie dem Dozenten oder der Dozentin mithilfe von Folien ihr jeweiliges Forschungsvorhaben für den Field-Trip im Rahmen einer Webkonferenz. Das Ergebnis wird diskutiert und die Teilnehmenden erhalten Feedback der Gruppe.

4. Herausforderungen an den Tutor oder die Tutorin

Die Betreuung der Online-Einheiten durch Tutorinnen und Tutoren hat einen maßgeblichen Anteil daran, welches Lernergebnis die Studierenden erreichen und ob sie dabei Freude am Lernen haben, kurz: an der Motivation der Studierenden. Wie aber kann eine optimale Betreuung durch Tutorinnen und Tutoren gestaltet werden?

Grundsätzlich gibt es zwei Arten der tutoriellen Betreuung: die fachliche und die e-tutorielle Betreuung. Diese Aufgaben können entweder auf zwei Personen verteilt oder in Personalunion wahrgenommen werden.

Aufgabe der *E-Tutorin* oder des *E-Tutors* ist in erster Linie die Förderung der Kommunikation. Sie bzw. er moderiert Foren, achtet darauf, dass die Teilnehmenden in Diskussionen nicht zu weit vom Weg abkommen, kontrolliert die pünktliche Abgabe von Aufgaben und die Einhaltung des Zeitplans und nimmt fachliche wie technische Fragen der Studierenden entgegen. Während sie bzw. er die technischen Fragen meist selbst oder mit Unterstützung durch die IT-Abteilung beantworten kann, leitet sie bzw. er die fachlichen Fragen an den Fachtutor oder die Fachtutorin weiter.

Die *Fachtutorin* oder der *Fachtutor* agiert bei den Online-Einheiten im Hintergrund. Zu ihr bzw. zu ihm haben die Studierenden nur begrenzt direkten Kontakt, der dann meist über den E-Tutor bzw. die E-Tutorin hergestellt wird. Die Fachtutorin oder der Fachtutor beantwortet nicht nur inhaltliche Fragen, sondern gibt auch fachliches Feedback zu einzelnen Aufgabenbearbeitungen und nimmt am Ende der Einheit die Bewertung und Benotung vor. Technisch versierte und kommunikationsaffine Personen übernehmen zusätzlich die Aufgaben des E-Tutoring.

Wie bei der Beschreibung der Tools schon angedeutet wurde, stellt die erfolgreiche Durchführung von Online Einheiten hohe Anforderungen an die Tutorinnen und Tutoren. Denn alle vorgestellten und in den DUW Online-Einheiten verwendeten Tools sind ohne gute tutorielle Betreuung nur halb so viel wert. Ähnlich wie bei Präsenzveranstaltungen reicht es daher nicht aus, dass die Lehrpersonen fachlich kompetent sind. Vielmehr müssen sie fähig sein, auf die Studierenden individuell einzugehen, sie zur Diskussion anzuregen, ihnen regelmäßig Rückmeldung über ihren Lernfortschritt zu geben und sie dadurch zu motivieren. All dies erfordert gewisse empathische Fähigkeiten, die insbesondere im Falle der E-Tutorinnen und E-Tutoren sehr viel wichtiger sind als fachliche Kompetenz. Dazu kommt, dass die Rückmeldung durch den Tutor oder die Tutorin zeitnah geschehen muss, um die Motivation der Studierenden aufrechtzuerhalten. Hierzu müssen die Lehrenden mindestens zweimal täglich den Online-Campus aufsuchen oder zumindest eine Alarmfunktion einrichten, die eine Nachricht an den externen E-Mail-Account sendet und darüber informiert, dass auf dem Online-Campus eine Nachricht wartet.

5. Fazit

Unsere bisherigen Erfahrungen zeigen, dass Studierende gerade in einem Studium mit hohem Selbststudienanteil den Austausch über die Online-Einheiten sehr schätzen. Werden die unterschiedlichen beschriebenen Tools sinnvoll eingesetzt, bereichern und erleichtern sie das Arbeiten in einer Online-Einheit. Als ganz besonders wichtig für die Motivation der Studierenden haben sich dabei eine hohe Betreuungsintensität seitens der Tutorinnen und Tutoren, regelmäßiges Feedback insbesondere der Fachtutorinnen und -tutoren sowie kurze Reaktionszeiten erwiesen. Sind alle diese Kriterien erfüllt, dann sind Online-Einheiten zum einen ein sehr gutes Instrument, um den Kontakt und damit die Bindung zwischen Fernstudierenden und Universität sowie zwischen den Studierenden untereinander zu stärken. Zum anderen unterstützen die eingesetzten Tools die Studierenden bei der Entwicklung ihrer Kompetenzen, sei es im Umgang mit neuen Medien oder im Bereich der Kommunikation. Online-Einheiten sind im System der Weiterbildung also weder technische Spielerei noch lediglich Lockmittel für Computerinteressierte. Sie sind vielmehr wesentlicher Bestandteil der Lehrstoffvermittlung und insbesondere der Kompetenzentwicklung.

Roswitha Grassl

Lehren an der Tastatur – Autorinnen und Autoren von Studienheften als Lehrende in der Distance Education

Fernlehre oder, allgemeiner, Distance Education ist in hohem Maße ein medial *vermitteltes* Geschehen. Lehrende und Lernende treten nur mittelbar in Beziehung zueinander, wo sie sich nicht persönlich – im Rahmen sorgsam eingesetzter Präsenzeinheiten – treffen. In solchen Lehr-Lern-Arrangements nimmt das Studienheft eine herausragende Rolle ein, das noch immer als ihr Leitmedium betrachtet werden kann (vgl. Phillips o.J., S. 1). Es übernimmt die Funktionen, die Lehrende in konventionellen Lernarrangements ausüben. Das Studienheft motiviert, leitet an, erläutert, provoziert, stellt Fragen, diskutiert alternative Ansätze, bringt dem Lernfortschritt der Studierenden Wertschätzung entgegen, leistet Hilfestellung und dergleichen mehr (vgl. Rowntree 1997, S. 11), genauer: Seine Autorinnen und Autoren erbringen die genannten Lehrleistungen *durch* das Studienheft.

Im Folgenden wird beleuchtet, wie ein solches Lehren durch Schreiben im Rahmen der Distance Education überhaupt möglich ist und welche Herausforderungen Autorinnen und Autoren dabei im fernstudiendidaktischen Alltag zu bewältigen haben. Grundlage hierfür bilden einerseits Ergebnisse der einschlägigen Forschung und andererseits unsere Erfahrungen an der Deutschen Universität für Weiterbildung (DUW), wo jeweils mindestens zwei Drittel des Student Workload, also der Zeit, die die Studierenden regelmäßig im Rahmen der Masterstudiengänge oder Zertifikatsprogramme einsetzen müssen, auf Einheiten entfallen, in deren Mittelpunkt die selbstständige Beschäftigung mit Studienheften steht. Entsprechend groß ist die Bedeutung, die das Lehren an der Tastatur in diesem Studienmodell hat.

Unsere Praxisreflexion nimmt ihren Ausgang bei einigen didaktischen Grundfragen, bevor wir uns ausgewählten Aspekten der eigentlichen Textgestaltung von Studienheften zuwenden werden. Diese werden wir im Rückgriff auf zentrale Einsichten der Leseforschung näher anschauen, bevor wir auf lernpsychologische Zusammenhänge eingehen, die bei dem Verfassen von Studienheften zu beachten sind.

1. Schreiben als Lehrauftrag – Einige didaktische Grundfragen

Wenn sich Expertinnen und Experten aus der Wissenschaft oder, im Falle postgradualer Weiterbildungsangebote von besonderer Bedeutung, aus der beruflichen Praxis bereit erklären, ein Studienheft zu verfassen, so übernehmen sie nach dem Vorgesagten einen Lehrauftrag. Wie in der Präsenzlehre gilt es für sie demnach, die Einzelheiten dieses Lehrauftrags zu klären, bevor sie mit der eigentlichen Lehrtätigkeit, hier: der Manuskriptarbeit, beginnen können.

1.1 Formulierung der Lernergebnisse

Dabei kommt der Frage nach den *Lernergebnissen* eine entscheidende Bedeutung zu. Im Zusammenhang der gesamten Studienkonzeption muss festgelegt werden, was die Studierenden wissen, verstehen oder können sollen, nachdem sie das Studium eines Heftes erfolgreich abgeschlossen haben. Diese Lernergebnisse werden regelmäßig vor allem kognitiv orientiert sein. Sie werden sich vornehmlich auf Kenntnisse beziehen, also auf die Verarbeitung der „Gesamtheit der Fakten, Grundsätze, Theorien und Praxis in einem Arbeits- oder Lernbereich" (Europäische Kommission 2008, S. 11). Es wird zum Beispiel darum gehen, dass die Studierenden nach Abschluss des Heftstudiums einen Sachverhalt korrekt darstellen, ihn erklären oder analysieren können.

Wie die fernstudiendidaktische Praxis auch an der DUW zeigt, haben Autorinnen und Autoren oftmals erhebliche Schwierigkeiten, solche Lernergebnisse zu formulieren. Dies gilt wörtlich im Hinblick auf die handwerklich-technischen Probleme, die ihnen die häufig ungewohnte Aufgabe bereitet (vgl. exemplarisch Moon 2002; Kennedy/Hyland/Ryan 2006), und mehr noch im übertragenen Sinn. Denn mit der Formulierung von Lernergebnissen ist für viele Autorinnen und Autoren ein Paradigmenwechsel verbunden: Lesen wir genau, so erkennen wir, dass diese auf den *Erwerb* oder die *Anwendung* von Kenntnissen fokussiert. Hingegen sind es die meisten Autorinnen und Autoren gewohnt, sich auf deren *Vermittlung* zu konzentrieren.

Diese Unterscheidung, mit der die Lernenden ins Zentrum des Lehr-Lern-Geschehens gerückt werden, ist mehr als eine didaktische Spitzfindigkeit. Sie hat unmittelbar Folgen für die Festlegung der Lerninhalte. Hiernach bestimmt sich die Auswahl der Unterrichtsinhalte allein nach dem Beitrag, den die Auseinandersetzung mit ihnen zur Erreichung eines Lernergebnisses leistet. Komplexe Sachverhalte können – ja, müssen – in Studienheften didaktisch reduziert werden auf die Elemente und Aspekte, die wir im Hinblick auf die Erreichung der Lernergebnisse als essenziell betrachten.

Vor allem Autorinnen und Autoren mit wissenschaftlichem Hintergrund stehen diesem Ansatz häufig zunächst äußerst kritisch gegenüber. Denn für sie resultiert er in einer unzulässigen Trivialisierung der Lerninhalte. Zur Begründung ihrer Position verweisen sie im Kontext der DUW auf das Niveau eines postgradualen Hochschulstudiums *per se*. Dieses sei in seiner Einheit mit der Forschung ausschließlich an der Logik des Gegenstandes auszurichten. Dementsprechend haben diese Lehrenden den Anspruch, Inhalte möglichst umfassend, differenziert und detailliert zu vermitteln.

Das gilt auch und insbesondere im Hinblick auf Veröffentlichungen, die im wissenschaftlichen Kontext entstehen. Vor diesem Hintergrund fürchten Autorinnen und Autoren nicht selten um ihre wissenschaftliche Reputation, wo sie vom Diktum der Gegenstandsorientierung abgehen sollen, zumal wenn sie ihre Aufgabe darauf reduzieren, Studienhefte zu *verfassen*, ohne sich der Besonderheiten der Textsorte als Medium eines Lehr-Lern-Geschehens bewusst zu sein.

Spätestens dann übersehen diese Lehrenden, dass die didaktische Entlastung, die sich aus der Formulierung von Lernergebnissen ergibt, dem Ausweis wissenschaftlicher Expertise gar nicht entgegensteht. Vielmehr ist diese geradezu die *Voraussetzung* erfolgreicher Lehrtätigkeit! Nur Autorinnen und Autoren, die einen Gegenstand gänzlich durchdrungen haben, können überhaupt beurteilen, welche Reduktion in Lehr-Lern-Zusammenhängen möglich ist, um dem Gegenstand gleichwohl gerecht zu werden. Nur sie können den angesprochenen Perspektivenwechsel überhaupt vornehmen und in ihrer Lehre von den Lernenden ausgehen, und das wiederum heißt: Nur sie sind in der Lage, den Gegenstand im Lehr-Lern-Zusammenhang in *jeder* Hinsicht angemessen darzustellen.

1.2 Klärung der Lernvoraussetzungen

Wo Autorinnen und Autoren in ihrer Darstellung eines Lerngegenstandes von den Lernenden ausgehen wollen, müssen sie die *Lernvoraussetzungen* klären, die die Studierenden mitbringen. Von ihrem Kenntnisstand, ihren Fähigkeiten und Kompetenzen hängt ab, wie der Unterricht – hier: das Studienheft – aufgebaut werden muss, damit die Lernenden bestimmte Lernergebnisse überhaupt erreichen können. Beispielsweise bestimmen die Vorkenntnisse der Studierenden, welche Begriffe zuallererst eingeführt werden müssen, damit sie der Erläuterung einer Theorie folgen können. Vergleichbares gilt für die Lese- sowie Selbststudienkompetenz der Lernenden, von der wir unschwer erkennen, dass sie sich auf die Textgestaltung im engeren Sinne auswirken muss. Wir kommen darauf noch zurück.

Im fernstudiendidaktischen Alltag erweist sich die Forderung nach einer adressatenorientierten Gestaltung der Studienhefte für viele Autorinnen und Autoren gleich mehrfach als Hürde: So sind es Autorinnen und Autoren von Studienheften zumeist gar nicht gewohnt, nach ihren Adressatinnen und Adressaten zu fragen (vgl. hierzu auch Quillérou 2011, S. 180). Wo ihnen die Rolle der Verfasserin oder des Verfassers im Vordergrund steht, mag dies darauf zurückzuführen sein, dass sich ihre Schreiberfahrung in der Regel auf Fachtexte beschränkt, die aufgrund ihrer Gegenstandsorientierung unspezifisch „an alle" gerichtet sind. Und selbst wo sie sich *ab ovo* als Fernlehrende begreifen, unterschätzen Autorinnen und Autoren die Bedeutung der Frage nach den Lernvoraussetzungen der Studierenden oftmals aufgrund der skizzierten Gegenstandsorientierung der Hochschullehre. Plakativ formuliert haben sie den Schritt vom Lehren zum Lernen noch zu vollziehen (vgl. exemplarisch Howell/Williams/Lindsay 2003).

Das damit angesprochene (hochschuldidaktische) Desiderat einer konsequenten Orientierung an den Lernenden wiegt im Falle der DUW besonders schwer, da Angebote von Distance Education im Allgemeinen wie auch weiterbildende Studienangebote im Besonderen tendenziell offen und deshalb für Personen mit unterschiedlicher beruflicher oder Lernerfahrung attraktiv sind. Folglich ist die Studierendenschaft, die in solche Programme eingeschrieben ist, sehr heterogen. Zugleich ist die Lehrsituation – anders als im Präsenzstudium – aufgrund ihrer medialen Vermittlung eine einseitig gerichtete. Lehrende können nicht mehr spontan auf neue Einsichten in unterschiedliche Lernvoraussetzungen eingehen. Vielmehr müssen sie diese bereits beim Verfassen der Studienhefte vorwegnehmen: Autorinnen und Autoren sind gefordert, *ein* Studienheft zu erstellen, das idealerweise die gesamte mögliche Vielfalt von Lernenden abdeckt und jedem und jeder gleichermaßen Rechnung trägt.

Nun ist hier nicht der Ort, um detailliert auf das Methodenarsenal einzugehen, das die Fernstudienforschung mit Blick auf den Umgang mit Heterogenität entwickelt hat. Dieses enthält im Wesentlichen Instrumente, mithilfe derer unterschiedliche *Lernpfade* angelegt werden können, die die Studierenden ihrerseits – abhängig von ihren jeweiligen Lernvoraussetzungen und individuellen Lernfortschritten – einschlagen können, um sich den in einem Studienheft ausgebreiteten Stoff zu erarbeiten.

Wie die Praxis zeigt, kann nicht von allen Autoren und Autorinnen ohne Weiteres erwartet werden, dass sie diese ‚hohe Kunst' der Fernstudiendidaktik beherrschen, zumal sich die Konzeption mehrschichtiger Lernschleifen grundsätzlich vom Entwurf eines Fachtextes unterscheidet, der in aller Regel linear angelegt und gelesen wird. Spätestens an dieser Stelle ist daher oftmals Unterstützung durch den Fernstudienanbieter, in unserem Fall durch das Redaktionsteam der DUW, erforderlich.

2. Vom Schreiben zum Lesen – Die Textebene der Studienhefte

Mitunter ist Unterstützung freilich schon sehr viel früher vonnöten, zumal wenn es uns ernst ist mit der oben angesprochenen Perspektivenumkehr vom Lehren zum Lernen. Lernen im Selbststudium von Studienheften findet auf der Grundlage des *Lesens* statt. Folglich tragen Studienhefte umso mehr zu einem erfolgreichen Lehr-Lern-Prozess bei, je leichter lesbar und besser verständlich sie abgefasst sind. In der Praxis des Fernstudiums erweist sich gerade diese Textqualität oftmals als größte Herausforderung für Autorinnen und Autoren. Wenn sie (Fach-)Texte verfassen, sind sie, wie erwähnt, allein am Gegenstand orientiert. Sie sind bestrebt, einen Sachverhalt möglichst zutreffend und exakt darzustellen; gemeinhin reflektieren sie dabei jedoch nicht darauf, ob und inwieweit ihre Darstellung den Leserinnen und Lesern überhaupt verständlich ist. Dementsprechend schwer fällt es ihnen nun, die Perspektive umzukehren vom Schreiben zum Lesen und damit die Lernenden auch dort in den Mittelpunkt zu rücken, wo es um die Kernaufgabe von Autorinnen und Autoren geht: um das Erstellen von Texten.

2.1 Das Handwerk der Textgestaltung

Um Studienhefte aus der Perspektive der Lernenden gestalten zu können, müssen sich Autorinnen und Autoren zunächst vergegenwärtigen, dass das Lesen entgegen landläufiger Vorstellungen kein bloß passiver, rezeptiver Vorgang ist. Vielmehr müssen die Lesenden aktiv Sinn konstituieren, wo sie einen Text verstehen wollen (vgl. Rosebrock 2007). Dabei beginnt Textverstehen bereits auf einer sehr grundlegenden Ebene, indem die Lesenden zunächst die Bedeutung einzelner Wörter erkennen und diese dann wiederum in einen Bedeutungszusammenhang stellen müssen. Was banal erscheinen mag, ist bei Lichte besehen eine relativ komplexe kognitive Leistung vor allem unseres Gedächtnisses. Der Vorgang der Wort-Deutung erstreckt sich auf eine Abfolge von Wörtern, die wir beim Lesen nacheinander erfassen, memorieren und denen wir schließlich einen Sinn geben müssen. Denken Autorinnen und Autoren den Text von den Lesenden her, so unterstützen sie diesen Prozess des Wortverstehens beispielsweise, indem sie durchgängig dieselben Begriffe zur Bezeichnung derselben Sachverhalte benutzen. Dies mag zwar ihr Stilempfinden stören, entlastet jedoch das Kurzzeitgedächtnis der Lesenden. Grundlegende Prozesse der Sinnkonstitution können sich auf diese Weise „automatisiert (vollziehen), d.h. gleichsam mühelos und ohne selbst reflexive Ressourcen in Anspruch zu nehmen" (Rosebrock 2007). Ähnliches gilt auf der Ebene des Satzbaus, also der Art und Weise, *wie* die Wörter aneinandergereiht werden. Beobachten Sie zum Beispiel bitte einmal den kognitiven Aufwand, den Sie betreiben müssen, wenn Sie die Behauptung zu verstehen suchen, doppelte Verneinungen seien nicht ohne guten Grund berühmt-berüchtigt, was ihre Anforderung an die Lesekompetenz betrifft. Unmittelbar bejahende Aussagen sind demgegenüber sehr viel leichter zu erfassen – wie Sie soeben bemerkt haben werden – und einfach strukturierte Sätze den „Schachtelsätzen" aus demselben Grund vorzuziehen. (vgl. Tiarks-Sobhani/Breuker 1988)

Solche handwerklichen Regeln der Textgestaltung mögen unmittelbar einsichtig sein. Dennoch ist festzustellen, dass Autorinnen und Autoren im deutschsprachigen Wissenschaftsbetrieb ihre Schreibpraxis nur selten an ihnen ausrichten. Vielmehr agieren sie hinsichtlich Wortwahl und Satzbau intuitiv und folgen Gewohnheiten, die sie – oftmals abhängig von den Gepflogenheiten ihrer jeweiligen Fachdisziplin – über die Jahre ausgeprägt haben. Dies gilt ebenfalls mit Blick auf die zweite Ebene des Textverstehens, auf der die Lesenden Wortbedeutungen zu größeren Sinneinheiten verknüpfen. Auch diesbezüglich wissen Autorinnen und Autoren zumeist überhaupt nicht, wie sie den Prozess sinnerfassenden Lesens unterstützen – oder dass sie ihn durch unzureichende Textgestaltung stören – können. Es ist ihnen beispielsweise nicht bewusst, dass es in der deutschen Sprache oftmals Substantive gibt, die feststehende Verbindungen mit bestimmten Verben bilden, dass sie also mit der Verwendung jener Verben bei den Lesenden *Erwartungen* hinsichtlich des nachstehenden Substantivs *wecken*, die sie auch und gerade im Interesse der Verständlichkeit ihres Textes einlösen sollten. Gleichermaßen sind sie häufig nicht sensibilisiert dafür, dass Präpositionen und Konjunktionen auch die Funktion syntaktischer Verweise haben, die das Textverständnis fördern. Wann sind Sie deshalb das letzte Mal über ein „aber" gestolpert, das gar keinen Gegensatz indizierte, oder auf ein „andererseits" gestoßen, ohne zuvor über „einerseits" aufgeklärt worden zu sein?

Korrekt gesetzt, können solche Verweise die Lesenden dabei unterstützen, die logische Ordnung der Abfolge von Aussagen zu erkennen, was wiederum eine Voraussetzung sinnerfassenden Lesens ist. Freilich gelingt dies nur, sofern die Aussagen selbst argumentationslogisch geordnet *sind*. Gleichwohl zeigt die Praxis – nebenbei bemerkt sowohl des Fachbuchlektorats als auch des Fernstudienalltags –, dass einmal mehr keineswegs selbstverständlich ist, was trivial anmutet. Häufig genug finden sich in Rohmanuskripten Sätze, die einer Überschrift und Kapiteleinleitung nachgestellt werden, der sie inhaltlich nicht mehr zugehören, oder, in unserem Zusammenhang schwerwiegender, eine Abfolge von Sätzen stimmt nicht überein mit der logischen Abfolge der Argumente, die sie repräsentieren. In solchen Fällen bleibt es den Lesenden überlassen, argumentationslogische Sprünge zwischen einzelnen Sätzen oder Schleifen in einem Sinnzusammenhang aufzulösen. Hierzu müssen sie zunächst jeweils die einzelnen Aussagen für sich genommen verstehen, worin sie durch die Deutung der jeweils „benachbarten" Sätze gerade nicht unterstützt werden. Sodann sind sie gefordert, über Textpassagen und oftmals sogar über Absatzgrenzen hinweg verschiedene logische Kombinationen der Aussagen zu erproben, bis für sie hieraus letztlich ein Sinnganzes entsteht. Dieser Prozess des Vor und Zurück läuft zumeist vorbewusst ab. Stets aber hinterlässt er den Eindruck eines „sperrigen", schwer verständlichen Textes. Denn er bindet Ressourcen für die Herstellung lokaler Textkohärenz, die geübte Leserinnen und Leser, wie wir sie in den DUW-Studierenden annehmen können, im Falle handwerklich gelungener Textgestaltung „völlig beiläufig" erzeugen können (Rosebrock 2007).

2.2 Das große Ganze als Interpretationshilfe

Auf der übergeordneten Ebene des Textverstehens schließlich können Autorinnen und Autoren den Prozess des sinnerfassenden Lesens unterstützen, indem sie ihm eine Richtung vorgeben. Indem sie etwa Thema und Problemstellung des gesamten Studienheftes oder einzelner Kapitel in einer Einleitung ausdrücklich benennen, stimmen sie ihre Lesenden bereits auf das Folgende ein und lenken ihre Deutungsbemühungen in eine bestimmte Richtung. (In der Fernstudienforschung sind die einschlägigen Stilmittel daher als *Advance Organizers* bekannt.) Einschlägige Praxisbeispiele eignen sich in besonderer Weise dazu, den Prozess der Sinnkonstitution zu erleichtern. Denn sie sprechen die Studierenden auf kognitiver wie affektiver Ebene an. So aktivieren sie neben dem Vorwissen auch einschlägige Vorerfahrungen der Lernenden in deren Langzeitgedächtnis und stellen damit, bildlich gesprochen, auf mehreren Ebenen Wegweiser auf für die Deutung des Erfassten. Abhängig vom Kenntnisstand der Studierenden oder ihrer Lesekompetenz kann es durchaus hilfreich sein, auf solche Verbindungslinien explizit hinzuweisen oder im Laufe des Studientextes immer wieder ausdrückliche (Rück-)Bezüge herzustellen zu seinem inhaltlichen Referenzrahmen. Auf diese Weise wird eine Sinnerwartung der Lesenden immer wieder aufs Neue geweckt und gestärkt, die ihrerseits Ausgangspunkt sein kann für den hermeneutischen Zirkel, also die gedankliche Schleifenbewegung, in der sich Textverstehen stets vollzieht: Auf der Grundlage der Sinnerwartung können die Lernenden Hypothesen darüber bilden, wovon der Lehrtext handeln wird, und diese Hypothesen im Fortgang ihres Leseprozesses beständig korrigieren und erweitern, indem sie auf ihr Vorwissen und ihre Vorerfahrungen einerseits sowie auf das neu erworbene Textwissen andererseits zurückgreifen (vgl. Stock/Stock 2008, S. 93). So (re-)konstruieren die Lesenden schließlich den Sinn des gesamten Studientextes; sie verstehen ihn.[1]

Hierbei kann sie eine durchgängige Ordnung des Studientextes insgesamt weiter unterstützen. Indem Autorinnen und Autoren den Lernstoff anhand definierter Kriterien, beispielsweise nach chronologischen Gesichtspunkten, hierarchisch, kausal oder problemorientiert, auf die einzelnen Kapitel und Abschnitte des Studienhefts verteilen, legen sie in sich abgeschlossene Sinneinheiten fest. Diese bilden Etappenziele auf dem Weg zu einem umfassenden Textverstehen. Denn sie ermöglichen den Studierenden eine schrittweise Konstitution des übergeordneten Sinns eines Textes. Deutungen einzelner Abschnitte können dann als zutreffend gelten, wenn sie sich widerspruchsfrei in die vorgegebene Struktur einordnen lassen. Das setzt freilich voraus, dass den Lesenden das Gliederungsprinzip als solches nachvollziehbar ist. Es muss dem Lehrgegenstand angemessen sein und von den Autorinnen und Autoren selbst konsequent eingehalten werden. Zudem liegt auf der Hand, dass es den Prozess des Textverstehens umso besser unterstützt, je transparenter das gewählte Gliederungsprinzip ist. Autorinnen und Autoren können ihren Lernenden demnach den sprichwörtlichen roten Faden an die Hand geben, indem sie das Gliederungsprinzip des Studienheftes in seiner Einleitung ausdrücklich ausweisen.[2]

---

1 Im Anschluss an David Paul Ausubel (1968) gelten die hier beschriebenen *Advance Organizers* der Fernstudienforschung inzwischen als unverzichtbare Bestandteile gelungener Studienmaterialien. Denn ihre Funktion erstreckt sich streng genommen über die skizzierte Initiierung eines hermeneutischen Zirkels des Textverstehens hinaus auf den Entwurf des gesamten Lernprozesses, indem sie diesem ebenfalls Ziel und Richtung vorgeben. Dementsprechend können wir auch die Angabe von Lernergebnissen am Beginn eines Studienheftes oder Kapitels als *Advance Organizer* des Lese-Lern-Prozesses verstehen, wenngleich Reginald F. Melton darauf verweist, dass Studierende mit der Angabe detaillierter Lernergebnisse in der Regel wenig anfangen könnten, *bevor* sie eine Studieneinheit abgeschlossen haben. So können sie möglicherweise einschüchternd wirken und jedenfalls kaum dazu beitragen, den Studierenden die Texterschließung zu erleichtern. Insofern schlägt Melton, wie der Vollständigkeit halber erwähnt sei, vor, Lernergebnisse am Ende einer Lerneinheit auszuweisen, wo sie im Sinne einer Checkliste die persönliche Lernkontrolle erleichterten (2002, S. 46).

2 „Die Hauptaufgabe des Didaktikers besteht damit darin, die Inhalte des Lernens in eine für den Prozess der Aneignung optimale Abfolge zu bringen" (Köhler 2007, 14f. unter Bezugnahme auf Meder 2006, S. 35). Die einschlägige Forschung hat sich eingehend mit verschiedenen Modellen einer solchen Sequenzierung auseinandergesetzt, die wir im Übrigen auch als Voraussetzung gelingenden Präsenzunterrichts kennen; vgl. für die Fernstudienforschung exemplarisch bereits Schnotz 1982. Eine aktuelle Übersicht über empirische Untersuchungen, anhand derer geeignete Kriterien zur Inhaltsstrukturierung ermittelt werden sollen, bietet beispielsweise Niegemann 2009, S. 366.

2.3 Die affektive Ebene der Textgestaltung

Eine solche im Wortsinne nach-vollziehbare Gestaltung des Studientextes berührt sowohl die kognitive Ebene des Textverstehens, die wir bislang betrachtet haben, als auch seine affektive Ebene. Je leichter es uns fällt, einen Text zu verstehen, desto mehr stärkt uns dies im Umgang sowohl mit seinem Gegenstand als auch, längerfristig, im Umgang mit der Textsorte (vgl. Rosebrock 2007). Im Hinblick auf Studienhefte heißt dies, dass Autorinnen und Autoren wesentlich zur *Lernmotivation* der Studierenden beitragen können, indem sie Texte verständlich gestalten. Je mehr Ressourcen die Studierenden für die Erschließung des Gegenstands aufwenden können – je weniger sie also mit dem bloßen Dechiffrieren des Textes beschäftigt sind –, desto größer ist das Erfolgserlebnis ihrer Lernfortschritte.

Dies ist auch im Hinblick auf die besondere Situation von Bedeutung, in der Studienhefte gelesen werden: Die Studierenden sind mit diesen regelmäßig allein. Sie bearbeiten die Hefte oftmals nach einem anstrengenden Arbeitstag oder am Wochenende, während Familie und Freundeskreis etwa die Freizeit genießen. In einem solchen Kontext empfinden sie widerständige Texte als noch demotivierender, als diese es ohnehin sind. Weil dem Fernlernen, anders als dem Lernen im Präsenzunterricht, kein unmittelbarer äußerer Rahmen vorgegeben ist, kann die Fernstudierenden letztlich nichts davon abhalten, das Studienheft beiseite zu legen oder gar ihr Studium gänzlich abzubrechen, sollten sie das Interesse verlieren (vgl. Endean 2003, S. 8).

Die Verbindlichkeit der Studienhefte wird erhöht, wenn es den Autorinnen und Autoren gelingt, eine Beziehung zu ihren Lernenden aufzubauen. Aus gutem Grund spricht die deutsche Fernstudiendidaktik denn auch noch immer von Studien*briefen*. Mag diese Bezeichnung auch etwas in die Jahre gekommen sein, so können die damit verbundenen Assoziationen Autorinnen und Autoren doch noch immer sehr anschaulich in Erinnerung rufen, dass sie ein konkretes Gegenüber haben, das es mit dem Studientext zu erreichen gilt. Die Vorstellung, einen Brief zu verfassen, kann sie bei der adressatenorientierten Gestaltung der Inhalte ebenso unterstützen wie bei deren sprachlicher Aufbereitung. Mit diesem Bild freilich entfernen sich Studienhefte immer weiter von der Textsorte des Fachbeitrags und werden zu einem *verschriftlichten Lehrgespräch,* dessen didaktische Wirkung noch unterstützt werden kann, wenn die Studierenden direkt und persönlich angesprochen werden (vgl. Melton 2002, S. 43), ohne dabei in eine betuliche Sprache zu verfallen, die gar mit anbiedernden Floskeln zu garnieren wäre[3].

---

3 Die Verwendung eines persönlichen Stils wurde von Derek Rowntree in den Anfangsjahren der britischen Open University empfohlen (vgl. 1974). Börje Holmberg, einem anderen Nestor der Fernstudiendidaktik, ist er Ausdruck seines empathischen Ansatzes der Distance Education insgesamt (vgl. 2005, insbesondere S. 37ff.).

3. Auseinandersetzung fördern –
Die Interaktivitätsebene der Studienhefte

Ohnehin ist davon auszugehen, dass insbesondere erwachsene Studierende nur dann motiviert bleiben, wenn der Inhalt des Studienhefts dauerhaft ihre Aufmerksamkeit zu fesseln vermag. Ihre Lernbereitschaft wird hoch gehalten, wenn ihnen die Relevanz des Lernstoffs deutlich wird.

3.1 Problemorientierung

Akademische Weiterbildung kann zu diesem Zweck an Problemstellungen der einschlägigen beruflichen Praxis ansetzen. Das freilich bedeutet, dass sich Autorinnen und Autoren eine Vorstellung von dieser machen und beispielsweise einschätzen müssen, welche Positionen ihre Studierenden typischerweise bekleiden und welche konkreten Anforderungen sich in diesem Kontext ergeben. Von der Bedeutung der vorgängigen Klärung der Lernvoraussetzungen war bereits die Rede.

Wo sich die Bedeutung der Lerninhalte in einem *Problemzusammenhang* erschließt, der idealerweise der Erfahrungswelt der Studierenden entstammt, werden Lerninhalte grundsätzlich anschlussfähig für ihre eigene berufliche Praxis.[4] Dabei stärkt diese Problemorientierung, wie oben erwähnt, den Prozess des sinnerfassenden Lesens und weist zugleich weit über ihn hinaus: Denn nun geht es nicht mehr allein darum, die Bedeutung des Textes als solche zu verstehen. Es geht nicht nur um Kenntniserwerb als Produktion trägen Wissens, der sich insbesondere erwachsene Lernende erfahrungsgemäß ohnehin und aus gutem Grund verweigern (vgl. Niegemann 2009, S. 362). Wo Autorinnen und Autoren konsequent und durchgängig von Problemzusammenhängen ausgehen, ermöglichen sie den Lernenden vielmehr zugleich grundsätzlich eine handlungsorientierte Auseinandersetzung mit Lerninhalten und tragen zur Kompetenzentwicklung ihrer Studierenden bei.

Wir können an dieser Stelle nicht näher auf die Voraussetzungen und Einzelheiten des Prozesses eingehen, in dem sich handlungsorientiertes Lernen durch Lesen vollziehen kann (vgl. dazu exemplarisch Dieckmann 2002). Hier genügt der Hinweis auf die prinzipielle Gleichgerichtetheit beider Vorgänge: Wie das Lesen selbst keine bloß rezeptive Tätigkeit ist, sondern als Akt der Sinnkonstitution immer die kognitive Aktivität der Lesenden voraussetzt, so gilt dies ebenfalls für den Lernprozess insgesamt, der durch das Studienheft medial vermittelt werden soll. Ziel der Autorinnen und Autoren muss daher sein, das Studienheft so zu gestalten, dass die Aktivität der Lernenden gezielt mit Blick auf die Lernergebnisse unterstützt wird (vgl. Endean 2003, S. 7ff.). Es ist ihre Aufgabe, die ergebnisorientierte Auseinandersetzung der

---
4 An dieser Stelle hat das Konzept der *reflective Practice* seinen Ort in der Konzeption der DUW-Studienhefte, das als Leitbild des DUW-Studienmodells überhaupt dient. Wie im Falle der Bedeutungskonstitution des sinnerfassenden Lesens erweitert der *Reflective Practitioner* in Schleifen sein praxisbezogenes Wissen, indem er neue Wissensbestandteile in seine jeweils individuelle Praxistheorie integriert (vgl. Schön 1983 und 1987).

Lernenden mit dem Text anzuregen und ihnen Möglichkeiten zu eröffnen, in einen mentalen Dialog mit dem Ausgeführten zu treten. Von dieser Warte aus betrachtet erhält die Forderung nach der Gestaltung des Studienheftes als verschriftlichtes Lehrgespräch eine didaktische Bedeutung weit über das Rhetorische hinaus.

3.2 Interaktivität und Textgestaltung

Die Lehr-Lern-Forschung spricht in diesem Zusammenhang davon, dass die *Interaktivität* der Studierenden mit dem Text zu stimulieren sei.[5] Hierzu können Autorinnen und Autoren einen entscheidenden Beitrag leisten, indem sie den Prozess des Textverstehens nicht nur, wie gesehen, durch eine entsprechende sprachliche Gestaltung unterstützen, sondern ihn darüber hinaus selbst zum Thema machen. Indem sie mögliche Denkbewegungen der Studierenden vorwegnehmen, können sie beispielsweise typische Missverständnisse hinsichtlich der Interpretation kritischer Passagen explizit ansprechen und als solche charakterisieren. Oder die Lehrenden können Sinnerwartungen gezielt ent-täuschen, indem sie für den Lese-Lern-Prozess fruchtbar machen, dass „individuelle Wissensbereiche bzw. Interessen und Textvorgaben kaum (je) bruchlos ineinander passen" (Rosebrock 2007). So können sie einen zweifachen Reflexionsprozess in Gang setzen: Einerseits entlarven sie Vor-Urteile im Hinblick auf einen Sachverhalt und andererseits machen sie zugleich den Lese-Lern-Prozess als solchen sichtbar. Damit wiederum unterstützen Autorinnen und Autoren die Lernenden beim Ausbau ihrer Lesekompetenz.

3.3 Aufgaben zur Förderung der Interaktivität

Über die eigentliche Textgestaltung hinaus steht Autorinnen und Autoren eine Vielzahl spezifischer fernstudiendidaktischer Instrumente zur Verfügung, um die Interaktivität der Studierenden mit dem Text zu fördern und den eigentlichen Lernprozess zu unterstützen. Die vielleicht einfachste Möglichkeit, einen mentalen Dialog anzuregen, besteht darin, Fragen zu stellen. So können Autorinnen und Autoren rhetorische Fragen formulieren, um das Lesen zu (re-)fokussieren und die Studierenden zum Beispiel daran zu hindern, oberflächlich über Passagen hinwegzugehen und letztlich gar nicht mehr sinnerfassend zu lesen. Verständnisfragen regen zur Rekapitulation des Gelesenen an, vor allem wenn sie nach Sinneinheiten in den Lehrtext eingestreut werden. Alternativ können explorative Fragen gestellt werden, die – ähnlich der Funktion der Advance Organizers – umgekehrt darauf abzielen, eine Sinnerwartung zu wecken, die den Lese-Lern-Prozess unterstützt. Wo es Au-

---

5   Das Konzept der Interaktivität fand vor allem im Kontext der Didaktik des E-Learning Verbreitung, wo es den „Dialog" von Mensch und Computer beschreibt und ihn von der Interaktion als Dialog zwischen Menschen unterscheidet (vgl. Baker-Albaugh 1993, S. 36 sowie Schulmeister 2005). Es lässt sich ohne Weiteres auf die Auseinandersetzung von Lernenden mit Studienheften übertragen.

torinnen und Autoren gelingt, die Studierenden zu motivieren, ihre Sinnerwartung mindestens in Stichpunkten schriftlich festzuhalten, können solche Fragen zugleich zur Grundlage der Reflexion auf das Textverstehen selbst werden. Lernende erhalten auf diese Weise die Möglichkeit, allfällige Differenzen zwischen ihrer Sinnerwartung und dem anschließend im Text Ausgeführten wahrzunehmen. Indem sie Unterschiede hinterfragen, machen sie diese fruchtbar für ihren Lernprozess.

Bereits mit solch relativ einfachen Mitteln können Autorinnen und Autoren demnach einem bloß oberflächlichen Lernen entgegenwirken, das sich weitgehend auf die passive Akzeptanz und das Memorieren dargebotener Inhalte beschränkt, wie es sich Kritikerinnen und Kritikern oftmals fälschlicherweise mit dem Fernstudium verbindet (vgl. Melton 2002 S. 12 unter Hinweis auf Marton/Säljö 1976).

Auf weiterreichenden Stufen der Interaktivität mit dem Text können Autorinnen und Autoren die Aufmerksamkeit der Studierenden auf den Prozess der Strukturierung des Lernstoffes lenken und damit auf die Sinnkonstitution als solche fokussieren. Dies können sie zum Beispiel durch Arbeitsaufträge erreichen, die die Studierenden auffordern, den Kapitelinhalt in einem Diagramm zusammenzufassen oder in einer Tabelle wiederzugeben. Schließlich können Autorinnen und Autoren zur Entwicklung etwa der Problemlösungs-, Entscheidungs- oder kommunikativen Kompetenz ihrer Studierenden beitragen, indem sie ihnen aufgeben, das Gelesene auf einen vorgegebenen Problemzusammenhang zu beziehen oder das Gelernte in ihre eigene Praxis zu übertragen (vgl. Melton 2002, S. 12). Gerade solche Aufgaben sind es, die insbesondere für berufstätige Lernende den größten Reiz besitzen, Autorinnen und Autoren jedoch erfahrungsgemäß immer wieder vor größere didaktische Probleme stellen. Sie können sich zunächst oftmals nicht vorstellen, wie ein Studienheft auf solche individuellen Aktivitäten der Studierenden „antworten" soll, was zu einem Dialog allemal gehört und die Lernenden bei ihrem jeweiligen individuellen Lernstand „abholt".

3.4 Musterlösungen – Die andere Seite der Medaille

Ganz allgemein übernehmen in der Regel Musterlösungen die Funktion der Antwort auf studentische Aktivitäten, wie sie hier exemplarisch skizziert wurden, sofern die Antwort nicht aus rhetorischen Gründen bereits unmittelbar im Lehrtext gegeben wird. Sie ermöglichen es den Lernenden, ihren Lernfortschritt zu überprüfen und zum Beispiel zu erkennen, welche Passagen des Lehrtextes sie möglicherweise noch nicht vollständig durchdrungen haben. Dabei kann bereits die Musterlösung selbst einen alternativen Zugang zum Lerninhalt eröffnen (weshalb es von fernstudiendidaktischer Bedeutung ist, dass sie nicht lediglich als Kopie des Lehrtextes oder gar als Verweis auf die fragliche Textstelle gegeben wird). Autorinnen und Autoren können etwa Musterlösungen dazu nutzen, Missverständnisse oder Fehler, die bei der Aufgabenlösung typischerweise auftreten, als solche anzusprechen. Dies führt auf der kognitiven Ebene zu einer inhaltlichen Korrektur – und auf der affektiven Ebene dazu, dass sich die Fernlernenden trotz der physischen Distanz von ihren Lehrenden in ihrem Lernprozess verstanden und unterstützt fühlen.

Darüber hinaus können Autorinnen und Autoren ihre Studierenden mit der Musterlösung auf weiterführende Quellen verweisen, mithilfe derer sich die Lernenden eines Sachverhalts noch einmal annehmen können, oder Praxisbeispiele geben, die einen Zusammenhang noch einmal von einer anderen Seite beleuchten, um nur einige der didaktischen Optionen zu nennen, die den Fernlehrenden offen stehen. Immer geht es darum, mit Aufgaben und den dazugehörigen Musterlösungen eine Vielzahl der bereits erwähnten Lernpfade anzulegen, die die Studierenden einschlagen *können*, um die Lernergebnisse zu erreichen, die in einem Studienheft angelegt sind. Auf diese Weise unterstützen Autorinnen und Autoren ihre Studierenden darin, ihren individuellen Lernprozess selbst zu steuern, da diese autonom entscheiden können, welche der mannigfaltigen „Rückmeldungen" des Studienheftes ihnen als für sie passend erscheinen.

Insofern sind Aufgaben und Musterlösungen mehr als das schmückende didaktische Beiwerk, das ungeübte Autorinnen und Autoren – orientiert am Ideal eines Fachtextes – zunächst in ihnen vermuten mögen. Ihre Konzeption ist vielmehr von Beginn an zu verzahnen mit dem Entwurf des eigentlichen Lehrtextes eines Studienheftes. Denn in ihr findet die oben angesprochene Lernendenorientierung einmal mehr ihren Ausdruck, nimmt sie doch idealerweise die Sinnkonstitution der Studierenden im Lernprozess vorweg, indem sie etwa adäquate Aufgaben an neuralgischen Punkten platziert und die Übertragungsleistung auf die jeweilige Praxis der Studierenden antizipiert. Dabei können Musterlösungen individueller Transferaufgaben etwa darin bestehen, dass sie exemplarisch und unter Verweis auf die Kategorien entwickelt werden, die die Studierenden unbedingt berücksichtigt haben sollten.

Diese Elemente erst, so können wir zusammenfassend festhalten, machen aus einem Lehrtext ein *Studien*heft, das den Lernenden gezielt die Mitverantwortung für ihren Lernprozess überträgt und damit zugleich die Selbstlernkompetenz auch und gerade der erwachsenen Lernenden fördert (vgl. Melton 2002, insbesondere S. 12). Zudem wirkt sich das Arrangement didaktisch gelungener Aufgaben und Musterlösungen positiv auf die Lernmotivation der Studierenden aus. Sowohl im Erfolgsfall als auch durch das Angebot alternativer Lernpfade stärken sie die Zuversicht der Lernenden, die mit einem Studienheft verbundenen Lernergebnisse zu erreichen, was wiederum ihre Zufriedenheit erhöht.[6]

3.5 Interaktion von Lehrenden und Lernenden

Gleichwohl sind, wie abschließend angemerkt sei, die Antwortmöglichkeiten eines Studienheftes im verschriftlichten Lehrgespräch letztlich begrenzt. So wichtig für die Studierenden die Möglichkeit zur Selbstkontrolle ist, um ihren Lernpfad durch das

---

6 Zu dem hier implizit für den Fall der Studienhefte adaptierten ARCS-Modell des Motivationsdesigns vgl. Keller/Kopp (1987).

Studienheft selbst festlegen und ihren Lernprozess autonom steuern zu können, so wenig können und wollen sie auf die Möglichkeit der Fremdkontrolle verzichten. Dies beginnt schon damit, dass im Fernstudium die Standortbestimmung durch das Peer-Benchmarking entfällt, das im Falle von Präsenzlernen üblich ist. Sowohl für die formative Lernstandskontrolle, also im Hinblick auf den Lernprozess insgesamt und seine Verbesserung, als auch für die summative Evaluation, also im Hinblick auf das Lernergebnis zu einem bestimmten Zeitpunkt, sind die Studierenden daher auf individualisierte Rückmeldung „von außen" angewiesen.

Aus diesem Grund enthalten die DUW-Studienhefte in der Regel eine Einsendeaufgabe, die so gestaltet ist, dass anhand ihrer Lösung überprüft werden kann, in welchem Ausmaß die Lernergebnisse des Studienheftes erreicht wurden. (Ihre Entwicklung ist damit zugleich ein wichtiges Instrument der Qualitätskontrolle des Studienhefts selbst.) Autorinnen und Autoren der Studienhefte übernehmen häufig in Personalunion die Rolle von Fachtutorinnen und Fachtutoren, die die eingereichten Lösungen der Studierenden durchsehen und ihnen Feedback geben.

Aus fachlich-inhaltlicher Sicht lassen sich so konkrete Fehler korrigieren und Erläuterungen geben im Hinblick auf individuelle Lern- oder Verständnisschwierigkeiten. Zudem können Tutorinnen und Tutoren den Erwartungshorizont einer Aufgabe erläutern oder den Studierenden Hinweise geben, beispielsweise auf weiterführende Studienliteratur, die für sie im Einzelfall geeignet erscheint. Dabei sollen die Rückmeldungen auf die Lösung von Einsendeaufgaben so angelegt sein, dass sie die individuellen Stärken der Studierenden bekräftigen und möglichen schlechten Lernerfahrungen entgegenwirken. Darüber hinaus nehmen Tutorinnen und Tutoren die Studierenden in ihren Lernanstrengungen und -leistungen persönlich wahr und würdigen diese, was wiederum hinsichtlich der Lernmotivation von unschätzbarem Wert ist.

Bereits diese wenigen Andeutungen verdeutlichen, dass die mediale Vermittlung des Lehr-Lern-Prozesses durch Studienhefte nicht ohne die tatsächliche persönliche Interaktion von Lehrenden und Lernenden auskommt. Dies gilt umso mehr, wenn wir uns vor Augen halten, dass die meisten Studierenden immer wieder individuelle Unterstützung benötigen, sei es, um fachliche Probleme zu lösen, die sich als für sie im Selbststudium unüberwindbar erweisen, sei es, um „moralische Unterstützung" zur Überbrückung von Motivationstiefs zu erhalten, wie sie insbesondere bei längeren Programmen, etwa den DUW-Masterstudiengängen, nahezu unvermeidbar sind (vgl. Melton 2002, S. 13 und S. 67). Die Aufgabe der Tutorinnen und Tutoren wird freilich umso leichter, je höher die fernstudiendidaktische Qualität der Studienhefte ist.

4. Lehrende im Fernstudium – Herausforderung Studienheft

Wenngleich wir hier nur einige ausgewählte Aspekte streifen konnten, sollte dennoch deutlich geworden sein, dass Studienhefte eine äußerst anspruchsvolle Textsorte sind. Dementsprechend hoch sind die Anforderungen, die sie an ihre Autorinnen und Autoren stellen. Gefragt sind Lehrende, die ein Gegenstandsgebiet so gut beherrschen, dass sie den Prozess seiner Erschließung umkehren und ihn aus der Sicht der Lernenden entwerfen können. Hierzu bedürfen sie ausgeprägter logisch-analytischer Fähigkeiten wie auch methodischen Geschicks. Denn sie müssen die Lernpfade vorwegnehmen, die die Studierenden mutmaßlich einschlagen werden, und können diese nicht, wie in der Präsenzlehre, wo nötig spontan an Lernvoraussetzungen oder Lernverhalten anpassen (vgl. van de Vord/Pogue 2012, S. 140). Dazu gehören die Fähigkeit, sich in die Lese-Lern-Prozesse von Fernlernenden einfühlen zu können, denen Autorinnen und Autoren in kognitiver wie affektiver Dimension Rechnung zu tragen haben, und – damit verbunden – eine ausgeprägte rhetorisch-sprachliche Kompetenz und Lust am Schreiben, um einen Lehrtext aus Perspektive der Lesenden zu verfassen. Zudem müssen die Fernlehrenden Einsicht in lernpsychologische und fernstudiendidaktische Zusammenhänge besitzen und diese Kenntnisse auch praktisch anwenden können, um den eigentlichen Lernprozess ihrer Studierenden mithilfe von Aufgaben und den zugehörigen Musterlösungen tatsächlich (weiter) unterstützen zu können.

Insbesondere aber müssen Autorinnen und Autoren – wie alle Lehrenden – Freude an der Lehrtätigkeit als solcher haben. Dass sie dabei ihren Studierenden im spezifischen Lernarrangement der Distance Education nicht persönlich begegnen, stellt noch einmal ganz besondere Anforderungen an *ihre* Motivation wie auch Frustrationstoleranz. Denn eine unmittelbare Rückmeldung auf ihre Lehrleistung beispielsweise erhalten Autorinnen und Autoren aus naheliegenden Gründen von ihren Studierenden nicht; ein wertvolles Korrektiv – in beide Richtungen – entfällt damit.

Vor dem Hintergrund solch komplexer Anforderungen ist es besonders wichtig, dass sich Autorinnen und Autoren wie auch Fernstudienanbieter bewusst machen, dass die Lehrenden mit dem Verfassen von Studienheften in aller Regel Neuland betreten (vgl. Beaudoin 1990, S. 3). Zwar mögen sie als ausgewiesene Expertinnen und Experten ihres jeweiligen Gegenstandsgebiets häufig Routine im Verfassen von Fachtexten oder profunde Erfahrungen in der Präsenzlehre besitzen. An diesen Erfahrungen aber können sie sich beim Schreiben von Studienheften, wie deutlich geworden sein sollte, nur bedingt orientieren, da die Schnittmenge der beiden Textsorten relativ klein und das Lernsetting deutlich verschieden ist (vgl. van de Vord/Pogue 2012, S. 140).

Soll ihr Lehrauftrag nicht in Überforderung münden, benötigen Autorinnen und Autoren von Studienheften daher Unterstützung. Zum einen bedarf es eines passgenauen und niedrigschwelligen Angebots zur hochschuldidaktischen (Weiter-)Qualifizierung der Lehrenden im Fernstudium. In diesem Sinne bietet die DUW beispielsweise Workshops für neue Autorinnen und Autoren an, in denen Grundsätze erfolgreichen Fernlehrens thematisiert werden, und stellt Leitfäden sowie eine Auswahl von Good-Practice-Beispielen zur Verfügung, an denen sich Lehrende beim Verfassen eines Studienheftes orientieren können.

Zum anderen muss der komplexe Prozess der Studienhefterstellung arbeitsteilig gestaltet werden, um die Lehrenden dort zu entlasten, wo sie bei der Gestaltung lernendenzentrierter, interaktivitätsorientierter Studienhefte regelmäßig an Grenzen stoßen. Dies gilt umso mehr, als Autorinnen und Autoren die Studienhefte meistenteils nebenberuflich erstellen und ihr Lehrengagement dazu häufig mit Aktivitäten konkurriert, die ihrer wissenschaftlichen Reputation und damit ihren persönlichen Karrierezielen förderlicher sein können (vgl. exemplarisch Okonkwo 2012, S. 225). So entstehen die Konzepte und Entwürfe der DUW-Studienhefte in einem iterativen Prozess der Zusammenarbeit von Autorinnen und Autoren einerseits sowie wissenschaftlichen Verantwortlichen und Fernstudienexpertinnen andererseits. Darüber hinaus werden alle Manuskripte der DUW-Studienhefte von einem fernstudiendidaktisch geschulten Redaktionsteam redigiert, um Autorinnen und Autoren erforderlichenfalls mit Blick auf die spezifischen Aspekte des didaktischen Schreibens zur Seite zu stehen.

Eine solche Arbeitsteilung verlangt große Offenheit gegenüber mitunter weitreichenden Eingriffen in die Rohmanuskripte, die aufzubringen insbesondere erfahrenen Fachbuchautorinnen und -autoren verständlicherweise zunächst schwerfallen mag. Doch nur wenn sich die Lehrenden ganz auf die vielschichtigen Herausforderungen einlassen, die sich mit der Erstellung qualitativ hochwertiger Studienhefte verbinden, und sie sich gegebenenfalls selbst als Lernende in Sachen Distance Education begreifen, können sie letztlich ihrem Lehrauftrag nachkommen. Dabei gilt es für alle Beteiligten, immer wieder neu die Perspektive der Studierenden einzunehmen, die mithilfe der Studienhefte lernen sollen. Denn dann klären sich, wie gesehen, viele Fragen von selbst, die sich mit dem Lehren an der Tastatur stellen.

Literatur

Ausubel, David Paul (1968): *The Psychology of Meaningful Verbal Learning*. New York (Grune and Stratton).

Baker-Albaugh, Patti R. (1993): *Definitions of Interactive Learning. What We See Is Not What We Get*, in: Journal of Instruction Delivery Systems, 7. Jg., H. 3, S. 36–39.

Beaudoin, Michael (1990): *The instructor's changing role in distance education*, in: The American Journal of Distance Education, Vol. 4 (2), S. 21–29. http://www.c3l.uni-oldenburg.de/cde/found/beau90.pdf (zuletzt am 21.02.13).

Dieckmann, Heinrich (2002): *Gestaltung moderner, handlungsorientierter Fernunterrichtsarrangements*, in: BiBB (Hrsg.): Dokumentation 4. BIBB-Fachkongress 2002. Berufsbildung für eine globale Gesellschaft – Perspektiven im 21. Jahrhundert, Bonn, 04_4_07.pdf. http://www.bibb.de/redaktion/fachkongress2002/cd-rom/PDF/04_4_07.pdf (zuletzt am 21.02.13).

Endean, Mark (2003): *Learning Materials at a Distance*, Liverpool (UK Centre for Materials Education). http://www.materials.ac.uk/guides/5-distancelearning.pdf (zuletzt am 21.02.13).

Europäische Kommission (2008): *Der Europäische Qualifikationsrahmen für lebenslanges Lernen (EQR)*, Luxemburg (Amt für amtliche Veröffentlichungen der Europäischen Gemeinschaften). http://ec.europa.eu/education/pub/pdf/general/eqf/broch_de.pdf (zuletzt am 21.02.13).

Holmberg, Börje (2005): *The Evolution, Principles and Practices of Distance Education*, Oldenburg. Studien und Berichte der Arbeitsstelle Fernstudienforschung der Carl von Ossietzky Universität Oldenburg, Bd. 11. http://www.mde.uni-oldenburg.de/download/asfvolume11_eBook.pdf (zuletzt am 21.02.13).

Howell, Scott L./Williams, Peter B./Lindsay, Nathan K. (2003): *Thirty-two Trends Affecting Distance Education. An Informed Foundation for Strategic Planning*, in: Online Journal of Distance Learning Administration, Volume VI, Number III, Fall 2003. http://www.westga.edu/~distance/ojdla/fall63/howell63.html (zuletzt am 21.02.13).

Keller, John M./Kopp, Thomas W. (1987): *An application of the ARCS model of motivational design*, in: Reigeluth, Charles M. (Hrsg.): Instructional theories in action. Lessons illustrating selected theories and models, Hillsdale, NJ (Erlbaum), S. 289–320.

Köhler, Michael (2009): *Rapid (Mobile) E-Learning-Content-Development. Konzeption und Entwicklung des Rapid-E-Learning-Content-Development-Tools „FLOG" (Flash Learning Objects Generator) zur Erstellung und Verwaltung von wiederverwendbaren Lernobjekten für mobile Endgeräte und PCs*, Inauguraldissertation an der der Universität zu Köln, Leipzig. http://kups.ub.uni-koeln.de/3124/1/Dissertation_Michael_Koehler.pdf (zuletzt am 21.02.13).

Kennedy, Declan/Hyland, Áine/Ryan, Norma (2006): *Writing and Using Learning Outcomes. A Practical Guide*, in: Froment, Eric et al. (Hrsg.): EUA Bologna Handbook. Making Bologna Work, Berlin, C 3 4.1. http://sss.dcu.ie/afi/docs/bologna/writing_and_using_learning_outcomes.pdf (zuletzt am 21.02.13).

Marton, Ference/Säljö, Roger (1976): *On qualitative differences, outcomes and process*, I and II, in: British Journal of Educational Psychology, Vol. 46, S. 4–11 und S. 115–127.

Meder, Norbert (2006): *Web-Didaktik. Eine neue Didaktik webbasierten vernetzten Lernens*, Bielefeld. Wissen und Bildung im Internet, hg. v. Norbert Meder, Bd. 2.

Melton, Reginald F. (2002): *Planning and Developing Open and Distance Education. A Quality Assurance Approach*, London/New York (RoutledgeFalmer).

Moon, Jennifer (2002): *The Module & Programme Development Handbook*, London (Routledge).

Niegemann, Helmut M. (2009): *Instructional Design*, in: Henninger, Michael/Mandl, Heinz (Hrsg.): Handbuch Medien- und Bildungsmanagement, Weinheim und Basel, S. 356–370.

Okonkwo, Charity Akuadi (2012): *Assessment of Challenges in Developing Self-Instructional Course Materials at the National Open University of Nigeria*, in: The International Review of Research in Open and Distance Learning, Vol. 13/2, S. 221–231. http://www.irrodl.org/index.php/irrodl/article/view/930/2188 (zuletzt am 21.02.13).

Phillips, John Arul (o.J.): *Writing self-instructional materials for distance learners. An introspective study*, (Open University Malaysia). http://eprints.oum.edu.my/17/2/Writing_self-instructional.pdf (zuletzt am 21.02.13).

Quillérou, Emmanuelle (2011): *Increased Technology Provision and Learning. Giving More for Nothing?*, in: The International Review of Research in Open and Distance Learning, Vol. 12, No 6, S. 178–197. http://www.irrodl.org/index.php/irrodl/article/download/998/1996 (zuletzt am 21.02.13).

Rosebrock, Cornelia (2007): *Reading Literacy und Lesekompetenz. Die kognitive Dimension des Lesens und die innere Beteiligung des Lesers*, in: Lesen in Deutschland – Projekte und Initiativen zur Leseförderung. http://www.lesen-in-deutschland.de/html/content.php?object=journal&lid=778 (zuletzt am 21.02.13).

Rowntree, Derek (1974): *Educational Technology in Curriculum Development*, London (Harper and Row).

Rowntree, Derek (1997): *Teaching through self-instruction. A practical handbook for course developers*, revised, London (Kogan Page).

Schnotz, Wolfgang (1982): *Über den Einfluss der Textorganisation auf Lernprozess und Lernergebnisse*, Tübingen. Forschungsberichte, hg. v. Deutschen Institut für Fernstudien an der Universität Tübingen, Band 17.

Schön, Donald A. (1983): *The Reflective Practitioner. How Professionals Think in Action*, New York (Basic Books).

Schön, Donald A. (1987): *Educating the Reflective Practitioner. Toward a New Design for Teaching and Learning in the Professions*, San Francisco (Jossey-Bass). Higher Education Series.

Schulmeister, Rolf (2005): *Interaktivität in Multimedia-Anwendungen*, in: e-teaching.org, *Didaktisches Design/Mediengestaltung/Interaktivität*, Stand: 08.11.2005. http://www.e-teaching.org/didaktik/gestaltung/interaktiv/InteraktivitaetSchulmeister.pdf (zuletzt am 21.02.13).

Stock, Wolfgang G./Stock, Mechtild (2008): *Wissensrepräsentation. Informationen auswerten und bereitstellen*, München.

Tiarks-Sobhani, Marita/Breuker, Ulrike (1988): *Erkenntnisse der Verständlichkeitsforschung*, in: tekom nachrichten, 11. Jahrgang, 1 /1988, S. 9. http://www.tekom.de/index_neu.jsp?url=/servlet/ControllerGUI?action=voll&id=418 (zuletzt am 21.02.13).

Van de Vord, Rebecca/Pogue, Korolyn (2012): *Teaching Time Investment. Does Online Really Take More Time than Face-to-Face?*, in: *The International Review of Research in Open and Distance Learning*, Vol. 13 (3), S. 19–40. http://www.irrodl.org/index.php/irrodl/article/view/1190/2245 (zuletzt am 21.02.13).

Birte Fähnrich/Claudia I. Janssen

Kommunikative Herausforderungen in der akademischen Weiterbildung

Hochschulen sind kommunikative Räume: Die Arbeitsgespräche der Forschergruppe, die lockere Unterhaltung von Studierenden in der Pause, die Informationen der Studienberatung, die Sitzungen der Hochschulverwaltung und nicht zuletzt die Diskussionen in den Lehrveranstaltungen; all dies sind wesentliche Momente zwischenmenschlicher Kommunikation an Hochschulen, die die wesentliche Grundlage für die akademische Arbeit – das Forschen und Lehren – bilden. Wir richten unseren Blick in diesem Beitrag insbesondere auf die Kommunikation in der Lehre und in der Studierendenbegleitung, denn Lehre und Lernen sind von Kommunikation nicht zu trennen.

Sicherlich denken Sie jetzt an Vorlesungen, Seminare und Tutorien, in denen Lehrende und Lernende Inhalte präsentieren, Fragen stellen, miteinander diskutieren. Vielleicht denken Sie auch an die Sprechstunde einer Professorin zur Vorbereitung einer Seminararbeit, an die ermunternden Worte des Dozenten an seine Studierenden kurz vor der Prüfung oder an hitzige Diskussionen der Studierenden in der Lerngruppe. Anhand dieser Beispiele wird schnell deutlich: Erst durch Kommunikation ist es möglich, sich neues Wissen und neue Fähigkeiten anzueignen, also zu lernen. Gleichzeitig ist Kommunikation jedoch auch über die eigentliche Lernsituation hinaus ein zentrales Element, um eine Bindung der Studierenden sowohl untereinander als auch zu ihren Lehrenden und nicht zuletzt zu ihrer Hochschule herzustellen. Lernende sollen sich als Studierende einer Universität und somit als wichtiger Teil einer akademischen Gemeinschaft von Kommilitonen und Kommilitoninnen sowie Lehrenden wahrnehmen. Die angeführten Beispiele entstammen einem traditionellen Hochschulumfeld, in dem Lehrende und Lernende sich häufig an einem Ort, beispielsweise in einem Seminarraum, begegnen. Akademische Weiterbildung ist jedoch anders: Im Sinne des Lebenslangen Lernens ermöglicht sie Erwerbstätigen, *berufsbegleitend* ihre Kompetenzen zu erweitern, akademische Qualifikationen zu erwerben und ihre beruflichen Perspektiven auszubauen. Dabei spielen Blended-Learning-Konzepte eine elementare Rolle. Sie versetzen die Studierenden in die Lage, zeitlich und räumlich weitgehend ungebunden zu studieren. Verschiedene Lehrformate – insbesondere Präsenzlehre, Online-Lehre und Selbststudium – werden so gemischt (englisch *blended*), dass den Studierenden ein hohes Maß an Flexibilität und Selbstbestimmtheit ermöglicht wird (vgl. Cendon 2013).

Gerade hier ergeben sich im Hinblick auf die Gestaltung von Kommunikationsprozessen auch Herausforderungen: So führt der Einsatz flexibler Lehrformate dazu, dass Lehrende und Studierende sich weniger in der vertrauten Form – face to face – begegnen. Fernstudienelemente, wie schriftliche Studienmaterialien oder häufig asynchrone Online-Einheiten, lassen insgesamt weniger Raum für direkte Interaktionen zwischen Lehrenden und Lernenden, die jedoch wichtig für den Lernprozess und die Entwicklung eines Gemeinschaftsgefühls sind. Dieses Defizit muss also durch andere Formen der Kommunikation ausgeglichen werden.

Daneben besitzen Studierende in der akademischen Weiterbildung andere Merkmale als traditionelle Studierende, da sie neben einem ersten Hochschulabschluss bereits über mehrjährige einschlägige Berufserfahrung verfügen. Die Studierenden bringen somit ihre professionellen Erfahrungen mit in das Studium und begegnen sich dort nicht nur als Studierende, sondern auch als Experten und Expertinnen, nicht selten auf fachlicher Augenhöhe mit den Lehrenden (vgl. Cendon 2013).

Diese Besonderheiten der akademischen Weiterbildung werfen wichtige Fragen auf: Welche Herausforderungen stellen sich an die Kommunikation, wie muss sie gestaltet werden und welche Strategien erweisen sich als zielführend, um die Studierenden optimal zu begleiten und ein Gemeinschaftsgefühl herzustellen? Gehen wir zurück zu unserem traditionellen Hochschulbild, müsste die Frage also lauten: „How do you pull virtual chairs into a circle for creative dialogue?" (Kimball 2001, S. 1), wie also können wir Kommunikation über räumliche und zeitliche Distanzen, offline und online, so gestalten, dass offene, kreative und interaktive Lernprozesse möglich werden? Dieser Beitrag wirft basierend auf kommunikationswissenschaftlichen Theorien und angewandten Beispielen einen grundlegenden Blick auf die kommunikativen Herausforderungen der akademischen Weiterbildung und zeigt darauf aufbauend verschiedene Strategien für Lehrende auf, um diesen Herausforderungen zu begegnen.

1. Kommunikation und (Blended) Learning

Wie lassen sich Kommunikation und Lernen beschreiben und welche Bedeutung haben beide Vorgänge füreinander? Kommunikation spielt in der akademischen Weiterbildung eine ebenso wichtige Rolle wie in anderen Lehr-Lern-Zusammenhängen. Sie hat dabei eine zentrale Funktion und ist eine wichtige Grundlage von Lernprozessen.

Das menschliche Zusammenleben besteht aus einer Vielzahl von Interaktionen, d.h. aufeinander bezogenen sozialen Handlungen. Um zu interagieren, nutzen Menschen Symbole, insbesondere die gesprochene und geschriebene Sprache, aber auch Mimik und Gestik – sie kommunizieren. Die Bedeutung einzelner Symbole wird jedoch erst durch kommunikative Prozesse etabliert. Was folgt daraus für unsere Überlegungen? In allen Lernsituationen nimmt Kommunikation, verstanden als soziales Handeln mittels Symbolen, eine zentrale Rolle ein (vgl. Blumer 1973). Denn die Bedeutung neuer Lehrinhalte wird erst dadurch „greifbar", dass die Studierenden sich aktiv mit komplexen Zusammenhängen auseinandersetzen – sei es im Rahmen von Tätigkeiten und Aufgaben, durch die Erläuterungen des Lehrenden oder im Austausch untereinander –, gleich ob sich diese Lehrinhalte auf neue Managementtheorien oder bildungswissenschaftliche Konzepte beziehen. Das bedeutet beispielsweise, dass die Bedeutung von *good Leadership* im Verlauf einer Seminardiskussion konstruiert und in spezieller Weise definiert wird. Dabei kann der vermittelte Stoff unterschiedlich verstanden und interpretiert werden; dies hängt von verschiedenen Faktoren ab: Besonders relevant ist die Qualität der Vermittlung und Auseinandersetzung. Es geht also um die Frage, ob es den Lehrenden gelingt, einen Rahmen zu schaffen, welcher der Kommunikation und Interaktion förderlich ist, und in dem Studierende sich mit komplexen Zusammenhängen auf vielfältige Weise auseinandersetzen können.

Lernprozesse werden wesentlich vom Beziehungsaspekt der Kommunikation zwischen Lehrenden und Lernenden sowie zwischen Lernenden und Lernenden beeinflusst (vgl. grundlegend Watzlawick/Beavin/Jackson 2007). Dazu gehört etwa die Empathie des oder der Lehrenden, die ebenso wie die Sympathie für die Lehrenden unabhängig vom spezifischen Lernstoff die Motivation fördert. Die Lernatmosphäre, der Grad der Offenheit, Stimmungen, Gefühle, Unsicherheiten und das Zulassen und Aushalten von abweichenden Ansichten sind zentral für die Kommunikationsbeziehung zwischen Lehrenden und Lernenden (vgl. Siebert 2005). Dies gilt auch für die Reflexion des Erlernten und die Selbstreflexion des eigenen (professionellen) Handelns, die erst im Kommunikationsprozess mit anderen weiterentwickelt werden kann. Hier ergeben sich vor allem in der akademischen Weiterbildung weitere Anforderungen an die kommunikative Gestaltung von Lehr-Lern-Interaktionen. Diese leiten sich aus den folgenden Faktoren ab (vgl. Bäcker/Cendon/Mörth 2011):
- der beruflichen Praxis der Lernenden,
- der gleichberechtigten Rolle als Expertinnen und Experten,
- der gemeinsamen Wissensproduktion (Peer Learning) von Lehrenden und Lernenden sowie
- der Berücksichtigung der individuellen Ausgangsbasis der Studierenden hinsichtlich ihrer berufspraktischen und fachlichen Kompetenzen.

Konstruktivistische Lerntheorien haben auf diese Aspekte hingewiesen und zeigen, dass im Kontext des Lebenslangen Lernens die Kommunikation zwischen Lehrenden und Lernenden eine zentrale Rolle spielt (vgl. Cendon 2013, Neubert et al. 2001).

2. Kommunikation als Voraussetzung für Community Building

Wie oben ausgeführt, können Lernprozesse also nicht losgelöst von kommunikativen Beziehungen verstanden werden (vgl. Dewey, in: Schäfer 2005); und auch für die Entwicklung eines Gemeinschaftsgefühls ist die Kommunikation ein wesentlicher Schlüssel. Eine *Community* aufzubauen, ist in der akademischen Weiterbildung und im Blended Learning eine besonders wichtige Aufgabe. So belegen Studien (vgl. Conrad 2005) beispielsweise, dass das Community Building einen wichtigen Faktor für den Erfolg im Online-Lernen darstellt. Ein starkes Gemeinschaftsgefühl stärkt die Bereitschaft, Informationen zu teilen, sich gegenseitig zu unterstützen und gemeinsame Ziele zu verfolgen. Entsprechend ist die Ausbildung von Gemeinschaften eine wichtige Grundlage des erfolgreichen kollaborativen Lernens und eine zentrale Ressource für Studierende in der akademischen Weiterbildung (vgl. Haythornthwaite/Kazmer/Robins 2000). Aber auch die Identifikation der Studierenden mit ihrer Universität ist wichtig, damit Berufstätige ihre Rolle verinnerlichen. Langfristig gesehen ist der Aufbau einer starken universitären Community von besonderer Bedeutung, damit Studierende sich über ihre Studienzeit hinaus mit ihrer Hochschule identifizieren und sich als Alumni oder Alumnae engagieren. Für die Lehre und Lernbegleitung ergibt sich hieraus das Ziel, die Studierenden darin zu unterstützen, Gemeinschaftsgefühle zu entwickeln, Lerngemeinschaften zu gründen und sich mit ihrer Hochschule zu identifizieren.

Da Gemeinschaft durch Interaktionen und die Identifikation mit den Kommilitoninnen und Kommilitonen sowie den Mitgliedern der Universität entsteht, kommt der Kommunikation bei deren Aufbau eine wichtige Rolle zu. Damit sich *Communities of Inquiry* bilden, müssen kommunikative Prozesse im Lehrkontext, auch bzw. gerade im Rahmen von Fernlehre, so gestaltet werden, dass eine soziale Präsenz entsteht (vgl. Garrison/Anderson/Archer 2000, S. 88). Soziale Präsenz bezieht sich dabei auf die Fähigkeit, sich mit der Gemeinschaft zu identifizieren, in einem vertrauten Umfeld zielgerichtet zu kommunizieren und zwischenmenschliche Beziehungen herzustellen. Kenneth Burke (1969) stellte grundlegend heraus, dass wir als Menschen zunächst isoliert voneinander sind und uns erst dann als Teil einer Gruppe wahrnehmen und sozialen Zusammenhalt spüren, wenn wir kontinuierlich Assoziationen und Gemeinsamkeiten durch Kommunikation (re-)produzieren. Dabei sind zwei Prozesse für die Identifikation charakteristisch (vgl. Burke, zitiert in: Quigley 2000):

1) Etwas oder jemand wird hinsichtlich spezifischer Merkmale benannt und erkannt (z.B. als Student oder als Studentin, als lebenslange Lernerin, als Reflective Practitioner).
2) Eine Assoziation oder Dissoziation mit- bzw. voneinander wird aufgrund wahrgenommener geteilter oder nichtgeteilter Merkmale hergestellt.

Was zeichnet Studierende an der DUW aus? Was haben Personen, die ein berufsbegleitendes Studium auf sich nehmen, gemeinsam? Was verbindet sie? Was unterscheidet sie von anderen? Was haben Studierende und Lehrende gemeinsam?

Für die Stärkung eines Gemeinschaftsgefühls in der akademischen Weiterbildung bedeutet dies folglich, verschiedene Wege zu finden, um kontinuierlich Gemeinsamkeiten zu unterstreichen und Interaktionen untereinander zu fördern. "Reaching beyond transmission of information and establishing a collaborative community of inquiry is essential if students are to make any sense of the often-incomprehensible avalanche of information characterizing much of the educational process and society today." (Garrisson/Anderson/Archer 2000, S. 95)

Nach George Cheney (1983) ergeben sich aus diesen Überlegungen drei konkrete kommunikative Strategien der Identifikation. Im Rahmen der *Common Ground Technique* werden Gemeinsamkeiten herausgestellt, wie geteilte Werte, Ziele, Interessen oder Hintergründe. Diese Strategie manifestiert sich beispielsweise, indem ein Dozent in einer Vorstellungsrunde berichtet, auch einmal ein Weiterbildungsstudium absolviert zu haben, oder wenn Studierende im Rahmen einer Aufgabenstellung dazu aufgefordert werden, Gemeinsamkeiten mit anderen zu identifizieren. *Identification through anti-thesis* meint die Dissoziation von Gruppenexternen, um das Gemeinschaftsgefühl innerhalb der Gruppe zu stärken. Diese Strategie ist durchaus kritisch und mit Vorsicht zu betrachten, da sie auch Feindbilder und negative Stereotypen stärken kann. In der akademischen Weiterbildung kann sie aber auch bedeuten, herauszustellen, was berufstätige Studierende und ihre Situation von traditionellen Vollzeitstudierenden unterscheidet und welche spezifischen Herausforderungen sich daraus für die Gruppe ergeben. Gleichzeitig kann diese Strategie auch eine Diskussion der speziellen Perspektiven und Aufgaben des Berufsfeldes gegenüber anderen Berufsfeldern beinhalten. Das *transzendentale „Wir"* ist die letzte der drei identifikationsschaffenden Strategien. Die Strategie nimmt Gemeinsamkeiten beispielsweise von Ansichten, Zielen und Werten als gegeben an und (re-)produziert die Einheit einer Gruppe in der Kommunikation. „Wir haben heute viel vor." „Wir haben uns nun eine Pause verdient." „Im Forum haben wir bereits viele gute Diskussionen geführt und festgestellt, dass Social Media großes Potenzial für die Unternehmenskommunikation hat." „Wir stehen jetzt kurz vor dem Abschluss unseres Studiums." Die bewusste, unbewusste und kontinuierliche Verwendung von Begriffen wie „wir" oder „unser" kann dazu beitragen, ein Wir-Gefühl innerhalb der Gruppe von Lehrenden und Studierenden zu erzeugen und die gegenseitige Identifikation zu stärken.

3. Kommunikation und Subjektpositionen – Unter Expertinnen und Experten

Neben der Stärkung der Identifikation verlangen auch die spezifischen Merkmale der Studierenden besondere Beachtung, wenn es darum geht, Kommunikationsprozesse in der akademischen Weiterbildung zu gestalten. Wie bereits erwähnt, sind die Studierenden selbst bereits Expertinnen oder Experten für viele Themenbereiche ihres Studiums und verfügen oft sogar über mehr praktische Erfahrung als ihre Lehrenden. Entsprechend folgen die Interaktionen zwischen Lernenden und Lehrenden in der akademischen Weiterbildung anderen Dynamiken als im traditionellen Universitätsbetrieb.

Wir interagieren in der Regel aus unseren Subjektpositionen heraus, die verschiedene kommunikative Möglichkeiten, Einschränkungen und Normen mit sich bringen (vgl. z.B. Phillips 2002). Als Lehrende wissen wir so anders zu kommunizieren als in unseren Rollen als Studierende in einem Seminar, als Kundinnen in einer Bäckerei oder als Festredner auf einer Hochzeit. Wenn nun die Subjektposition des Experten oder der Expertin von Lehrenden und Studierenden geteilt wird, bedeutet dies, dass Interaktionen, Hierarchien, und Seminare entsprechend gestaltet werden müssen.

Erstens kann sich ein Seminar nicht darauf beschränken, dass eine Person aus der Expertenposition heraus Wissen vermittelt. Anstelle dessen sollte der primäre Fokus darauf liegen, konstruktive Räume zu schaffen, in denen Theorie und Praxis in Bezug gebracht werden können und in denen Austausch, Diskussion und Reflexion unter Expertinnen und Experten gefördert werden. In diesen Prozessen lernen Studierende von Lehrenden, Lehrende von Studierenden und Studierende von Studierenden. Für die Lehrenden impliziert dies eine besondere Verantwortung hinsichtlich der Konzeption von anregenden Fragen, Aktivitäten und von Aufgaben sowie hinsichtlich der Moderation von Diskussionen, theoretischer Inputs, Synthesen und des Theorie-Praxis-Transfers.

Zweitens erfordert dies, dass die Lehrenden die Studierenden auch als Experten bzw. Expertinnen anerkennen und ihnen als solche begegnen. Eine Dozentin mag beispielsweise unterstreichen: „In diesem Seminar haben wir eine Vielzahl von verschiedenen beruflichen Hintergründen und Erfahrungen versammelt. Ich freue mich, in den kommenden Tagen mehr über Ihre Berufspraxis zu erfahren, und hoffe, Sie werden Ihre Expertise in unseren Diskussionen und Aufgaben einbringen. So können wir alle viel voneinander lernen."

In diesem Beispiel kommuniziert die Lehrende aktiv, dass die Studierenden bereits viel Erfahrung mitbringen, und drückt gleichzeitig Interesse und Neugier mit Blick auf das Wissen der Studierenden aus. Des Weiteren sollte diesen Expertisen dann auch im Rahmen von Diskussionen und reflexionsbezogenen Aufgabenstellungen kontinuierlich Raum gegeben werden. Die bisher diskutierten Strategien und Herausforderungen sind relevant für alle Formen des Blended Learning – Online-Einheiten, Studienhefte oder Präsenzseminare. Für Lehrende und Studiengangleitungen gilt es nun, kreative Wege zu finden, um diese Strategien innerhalb der unterschiedlichen Lehrformate zu verwirklichen.

4. Kommunikationsstrategien in den vielfältigen Formen des Blended Learning

Im Blended Learning besteht ein Nebeneinander ganz verschiedener Lehrumgebungen, die alle über spezifische Kommunikationskanäle und -möglichkeiten verfügen. Wie lassen sich diese Lernumgebungen so gestalten, dass Kommunikation den Lernprozess und die Bildung von Gemeinschaften ermöglicht? Wie sollte Kommunikation in den jeweiligen Lernformaten genutzt und in die Lehrstrategien eingepasst werden? Welche Konzepte werden diesen veränderten Lehr- und Kommunikationsanforderungen gerecht? Im Folgenden betrachten wir die gesamte Fernlehre – also das Selbststudium mit aufbereiteten Studienmaterialien und die Online-Lehre –, die neben dem traditionellen Lehrformat der Präsenzlehre für Dozierende oft ungewohnte Formen der Lehre darstellen und gleichzeitig besondere Anforderungen an die Kommunikation stellen.

4.1 Studienhefte

Viele Angebote der akademischen Weiterbildung enthalten einen großen Anteil an Lehr- und Studienmaterialien, Readern oder Studienheften, die den Studierenden zur Verfügung gestellt werden. Das Selbststudium soll den berufstätigen Lernenden dabei mehr zeitliche Flexibilität einräumen. In der Regel werden Aufgaben bearbeitet und Lösungen eingesendet und benotet, um den Lernfortschritt der Programmteilnehmenden anzuzeigen. Während diese Form des Lernens die größte Flexibilität bietet, eröffnet sie die geringsten Möglichkeiten für Interaktionen. Dennoch bietet sich an verschiedenen Schnittstellen Gelegenheit, die Kommunikation und Interaktivität zu fördern.

Zunächst ist die didaktische Aufbereitung des Lehrmaterials selbst, also die Art und Weise, wie das Heft geschrieben ist, ein zentraler Aspekt. Die DUW-Autorinnen und -Autoren haben die Studienhefte so verfasst, dass sie einer Konversation oder einem Dialog mit den Studierenden ähneln:

> „(…) und dennoch hoffe ich auf einen Dialog. Für diesen Dialog muss ich Annahmen treffen – über Ihre Motivation, über Ihre Bereitschaft zum Mitdenken und zur Mitarbeit, über Ihre Vorkenntnisse zum Thema und über die Menge an Zeit, die Sie in Ihr Studium investieren wollen."

So reflektiert Studienheftautor Harald Rau (o.J., S. 4) im Studienheft *Kommunikation auf allen Ebenen* diese Herausforderungen. Die Herstellung des Dialogs gelingt dem Autor unter anderem durch die direkte Ansprache der Leserinnen und Leser, die immer wieder die fachlichen Ausführungen unterbricht und Reflexionspunkte bietet.

> „Sie sehen, mit einfachen Mitteln sind wir schon bei zwei zentralen Fragestellungen angelangt:
> 1) Wie viel Verstehen braucht Kommunikation?
> 2) Welches sind daneben die Kriterien, die Kommunikation erfolgreich machen?
> Und damit sind wir auch schon mittendrin in der zentralen Diskussion aller Kommunikationsforschung." (Rau o.J., S. 8)

Auch Übungen und Aufgaben zur Selbstüberprüfung und vielfältige Beispiele, die Raum für den Anwendungsbezug auf die jeweilige berufliche Praxis der Studierenden geben, tragen zu einer direkten Ansprache der Studierenden bei und sorgen dafür, dass Lehrende und Studierende unabhängig von Raum und Zeit miteinander in den Dialog treten.

Die in die Fernstudienelemente integrierte Prüfung bietet eine weitere Möglichkeit für Interaktionen und stellt damit zugleich Anforderungen an die kommunikative Gestaltung des Feedbacks der Lehrenden. Das Geben von Feedback ist ein essenzieller kommunikativer Prozess, um Lernen zu fördern (vgl. Gipps 1994). Effektives Feedback, so Martha Ovando, zeichnet sich unter anderem durch seine Relevanz, Zeitnähe, Faktenbasiertheit und Vertraulichkeit aus und ist respektvoll und ermutigend. Daneben basiert es auf definierten Kriterien, erkennt gute Aspekte der Ausarbeitungen explizit an, identifiziert Bereiche, die verbessert werden sollten und zeigt Wege und Strategien auf, wie diese Verbesserungen erreicht werden können (vgl. Ovando 1994). Feedback ist dabei keine Einbahnstraße, sondern kann durchaus als dialogischer Prozess zwischen Lernenden und Lehrenden verstanden werden (vgl. Askew/Lodge 2001). Entsprechend sollten Lehrende auch für Rückfragen offen sein. Dazu können beispielsweise Verständnisfragen, aber auch Feedbacks der Studierenden gehören. Prüfungen bieten so Gelegenheiten zur Kommunikation zwischen Lehrenden und Studierenden, wenn über die Bewertung hinaus das Feedback als Möglichkeit des Austauschs und Lernens genutzt wird. Diese Interaktionen bieten neben dem fachlichen Aspekt auch eine gute Gelegenheit, um Beziehungen aufzubauen sowie den fachlichen Austausch und das Kennenlernen zu fördern.

4.2 Online-Einheiten

Das Internet bietet im Bereich der Lehre vielfältige Möglichkeiten, um Zeit und Raum zu überbrücken und damit Kommunikation im Lernprozess zu gestalten. Dennoch haben die Trial-and-Error-Entwicklungen im Bereich des E-Learning in den vergangenen 20 Jahren den Kommunikationsaspekt häufig vernachlässigt. Vielfach wurden und werden bis heute Online-Plattformen lediglich als Datenablage für Bücher, Skripte oder aufgezeichnete Vorlesungen genutzt, die von den Studierenden heruntergeladen werden. Interaktion zwischen Lernenden und Lehrenden findet hier kaum statt (vgl. auch Kimball 2001). Dabei bietet gerade das Nebeneinander verschiedener Kommunikationskanäle, wie Foren, Blogs, Chats, virtuelle Seminarräume oder Wikis, vielfältige Möglichkeiten zum Austausch und zur Diskussion. Online-Lehre kann dabei zum einen asynchron erfolgen, etwa wenn Texte gelesen und Bearbeitungen in Foren eingestellt werden, zum anderen aber auch synchron, etwa wenn Fallaufgaben in einem Chat diskutiert oder Gruppenarbeiten während einer Videokonferenz präsentiert werden. Auch hier besteht folglich die Herausforderung darin, das kommunikative Potenzial dieses Lehrformats auszuschöpfen und Online-Einheiten so zu gestalten, dass Interaktionen in vielfältiger Weise erfolgen können.

Judith Boettcher (2012) identifizierte verschiedene *Best Practices* des effektiven Online-Lehrens, die besonders Novizen und Novizinnen eine hilfreiche Orientierung bieten. So sollten Lehrende auf dem Online-Campus ihre Erwartungen klar kommunizieren, durch häufige Kommunikation und Teilnahme an Diskussionen präsent sein und dabei das gegenseitige Kennenlernen fördern. Aus didaktischer Sicht hat es sich als sinnvoll erwiesen, die Online-Einheiten hinsichtlich verschiedener Lernetappen zu strukturieren, die dabei auch spezifische Anforderungen an die Kommunikation und die zum Einsatz kommenden Kommunikationskanäle stellen (vgl. DUW o.J.). Die Begrüßungs- und Vorstellungsphase dient zunächst dem gegenseitigen Kennenlernen. Während aus Lehrendensicht hier auch die Ziele der jeweiligen Online-Einheit vermittelt werden, geht es aufseiten der Studierenden um eine erste berufliche Reflexion des Themas der Online-Einheit. In einer Lehrveranstaltung zum Thema *Change Management* stellen sich hier etwa Fragen nach vorangehenden Change-Erfahrungen sowie nach Vorwissen aus ihrem beruflichen Kontext. Für diese erste Phase bieten sich synchrone Online-Tools gut an. So können Teilnehmende im Chat oder in virtuellen Konferenzen (via Skype, Blackboard, Adobe Connect o.ä.) zusammenkommen. Ein solcher dialogischer Einstieg unterstützt auch die Entstehung des wichtigen Gemeinschaftsgefühls (vgl. Garrison/Anderson/Archer 2000). Die zweite Phase einer Online-Einheit dient im Sinne eines Informationsaustauschs der gemeinsamen Annäherung an das Thema. So kann etwa im Rahmen einer Gruppenarbeit anhand eines „Best Practice"-Beispiels ein Change-Prozess gemeinsam besprochen werden. Damit wird zugleich die Grundlage für eine theoretische und textbasierte Bearbeitung des Themas geschaffen. Es geht darum, wissenschaftliche Grundlagen zum Thema *Change Management* auf Basis relevanter Texte zu erarbeiten, die meist von den Lehrenden bereitgestellt, teilweise jedoch auch von den Studierenden selbst recherchiert werden. Vor allem diese wichtige dritte Phase der Wissenskonstruktion erfolgt i.d.R. mittels asynchroner Online-Tools, wie Forum, Blog oder E-Mail. Für Gruppenarbeiten, in denen komplexe Themen erarbeitet werden, eignen sich darüber hinaus auch Wikis besonders gut. Eine abschließende Transfer- und Reflexionsphase dient dazu, das Erlernte auf die berufliche Praxis zu beziehen. Je nach konkreter Gestaltung der jeweiligen Aufgabenstellungen bieten sich dabei synchrone und asynchrone Tools gleichermaßen an. Für die Gestaltung aller vier Phasen, die meist innerhalb von drei bis fünf Wochen durchgeführt werden, gilt gleichermaßen, dass die einzelnen Tools gut auf Aufgabenstellungen und Lerninhalte abgestimmt werden müssen, um optimale Lernergebnisse zu erhalten. Neben der Vermittlung der spezifischen Lerninhalte kann die Online-Lehre auch die digitale Kompetenz der Studierenden und Lehrenden gleichermaßen erweitern. Dennoch sollten pro Kurs nicht mehr als zwei bis drei verschiedene Tools zum Einsatz kommen.

Über die eigentliche Lernsituation hinaus bieten Online-Tools vielfältige Möglichkeiten, die Kommunikation zwischen Lehrenden und Studierenden sowie zwischen den Studierenden untereinander anzuregen. Der Online-Campus der DUW ist ein Raum, in dem sich Studierende über Lerninhalte und -erfahrungen austauschen können, den sie aber auch darüber hinaus nutzen können, um sich trotz räumlicher Distanz gegenseitig kennenzulernen und miteinander ins Gespräch zu kommen. Vor allem durch die Einrichtung von Foren und Blogs, aber auch offener Chatrooms wird der Dialog zwischen den Studierenden angeregt. Diese Räume bieten Möglichkeiten für Kommunikation und Interaktion und sind damit eine wichtige Plattform für die Entstehung einer Community.

4.3 Blended Learning braucht gute Kommunikation und Boundary Spanner

Wie der Beitrag gezeigt hat, stellt die Flexibilität der akademischen Weiterbildung und der Mix an Lehrformaten im Blended Learning besondere Herausforderungen an die Gestaltung des Lernkontextes und damit an die Kommunikation. Das Aufkommen neuer Lehrformate in den vergangenen zwei Jahrzehnten, die insbesondere in der akademischen Weiterbildung aufgrund ihrer alternativen und flexiblen Lehranforderungen richtungsweisend geworden sind, eröffnet eine Vielzahl didaktischer Möglichkeiten. Mit diesen Möglichkeiten geht jedoch auch der Bedarf an neuen Lehrkompetenzen einher, die sich nicht allein auf technische Skills beziehen. Gefragt sind innovative Kommunikationsstrategien, die maßgeschneidert auf die jeweilige Lernumgebung optimale Lernerfolge und die Bildung von nachhaltigen Gemeinschaften ermöglichen.

An der Deutschen Universität für Weiterbildung, wie auch an anderen Einrichtungen akademischer Weiterbildung, haben die kommunikativen Herausforderungen auch zur Entwicklung neuer akademischer Rollen geführt. Die Studien- und Programmleitungen fungieren dabei als wichtiges Element der Kommunikation. Sie tragen einerseits durch eine regelmäßige Kommunikation mit den Studierenden ebenso zur Etablierung von Gemeinschaften bei wie die Lehrenden. Andererseits agieren sie auch als sogenannte Boundary Spanner, als Vermittler und Vermittlerinnen zwischen Lehrenden und Studierenden sowie als Bindeglieder zwischen den einzelnen Lernelementen des Blended Learning, die deren Kommunikation unterstützen. So sind Studien- und Programmleitungen zentrale Ansprechpersonen: Sie klären, was die Lehrenden und Studierenden voneinander erwarten, und haben dabei auch die Aufgabe, mögliche Missverständnisse auszuräumen. Daher ist es u.a. auch wichtig, dass die Studiengangleitungen für Fragen kurzfristig, also telefonisch oder per E-Mail, zur Verfügung stehen. Darüber hinaus kommt ihnen eine weitere wichtige Funktion im Rahmen des Blended Learning zu: Sie sind Mentorinnen bzw. Mentoren der Lehrenden, die vielfach aus einem traditionellen Hochschulkontext kommen, indem sie diese für die „anderen" Kommunikationsbedarfe im Kontext von Blended Learning sensibilisieren.

Eine gelingende Kommunikation im Dreieck Lehrende – Studierende – Studien- und Programmleitung bildet folglich die Grundlage für erfolgreiches Blended Learning in der akademischen Weiterbildung.

Literatur

Askew, Susan/Lodge, Caroline (2001): *Gifts, ping-pong, and loops – Linking feedback and learning*, in: Askew, Susan (Hrsg.): *Feedback for learning*, London (Routledge), S. 1–18.

Bäcker, Eva Maria/Cendon, Eva/Mörth, Anita (2011): *Das E-Portfolio für Professionals. Zwischen Lerntagebuch und Kompetenzfeststellung*, in: *Zeitschrift für e-learning*, 6. Jg. (3), S. 37–50.

Boettcher, Judith V. (2011): *Ten best practices for teaching online. Designing or Learning 2006–2012.* http://www.designingforlearning.info/services/writing/ecoach/tenbest.html (zuletzt am 14.05.13).

Burke, Kenneth (1969): *A rhetoric of motives*, Berkeley, California (University of California Press).

Cendon, Eva (2013): *Reflective Learning und die Rolle der Lehrenden*, in: Hofer, Christian/Schröttner, Barbara/Unger-Ullmann, Daniela (Hrsg.): *Akademische Lehrkompetenzen/Academic teaching competencies*, Münster u.a.O., S. 103–115.

Cheney, George (1983): *The rhetoric of identification and the study of organizational communication*, in: *Quarterly Journal of Speech* 69, S. 143–158.

Conrad, Dianne (2005): *Building and maintaining community in cohort-based online learning*, in: *Journal of Distance Education* 20 (1), S. 1–20.

DUW (o.J.): *Informationen zu Online-Einheiten der DUW*, Berlin. Unveröffentlichtes Dokument.

Garrison, D. Randy/Anderson, Terry/Archer, Walter (2000): *Critical inquiry in a text-based environment. Computer conferencing in higher education*, in: *The Internet and Higher Education*, 2 (2–3), S. 87–105.

Gipps, Caroline V. (1994): *Beyond testing*, London (Routledge).

Haythornthwaite, Caroline/Kazmer, Michelle/Robins, Jennifer (2000): *Community development among distance learners. Temporal and technological dimensions*, in: *Journal of Computer-Mediated Communication* 6 (1). http://jcmc.indiana.edu/vol6/issue1/haythornthwaite.html (zuletzt am 14.05.13).

Kimball, Lisa (2001): *Managing Distance Learning – New Challenges for the Faculty*, in: Hazemi, Reza et al. (Hrsg.): *The Digital University. Reinventing the Academy*, London u.a.O. (Springer), S. 1–16.

Neubert, Stefan/Reich, Kersten/Voß, Reinhard (2001): *Lernen als konstruktiver Prozess*, in: Hug, Theo (Hrsg.): *Einführung in das wissenschaftliche Arbeiten*, Baltmannsweiler, S. 253–265. Wie kommt Wissenschaft zu Wissen, Bd. 1.

Ovando, Martha N. (1994): *Constructive feedback. A key to successful teaching and learning*, in: *The International Journal of Education Management* 8 (6), S. 18–22.

Phillips, Kendall (2002): *Rhetorical maneuvers: Subjectivity, power, and resistance*, in: *Philosophy and Rhetoric* 39 (4), S. 310–332.

Quigley, Brooke L. (2000): *„Identification" as a key term in Kenneth Burke's rhetorical theory*, in: *American Communication Journal* 1 (3). http://ac-journal.org/journal/vol1/iss3/burke/quigley.html (zuletzt am 14.05.13).

Rau, Harald (o.J.): *Kommunikation auf allen Ebenen*, Berlin. DUW-Studienheft.

Schäfer, Karl-Hermann (2005): *Kommunikation und Interaktion*, Wiesbaden.

Siebert, Horst (2005): *Pädagogischer Konstruktivismus*, 3. Auflage, Weinheim.

Watzlawick, Paul/Beavin, Janet/Jackson, Don (2007): *Menschliche Kommunikation. Formen, Störungen, Paradoxien*, 11. Auflage, Bern (Huber).

Abschnitt 3:
Spezifische Lehr-Lern-Formate der akademischen Weiterbildung

Lehr-Lern-Formate der akademischen Weiterbildung müssen besonderen Anforderungen genügen: Um Kompetenzentwicklung zu ermöglichen, müssen sie adäquate Mischverhältnisse herstellen zwischen Theorie und Praxis. Denn nur wenn sie diese Dimensionen fruchtbar miteinander verbinden, können sie an die unterschiedlichen Lebens- und Berufswelten der Studierenden und ihr berufliches Handeln anschließen. Hierzu gehört, dass die Lehr-Lern-Formate der akademischen Weiterbildung angemessen Raum und Zeit bieten müssen, das am Arbeitsplatz Gelernte, Erlebte und Angewendete zu reflektieren. Es gilt, die Reflexion systematisch in das Lehr-Lern-Geschehen zu integrieren – sowohl für die einzelnen Studierenden als auch in Tandems oder in größeren Lerngruppen –, damit umgekehrt auch das an der Hochschule Gelernte anschlussfähig wird für den jeweiligen beruflichen Kontext der Studierenden, dass also der Transfer zwischen akademischem und beruflichem Wissen geleistet werden kann. Stellt sich diese Frage nach der Anschlussfähigkeit an das Lebens- und Arbeitsumfeld der Studierenden bereits im Hinblick auf das grundständige Studium, das auftragsgemäß die Berufsfähigkeit der Absolventinnen und Absolventen gewährleisten soll, so wird sie für den Erfolg akademischer Weiterbildung essenziell: An dieser nehmen Studierende als erfahrene Praktikerinnen und Praktiker teil und bringen Fragestellungen aus ihrer beruflichen Praxis und praktische Theorien ein, um sie an der Hochschule theoriegeleitet weiterzuentwickeln.

Ein solches Theorie-Praxis-Verhältnis ist mit einem grundlegenden Paradigmenwechsel sowohl der Rolle der Lehrenden als auch der Lernenden verbunden. Lehrende werden in einem solchen Lehr-Lern-Geschehen zu *Facilitators* des eigenständigen (Anschluss-)Lernens der Studierenden und begleiten sie als Partnerinnen und Partner in ihrem Lernprozess. In dieser Rolle müssen sie den Lernenden unterschiedliche Zugänge zu einem Lerninhalt bieten, die die Lernenden dazu veranlassen und unterstützen, Transferleistungen zu erbringen. Lernende ihrerseits müssen dabei selbst Verantwortung für ihr Lernen übernehmen und können dieses nicht länger an die Lehrenden delegieren.

Voraussetzung für dieses selbstverantwortliche und selbstbestimmte Lernen ist aufseiten der Studierenden, dass sie sich ihrer eigenen Kompetenzen bewusst sind und daraus Ziele für ihre Kompetenzentwicklung ableiten. Hierzu bedarf es zum einen geeigneter Instrumente, um die Ausgangskompetenzen wie auch den auf sie bezogenen Entwicklungsprozess abzubilden, als auch zum anderen eines oder mehrerer Gegenüber, die die Kompetenzentwicklung der Studierenden begleiten, indem sie sie als Feedbackgeberinnen oder Feedbackgeber kommentieren und/oder kritische Rückfragen stellen. Diese Rolle kann sowohl von Mitstudierenden als auch von Lehrenden jeweils entweder formal angeleitet oder auch informell wahrgenommen werden. Vor allem aber bedarf es adäquater Lehr-Lern-Formate, die den genannten Anforderungen in innovativer und kreativer Weise entsprechen.

Zu den Beiträgen im Einzelnen

Im Beitrag von Eva Maria Bäcker, Eva Cendon und Anita Mörth steht das E-Portfolio im Mittelpunkt. Dieses kann zu Beginn des Studiums im Sinne einer sehr persönlichen Ausgangsdiagnose von den Studierenden eingesetzt werden, um ihre Kompetenzen sichtbar zu machen, und später auch zur Reflexion der Kompetenzentwicklung im Rahmen des Studiums dienen. Die Autorinnen stellen das Konzept des E-Portfolios vor, beleuchten kritisch die an der DUW bislang bei seinem Einsatz gesammelten Erfahrungen und generieren vor diesem Hintergrund praxisbezogene *Lessons Learned* sowie konkrete Überlegungen zur konzeptionellen Weiterentwicklung des E-Portfolios.

Der Beitrag von Ekkehard Kappler lenkt den Blick auf den Alltagsfall als den persönlichen *Living Case* der Studierenden und lotet das Potenzial aus, das die Beschäftigung mit solchen Fällen für die zukünftige Bewältigung ergebnisoffener Situationen besitzen kann, da nur die Praxis die ganze Theorie enthält und es demnach gilt, sie strukturiert zutage zu fördern. Um sie nutzbar zu machen, brauchen der Schüler und die Schülerin Methode, wie schon der Reformpädagoge Hugo Gaudig herausstellte. In diesem Sinne unterstreicht Ekkehard Kappler die Rolle der Lehrenden als *Hebammen* in der Lernprozessbegleitung der Studierenden.

Benjamin Michels und Arne Petermann erläutern in ihrem Beitrag die Fallentwicklung am Beispiel eines Kurses zum Entrepreneurship. Sie zeigen auf, wie das kritische Prüfen der eigenen Ideen, das Voneinander-Lernen, das Erweitern der eigenen Perspektiven und das strukturierte Feedback-Geben zu zentralen Elementen eines Lernprozesses werden, in dem hier eine umsetzbare Geschäftsidee entwickelt wird. Mitstudierende nehmen in diesem Prozess als Peers ebenso die Rolle von *Critical Friends* ein wie die Lehrenden.

Nach den Living Cases und der Fallentwicklung beleuchtet Lili Hammler in ihrem Beitrag die Simulation von fiktiven, aber realitätsnahen Fällen aus der (prospektiven) beruflichen Praxis der Studierenden. Auch in diesem Zusammenhang dient die strukturierte Arbeit an Fällen der Steigerung der beruflichen Handlungskompetenz der Studierenden. Dabei ist das tatsächliche Agieren in ergebnisoffenen Situationen im Sinne von Probehandeln und das Zeigen der erworbenen Kompetenzen – ihre Performanz – in Präsenzveranstaltungen zentral, die zugleich die Möglichkeit gemeinsamer Reflexion und damit Weiterentwicklung von Kompetenzen bieten.

Während die bisherigen Lehr-Lern-Formate vorrangig im (virtuellen) Klassenraum Platz finden und auf das Fragen-Stellen, das Einnehmen unterschiedlicher Perspektiven und das strukturierte Feedback-Geben fokussieren, nehmen die folgenden drei Beiträge die Reflexion von Theorie und Praxis in verschiedenen „Dosierungen" der beiden in den Blick.

Im Falle des *Tandemlernens*, mit dem sich Eva Cendon und Ada Pellert in ihrem Beitrag befassen, hat die Reflexion eine wenig strukturierte Form. Tandemlernen lässt sich daher eher als Lehr-Lern-Prinzip denn als ein Lehr-Lern-Format bezeichnen. Eine Hochschule kann für diese Form des Voneinander- und Miteinander-

Lernens nur organisatorische und strukturelle Rahmenbedingungen schaffen und im Rahmen von Lehrveranstaltungen Impulse dafür geben, dass sich Studierende in Tandems zusammenfinden.

Der *Field-Trip* hingegen, betrachtet von Eva Cendon und Kai Verbarg, ist ein komplexes Lehr-Lern-Format. Eine strukturierte und gut vorbereitete professionelle Begegnung zwischen Studierenden und Vertreterinnen und Vertretern beruflicher Praxis auf Augenhöhe bietet die Möglichkeit eines reflektierten Praxisdialogs, in dem die Studierenden die eigene Berufspraxis in den Blick nehmen und konkrete Ergebnisse entwickeln.

Im Rahmen des *Shadowing,* das Myriam Nauerz und Barbara Walder erläutern, wird der enge Kontakt zur Praxis hergestellt, indem die Studierenden einen Tag lang konkretes Führungsverhalten strukturiert beobachten und auf ihre Beobachtungen anschließend gemeinsam mit den Führungskräften reflektieren. Damit den Studierenden die Konzentration auf das Führungshandeln selbst gelingt, ist die fachliche Ferne der „beschatteten" Führungskräfte ein wichtiges Qualitätskriterium des Shadowing.

Die Brücke zu den Herausforderungen, denen sich Führungskräfte stellen müssen, und den Rahmenbedingungen ihres Führungshandelns schlägt Ada Pellert im letzten Beitrag. Ausgehend von den Anforderungen an zukunftsorientiertes Führungshandeln formuliert sie Eckpunkte einer adäquaten Managementaus- und -weiterbildung auf akademischem Niveau. Damit schließt sich der Kreis zum Ausgangspunkt dieses Bandes, der wissenschaftliche Weiterbildung und ihre Spielarten im Rahmen des Lebenslangen Lernens konkret anhand ausgewählter Beispiele in den Blick nimmt.

Eva Maria Bäcker/Eva Cendon/Anita Mörth

Das E-Portfolio für Professionals – Zwischen Lerntagebuch und Kompetenzfeststellung

Das E-Portfolio wurde von einem kleinen interdisziplinären Team, dem die Autorinnen angehörten, entwickelt und ist elementarer Bestandteil aller berufsbegleitenden weiterbildenden Masterstudiengänge an der DUW. Es spielt eine zentrale Rolle im Studienmodell, das zum einen auf der Idee des Reflective Practitioner (vgl. Schön 1983) basiert und zum anderen die Orientierung an Kompetenzen und Lernergebnissen in den Mittelpunkt rückt.

Der Einsatz von E-Portfolios an der DUW dient dabei der Darstellung von Kompetenzen: und zwar sowohl der Bestandsaufnahme der in das Studium mitgebrachten Kompetenzen und ihrer Weiterentwicklung als auch der während des Studiums erworbenen Kompetenzen, wobei dabei die Anknüpfung an die eigene berufliche Praxis von besonderer Bedeutung ist.

Nach einem Jahr „Echtbetrieb" des E-Portfolios erfolgte eine erste Auswertung: In diesem Aufsatz stellen die Autorinnen das Konzept des E-Portfolios an der Schnittstelle von Lerntagebuch und Kompetenzfeststellung vor, beleuchten in kritischer Reflexion die Erfahrungen aus dem Praxiseinsatz in der Lehre sowie im universitären studentischen Alltag und generieren daraus Lessons Learned sowie konkrete Überlegungen zur konzeptionellen Weiterentwicklung des E-Portfolios.

1. Das E-Portfolio und seine Rahmen

Der theoretische Hintergrund, vor dem sich die E-Portfolio-Arbeit im Rahmen der Studienmodellentwicklung an der DUW etabliert hat, lässt sich zumindest auf zwei Kontexte beziehen. Zum einen ist dies der bildungspolitische Kontext rund um die Entwicklung von Konzepten und Strategien für Lebenslanges Lernen. Mit den neueren Trends hin zur Entwicklung von Qualifikationsrahmen für Lebenslanges Lernen und speziell für die Hochschulbildung werden auf europäischer und nationaler Ebene zwei Ansätze erkennbar, die nun auch auf die Ebene der Lehrentwicklung und der Lehr-Lern-Prozesse an Hochschulen zu übersetzen sind. Der erste Ansatz ist die Kompetenz- und Lernergebnisorientierung: die Orientierung daran, was Studierende am Ende eines Lernprozesses tatsächlich in der Lage sein sollten, zu tun – Kompetenzentwicklung also, die sich im Handeln zeigt. Damit verbunden ist der zweite Ansatz, die Orientierung an den Lernenden und ihren unterschiedlichen Zugängen sowie ihrer Befähigung; im Bologna-Prozess zuletzt als Studierendenzentrierung festgehalten (vgl. Bundesministerium für Bildung und Forschung 2009). Zum anderen ist die E-Portefolio-Arbeit eingebettet in einen lerntheoretischen Kontext, der sich auf die Zielgruppe bezieht, die in Weiterbildungsstudiengängen im Mittelpunkt steht: berufstätige Erwachsene. Hier geht es darum, Anschlussstellen für die Studierenden zu schaffen, indem ihr Erfahrungswissen wahrgenommen, wertgeschätzt und zu einem zentralen Bestandteil der Lehr-Lern-Prozesse gemacht wird. Um die Entwicklung der in den Zielsetzungen eines universitären Studiums definierten Kompetenzen zu unterstützen, sind spezifische didaktische Settings und Lernformen erforderlich, in denen die Lehrenden Lernprozesse begleiten und unterstützend als Moderierende oder Lernpartnerinnen und -partner agieren.

Das hier vorgestellte E-Portfolio ist ein blogbasiertes Kompetenzportfolio, das von den Studierenden während des gesamten Studienverlaufs geführt wird und das, neben dem Ausbau der Medienkenntnisse, insbesondere der Dokumentation ihrer Kompetenzen und deren zielgerichteter Weiterentwicklung dient. Zudem kommt es als Lernportfolio zum Einsatz: Die Studierenden dokumentieren im E-Portfolio ihre Lernergebnisse als Kompetenzen, die sie in ausgewählten Kursen erreicht haben, und belegen diese mit entsprechenden Dokumenten. Durch die Vernetzung der E-Portfolios der Studierenden entsteht zudem die Möglichkeit, von- und miteinander zu lernen und eine Learning Community aufzubauen. Im Kontext des E-Portfolios als Entwicklungsinstrument wird einmal pro Semester die Kompetenzentwicklung der Studierenden überprüft, wobei unterschiedliche Feedbackinstanzen Rückmeldung geben (Studienkolleginnen, Lehrende, Praxisvertreter etc.). Durch das regelmäßige Befüllen bzw. Bearbeiten ihres Kompetenzportfolios üben die Studierenden sich darüber hinaus auch in der Beschreibung von Kompetenzen, was für ihr berufliches Handeln essenziell ist. Damit Studierende das Potenzial dieses Instruments von Beginn an nutzen können, steht die Online-Einheit *Das E-Portfolio: Kompetenzen sichtbar machen (O-EPORT)* am Anfang des Studiums.

2. Kompetenzverständnis und Kompetenzmodell

Das Kompetenzverständnis und Kompetenzmodell, das wir dem Kompetenzentwicklungsprozess der Studierenden, begleitet durch die E-Portfolio-Arbeit, zugrunde legen, basiert vorrangig auf Arbeiten von John Erpenbeck und Volker Heyse (2007) sowie John Erpenbeck und Werner Sauter (2007). Dabei verstehen wir, in Anlehnung an die genannten Autoren, Kompetenz als die Fähigkeit zur erfolgreichen Bewältigung komplexer Anforderungen in spezifischen und zumeist ergebnisoffenen Situationen. Kompetenz hat also viel mit Könnerschaft zu tun im Sinne eines Transfers des Gelernten in die Praxis und seiner Weiterentwicklung, d.h. auch der Entscheidung, welches Handeln in einer bestimmten Situation angemessen ist. Kompetenzentwicklung benötigt die Ausprägung unterschiedlicher Bereiche oder auf den Punkt gebracht von Erpenbeck und Heyse: „Kompetenzen werden von Wissen *fundiert*, durch Werte *konstituiert*, als Fähigkeiten *disponiert*, durch Erfahrungen *konsolidiert*, aufgrund von Willen *realisiert*." (2007, S. 163; Herv. i. Orig.)

Für das E-Portfolio an der DUW wird die Kompetenzklassifikation von Erpenbeck und Heyse verwendet, welche zwischen personaler Kompetenz, fachlichmethodischer Kompetenz, sozial-kommunikativer Kompetenz sowie Aktivitäts- und Handlungskompetenz unterscheidet (vgl. Erpenbeck/Heyse 2007). Diese Klassifikation von Kompetenzen stellt – wie alle Kategorisierungen – letztlich zwar eine Vereinfachung des Gesamtvermögens einer Person dar, doch unterstützt sie – ob in Selbst- oder Fremddiagnose – eine Einschätzung der eigenen Fähigkeiten und Fertigkeiten.

In Kompetenzentwicklungsprozessen spielen emotionale und motivationale Aspekte eine wesentliche Rolle. Dabei sind die „emotional-affektiven Labilisierungen" (Erpenbeck/Sauter 2007, S. 45) – das Erleben von Erschütterungen, Widersprüchlichkeiten, Dissonanzen oder sogar Grenzerfahrungen – wichtige emotionale Ausgangspunkte. Erst eine solche Labilisierung ermöglicht eine Verinnerlichung von Werten und führt durch Probehandeln schrittweise zur Kompetenzentwicklung. Kompetenzentwicklung selbst kann nur intrapersonal, d.h. in einer Person, vor sich gehen. Eine Kompetenz*vermittlung* von außen, also durch Lehrende, ist daher gar nicht möglich. Wichtigste Aufgabe der Lehrenden ist somit, Erfahrungsräume fürs Kompetenzlernen zu schaffen, d.h. Primärerfahrungen – im Sinne von Lernsituationen – zu ermöglichen (vgl. Brohm 2009).

Im Kontext universitärer berufsbezogener Weiterbildung ist die berufliche Praxis der sich weiterbildenden, an die Hochschule zurückkehrenden Studierenden deren Primärerfahrung. Universitäten sind beim Versuch der Annäherung an solche berufspraktischen Situationen Grenzen gesetzt. Denn universitäres Lernen kann Praxis simulieren und stimulieren, jedoch praktische Erfahrung nicht ersetzen. Universitäten können aber die Primärerfahrungen der Studierenden, ihre berufspraktischen Erfahrungen, nutzen: als Ausgangspunkte, um eigene Kompetenzen festzustellen, um im Austausch mit Lehrenden und (Mit-)Studierenden den eigenen Erfahrungen neue Perspektiven zu geben und um das eigene Handeln auf dieser Basis weiterzuentwickeln. Dies ermöglicht im hochschulischen Kontext Labilisierung und Kompetenzentwicklung. Wie der erste Schritt, nämlich das Feststellen und Erfassen ausgewählter Kompetenzen im Rahmen der erwähnten Online-Einheit O-EPORT an der DUW, gesetzt wird, wird im folgenden Abschnitt dargestellt.

3. Kompetenzerfassung im E-Portfolio

Das kompetenzbasierte Assessment an Universitäten gilt nach wie vor als „ungelöste ‚Hausaufgabe'" (Stratmann/Preussler/Kerres 2009, S. 91) und besteht meist aus dem üblichen universitären „Prüfungs-Dreikampf" (Reinmann 2007, S. 20) aus Klausuren, Referaten und Hausarbeiten. Dass sich E-Portfolios sehr gut dafür eignen, Kompetenzen von Studierenden sichtbar zu machen, belegt eine bereits durchgeführte Studie (vgl. Zawacki-Richter/Bäcker/Hanft 2010).

Im Rahmen der Online-Einheit O-EPORT soll durch den Einsatz eines E-Portfolios versucht werden, Studierende dazu zu befähigen, sich ihrer Kompetenzen über das Fachliche hinausgehend bewusst zu werden und diese für sich und andere sichtbar zu machen. Zur Orientierung wird den Studierenden ein Beispiel-Blog einer fiktiven Studentin zur Verfügung gestellt. Dieser Beispiel-Blog wird von den Lehrenden fortlaufend aktualisiert, da sich die fiktive Studentin im Laufe ihres (simulierten) Studiums ebenso bezüglich ihrer Kompetenzen weiterentwickelt.

Abbildung 1: E-Portfolio einer fiktiven Studentin als Vorlage für die O-EPORT-Studierenden

4. Ziele der Online-Einheit

O-EPORT ist die erste Online-Einheit, die die Studierenden in ihrem Studium absolvieren. Nach Abschluss der Online-Einheit sollen die Studierenden in der Lage sein,
1) einige ihrer eigenen Kompetenzen zu benennen und zu belegen,
2) diese Kompetenzen den verschiedenen Kompetenzdimensionen zuzuordnen,
3) das E-Portfolio als Tool für Kompetenznachweis und -reflexion zu nutzen sowie
4) ihre Kompetenzentwicklung zu beschreiben.

Drei Herausforderungen an das Design der Online-Einheit waren anfangs zu berücksichtigen:

1) die Stärkung der Medienkompetenz der Studierenden,
2) die Stärkung des Community-Gedankens und
3) die inhaltliche Vermittlung der Lerninhalte.

„Spielregeln" als Wegweiser sollten die Studierenden durch ihre Online-Einheit navigieren. Die eingesetzten Online-Werkzeuge sind: die Informationsseite mit den Links zu relevanten „Lernorten" (zentrale Stelle), ein individueller Blog für alle Studierenden mit Zugriff auf die Blogs der Mitstudierenden, ein gemeinsames Forum, ein Mailsystem für die One-to-one-Kommunikation sowie eine Chatfunktion, um in Echtzeit diskutieren und Absprachen treffen zu können.

5. Struktur und Design der Online-Einheit

Zur Kompetenzerfassung in den E-Portfolios wurde die *Methode der Fallstudienbearbeitung* gewählt (vgl. Erpenbeck/Sauter 2007). Die Fallstudien werden hierbei nicht vorgegeben, sondern sollen Praxisfälle der Studierenden sein. In der Berufspraxis entwickeln die Studierenden in realen Situationen Kompetenzen, die sie hier, durch eine erneute Beschäftigung mit diesen Situationen, schriftlich dokumentieren sollen.

Da die Lernenden ihre E-Portfolios in einer Lerngemeinschaft reflektieren, werden sie zu einer Learning Community, in der individuelle Lernprozesse mit dem Mehrwert eines Kollektivs verbunden werden. Oft entwickeln sich überraschende Ergebnisse, da die Lernergebnisse selbstorganisiert aus dem Wissen der gesamten Lerngemeinschaft emergieren und Interaktionen nicht vorhersehbar sind.

Rheingold (1998) und Amy Jo Kim (2000) sowie Rosenkranz/Feddersen (2010) stellten Kriterien auf, die eine Learning Community charakterisieren. Bei der Entwicklung von O-EPORT wurden folgende dieser Kriterien berücksichtigt: Die Mitglieder der Community bilden in einer geschützten Online-Umgebung eine eigene Gemeinschaft. Sie nehmen an einem gemeinsamen Lernprozess teil und verhandeln über Kompetenzbereiche und -situationen, je nach ihrem jeweiligen Wissensstand und Erfahrungshorizont. Es soll nicht nur die Weiterentwicklung der Online-Gruppe gefördert, sondern auch die Entwicklung und der Kompetenzzuwachs jedes und jeder Einzelnen wahrgenommen und dokumentiert werden.

Da Online-Communities nicht von selbst entstehen – "Communities don't just happen automatically when you provide communication tools: under right conditions, online communities grow. They are gardened." (Rheingold 1998) – wird die äußere Struktur der Community anhand des Kursdesigns vorgegeben. Alle Studierenden erhalten einen eigenen Blog zur individuellen Gestaltung, auf den alle anderen Studierenden der Online-Einheit Zugriff haben, einschließlich der Möglichkeit, Beiträge zu kommentieren. Die Studierenden bearbeiten Aufgabenstellungen innerhalb eines vorgegebenen Zeitrahmens von vier Wochen, zum Teil individuell, zum Teil auf andere Studierende Bezug nehmend. Es sind Feedbackschleifen vorgesehen, in denen die Studierenden ihre Lernpartner und -partnerinnen auswählen können.

Der oder die Lehrende führt durch den gesamten Online-Prozess und steuert dabei über seine bzw. ihre Moderation situativ ausgehandelte Aktionen innerhalb der Community. Bei der Betreuung der Online-Einheit wurde das Fünf-Stufen-Modell von Gilly Salmon (2002) berücksichtigt. In Salmons Modell der Betreuung wird die Bedeutung der sozialen Kompetenz in Beziehung zur virtuellen Sozialisation unterstrichen und zu einer Staffelung der Betreuung von einer zunächst aktiv anleitenden bis hin zu einer passiven Betreuung zum Ende des Prozesses geraten.

Für viele Studierende ist es auch die erste Begegnung mit dem E-Learning. Daraus resultiert die Anforderung, eine möglichst selbsterklärende und einfach zu bedienende Lernplattform als „sense of place" (Northcote 2008, S. 676) zu entwickeln. Northcote betont für die Entwicklung eines sicheren Lernumfeldes die Bedeutung von „humanization, socialization process, graphic tools, guiding structure, and student's contributions and teacher's presence" (2008, S. 678). Der Online-Campus soll für die Teilnehmenden einen Aufforderungscharakter zum Benutzen der Lernoberfläche besitzen.

Die Lernumgebung und die Leitung durch die Tutorinnen und Tutoren, die Lehrenden innerhalb der Online-Einheit, sollen noch unerfahrene Online-Lernende darin unterstützen, neben dem Erwerb von Fachwissen auch Medienkompetenz zu entwickeln. So werden die Studierenden in O-EPORT mittels einer leicht verständlichen Navigation durch die Online-Einheit und gleichzeitig von der Tutorin oder dem Tutor durch den Online-Sozialisationsprozess geführt. Entsprechend dieser Staffelung der Betreuung beginnen auch die Aufgabenstellungen niedrigschwellig und werden zunehmend komplexer, wie in Folge zu sehen sein wird. Insgesamt ist immer zu beachten, dass die Technik eine untergeordnete Rolle spielen sollte und als Mittel zum Zweck für das Lernen zu sehen ist.

6. Ablauf der Online-Einheit

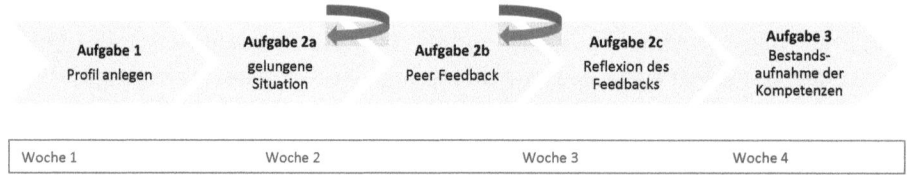

Abbildung 2:   Ablaufplan der vierwöchigen Online-Einheit O-EPORT

Zu Beginn der Online-Einheit werden die Studierenden mit dem Tool *Blog* sowie mit der theoretischen Basis von Kompetenzen vertraut gemacht. Als erste aktive Aufgabe müssen die Studierenden die Seite „Über mich" – fixer Bestandteil jedes Blogs – befüllen und sich so den Mitstudierenden vorstellen.

Das Kernstück der Online-Einheit und des E-Portfolios, die Darstellung von Praxisfällen, basiert auf dem Prinzip des *Digital Storytelling*, bei dem eine eigene Geschichte unter Verwendung von digitalen Medien präsentiert wird. Die Studierenden werden dazu aufgefordert, eine besonders gelungene Situation aus ihrer Berufspraxis darzustellen. Die bisherige Erfahrung bei der Durchführung von O-EPORT zeigt, dass die Studierenden ihr eigenes Beispiel generell ausführlich beschreiben – und auch vollständig. Denn ist eine Geschichte einmal begonnen, wird sie vollständig erzählt, was der Soziologe Fritz Schütze (1983) auf sogenannte Zugzwänge zurückführt, die ein vollständiges Erzählen aktivieren: den Detaillierungszwang, den Gestaltschließungszwang und den Kondensierungszwang. Diese Zwänge sind auch in der Alltagskommunikation wirksam und führen zur dramaturgischen Erzählung einer vollendeten Geschichte. Durch das Erzählen von Geschichten können auch soziale Prozesse, die „verdeckt" und den Erzählenden nicht zugänglich waren, wieder sichtbar werden. So beschreiben auch die Studierenden ein Erlebnis, das ihnen vielleicht nicht mehr so präsent war, und dabei tauchen Aspekte auf und werden Kompetenzen sichtbar, die nicht direkt zugänglich gewesen wären.

Die Fallgeschichten der Studierenden bilden den Ausgangspunkt der darauffolgenden Feedbackschleife. Die Studierenden geben sich gegenseitig Rückmeldungen auf ihre Praxisfälle, indem sie diejenigen Kompetenzen benennen, die sie in der Situation zu erkennen meinen. Auf Basis dieser Rückmeldung überprüft der Verfasser oder die Verfasserin der gelungenen Situation nochmals seine bzw. ihre Geschichte und überlegt, ob diese Kompetenzzuschreibung zutreffen könnte.

Ein Beispiel: Wenn nun eine Studierende eine Situation beschreibt, in der sie schwierige Verhandlungen meisterte, dann könnte ein Feedbackgeber eine sozial-kommunikative Kompetenz im Problemlösungsverhalten erkennen und an die Verfasserin der gelungenen Situation rückmelden. Die Prüfung dieser Einschätzung könnte ergeben, dass diese Beschreibung zutreffend ist.

Dieser Prozess basiert auf der Idee von Reaktion und Gegenreaktion. Ein Austausch zwischen den Studierenden wird angestoßen, was die Anzahl der Kommentare in den E-Portfolios und eine vermehrte Interaktion im Forum zeigt. Lernende, die zusammen die Online-Einheit O-EPORT bearbeiten und zu Beginn der Einheit einander unbekannt sind, wachsen während der vierwöchigen Online-Phase zu einer Gemeinschaft heran.

Unter Berücksichtigung der vier Kompetenzklassen von Erpenbeck sollen sich die Studierenden als abschließende Aufgabe in Kompetenzen „denken": Sie beschreiben sich selbst in Kompetenzen, formulieren für diese ausgewählten Kompetenzen Entwicklungsvorhaben und ordnen alle genannten Kompetenzen jeweils einer der vier Kompetenzarten zu. So entsteht eine erste Selbstbeschreibung in Kompetenzen.

Bei der abschließenden Benotung der Online-Einheit O-EPORT geht es nicht um die Bewertung der dargestellten Kompetenzen der Studierenden, sondern um die Erreichung der Lernergebnisse. Bei der Darlegung der „gelungenen Situation" aus der Praxis geht es z.B. darum, eine Situation nachvollziehbar beschrieben zu haben, bei der Rückmeldung von Kompetenzen darum, diese „richtig" benannt zu haben, und bei der Selbstbeschreibung in Kompetenzen darum, die Kompetenzen nachvollziehbar beschrieben, belegt und den Kompetenzarten richtig zugeordnet zu haben. In keinem Fall werden die Kompetenzen selbst bewertet.

7. Erfahrungen aus einem Jahr Echtbetrieb und Lessons Learned

„... *Meine Stadt, mein Bezirk, mein Viertel, meine Gegend, meine Straße, mein Zuhause, MEIN BLOG! Meine Gedanken, mein Herz, mein Leben, meine Welt* ..." In Anlehnung an den Rapper Sido gestaltete ein Student diesen Anfangsbeitrag seines E-Portfolios.

Bis Februar 2011 wurden insgesamt 88 E-Portfolios bearbeitet, 54 Personen haben bis dahin die Online-Einheit O-EPORT abgeschlossen. Während der Pilot-Online-Einheit wurde in einem Prozess der formativen Evaluation (vgl. Beyer 1995) mitprotokolliert, an welchen Stellen es Schwierigkeiten bei den Studierenden hinsichtlich der technischen Plattform und der Aufgabenstellung gab. Alle Online-Einheiten wurden von Lehrenden und Studierenden mit einem Blitzlicht im Forum und in den ersten beiden Durchgängen zusätzlich mit einem Evaluationsbogen summativ evaluiert.

Wichtige Erkenntnisse gingen aus der Beobachtung der Interaktion der Studierenden und aus den Fragen der Studierenden hervor. Der Beobachtung zugrunde liegende Fragen waren: Wurden die Aufgaben von den Studierenden verstanden? Wie haben sich die Studierenden durch den Kurs navigiert? Kamen die Studierenden mit den Online-Werkzeugen zurecht?

Für die Auswertung der bisherigen Erfahrungen mit der Online-Einheit O-EPORT konnten alle E-Portfolios inhaltsanalytisch auf die Darstellung der Kompetenzen und deren Reflexion analysiert werden, da in den Online-Einheiten jede Kommunikation in Schriftform dokumentiert ist. Die in Evaluierungen und Blitzlichtrunden geäußerte Kritik und die Anregungen der Studierenden wurden jeweils bei der Planung der nächsten Online-Einheiten berücksichtigt.

Die mehrmalige Durchführung hat gezeigt, dass der Aufbau der Online-Einheit der Heterogenität der Studierenden gerecht wurde und die meisten Studierenden entsprechend niedrigschwellig abgeholt werden konnten. Das Konzept wurde von den Studierenden insgesamt gut angenommen: Die Beschäftigung mit dem Lernprozess und den eigenen Kompetenzen hat zu neuen Sichtweisen geführt – teils im Sinne von Aha-Effekten – und die Bewusstwerdung von Kompetenzen ist gelungen.

8. Offene Lern- und Bewertungsprozesse: ungewohnt, aber zielführend

Als augenscheinlichstes Ergebnis der Analyse der Portfolios ist zunächst festzuhalten, dass die Studierenden das eigene E-Portfolio als individuellen Gestaltungsraum annehmen und ihre persönliche und kreative Seite erkennbar formal, sprachlich sowie grafisch ausdrücken. Im Gegensatz zu Lerneinheiten, in denen durch eine formale Gestaltung der Lernoberfläche und einer standardisierten Antwortvorgabe von Studierenden konforme und leicht zu überprüfende Lösungen erwartet werden, sind hier die Studierenden frei in der textlichen und grafischen Bearbeitung ihres Portfolios. Diese Freiheit ist für viele Studierende ungewohnt und verursachte bei manchen von ihnen Unsicherheiten: Oftmalige Rückfragen vor allem zu Beginn und die Frage, was denn nun die Inhalte der Online-Einheit seien, zeigten, wie wenig vertraut diese Art des Lernprozesses war. Für andere Studierende ist diese Offenheit aber ein klarer Vorteil. So resümiert ein Student im Feedback zur Online-Einheit: „Gerne weiter so in der Art der Online-Betreuung – ich habe viele Dinge zuerst spontan in meinen Blog eingetragen und immer mal wieder verändert. Es tat daher gut, so vor sich hin zu denken, ohne zu stark angeleitet zu werden."

Die Studierenden nutzen den individuellen Gestaltungsspielraum in unterschiedlicher Intensität. So arbeiten einige die Aufgabenstellungen pflichtbewusst ab, andere füllen ihr Portfolio mit Lebendigkeit. Einige Portfolios sind bunter, grafisch aufwendiger und sprachlich mutiger geschrieben, wohingegen sich andere Studierende vor allem in Bezug auf ihren Kompetenzzuwachs vorsichtiger äußern.

Auch die Lehrenden müssen vertraute Bewertungspfade verlassen, denn ein individuell gestaltetes Portfolio macht es nicht leicht, den Wegen der Studierenden zu folgen und ihre Reflexionen zu beurteilen. Wenn man den Weg aber geht, ergibt sich im Vergleich zu fachlich engen Ausschnitten wie in herkömmlichen Lehr-Lern-Prozessen das Bild von Studierenden und deren Kompetenzen in einer Vollständigkeit, die den Mehraufwand mehr als rechtfertigt, der durch den Umgang mit dem ungewohnten Instrument des Portfolios entsteht.

Obwohl „ungewohnt", zeigen der Erreichungsgrad der Lernergebnisse und die Feedbacks am Ende der Online-Einheit, dass der Ansatz eine gute Entscheidung war, da der Lerneffekt für die Studierenden deutlich größer war als die anfänglich erlebten Unsicherheiten.

9. Kompetenzen und deren Erwerb werden bewusst und sichtbar

In allen E-Portfolios sind Kompetenzen zu erkennen, die je einer Kompetenzart eindeutig zugeordnet sind. Zu den Kompetenzarten – Aktivitäts- und Handlungskompetenz, fachlich-methodische Kompetenz, personale Kompetenz und sozial-kommunikative Kompetenz – sind etwa gleich verteilte Eintragungen vorhanden.

Aha-Effekte, Beschäftigungen mit den eigenen Fähigkeiten und Veränderungen der Perspektiven auf die eigenen Fähigkeiten sind bei den Studierenden anhand der Beiträge in den E-Portfolios bemerkbar, wie dazu eine Studentin berichtet: „(…) ich merke, dass es mir immer leichter fällt, mich mit bestimmten Kompetenzen auseinanderzusetzen. Bedingt ist dies auch dadurch, dass ich vor allem immer wieder in die Praxis schaue (was ich vorher nicht konkret getan habe). Also beispielsweise nicht einfach ‚nur' sagen, man sei teamfähig, sondern sich auch fragen, warum und in welchen Situationen hat sich das gezeigt. Ein guter Hinweis ist dies beispielsweise für Bewerbungsgespräche. Nicht einfach nur die Kompetenzen (und damit Stärken) nennen oder erfragen, sondern immer gleich Situationen dazu herausfiltern. Eine wirklich gute Sache."

Wie bereits erwähnt, ist eine Kompetenz immer im sozialen Kontext zu betrachten (vgl. Brohm 2009). Dass der Einsatz und der Erwerb vom Kontext abhängig sind, belegt auch das oben genannte Zitat der Studentin. Eine Kompetenz sollte immer im Kontext ihrer Anwendung betrachtet werden.

Bei der Bestandsaufnahme der Kompetenzen, die mit ins Studium gebracht wurden, fällt die Nennung von Kompetenzen in zwei unterschiedlichen Anwendungskontexten auf: Zum einen werden Kompetenzen genannt, die sich auf private Lebensbereiche beziehen, wie beispielsweise Selbstverantwortung im Kontext von Kindererziehung – meist in Verbindung mit der Nennung von Entwicklungsperspektiven. Zum anderen beschreiben die Studierenden Kompetenzen aus dem beruflichen Kontext – meist mit Schwerpunkt auf bereits vorhandene Kompetenzen und in einem sehr sachlichen und deskriptiven Ausdrucksstil.

Die Portfolios dokumentieren weiter, wie die Studierenden vermuten, ihre Kompetenzen erworben zu haben. So meint eine Studentin die Kompetenz *ergebnisorientiertes Handeln* im Erststudium erworben zu haben. Die Kompetenzen *Einsatzbereitschaft und Motivation* ordnet sie als „sie waren einfach da" ein.

Abschließende Rückmeldungen, wie folgende Aussage einer Studentin, sind nach der Online-Einheit oft zu lesen: „Kompetenzen, die nicht gerade mit Fachwissen zu tun haben, hatte ich für meinen Teil als gegeben angenommen. Die Auseinandersetzung mit und die Definition von Kompetenzen in der Lerneinheit hat mir klargemacht, dass ich andere Kompetenzen genauso verändern kann und sollte, wie die fachliche Kompetenz. Ich denke, hier wird sich bei vielen von uns einiges tun – daher allen ein Dankeschön für das gegenseitige Lernen."

10. Lernen in der Community als Mehrwert für den Einzelnen und die Einzelne

Resümierend kann festgehalten werden, dass nicht nur die Studierenden durch die intensivere Beschäftigung mit ihren eigenen Kompetenzen eine neue Perspektive auf ihre beruflichen Möglichkeiten erworben haben, sondern dass auch das gemeinsame Lernen in der Community den Lernerfolg jeder einzelnen Person beschleunigte. Die Studierenden rückten näher zusammen oder, wie eine Studentin es auf den Punkt bringt: „Ich habe ein berufsbegleitendes Weiterbildungsstudium gewählt, was ohne virtuelle Kommunikation nicht denkbar wäre. Daher ist diese Art der Kommunikation meiner absoluten Zustimmung gewiss. Es ist einfach genial, auf diese Art und Weise zusammenzurücken, ohne sich zu bewegen. Beruflich und familiär hätte ich eine andere Art der Weiterbildung nie in meinen Alltag hineinbekommen."

11. Gesamtbefund und Entwicklungspotenziale

Die gemachten Erfahrungen lassen sich wie folgt zusammenfassen:
1) Der Online-Einheit ist es sehr gut gelungen, *Anschlussstellen* zu schaffen mit Blick auf das berufliche Handeln der Studierenden. Das Anknüpfen an ihre Erfahrungen und die Wertschätzung dieser als gelungene Situationen unterstützt das Ankommen der Studierenden im Studium.
2) Die Online-Einheit ermöglicht den Studierenden einen langsamen und sachten Einstieg, der auch *Zeit für Reflexion* einräumt. Es geht nicht darum, die Aufgaben möglichst schnell abzuarbeiten, sondern es ist Zeit und Muße für eine Auseinandersetzung mit sich und seinen Kompetenzen vorgesehen.
3) Die Rolle der Tutorin oder des Tutors ist die der *Lernbegleiterin* bzw. des *Lernbegleiters*, die bzw. der zu Anfang stärker und im Laufe der Einheit immer mehr bedarfsorientiert führt und die Studierenden darin unterstützt, sich beim Einstieg in die Online-Welt zurechtzufinden.
4) Insgesamt lässt sich feststellen, dass das Bewusstmachen der eigenen Kompetenzen einer ersten *Kompetenzfeststellung* dienlich ist. Die Studierenden werden im Verlauf der Online-Einheit dazu angehalten, ihre Kompetenzziele ausgehend von der ersten Diagnose ihrer eigenen Kompetenzen zu definieren.

Insgesamt kann gesagt werden, dass Inhalt (Kompetenzerfassung) und Form dieser Online-Einheit (E-Portfolio) – so zeigen die bisherigen Erfahrungen – ein erfolgversprechendes, sich wechselseitig positiv beeinflussendes Konzept bilden. Der Einsatz eines E-Portfolios war für fast alle Studierende neues Terrain und wurde als praktikables Dokumentationswerkzeug angenommen.

Für das Gesamtkonzept des E-Portfolios zeigte sich, dass der Einstieg mit der Online-Einheit gut gelungen ist. Aus der Arbeit mit den Studierenden in weiteren Online-Einheiten, die von den Autorinnen in unterschiedlichen Konstellationen begleitet oder auch (teil-)betreut werden, aber auch in Präsenzveranstaltungen, die die Studierenden im Rahmen des Studiums besuchen, und in denen sie ihr eigenes Verhalten reflektieren sollten, lässt sich sagen, dass sich die Reflexionsfähigkeit weiterentwickelt hat und auch der Umgang mit eigenen Kompetenzen selbstbewusst(er) geworden ist.

Potenzial für weitere Entwicklungen hat das Gesamtkonzept des E-Portfolios noch im Hinblick auf eine kontinuierliche Verknüpfung der Bewusstmachung der eigenen Stärken mit der Definition von Kompetenzzielen und mit der regelmäßigen Überprüfung der Weiterentwicklung – durch sich, durch Mitstudierende und Lehrende. Bislang passiert dies zwar in ausgewählten Online-Einheiten, aber noch nicht so nachhaltig wie bei O-EPORT. Eine bessere Verknüpfung würde auch stärker dabei unterstützen, so die Vermutung der Autorinnen, dass die Studierenden das E-Portfolio im weiteren Verlauf des Studiums vermehrt als Lerntagebuch und damit auch als Lernprozess-Portfolio verwenden. In diese Richtung werden auch die nächsten Schritte in der Weiterentwicklung des E-Portfolios gehen. Es wird der rote Faden sein, an dem entlang sich die Masterstudierenden im Rahmen ihrer Kompetenzentwicklung im und vielleicht sogar über das Studium hinaus bewegen.

Literatur

Beyer, Barry K. (1995): *How to conduct a formative evaluation*, Virginia (Association for Supervision and Curriculum Development Alexandria).

Brohm, Michaela (2009*)*: *Sozialkompetenz und Schule. Theoretische Grundlagen und empirische Befunde zu Gelingensbedingungen sozialbezogener Interventionen*, Weinheim/München.

Bundesministerium für Bildung und Forschung (Hrsg.) (2009): *Bologna-Prozess 2020 – der Europäische Hochschulraum im kommenden Jahrzehnt. Kommuniqué der Konferenz der für die Hochschulen zuständigen europäischen Ministerinnen und Minister*, Leuven/Louvain-la-Neuve, 28. und 29. April 2009. http://www.bmbf.de/pubRD/leuvener_communique.pdf (zuletzt am 18.04.13).

Erpenbeck, John/Heyse, Volker (2007): *Die Kompetenzbiographie. Wege der Kompetenzentwicklung*, 2., aktualisierte und überarbeitete Auflage, Münster u.a.O.

Erpenbeck, John/Sauter, Werner (2007): *Kompetenzentwicklung im Netz. New Blended Learning mit Web 2.0*, Köln.

Kim, Amy Jo (2000): *Community Building on the Web: Secret Strategies for Successful Online Communities*, Boston (Addison-Wesley Longman Publishing Co.).

Northcote, Maria (2008): *Sense of place in online learning environments*. http://www.ascilite.org.au/conferences/melbourne08/procs/northcote.pdf (zuletzt am 15.03.13).

Rheingold, Howard (1998): *The Art of Hosting Good Conversations Online*. http://www.rheingold.com/texts/artonlinehost.html (zuletzt am 15.03.13).

Reinmann, Gabi (2007): *Bologna in Zeiten des Web 2.0 – Assessment als Gestaltungsfaktor*, Augsburg. Universität Augsburg, Institut für Medien und Bildungstechnologie, Arbeitsbericht 16.

Rosenkranz, Christoph/Feddersen, Christoph (2010): *Managing viable virtual communities: an exploratory case study and explanatory model*, in: International Journal of Web Based Communities, 6. Jg. (1), S. 5–14.

Salmon, Gilly (2002): *E-tivities: the key to active online learning*, Sterling, VA (Stylus Publishing).

Schön, Donald A. (1983): *The Reflective Practitioner. How Professionals Think in Action*, New York (Basic Books).

Schütze, Fritz (1983): *Biographieforschung und narratives Interview*, in: Neue Praxis, 13. Jg. (3), S. 283–293.

Stratmann, Jörg/Preussler, Anabell/Kerres, Michael (2009): *Lernerfolg und Kompetenz: Didaktische Potentiale der Portfolio-Methode im Hochschulstudium*, in: Zeitschrift für Hochschulentwicklung, 4. Jg. (1), S. 90–103.

Zawacki-Richter, Olaf/Bäcker, Eva Maria/Hanft, Anke (2010): *Denn wir wissen nicht, was sie tun ... eine qualitative Analyse von Portfolios zur Dokumentation von Kompetenzen in einem weiterbildenden Masterstudiengang*, in: Zeitschrift für MedienPädagogik (18), S. 1–23.

Ekkehard Kappler

Wie wird aus ganz viel Praxis ein Fall für das Studium – und warum überhaupt?

1. Die „eingekleidete Aufgabe" als eine Form des Sudoku

Der Geschäftsführer der Stadtwerke einer Großstadt hatte seinem Controller eine interessante Aufgabe gestellt: „Bei Rückgang der Schwarzfahrer aufgrund stärkerer Kontrollen steigen die Umsätze. Das habe ich erwartet. Aber warum steigen die Gewinne überproportional?" Auftragsgemäß ging der Controller an die Arbeit. Nach einiger Zeit hatte er ein Rechenmodell zusammengebastelt, das den Zusammenhang erklären sollte. Dem Geschäftsführer leuchtete das zwar nicht ein, aber er hatte auch keine andere Erklärung. Ein paar Tage später saß er in der Kantine beim Mittagessen. Neben ihm aß einer der Busfahrer. Sie kamen ins Gespräch, über das Wetter, die Kinder, auch über die Qualitätszirkelarbeit der Busfahrer zu Themen wie erhöhte Sicherheit im Bus, Sauberkeit, das Verhindern von zurückgelassenen Sachen – vergessen oder entsorgt? ... Plötzlich fiel dem Geschäftsführer wieder die Diskrepanz von Umsatz- und Gewinnentwicklung beim Schwarzfahrerrückgang ein. „Haben Sie eine Idee", fragte er den Fahrer, „was da im Spiel sein könnte?" „Ja", sagte der, „ich glaube schon." „Da bin ich aber gespannt", ermunterte der Geschäftsführer.

Natürlich gibt es eine plausible Erklärung. Und auch wenn Sie keinen Führerschein für städtische Busse im öffentlichen Personennahverkehr haben: Sie können trotzdem auf die Lösung kommen. Lassen Sie sich ruhig etwas Zeit. Vielleicht haben Sie sogar Lust, das Problem sogar einmal mit Personen in Ihrem Umfeld zu besprechen?

Einleitend haben Sie ein Beispiel für einen kleinen Fall aus der Praxis, der als Einstieg in eine Studieneinheit zu Management und Controlling dienen könnte, ein Appetizer zu Beginn. Ein echter Fall, der so in der Praxis vorgekommen ist. Die Studierenden benötigen zur Lösung des Falls keinerlei betriebswirtschaftliche Kenntnisse. Verlangt werden allerdings die Bereitschaft zum Nachdenken und zum Miteinanderreden – und die Kenntnis der vier Grundrechenarten.

Vielleicht finden die Studierenden die Lösung rasch. Dann wird die Dozentin oder der Dozent gemeinsam mit den Studierenden nochmals die Vorgehensweise rekonstruieren. „Was ist Ihnen zuerst aufgefallen? In welche Richtung sind Ihre Überlegungen gegangen? Inwiefern haben Sie die Lösung analytisch gesucht? Wer ist eher intuitiv an den Fall herangegangen? Inwiefern hat das weitergeführt?" So ähnlich werden die Moderatorinnen und Moderatoren fragen. Sie werden dadurch versuchen herauszufinden, welche Vorgehensweisen zur Lösung geführt haben und was sich daraus lernen lässt.

„Der Schüler muss Methode haben" schrieb vor fast einhundert Jahren der große Reformpädagoge Hugo Gaudig (vgl. Rebele 1979, S. 78). Und bis heute bestreitet niemand, dass er recht hat. Der folgende Auszug aus einem Aufsatz von Peter O. Chott macht das sehr deutlich (Chott 1998, S. 174)[1]:

„,Natürlich (...) bedarf es einer planmäßigen Erziehung zur Selbsttätigkeit, damit immer schwierigere Arbeitsleistungen in selbsttätiger Wirksamkeit von den Schülern bewältigt werden können. Durch diese planmäßige Einschulung ist dahin zu wirken, dass der Schüler Arbeitstechnik gewinnt. So paradox es klingen mag: der Schüler muss Methode haben. Dem Lehrer aber muss die Methode, seinen Zögling zur Methode zu führen, eigen sein. Selbstverständlich handelt es sich hier nicht um das Eindrillen von Arbeitsmanier, die, einmal eingedrillt, mechanisch angewandt wird. Schon die Einschulung in eine Arbeitstechnik muss im Geiste der Selbsttätigkeit erfolgen.'

Der aus diesem Abschnitt berühmt gewordene, immer wieder falsch zitierte Satz ‚Der Schüler muss Methode haben' drückt wohl am deutlichsten aus, worauf zu Beginn des 20. Jahrhunderts die Arbeitsschulbewegung um Georg Kerschensteiner, Hugo Gaudig oder im Ausland John Dewey im Sinne der von ihr angestrebten ‚formalen Bildung' Wert legte. Sie richtete ihren Blick nicht wie die ‚materialen Bildungstheorien' auf die Lehrinhalte, sondern auf den Vorgang, in dem sich der junge Mensch seine ‚Bildung' erwirbt. Man sprach auch von ‚methodischer Bildung' (vgl. Klafki 1969, S. 66). Damit ging es also bereits vor (rund 100) Jahren um die Gewinnung, Beherrschung der Denkweisen, Gefühlskategorien oder Wertmaßstäbe, mithilfe derer sich der Mensch die Fülle der Inhalte zu eigen machen kann."

Vielleicht finden die Studierenden keine Antwort auf die Frage des Chefs der Verkehrsbetriebe. Vielleicht schlagen sie aber auch eine Lösung vor. In jedem Fall werden die Lehrenden nach einiger Zeit versuchen, mit den Studierenden eine Lösung zu erarbeiten. Auch dabei wird es darum gehen, Methode zu entwickeln. Wieder werden die Moderatorinnen und Moderatoren einige Fragen stellen, beispielsweise: „Sind Sie auch überrascht? Was ist daran überraschend? Was hatten Sie erwartet? Was haben wir für Informationen? Wie kommen denn die Informationen zustande? Welche Bestandteile enthalten diese Informationen? Lässt sich etwas über die Schwarzfahrer sagen, die es jetzt weniger gibt? Inwiefern könnte das für den Fall von Bedeutung sein? Warum schlagen Sie diese Bearbeitung bzw. Lösung vor?"

Wenn diese Fragen etwas suggestiv wirken, dann liegt das daran, dass die Lehrenden die Lösung kennen und darauf hinarbeiten. Sie wären allenfalls überrascht, wenn eine noch nicht bekannte Lösung auftauchen würde. Dann freilich gewännen ihre Fragen ein anderes Gesicht und größere Bedeutung. Es wären wirklich Fragen, nach deren Beantwortung gesucht werden muss.

Leider ist es in der deutschsprachigen betriebswirtschaftlichen Literatur, aber auch in der Lehre häufig so, dass Fälle angeboten werden, die keine wirklichen Fälle sind. Sie sind mehr oder weniger „eingekleidete (Rechen-)Aufgaben", wie wir sie aus dem Mathematik- oder Physikunterricht der Schule kennen, Sodoku-Einsetzspiele. Sie haben eine eindeutige Lösung. Die Aufgabe besteht darin, aus den gelernten und vielleicht sogar bereitgestellten Formeln, Logiken oder Verfahren diejenigen zu fin-

---

[1] Der Reformpädagoge Hugo Gaudig schrieb 1917 in seinem Hauptwerk *Die Schule im Dienste der werdenden Persönlichkeit* die in dem folgenden Auszug von Chott zitierten Sätze.

den, die der Struktur der Aufgabe entsprechen. Der Rest ist eben besagtes Einsetzspiel. Auch das will natürlich gelernt sein. Schließlich schreiben Regeln, Verfahren und/oder andere Konventionen in der Praxis mitunter eine bestimmte Vorgehensweise vor. Sie zu ändern ist dann unter Umständen nicht möglich oder zumindest schwierig, manchmal aber auch gar nicht nötig. Das Bewährte wehrt sich gegen Veränderungen. „Das haben wir schon immer so gemacht!" oder „Das haben wir noch nie so gemacht!" sind Aussagen, die nicht nur von Verwaltungsbeamten zu hören sind.

Doch auch bewährte Schemata sind nicht ewige Wahrheiten, sondern dem Einfluss neuer Erkenntnisse, neuen Wertungen der Gesellschaft, neuen Gesetzen, neuen Machtverhältnissen unterworfen; auch wenn wir das in der Regel nicht sofort merken. Dennoch – oder gerade deswegen? – hätten wir in der Praxis gern Verfahren, die uns verlässlich sagen, wo es lang geht, und mit denen man sich zwar verfahren kann, die einem aber in einem solchen Fall wenigstens hinreichende Rechtfertigungsmöglichkeiten bieten: „Wir haben alles Denkbare getan und uns der neuesten Verfahren bedient!" Auch das ist eine Benutzung einer Methode. In Abgrenzung zu der Methode, die Hugo Gaudig meinte, wollen wir sie „Methödchen" nennen. Methödchen sind dazu da, und nicht selten leisten sie das auch gut, uns das erneute Überlegen abzunehmen. Routinen, also sozusagen die Formelsammlungen, bei denen wir nur noch einsetzen und zum Beispiel im Falle des Verwaltungsaktes abstempeln müssen, entlasten. Sie sparen Kosten und beschleunigen Lern- wie Arbeitsprozesse – solange sie passen. Wenn sie nicht mehr passen und wir das nicht merken, laufen wir freilich in die Irre, bis zum bitteren Ende oder bis wir die entsprechenden Gewohnheiten oder Vorschriften ändern.

Die Vermittlung von Verfahren, bewährten und neuen Werkzeugen ist eine Aufgabe von Schule, Hochschule, anderen gesellschaftlichen Vermittlungsinstitutionen und beruflicher Weiterbildung. Solche Instrumente stehen heute im Internet oder anderen Veröffentlichungen, auch neue Tools. Im Grunde kann sie sich jede und jeder aneignen. Aber so viel Information es gibt und so leicht sie uns zugänglich ist, in der Praxis reicht sie nicht aus. Die Praxis jenseits etablierter Routinen – und manchmal auch diesseits – ist gekennzeichnet durch Situationen, in denen kein bekanntes Verfahren mehr weiterhilft. Niemand weiß, was geschehen soll, aber es muss weitergehen. Das ist der wirkliche Entscheidungsfall. Dramatisch, risikoreich, ohne Netz und Geländer. Die echte Entscheidung ist keine Auswahl aus einem Set von Alternativen. Die echte Entscheidung erfordert Kenntnisse und Mut. Denn niemand hat eine fertige Lösung. Trotzdem muss entschieden und gehandelt werden.

2. Der Fall ohne Netz und Geländer und seine achtsame Bearbeitung

Schauen wir uns vor diesem Hintergrund wieder einen kleinen Fall an. Wir beginnen mit einer Firmenkurzgeschichte.

Die heutige Fantas AG wurde 1982 als Fliesenlegebetrieb von Kalle Vorstand 1998 gegründet (die AG besteht seit 2005) und nach seinem Tode (2002) weitergeführt durch die Tochter Petra. Sie steuert den Betrieb seither in Richtung Badezimmer-Komplettlösungen (inklusive Großbaustellenbetreuung). Ihr Bruder, Torben Vorstand, ist stiller Teilhaber und arbeitet als Jurist bei den Berliner Verkehrsbetrieben.

Gerne sprechen altgediente Mitarbeiter von weiteren Steinchen im Firmenmosaik, wenn Petra wieder neue Dinge verkündet. Steinchenbeispiele: ein neues Bürogebäude in der Damerauer Allee 36 in Lichtenberg, welches 2004 bezogen wurde, oder, 2007, die Übernahme der SanConsult GmbH, um das für die Sanitätsbetreuung von Großbaustellen zuständige Team zu verstärken.

Das ist der Vorspann. Natürlich gibt es dazu noch Beschreibungen der Personen und Firmenkennzahlen zur Umsatzentwicklung, zu den Beschäftigtenzahlen, Angestellten und Arbeitern usw. Auf solche Details wird hier verzichtet, da der Fall hier nur als Beispiel für eine komplexere Situationsbeschreibung dient als das Beispiel der Verkehrsbetriebe. Es reicht zu wissen, dass die Einzelheiten den Fall nicht übersichtlicher machen.

Der Fall selbst ist selbstverständlich verfremdet, allerdings wirklich in allen Einzelheiten in der Praxis erlebt:

Kaum fielen die ersten Blätter von den Bäumen, fiel im Spätsommer 2012 dem Vorstand etwas auf. Waren vor einem Jahr (2011) in den ersten acht Monaten des vergangenen Geschäftsjahres rund 14 Millionen Euro Umsatz erzielt worden, so waren mit Stichtag 5. September 2012, dem Geburtstag von Gottfried Vorstand-Welkner, Vorstandsmitglied und Gemahl der früheren geschäftsführenden Gesellschafterin und jetzigen Vorstandsvorsitzenden Petra Vorstand, nur knapp 12 Millionen Euro Umsatz erreicht worden.

Leicht haben sich alle Verantwortlichen auf unterschiedlichste Weise herauszureden versucht, aber niemand wusste wirklich so ganz genau, wodurch der geringere Umsatz entstanden bzw. weshalb ein höherer Umsatz eben nicht entstanden war. Der langjährige Vertriebschef Raff Umtrieb hatte die Firma am 1. Juli 2012 auf eigenen Wunsch verlassen.

In den letzten Jahren war der Umsatz stets zwischen fünf und zehn Prozent gewachsen. Die Geschäftsleitung befand sich in einer guten Position. Sie konnte expandieren und alle Beteiligten belohnen. In diesem Jahr sollte sich da einiges ändern. Der Kuchen werde kleiner und die Krümel und die Ratlosigkeit würden größer werden, meinte das Geburtstagskind zu seiner Gemahlin.

Am 12. September 2012 trafen sich Petra und Torben Vorstand und Dr. Kästner, Peter Buchhaltung, seine Assistentin Corinna Buchmacher und Thomas Zweitegeige, Petras Stellvertreter, im Landgasthaus Adelshof, um in Klausur zu gehen. Petra leitete die knapp vier Stunden dauernde Klausurtagung und berichtete von fehlenden Großaufträgen und wenig rosigen Zukunftsaussichten. Neben dem Ausstieg von Raff Umtrieb verlor die Fantas AG

auch einen ihrer drei wichtigsten Geschäftspartner, die PereUbuBau AG, die 2011 in eine wirtschaftliche Schräglage gekommen war. Die Sparte Großbaustellenbetreuung schwächelt; lediglich der Kernbetrieb Badezimmer 4–40 Quadratmeter *entwickelt sich weiterhin mit einer jährlichen Umsatzsteigerung von fünf bis zehn Prozent.*
  Die Sitzung endete ohne Beschlüsse. In vier Wochen soll das nächste Gespräch stattfinden.

Mit dieser Situationsbeschreibung starten die Teilnehmerinnen und Teilnehmer der Studieneinheit an der Deutschen Universität für Weiterbildung. Ferner stehen ihnen seit zehn Wochen ca. 240 Seiten Studienunterlagen zum Thema *Unternehmensführung und Controlling* zur Verfügung. Zur Fallbearbeitung dürfen die Studierenden sämtliche Unterlagen benutzen, auch solche, die sie sich selbst beschaffen, und sie dürfen sich untereinander austauschen. Die zu lösende Aufgabe lautet folgendermaßen:

Versetzen Sie sich in die Rolle eines der Beteiligten, einer Controllerin/eines Controllers oder einer Beraterin bzw. eines Beraters. Bitte bearbeiten Sie den Fall aus der jeweils gewählten Perspektive und schreiben Sie eine maximal zweiseitige Bearbeitungsskizze. (Sofern Sie Annahmen treffen, machen Sie diese bitte explizit und begründen Sie sie.)

Das Erstaunen über diese Aufgabe ist zu Beginn groß. – Sie werden sich darüber vielleicht nicht wundern. Es gibt viele Rückfragen. Zum Beispiel: „Ist das wirklich der Fall?" „Was soll ich denn damit anfangen?" „Was ist überhaupt die Frage?" „Die Informationen reichen bei Weitem nicht aus, um den Fall zu lösen!" „Ich benötige mindestens die folgenden Informationen: ..." Die Antwort auf all diese Fragen und Einwände lautet: „Ja, so ist es. Das ist der Fall. Now it's your turn." In der Praxis würde man zu der Aufgabe noch eine Frist hinzufügen: Wir erwarten Ihre Antwort bis in vier Wochen.

Den Studierenden in einem netzgestützten Fernlehrgang bleiben in der Regel acht bis zehn Tage. Am Ende dieser Frist schrieb eine Bearbeiterin einen schönen, selbstmissverständlichen Kommentar: „Der Fall ist so lückenhaft, dass ich mich nicht in der Lage sehe, ihn zu bearbeiten. Um gute Miene zum bösen Spiel zu machen, schreibe ich alle Fragen auf, für die ich Antworten benötige, um den Fall zu lösen." Es folgten zwei Seiten sehr zutreffender Fragen, die deutlich machten, dass die Schreiberin sehr gut in der Lage war, den Fall bezüglich der von ihr gefühlten Informationsdefizite und der entsprechend gewünschten Informationen zu *bearbeiten*. Selbstmissverständlich war, dass diese Arbeit von ihr nicht als Fallbearbeitung angesehen wurde, weil sie zu keiner *Lösung* kommen konnte; gleichwohl hatte sie die Einstiegssituation sehr treffend erfasst. Vielleicht hatte sie lediglich eine „eingekleidete Aufgabe" erwartet, für die es eine eindeutige Lösung gibt? Sie lernte jedenfalls rasch dazu.

Was steht denn beim Aufkommen eines Problems oder eines Konflikts in der Praxis anderes am Beginn als die Einsicht, dass nichts klar ist und man sich über Fragen an das herantasten muss, was hier der Fall ist?! Und das ist häufig schon zu optimistisch gesehen. Denn worum geht es überhaupt? Wer hat das Problem? *Das* werden wohl sehr häufig die ersten Fragen sein, die es zu beantworten gilt.[2] Und dann, vielleicht: Wer könnte zur Bearbeitung etwas beitragen? Wie organisiere ich mich? Wie organisiere ich eine und welche Arbeitsgruppe, mein Team? Gibt es Expertinnen und Expertinnen in unserer Firma, die zur Fallbearbeitung etwas beitragen können? Oder benötigen wir einen Berater, eine Beraterin? Auch die Fragen nach der zur Verfügung stehenden Zeit und anderen Ressourcen werden zu stellen sein ...[3]

Bei der Fallbearbeitung in einer Studieneinheit sind die Bearbeitungszeit, einige Ressourcen und vielleicht der Bearbeitungsumfang aus organisatorischen Gründen vorgegeben. Außerdem findet sich häufig noch eine weitere Information, die von größter Bedeutung für eine Fallbearbeitung in einem Seminar ist: *Sofern Sie Annahmen treffen, machen Sie diese bitte explizit und begründen Sie sie.* Denn die rasche „Lösung" mag manchmal gelingen; es lohnt sich freilich, raschen Lösungen zu misstrauen, sie zu hinterfragen. Sie basieren in nahezu allen Fällen auf impliziten Annahmen, Wertungen, Unterstellungen, individuellen Erfahrungen, Vermutungen und Ähnlichem, was zwar zutreffend sein kann, aber auch die Gefahr birgt, einer raschen „Lösung" aus der „bewährten Vergangenheit" auf den Leim zu gehen. Hier lässt sich durch Nachfragen viel hinzulernen. Denn noch einmal: Die Praxis ist kein Sudoku-Einsetzspiel.

Gleichwohl werden in der Praxis – wie in Lehrveranstaltungen – häufig Lösungen eher technokratischer Natur vorgetragen, bei denen vorausgesetzt wird, dass sie anschließend nur noch umgesetzt werden müssen. Das ist ein Fehler! Zu unterstellen, dass Logik und Rationalität, die technokratische Lösungen als solche ausmachen, allein hinreichend seien für die praktische Umsetzung eines Lösungsvorschlags in Organisationen, ist angesichts des komplexen Zusammenspiels von Menschen in Organisationen eine heroische Annahme. Organisationen sind nicht allein analytisch zu verstehen. Das wird spätestens dann deutlich, wenn man die Organisation zu verändern versucht. Dann zeigt sich: Die Menschen in der Organisation, in den Arbeitsabläufen spielen mit – nicht nur die Struktur! Zusammenhänge, Kenntnisse, Vorstellungen, Neigungen, Abneigungen und Interessen, die bei einer Entscheidung nicht zum Zug gekommen sind, werden sozusagen durch die Hintertür wieder versucht, einzuschieben, wenn Lösungen umgesetzt werden sollen. Deshalb ist jede Problembearbeitung immer auch eine Organisationsentwicklungsaufgabe.[4]

Karl E. Weick und Kathleen M. Sudcliffe schrieben in ihrem Buch *Das Unerwartete managen* fünf Prinzipien auf, die beachtet werden sollten, wenn Unternehmen kontinuierlich achtsam an Verbesserungen arbeiten wollen und müssen, und nehmen dabei die Gedanken der Organisations- und Personalentwicklung auf (vgl. Weick/Sudcliffe 2010):

---

2   Ich übersetze Leitfragen gern ins Bayrische: D'Leit frag'n! (Die Leute fragen!)
3   Zu einem ungefähren Eindruck von der Unendlichkeit möglicher öffnender Fragen zum Organisationsverständnis sowie zahlreiche Anregungen dazu vgl. Schmidt (2004).
4   Ein herrliches Praxisbeispiel für die Komplexität und Interdisziplinarität einer scheinbar einfachen, zunächst rein technischen Aufgabe (Entwicklung einer multifunktionalen Leitungs- und Kabelaufhängung) und der Organisation ihrer Bearbeitung findet sich bei Herstatt/Hippel (1992).

1) Spüre kleinen Fehlern und Störungen (Auffälligkeiten) nach.
2) Widerstehe groben Vereinfachungen.
3) Bleibe sensibel für betriebliche Abläufe.
4) Reagiere flexibel und überprüfe, inwiefern das gelingt.
5) Nutze die Orte des jeweils größten Sachverstandes.[5]

Ergänzen ließe sich: Es geht vor allem auch um das Unauffällige. Denn vom Unauffälligen, das verändert werden müsste, aber niemandem auffällt, geht die größte Gefahr aus. Denken Sie zum Beispiel an eingefahrene Routinen.

Was in der Praxis sinnvoll ist, gilt hier auch für die Diskussion von Fallbearbeitungen mit Teilnehmerinnen und Teilnehmern in Weiterbildungskursen und Schulungen. Der Fall der Fantas AG ist sicherlich in seiner Form unerwartet. Wie gehen die Studierenden mit diesem Unerwarteten in ihren Fallbearbeitungen um? Was lässt sich daraus für sie schließen und lernen? Dozentinnen und Dozenten übernehmen hier – in der Mäeutik des Sokrates bildlich gesprochen – die Aufgabe einer Hebamme. Sie zeugen nicht und gebären nicht, sind jedoch hilfreich, um Wichtiges ans Licht zu bringen. Das aber heißt auch: Nicht die Überzeugungen, die Normen und/oder die Besserwisserei der Lehrkräfte sind bei der Fallbearbeitung in der Weiterbildung entscheidend, sondern ihre Empfindsamkeit im Hinblick auf die Kenntnisse, die Achtsamkeit und die Reflexion der Studierenden in deren Umgang mit den Fällen. Wo, wenn nicht in der (berufsbegleitenden) Weiterbildung soll endlich einmal die Praxis mit der ihr innewohnenden, nie ganz zu erfassenden Theorie zu Wort kommen?! Die Leitfrage solcher Weiterbildungsdidaktik lautet: Wie denkt eine Person, wenn sie so denkt, wie sie denkt? „... denn es gibt das, was ich denke, aber auch das, *von dem aus* ich denke und das ich gerade deshalb nicht denke." (Jullien 2006, S. 15) Und was das jeweils ist, kann in der Weiterbildung nur in Co-Produktion zwischen den Teilnehmerinnen und Teilnehmern sowie den Dozentinnen und Dozenten herausgefunden werden: in der konkreten gemeinsamen Situation – und nur in ihr, nicht in normativer Absicht, vielmehr im Sinne narrativer Erkenntnis, die, ohne vorzuschreiben, den Rezipienten und Rezipientinnen Anregungen bietet, sie mitunter aber natürlich auch (hilfreiche) Ablehnung erfahren lässt.

3. Der Fall, der „der Fall" ist

Machen wir uns nichts vor: Es gibt immer nur den Fall, der gerade „der Fall" ist. Alles, was uns geläufig erscheint – wir können uns irren –, ist in unseren Augen kein Fall. Das erledigen wir „mit links".

Ein *Fall* erscheint somit in unserem (Berufs-)Alltag, wenn wir nicht mehr weiter wissen, uns Kenntnisse und Erfahrung fehlen oder wir etwas Neues anfangen wollen. Was ist zu tun? Wo sollen wir anfangen? Worum geht es eigentlich genau? Alles

---

[5] Das gilt unabhängig von der Hierarchie. Nicht selten sitzen die größten Experten und Expertinnen „vor Ort".

Fragen, denen kaum abstrakte Antworten genügen. Damit haben wir auch schon die Quelle für Fälle, die besonders gut zu Lehrzwecken eingesetzt werden können. Die ersten Schritte einer Fallbearbeitung sind dabei eher tastend. Denn noch halten wir an unserem Standpunkt fest (was uns nicht selten gerade den Fall beschert) bzw. versuchen uns nur so weit zu bewegen, dass eine Rückkehr zu Gewohntem möglich ist. Was, wenn die Erde doch eine Scheibe ist? Wir sind im Ungewissen. Irgendwann müssen wir loslassen, auch gedanklich, wenn wir weiterkommen wollen. Wir sind in der Praxis.

Weiterbildung im Ungewissen? Nicht normativ und doch erkenntnisreich? Praxisnah bei ungewisser Praxis? Ja, denn der Weg entsteht beim Gehen, auch wenn stimmen wird, was der japanische Haiku-Dichter Buson schreibt:

Da ist nichts weiter:
Der Weg kommt an ein Ende.
In Petersilie.

Selbst zur Petersilie wissen wir den Weg nicht. Und auch die komischerweise hilfreiche Petersilie finden wir vermutlich überraschend. Wie kann in einer solchen und für eine solche Situation Weiterbildung organisiert werden und hilfreich sein? Die abstrakte Antwort fällt leicht: *Prozessorientierung* heißt das Zauberwort. Gemeint ist damit, dass wir uns immer genau auf die Bedingungen der jeweiligen Möglichkeit einlassen müssen. Es geht also um den *Vorgang*, in dem sich der Mensch Bildung erwirbt, die es ihm ermöglicht, sich in einem sich ständig wandelnden Umfeld zu bewegen: eben um die methodische Bildung (vgl. Chott 1998, S. 174). Sie führt die so Gebildeten beispielsweise zu den folgenden Fragen: Welche Potenziale sind bei mir und in dieser Situation vorhanden? Welchen nächsten Schritt ermöglichen sie? Sind die Potenziale ausbaufähig, durch Studium, durch Lehre, durch Forschung, durch Imitation, durch ...? „Es gibt kein Patentrezept", schreibt die Nobelpreisträgerin Elionor Ostrom. „Daten erheben und Komplexität aushalten", „Lokal und flexibel agieren ...", „Vertrauen ist wichtig, Kontrolle desgleichen", „Anpassungs- und Veränderungsfähigkeit fördern" sind Beispiele weiterer Empfehlungen zur Prozessorientierung (Ostrom 2012, S. 77 f. und S. 82). Fähigkeiten und die Bereitschaft zu ihrer Anwendung sind hier gefragt. Lassen sie sich selbstreflexiv schulen, also so, dass Prozessorientierung auf den Weiterbildungsprozess selbst anzuwenden, in ihm zu erfahren ist? Die Frage würde hier nicht gestellt, wenn sie sich nicht mit Ja beantworten ließe.

Fassen wir also zusammen, was wir bislang erarbeitet haben:

Die *eingekleidete Aufgabe* dient der Aneignung von regelhaften Kenntnissen und Fähigkeiten. Sie dient der materialen Bildung. Grundlagen werden vermittelt: Lesen, Schreiben, Rechnen und etwas mehr noch in den weiterführenden Schulen. Sie dienen dem Erwerb von fixierten Kenntnissen und dem einübenden Umgang damit.

Der *vorgegebene Fall*, die komplexere Situationsbeschreibung und Aufgabenstellung, dient als Grundlage für Erwerb komplexen Wissens sowie die Fähigkeit, es anzuwenden. Er dient der material-formalen oder allgemein-methodischen Bildung.

Das Erforschen der Möglichkeiten und Grenzen des Erlernten gehört dazu. Kennzeichnend für diese Form der Vermittlung ist, dass die (Schulungs-)Fälle möglichst präzise (unter Angabe der Methode) in der Praxis erhoben sind und – trotz aller Allgemeinheit – den Studierenden einen gewissen Transfer in ihre Praxis ermöglichen. Eine wichtige Einschränkung ist freilich dann zu machen, wenn Praxis neu entstehen soll. Erfahrung kann nämlich auch hinderlich sein. „Neu sei immer die Erfahrung" schreibt Goethe wohl auch deshalb in seinem Gedicht *Jugend*. Aus dem angestammten Umfeld und seiner erlernten Bewältigung herauszutreten, eine neue Perspektive einzunehmen, ist in einer sich ständig verändernden Welt zwar unerlässlich, gleichwohl nicht leicht. Letztlich werden notwendige Änderungen von der Praxis erzwungen – und hoffentlich noch rechtzeitig eingesehen.

4. Der Fall, der „unser Fall" ist

Wenn wir den Zwang der Verhältnisse nicht abwarten wollen, sondern etwas zur Vorbereitung von Veränderungen, vielleicht sogar für die Früherkennung auch schwacher Signale tun wollen, sind wir mitten im Leben und seiner Praxis, beim: *Living Case*. Der lebendige und lebende Fall verlangt, dass wir uns darin üben, gelegentlich unseren Standpunkt zu wechseln bzw. zu verlassen, eben methodische Bildung ausbauen. Das geht in der Weiterbildung und in der Praxis dann besonders gut, wenn wir dicht bei dem Fall beginnen und bleiben, der unser konkreter Fall in einer konkreten Lebenssituation ist, bei dem Fall also, den wir am eigenen Leibe erfahren. In der Weiterbildung für Erwachsene lässt sich das organisieren, indem die Studierenden gebeten werden, eigene Fälle aus ihrem Berufsalltag mitzubringen. Es geht dabei nicht um „große Fälle", wie etwa die allgemeine Bearbeitung von Richtlinien für die Ethik der Unternehmensführung oder von Werbematerialien. Diese sind für die Erfahrung am eigenen Leibe in einem Seminar meist zu global, abstrakt und unzugänglich. Es geht auch nicht um Indiskretionen. Es geht in den hier gemeinten Praxisfällen um den persönlich erlebbaren Austausch in einer Diskussionsrunde. Beispiele: In einer Agentur hat ein Teilnehmer als Verantwortlicher mit einem Team die Aufgabe, konkretes Bewusstsein und eine Kampagne für ethisch vertretbares Product Placement eines bestimmten Medikaments oder ein Wahlkampfplakat zu entwickeln. Oder es kann darum gehen, wie man als zuständige Managerin in einer internationalen Hilfsorganisation bestimmte logistische Mängel bearbeiten und handhaben kann. Diese Fälle werden dann im Seminar im Sinne kollegialer Beratung bearbeitet. Die Heterogenität der Seminarteilnehmer und Seminarteilnehmerinnen sichert Vielfalt, die die Fallgeberinnen und Fallgeber zum Vertiefen der jeweiligen Fallsituation veranlassen und gleichzeitig interdisziplinäres Anregungspotenzial freisetzen kann. Die Moderation bedient sich dabei beispielsweise der weiter oben beschriebenen Mäeutik des Sokrates.

Ein beliebig herausgegriffenes Fallbeispiel aus einer Ärztefortbildung. Ein teilnehmender Klinikchef beschreibt im Vorfeld seinen Living Case:

> *Obwohl wir wissen, dass die Arztbriefe am Entlassungstag an den Hausarzt gehen sollen, schaffen wir das in meiner Klinik im Durchschnitt etwa nur bei 76 % unserer Patienten. Ich würde gern mit den anderen Teilnehmerinnen und Teilnehmern dieses Problem besprechen.*

Die Hinweise aus der Diskussion dieses Living Case waren vielfältig und erfolgreich. Ohne Mehraufwand wurden aufgrund der realisierten Vorschläge im folgenden Jahr 93 % der Arztbriefe rechtzeitig versandt.

Ein weiteres, gekürztes und leicht verändertes Beispiel verdanke ich einem Teilnehmer aus einem allgemeinen Weiterbildungsseminar:

> *Ich persönlich arbeite mich momentan in das Aufgabengebiet eines Kollegen ein, der Mitte nächsten Jahres in Pension gehen wird. Er ist Gruppenleiter, ich bin bis dahin Teamleiter.*
>
> *Zum einen bin ich froh, dass wir noch eine gemeinsame, bei uns an und für sich nicht übliche lange Einarbeitungszeit haben. So kann ich von seinen Erfahrungen profitieren und lerne sehr viel von ihm. Zum anderen kann er gesundheitsbedingt sein Arbeitspensum reduzieren: Er hat mir die gesamten operativen Aufgaben bereits übertragen und kann sich auf die „Beraterfunktion" zurückziehen.*
>
> *Eigentlich die perfekte Lösung. Allerdings stehen den Chancen – Austausch, Ausgleich, Vielfalt von Ideen, Weitergabe von Wissen und Kontakten – auch Risiken gegenüber: Reibungsverlust und Konflikte. So bewege ich mich in einem Spannungsfeld dieser Doppelführung: Ich muss mich einerseits mit Orientierungsproblemen der Mitarbeiterinnen und Mitarbeiter auseinandersetzen (wer ist der Chef, wer unterschreibt etc.). Andererseits entstehen gelegentlich Missverständnisse, weil wir nach außen gleichberechtigt auftreten und beide Ansprechpartner für unsere Mitarbeiterinnen und Mitarbeiter sind. Wie kann diese potenzielle Konfliktsituation entschärft werden? Wie können wir mit ihr produktiv umgehen?*

Es kann nicht ausbleiben, dass zum didaktischen Design des Einsatzes von Living Cases in der Weiterbildung skeptische Kommentare abgegeben werden. Von der Banalität der Alltagsfälle ist dann die Rede: „Das ist doch wirklich kein Problem. Was soll man denn daraus lernen?!" Ganz häufig auch: „Wo bleibt denn da die Theorie. Die Lösungen ergeben sich doch wie durch Herumrühren mit einer Stange im Nebel. Haben Sie vergessen: Die beste Praxis ist eine gute Theorie!" Natürlich sei damit nichts gegen das Literaturstudium gesagt. (Doch was würden Sie denn denken, wenn Ihr Arzt aufgrund einer Lehrbuchmeinung behauptet: „Das ist eine Banalität; das kann gar nicht weh tun?" Sie fühlen den Schmerz, er nicht.)

Ja, die beste Praxis ist eine gute Theorie. Diese abstrakten Spekulationen sind manchmal so gut, dass sie nicht nur in die Lehrbücher, sondern auch in die Praxis Eingang gefunden haben. Allerdings gilt es dennoch, eine nicht unbedeutende Interpretationsverschiebung zu beachten: *Nur die Praxis enthält die ganze Theorie.* Nie wird beispielsweise *vollständig* zu ergründen sein, warum eine bestimmte Anzahl von Menschen gerade in dieser einen Weiterbildungsveranstaltung zusammengekommen ist. Im Klartext: Keine Theorie, auch die beste aus den Lehrbüchern nicht, ist in der Lage, *alle* Einflussgrößen einer konkreten Situation abzubilden. Lehrbuchtheorien sind vielmehr unendlich selektiv, verglichen mit der Praxis, denn sie sind abhängig vom Stand der jeweiligen Messtheorie und somit meist nur bedingt auf die singuläre Praxis zu übertragen. „Wir sollten nicht so tun, als wüssten wir sicher, wie nachhaltige Entwicklung zu erreichen ist. Doch wir können uns unsere wachsenden Fähigkeiten bewusst machen sowie die Fähigkeiten der Menschen, mit Regeln zu experimentieren und aus diesen Experimenten zu lernen. Wenn das institutionelle Umfeld und das kulturelle Milieu dazu beitragen, wird es schrittweise Verbesserungen geben." (Ostrom 2012, S. 83) Wir können allerdings in vielen Fällen nicht warten, bis andere Menschen diese Aufgabe für uns erledigt haben. Wir müssen selbst ran, auch wenn es immer wieder anders kommt. Prozessorientierung kommt nicht zu ewigen Wahrheiten, aber zu situativen, kontextbezogenen Handhabungsformen konkreter Situationen. Prozessorientierung heißt, zu versuchen, den gefühlten, erfahrenen, denkbaren akuten und konkreten Einflussmöglichkeiten in einer Situation nachzugehen und auf dieser Basis zu Entscheidungen zu kommen (vgl. Kappler 2006). Wenn Betroffenheit, Kompetenz und Verantwortung zusammenkommen, kann passieren, was bereits eine alte Weisheit sagt: Miteinander zu reden bringt die Leute zusammen. Das ist es, was Hugo Gaudig unter „Methode haben" verstanden wissen will, Methode, die die Lernenden erwerben, entwickeln und weiterentwickeln können in ihrer je spezifischen, situativen, konkreten Praxis. So wird aus jeder Praxis ein toller Fall für ein Studium und aus jedem Fall ein Potenzial ungeahnter Anregungen.

Ach so, fehlt noch die Lösung des Busfahrers für den Chef der Verkehrsbetriebe: Schwarzfahrer sind in der Regel Gelegenheitsfahrer, die beim Lösen eines Fahrscheines den vollen Betrag zu zahlen hätten. Gehen aufgrund häufiger Kontrollen die Schwarzfahrerzahlen zurück und die Fahrgastzahlen für regulär zahlende Passagiere hinauf, so erhöht sich der Gewinn rascher als der Umsatz, denn die zusätzlichen Vollzahler erbringen einen größeren Gewinn oder Deckungsbeitrag. Eigentlich ganz einfach. Wer weiß, warum der Chef gefragt hat...

Literatur

Chott, Peter O. (1998): *Das Lehren des Lernens. Förderung der Methodenkompetenz in der (Grund-)Schule*, in: PÄD Forum, 26./11. Jg. (2), S. 174–180.
Herstatt, Cornelius/Hippel, Eric von (1992): *Developing New Product Concepts via Lead User Method. A Case Study in a „Low-Tech" Field*, in: Journal of Product Innovation Management 9, S. 213–221. Auch: http://web.mit.edu/evhippel/www/papers/Herstatt-EvH%20 Journal%20Product%20Innov%20Management.pdf (zuletzt am 28.02.13).
Jullien, François (2006): *Vortrag vor Managern über Wirksamkeit und Effizienz in China und im Westen*, Berlin.
Kappler, Ekkehard (2006): *Controlling. Eine Einführung für Bildungseinrichtungen und andere Dienstleistungsorganisationen*, Münster u.a.O.
Klafki, Wolfgang (1969): *Zur Theorie der kategorialen Bildung*, in: Weber, Erich (Hrsg.): *Der Erziehungs- und Bildungsbegriff im 20. Jahrhundert*, Bad Heilbrunn, S. 64–85.
Ostrom, Elionor (2012): *Was mehr wird, wenn wir teilen*, 2. Auflage, München.
Rebele, Albert (Hrsg.) (1979): *Die Arbeitsschule. Texte zur Arbeitsschulbewegung*, 4. Auflage, Bad Heilbrunn.

Schmidt, Siegfried J. (2004): *Unternehmenskultur. Die Grundlage für den wirtschaftlichen Erfolg von Unternehmen*, 2. Auflage, Weilerswist.

Weick, Karl E./Sudcliffe, Kathleen M. (2010): *Das Unerwartete managen. Wie Unternehmen aus Extremsituationen lernen*, 2. Auflage, Stuttgart.

Benjamin Michels/Arne Petermann

Der Business Case bin ich – Konzept-kreative Fallentwicklung im Entrepreneurship

Die Arbeit mit fiktiven und oftmals von professionellen Autorinnen oder Autoren erdachten Fallstudien hat einen festen Platz in der zeitgenössischen Managementausbildung. Der vorliegende Beitrag leitet aus dem Lehr- und Lernparadigma des Reflective Practitioner eine alternative Methode fallbasierten Lernens ab. Hierbei werden, wie bei Professional Studies üblich, zur Erreichung der Lernergebnisse die Praxiserfahrung der Studierenden einerseits und Erkenntnisse des betreffenden Forschungsgebietes andererseits gewinnbringend verknüpft. Im Unterschied zur klassischen Arbeit mit Fallstudien werden diese Wissensquellen jedoch nicht dazu herangezogen, Handlungsempfehlungen für fiktive Charaktere und Probleme zu entwickeln (vgl. Markowitsch/Messerer/Prokopp 2004, S. 67). Es geht vielmehr darum, modellgeleitet einen echten Business Case zu entwickeln, der die Realität und den aktuellen Forschungsstand verknüpft und so ein wahrhaft tragfähiges Ideenkonzept entstehen lässt (vgl. Faltin 2008, S. 32f.). Am konkreten Beispiel des im Blended-Learning-Format entwickelten MBA-Kurses *Entrepreneurship*[1] wird die Kompetenzentwicklung der Studierenden durch die Fallentwicklung aufgezeigt. Die Studierenden entwickeln hier eine eigene Unternehmensidee, die auf einem zentralen Produkt oder einer Dienstleistung beruht. Statt der Erstellung eines klassischen Businessplanes steht die konzept-kreative Arbeit im Mittelpunkt, das heißt die Entwicklung eines tragfähigen Ideenkonzeptes: Für eine spezifische Zielgruppe (Kundengruppe) wird durch eine kreative Kombination von Ressourcen ein erheblicher Wert geschaffen; es sollte zu Zwecken radialer Komplexitätsreduktion ein Rückgriff auf bereits vorhandene Komponenten möglich und das Konzept als Ganzes schwer imitierbar sein (vgl. Faltin 2008). Das zentrale Lernergebnis ist die Fähigkeit, sich für real existierende Bedürfnisse konzept-kreative Lösungen zu erarbeiten.

1. Fallentwicklung als Lernmethode

Am Anfang jedes fallbasierten Lernens steht das Schaffen eines konzeptionellen Rahmens. Bei der speziellen Methode des Lernens durch Fallentwicklung wird anfangs sowohl theoretisches Grundwissen vermittelt als auch den Lernenden Raum gegeben, um ihre Praxiserfahrung einzubringen. Im Blended-Learning-Ansatz für Professionals bietet sich hierfür eine Kombination von Formaten an, die zeitlich und örtlich flexibles Lernen ermöglichen. Im konkreten Fall unseres Entrepreneurship-Kurses

---

1 Dieser Kurs und das dazugehörige Lernformat wurden von Günter Faltin, Arne Petermann und Simon Jochim entwickelt. Der Kurs wird von der DUW in Kooperation mit der *Stiftung Entrepreneurship* angeboten.

wird diese Basis geschaffen mithilfe eines Hörbuchs[2], eines Videos[3], verschiedener Online-Quellen der *Stiftung Entrepreneurship*[4] sowie eines gemeinsamen zweistündigen Webinars. Den Studierenden werden die Erwartungen kommuniziert, die an den zu entwickelnden Business Case und ihre Aktivität während des Fallentwicklungsprozesses gestellt werden; ferner werden die Erwartungen der Studierenden gesammelt, angenommen und integriert oder explizit abgelehnt, falls diese im Rahmen der Lerneinheit nicht erfüllbar und/oder für die Erreichung der Lernergebnisse nicht förderlich sind. Aufgrund des hohen Freiheitsgrades der Lernmethode fällt diesem Erwartungsabgleich eine zentrale Rolle zu. Der Entwicklungsprozess des Falles ist über sechs Wochen vorstrukturiert:

Woche 1:   Schaffen einer theoretischen Basis und eines wissenschaftlichen Rahmens; zentrale Medien: Hörbuch und Video
Woche 2–4:   Strukturierter Online-Kurs zur Entwicklung des Ideenkonzeptes mit Peer-Feedback
Woche 4:   Erste vollständige Ausarbeitung des Ideenkonzeptes
Woche 5:   Speed-Pitching
Woche 6:   Finale Ausarbeitung des Business Case und Abschlussdiskussion im Labor für Entrepreneurship

Woche 1: Theoretische Basis und wissenschaftlicher Rahmen

In der ersten Woche der Fallentwicklung wird mithilfe eines Hörbuches, eines Videos und weiterer online verfügbarer Quellen eine wissenschaftliche Basis geschaffen und ein systematischer Rahmen für die Fallentwicklung abgesteckt. Erste Anregungen ermutigen die Studierenden, einen Ausgangspunkt für das eigene Ideenkonzept zu suchen. Dabei sind Gruppenarbeiten möglich. Zu Beginn werden die Studierenden aufgefordert, sich mit Fragen zu beschäftigen, die ihnen dabei helfen, im Rahmen konzept-kreativer Gründungen erste eigene Ideen zu entwickeln. Hierbei ist eine Vielzahl von Fragen zu beantworten, die darauf abzielen, zunächst das Projekt zu umreißen und die Passung zum theoretischen Rahmen zu prüfen: Welches Problem wird gelöst? Wer gehört zur Zielgruppe? Was ist das Alleinstellungsmerkmal? Worin besteht der Kundennutzen? Was ist die Innovation? Wie soll darauf aufmerksam gemacht werden? Kann die Idee aus Komponenten bestehen?

Zur Veranschaulichung der Methode betrachten wir einen konkreten Fall, der im genannten Entrepreneurship-Kurs entwickelt wurde, aus Sicht des Fallentwicklers:

Welcher Idee sollte ich mich zuerst widmen? Diese Frage beschäftigte mich anfangs am intensivsten. Ich hatte eine Vielzahl von Ideen, die mich begeisterten und als Ausgangspunkt

---
2   Basierend auf Faltin 2008.
3   Ein Impulsvortrag von Günter Faltin zum Thema, der auf dem *Entrepreneurship Summit 2010* aufgezeichnet wurde.
4   Auf www.entrepreneurship.de (zuletzt am 27.05.13).

für die Fallentwicklung infrage kamen. Also folgte ich dem Rat des Dozenten und nahm zunächst alle Ideen in meine Überlegungen auf, die mir in den Sinn kamen. Ich hatte mein Wohnzimmer mit sieben großen Flipchart-Blättern tapeziert und sammelte fleißig Ideen. Sieben Ideen wuchsen langsam nebeneinander. Nach dem Brainstorming konnte ich jede der Ideen detaillierter beschreiben. Schnell wurde mir klar, dass einige der Ideen nicht in das System konzept-kreativer Gründungen passten.

Woche 2–4: Strukturierter Online-Kurs zur Entwicklung des Ideenkonzeptes mit Peer-Feedback

Die Studierenden posten ihr Ideenkonzept im Online-Forum des Kurses und entwickeln dieses entlang der oben genannten Kernfragen, auf die ein gutes Ideenkonzept überzeugende Antworten geben muss. Zusätzlich ist es Aufgabe der Studierenden und der begleitenden Lehrenden, Peer-Feedback zu geben, d.h., die Ausarbeitungen und Überlegungen der Mitstudierenden kritisch und konstruktiv zu kommentieren und ggf. zu ergänzen oder, falls ein Aspekt nicht dem vorgegebenen systematischen Entwicklungsrahmen entspricht, darauf hinzuweisen. Die Studierenden gestalten somit ihren Lernprozess ein Stück weit selbst, wodurch mehr Raum für Kreativität und Diversität im Lernprozess gegeben ist (vgl. Löbler 2006, S. 19).

Anfänglich war es ungewöhnlich und etwas unangenehm, die eigenen Ideen in einem Forum zu posten. Es war eine neue Erfahrung für mich, so offen mit meinen Ideen umzugehen und sie einer Gruppe von Menschen zu präsentieren, die ich teilweise nicht persönlich kannte und zu denen ich kein uneingeschränktes Vertrauen hatte. Das Feedback der Kommilitonen enthielt viele neue Ansätze aus anderen Blickwinkeln, manchmal auch Kritik oder Vorschläge, Teile der Ideen wegzulassen – war aber durchgehend qualifiziert und konstruktiv. So überwand ich die Scheu schnell und begann, den offenen Austausch als wertvolle Quelle für die Verbesserung meines eigenen Falles zu schätzen.

Durch das Feedback und eigene weiterführende Überlegungen setzte sich eine der Anfangsideen immer mehr durch: das Star Management, ein Konzept, bei dem zukünftige YouTube-Stars gefunden und unterstützt werden. Die Zielgruppe für das Star Management war schnell gefunden, nämlich extrovertierte Selbstdarsteller. Als Alleinstellungsmerkmal und Schutz gegen Imitation sollte die individuelle Prägung durch die zukünftigen Stars dienen, die unter Vertrag genommen werden würden. Die Innovation war deutlich zu erkennen: Bisherige traditionelle Fernsehmuster würden aufgebrochen und der Trend, dass ein bisher unbekannter Darsteller auf YouTube ganz schnell 500.000 Abonnenten haben und zum Star werden konnte, würde aufgegriffen werden. Die Spiralwirkung der medialen Aufmerksamkeit war ein zentraler Aspekt, denn jeder Star würde beginnen, Fans um sich zu sammeln und würde so nicht nur Werbung für sich selbst machen, sondern auch für YouTube. Somit würden die anderen Stars des Kanals gleichzeitig durch die Eigenwerbung eines Stars promotet werden.

Durch die Öffnung seiner Gedanken gegenüber der Lerngruppe erhält der Studierende Zugriff auf einen reichhaltigen Ideenpool. Es entsteht ein Thinktank, in dem sich jeder und jede Einzelne auch für die Ideen der anderen begeistern und deren

Fälle weiterentwickeln kann. Die Studierenden lernen, Feedback zu geben und das Feedback anderer für sich zu nutzen. Es soll eine Atmosphäre geschaffen werden, in der es leicht fällt, sich den Anregungen anderer zu öffnen und die Diversität des Feedbacks zu schätzen, welches häufig und unerwartet gerade dann besonders wertvoll ist, wenn die Feedback-Gebenden einen völlig anderen Bildungshintergrund haben oder aus anderen Organisationen und Branchen stammen. Das Feedback hat eine zentrale Bedeutung und findet im Laufe des Entwicklungsprozesses des Falles immer wieder Anwendung, um Verbesserungsmöglichkeiten zu entdecken, die sich bei einer rein analytischen Auseinandersetzung ohne Diskurs nicht erschließen würden (vgl. Ardichvili/Cardozo 2000, S. 103). Die Studierenden erweitern ihr Ideenkonzept und präsentieren es erneut im Forum. Dieser Vorgang wiederholt sich über mehrere Wochen und mit jedem Schritt entwickelt sich das Ideenkonzept durch die kollaborative Arbeit in der Gruppe qualitativ weiter.

> *Ich habe durch das vielfältige Feedback neue Sichtweisen kennengelernt: Könnte man nicht Crowdfunding nutzen – die Finanzierung durch viele Anleger, die von der Idee überzeugt sind, sich aber jeweils nur mit Kleinstbeträgen beteiligen –, um die Idee von Anfang an publik zu machen? Wäre ein Videotagebuch für das Start-up nicht eine gute Möglichkeit, um auch ohne Stars Abonnenten zu erreichen? Haben Casting-Agenturen nicht riesige Datenbanken mit Menschen, die es nicht ins Fernsehen geschafft haben und als Zielgruppe ideal wären? Könnte man nicht bestehende YouTube-Videos nutzen, um den zukünftigen Stars zu zeigen, worauf es beim Drehen ankommt?*

Im zweiten Schritt konzept-kreativer Gründung rückt der Fallentwickler oder die Fallentwicklerin selbst stärker in den Mittelpunkt. Die betreffende Person muss sich fragen, was die eigenen Neigungen, Talente, Wunschvorstellungen und Leidenschaften sind. Je näher sie mit ihrer Idee an den eigenen Stärken und Vorlieben liegt, desto erfolgreicher wird die Ausarbeitung und Umsetzung des Konzeptes sein (vgl. Faltin 2008, S. 74f.). An dieser Stelle kommt der Reflexionsfähigkeit eine zentrale Rolle zu, denn sowohl die Idee als auch die fallentwickelnde Person selbst müssen kritisch reflektiert und die Passung immer wieder geprüft werden.

Die Studierenden sehen sich einer Vielzahl von Fragen gegenüber, die ihnen bewusst machen sollen, wieso sie sich für diese Idee begeistern und worin ihre intrinsische Motivation begründet liegt. Fragen in diesem Teil der Konzeption könnten lauten: Wie sind Sie zu dieser Idee gekommen? Warum hat es Sie zu dieser Idee hingezogen? Deckt sich die Idee mit Ihren Interessen, Neigungen, Talenten, Wunschvorstellungen und Leidenschaften? Was ist der Kern dessen, was Sie erreichen wollen? Wo liegt für Sie der Spaß in der Idee? Welche Rolle werden Sie bei der Umsetzung der Idee übernehmen? Wie passt die Idee zu Ihrer Lebenssituation?

Woche 4: Erste vollständige Ausarbeitung des Ideenkonzeptes

Die oben genannten und viele weitere Fragen dienen dem Brainstorming, um neue Ansätze zu entwickeln und das eigene Selbst vor dem Hintergrund der Idee zu reflektieren. Die Studierenden sollen sowohl eine subjektive als auch eine objektive Sicht auf sich und das Projekt entwickeln. Sie sollen lernen, neue Sichtachsen (vgl. Faltin 2008, S. 135) zu legen und sich in Positionen der am Prozess beteiligten Stakeholder hineinzuversetzen. Indem sie erfahren, wie andere die Idee beurteilen, haben sie die Möglichkeit, die Qualität der Ideen nachhaltig zu überprüfen und schrittweise zu verbessern. Der gesamte Prozess befähigt die Studierenden, ihren eigenen Fall aus verschiedenen Blickwinkeln zu betrachten. So ist es möglich, neues Potenzial aus dem Vorhandenen zu schöpfen. Können sie Funktionen entwickeln, die Konventionen schlagen? Gibt es Komponenten, die sie statt eingefahrener Systeme nutzen und neu kombinieren können? Die Studierenden sollen lernen, Lösungskonzepte auf eine andere Art und Weise zu entwickeln, als sie es bisher in Praxis und Studium getan haben.

Ich hatte die ersten Schritte für meine Idee durchlaufen und das Feedback meiner Kommilitoninnen und Kommilitonen ergänzt. Im nächsten Schritt wurde mir die Aufgabe gestellt, mir das Implizite bewusst zu machen: Wie können meine Neigungen, Talente, Wunschvorstellungen und Leidenschaften das Konzept unterstützen? Ich sah mich einer Vielzahl von Fragen gegenüber, deren Antworten ich finden musste, die mich immer weiter wachsen ließen und stärker an mein eigenes Konzept banden.

Mir kam die Idee erstmals in den Sinn, weil ich gerne YouTube-Videos schaue und es mich beindruckt hat, wie auch relativ unprofessionelle Videoproduktionen viele Abonnenten sammeln können und welcher Wert dadurch geschaffen wird. Schließlich kann man eine große Menge an Abonnenten mit zielgerechter Werbung relativ leicht ökonomisch verwerten. Zu meiner Idee hatte ich mich besonders hingezogen gefühlt, weil es ein neuartiger und innovativer Prozess ist, Erfolg auf YouTube zu erzielen. Ich selbst interessiere mich für Videos, für YouTube und allgemein für Techniken, die dabei helfen, Inhalte im Internet zu verbreiten. Vor meinem inneren Auge sah ich eine Vielzahl erfolgreicher Stars auf YouTube, die alle von mir gemanagt wurden. Ich sah mich selbst als Manager und innovativen Weiterentwickler der Idee und konnte mir gut vorstellen, dass ich das Projekt neben meinem Halbtagsjob tatsächlich verwirklichen könnte.

Doch dabei blieb es nicht, ich entwickelte auch ganz neue Sichtachsen für meine Idee. Ich fragte mich, wie die Stars das Konzept wohl wahrnehmen würden und wie es aus der Sicht der Abonnenten aussähe. Was würde die Konkurrenz dazu sagen und wie würde sie versuchen, es noch besser zu machen?

Wo könnte noch Potenzial im Vorhandenen stecken? Gab es vielleicht einen ähnlichen Prozess, der in einem anderen Bereich genutzt wird? Könnte man irgendwo eine Konvention mit einer Funktion schlagen? Normalerweise lassen sich Fernsehsender nicht darauf ein, dass die Zuschauer die Sendung mitbestimmen. In meinem Ideenkonzept entstand ein Großteil des Wertes gerade dadurch, dass das Programm von einzelnen potenziellen Stars gestaltet wird und sich hierdurch teure Mitarbeitende einsparen ließen, die bei einem Fernsehsender die Sendungen konzipieren würden.

Ich führte in dieser Phase auch einen marktechten Pretest durch. So lud ich erste eigene Videos auf YouTube hoch und testete unterschiedliche Prozesse, um die Videos möglichst schnell einem breiten Publikum zugänglich zu machen. Ich führte Testreihen durch, wie Videos möglichst prominent in den Suchlisten platziert werden können. Ebenso überprüfte ich, wie Videos inhaltlich und strukturell gestaltet sein sollten, damit möglichst starke emotionale

Reaktionen bei den Zuschauern erzeugt und möglichst viele Abonnenten gewonnen werden können.

Woche 5: Speed-Pitching

Das Speed-Pitching stellt im Entwicklungsprozess der Idee einen entscheidenden Schritt dar. Die Studierenden, die immer mehr zu Entrepreneurs werden, versuchen hierbei ähnlich wie beim Speed-Dating, ihrem Gegenüber die Idee so kurz wie möglich zu beschreiben. Die Vorgabe ist, das Konzept in weniger als 60 Sekunden auf den Punkt zu bringen. Die Studierenden werden so gezwungen, sich auf die wesentlichen Punkte zu fokussieren und prägnant zu formulieren:

Sweedo Star Management – Talentscout, Promoter und Manager für zukünftige YouTube-Stars

Die Idee in zwei Sätzen:

Zukünftige YouTube-Stars werden gesucht, gefunden und promotet. Sie bekommen zusätzlich Hilfe, wie sie ihre eigene Promotion stärken können.

Das Ideenkonzept in weniger als 60 Sekunden:

Über Casting-Agenturen, Talentscouts und Google-Positionierungen werden zukünftige Stars gesucht, die für das Fernsehen nicht geeignet sind, auf YouTube aber durchaus erfolgreich sein könnten. Sie bekommen ein Standardset an Informationen, wie sie ihre Videos drehen und schneiden können. Das Sweedo Star Management übernimmt ausschließlich die Veröffentlichung und Verbreitung. Der Star unterstützt die Verbreitung zusätzlich. Viele Stars, die über den Kanal promotet werden, unterstützen sich somit gegenseitig.

Auf der Sweedo-Seite kommen unterschiedliche Online-Marketingstrategien zum Einsatz, die auf dem Fachwissen des Gründers beruhen. Der Kapitalrückfluss erfolgt durch Werbeeinnahmen auf YouTube und Sweedo.tv.

Vorteile: Geringe Kosten, starke Aufteilung in Komponenten, der Star arbeitet (unter Anleitung) mit.

Für mehr Informationen sehen Sie sich bitte folgendes Video an: http://youtube/7N5vptrilqU

Die Feedback-Gebenden haben daraufhin ebenfalls maximal 60 Sekunden Zeit, dem Entrepreneur oder der Entrepreneurin Fragen und Kommentare mit auf den Weg zu geben. In unserem Fall wird das Speed-Pitching im Rahmen eines Webinars durchgeführt und Feedback wird von Mitstudierenden und Lehrenden gegeben. Diese Art von Pitch für das Entrepreneurial-Design unterscheidet sich auch dadurch von anderen Feedback-Verfahren, dass keine Kritik an der Idee geübt werden darf. Die Feedback-Gebenden stellen Fragen zur Idee oder machen einen Vorschlag, wie die Idee erweitert werden könnte. Die Entrepreneurin oder der Entrepreneur soll in dieser Feedback-Runde nicht auf die Vorschläge und Fragen antworten – auch wenn das oft schwer fällt. Er bzw. sie nimmt die Gedanken und Anregungen aus dem Diskurs auf und verlängert so die zentrale Reflexionsphase, in der seine Idee weiter reifen kann.

Woche 6: Finale Ausarbeitung des Business Case und Abschlussdiskussion im Labor für Entrepreneurship

Die Studierenden entwickeln nun ihr finales Konzept und stellen ihren Business Case möglichst überzeugend dar. Sie stellen sich der Diskussion im Labor für Entrepreneurship, wo sie ihren Fall erfahrenen Gründerinnen, potenziellen Kunden, potenziellen Geldgeberinnen, Wirtschaftsvertretern sowie Entrepreneurship-Forscherinnen präsentieren und sich in einen letzten Diskurs begeben.

> *Die Aufregung stieg. Gleich war es für mich – den Entrepreneur – so weit. Die Scheinwerfer leuchteten. Die Kamera ging an. Das Labor für Entrepreneurship begann.*
>
> *Zusammen mit meinen Kommilitonen und Kommilitoninnen stellte ich Professor Faltin mein Entrepreneurial Design vor. Es war eine kleine Runde mit vielleicht zwanzig Teilnehmenden. Ich gab in zwei einleitenden Sätzen noch einmal einen kleinen Pitch zu meiner Idee. Professor Faltin betrachtete die Idee von allen Seiten, um neue Ansatzpunkte zu finden. Er bot mir neue Sichtachsen und versuchte zu ergründen, ob die Idee zu meinem Charakter passte. Das Fachpublikum wurde als Feedback-Geber einbezogen. Ich erhielt noch ein letztes Mal hoch qualifiziertes und marktnahes Feedback, das ich nutzen konnte, um meinem Business Case den letzten Schliff zu geben.*

Fazit: Fallentwicklung als Methode der Kompetenzentwicklung in Managementstudiengängen

Es geht in dem hier beschriebenen Kurs nicht primär darum, dass alle Teilnehmenden tatsächlich zu Gründerinnen und Gründern werden. Vielmehr ist das Ziel, dass die Studierenden in einer realen Lebenssituation ein echtes Problem lösen und dadurch ihre Problemlösungskompetenz und die hierfür nötigen Fähigkeiten erweitern. So wird die Denkweise und Lösungsstrategie von Entrepreneurship an der Schnittstelle von wissenschaftlich fundiertem, analytischem Vorgehen und hoher Praxisnähe verinnerlicht und es werden Managementkompetenzen gestärkt, die in der Realität von Nutzen sind (ausführlicher zum situativen Ansatz der Kompetenzentwicklung siehe Faltin/Zimmer 2012, S. 132). Mithilfe verschiedener Feedback-Mechanismen und durch das Legen neuer Sichtachsen wird sichergestellt, dass ein Fall nahe an der Realität und im ständigen Austausch mit ihr entwickelt wird, was zur Reflexion veranlasst und somit diese zentrale Managementkompetenz stärkt. In einer zunehmend von Unsicherheit und Komplexität bestimmten Umwelt (vgl. Petermann 2010, S. 15) eignet sich die Methode der Fallentwicklung daher grundsätzlich für alle Managementstudiengänge, denn Managerinnen und Manager benötigen mehr als je zuvor Entscheidungssysteme, die ihre Handlungsfähigkeit unter den Bedingungen unserer heutigen Wirtschaftswelt sicherstellen (vgl. Koch/Eisend/Petermann 2009, S.67ff.).

Konzept-kreatives Arbeiten kann nicht nur im Rahmen einer Unternehmensgründung angewandt werden. Es gibt eine Vielzahl von Herausforderungen in Organisationen, die fernab von formaler Struktur gelöst werden müssen (vgl. Schreyögg 2003). Hierbei kann diese Technik zu innovativen, ökonomisch überlegenen und nachhaltigen Lösungen und Prozessen führen. Konzept-kreative Fallentwicklung kann somit als eine eigene, in hohem Maße reflexive Analysetechnik wirtschaftlicher Zusammenhänge betrachtet werden und stellt deshalb einen Mehrwert in der Managementausbildung dar. Wie würden wohl Unternehmen aussehen, in denen die Manager und Managerinnen konzept-kreativ arbeiten, ihre Ideen selbstverständlich vor verschiedenen Peer-Gruppen pitchen und regelmäßig neue Sichtachsen legen?

Literatur

Ardichvili, Alexander/Cardozo, Richard (2000): *A Model of Entrepreneurial Opportunity Recognition Process*, in: *Journal of Enterprise Culture*, 8. Jg., S. 103–119.
Faltin, Günter (2008): *Kopf schlägt Kapital*, Berlin.
Faltin, Günter/Zimmer, Jürgen (2012): *Innovative Entrepreneurship & Entrepreneurial Education*. Dossier presented at the World Economic Forum, Davos.
Koch, Jochen/Eisend, Martin/Petermann, Arne (2009): *Path dependence in decision-making processes. Exploring the impact of complexity under increasing returns*, in: *BuR – Business Research*, 2. Jg. (1), S. 67–84.
Löbler, Helge (2006): *Learning Entrepreneurship from a Constructivist Perspective*, in: *Technology Analysis & Strategic Management*, 18. Jg., S. 19–38.
Markowitsch, Jörg/Messerer, Karin/Prokopp, Monika (2004): *Handbuch praxisorientierter Hochschulbildung*, Wien (facultas wuv universitätsverlag).
Petermann, Arne (2010): *Pfadabhängigkeit und Hierarchie. Zur Durchsetzungskraft von selbstverstärkenden Effekten in hierarchischen Organisationen*, Berlin.
Schreyögg, Georg (2003): *Organisation*, 4. Auflage, Wiesbaden.

Lili Chai Hammler

Simulationsspiele in Präsenzveranstaltungen

Die akademische Weiterbildung sollte nicht nur theoretisches Wissen vermitteln, sondern auch Handlungskompetenzen. Eine Möglichkeit, dies zu erreichen, ist die Durchführung von Simulationsspielen, die realistische Situationen aus der Berufswelt der Studierenden abbilden (vgl. Geuting 2000, S. 35). Im Folgenden sollen die theoretischen Grundlagen, die didaktischen Hintergründe und die konkrete Umsetzung von *Simulationsspielen* am Beispiel ausgewählter DUW-Präsenzveranstaltungen dargestellt werden.

1. Theoretische Grundlagen

1.1 Begriffsbestimmungen

Simulationsspiele lassen sich – aufsteigend nach ihrer Komplexität – in Rollen- und Planspiele unterteilen (vgl. Weber 1995, S.31f.; Geuting 2000, S. 18f.). In beiden Fällen werden real mögliche Situationen nachgestellt, in denen sich die Teilnehmenden behaupten müssen, indem sie in Rollen schlüpfen und diese bestmöglich ausfüllen.

Während Rollenspiele aus nur einer Spielphase bestehen, sind Planspiele mehrstufig aufgebaut, sodass sich von den Spielerinnen und Spielern getroffene Entscheidungen auf die nachfolgenden Phasen auswirken können (vgl. Weber 1995, S. 32–37). Planspiele sind dementsprechend realitätsgetreuer, erfordern jedoch mehr Zeit, sowohl was ihre Vorbereitung als auch was ihre Durchführung betrifft. Rollenspiele, die sich aus der Theaterpraxis entwickelten (vgl. Reich 2007), sollten in der Regel höchstens zehn Minuten dauern und können wiederholt durchgeführt werden (vgl. Reich 2008), Planspiele erstrecken sich hingegen über mehrere Stunden bis Tage (vgl. Döring 2008, S. 59f.). Sie entstanden im 18. Jahrhundert aus dem Schach ähnlichen Strategiespielen und dienten zunächst nur militärischen Zwecken. In den 1950er-Jahren wurden sie auch für Führungskräfte in der Wirtschaft entwickelt, bevor sie ca. zehn Jahre später Einzug in die Bildungslandschaft hielten (vgl. Markowitsch/Messerer/Prokopp 2004, S. 17). Heute werden sie vornehmlich in der Erwachsenenbildung eingesetzt (vgl. Flechsig 1991, S. 175).

1.2 Didaktisches Konzept, Ziele und Herausforderungen

> „Erzähle mir und ich vergesse, zeige mir und ich erinnere, lass es mich tun und ich verstehe." (Konfuzius)

Sowohl das Rollenspiel als auch das Planspiel ermöglichen den Teilnehmenden weitgehend realitätsgetreues Handeln, dessen Konsequenzen zwar in einen realistischen Kontext eingebettet werden, aber nicht tatsächlich eintreten. Dieses spielerische Probehandeln erhöht einerseits die Lernmotivation und lädt zum Experimentieren ein, wodurch sich unerwartete Perspektiven eröffnen können (vgl. Geuting 2000, S. 16). Andererseits führt es zu einem nachhaltigen Lernerfolg, da realistische Erfahrungen gesammelt werden (vgl. Kriz 2000, S. 11, 14). Die aktive Form des Lernens sowie der Wechsel zwischen Spannung (während die Rolle eingenommen wird) und Lösung (während der anschließenden Reflexionsphasen) steigern die Konzentrationsfähigkeit und tragen somit ihrerseits zur Steigerung des Lernerfolgs bei (vgl. Weber 1995, S. 31).

Simulationsspiele eignen sich zur Vertiefung und Veranschaulichung theoretischen Wissens und insbesondere zur Aneignung von Fähigkeiten, die theoretisch nur schwer zu vermitteln sind. Dazu zählen u.a. die sozial-kommunikativen Kompetenzen, zu denen Teamfähigkeit, Empathie, Bereitschaft zur Kooperation, Verlässlichkeit, Kritikfähigkeit, Ehrlichkeit, Menschenkenntnis sowie Rhetorik, Präsentationsfähigkeit, Moderationskompetenz und Schlagfertigkeit gerechnet werden. Die genannten Kompetenzen werden den sogenannten Soft Skills zugeordnet, die für ein erfolgreiches Bestehen im heutigen Wirtschaftsleben unverzichtbar sind. Insofern bieten sich Simulationsspiele insbesondere für die Weiterbildung Berufstätiger an, zumal diese ihre Berufspraxis in die Durchführung einbeziehen können (vgl. Reich 2007; Flechsig 1991, S. 175).

Problematisch kann die Durchführung von Simulationsspielen werden, wenn sich die Teilnehmenden ihren Rollen entweder zu sehr oder zu wenig hingeben (vgl. Weber 1995, S. 38; Flechsig 1991, S. 174). Steigern sich die Spielerinnen und Spieler zu sehr in ihre Rollen hinein, können Spannungen entstehen, die einen produktiven Ablauf des Spiels erschweren oder sogar verhindern. Können die Teilnehmenden ihre jeweilige Rolle hingegen nicht angemessen ausfüllen, verliert das Spiel an Realitätsbezug, was dem Lernerfolg ebenfalls abträglich ist. Aber auch die Lehrenden können den Erfolg von Simulationsspielen gefährden, indem sie die Teilnehmenden nicht ausreichend vorbereiten oder das Spiel nicht flexibel genug leiten. Hieraus lässt sich ein weiterer Nachteil von Simulationsspielen erkennen: Sie verursachen einen recht hohen organisatorischen Aufwand und bedürfen eines besonderen didaktischen Geschicks des bzw. der Lehrenden. Auch die nötigenfalls erforderliche anspruchsvolle Raumausstattung (vgl. Reich 2007) sollte nicht außer Acht gelassen werden, wenn der Einsatz von Simulationsspielen in Betracht gezogen wird.

1.3 Planungsgrundlagen

Sowohl Rollen- als auch Planspiele lassen sich in drei Phasen einteilen: die Vorbereitungsphase, die eigentliche Spielphase und die Nachbereitungs- oder Reflexionsphase. Jede Phase zielt grundsätzlich darauf ab, eine möglichst realistische Situation entstehen zu lassen bzw. darüber zu reflektieren. Denn je besser das Simulationsspiel die Realität abbildet, desto höher ist der Lernerfolg der Teilnehmenden, da nicht nur die gesammelten Erfahrungen einprägsamer sind, sondern auch das Handeln mehrdimensionaler wird, wodurch sich das Wissen über mehrere Ebenen verknüpft (vgl. Weber 1995, S. 37; Markowitsch/Messerer/Prokopp 2004, S. 133; Geuting 2000, S. 27f.).

Vorbereitung

In der Vorbereitungsphase muss zunächst ein Modell entwickelt werden, welches den Rahmen für das jeweilige Simulationsspiel bildet. Dabei werden die Situation, der zeitliche Rahmen und die Charaktere festgelegt. Die Auswahl der entscheidenden Faktoren legt den Grundstein für die Qualität des Spiels. Je mehr Faktoren in die Planung einfließen, desto realistischer, länger, aber auch unübersichtlicher wird das jeweilige Spiel. Neben der Planung der konkreten Inhalte müssen hier auch die notwendigen Komponenten für die Umsetzung des Spiels, wie Platzbedarf, Raumausstattung, Unterlagen u.Ä. bedacht werden. Darüber hinaus müssen den Studierenden die theoretischen Inhalte vermittelt werden, mithilfe derer sie in die Lage versetzt werden, überhaupt am jeweiligen Simulationsspiel teilzunehmen (vgl. Flechsig 1991, S. 173f.).

Nach der grundlegenden Planung sind den Studierenden erforderlichenfalls vorab nähere Informationen zum Simulationsspiel zukommen zu lassen. Zu Spielbeginn müssen geeignete Spieler und Spielerinnen für die jeweiligen Rollen ausgewählt werden. Hierbei ist eine gewisse Sensibilität der Spielleitung erforderlich, da die Teilnehmenden einerseits möglichst weder unter- noch überfordert werden sollten, andererseits aber auch nicht nur die Rollen einnehmen sollten, die ihnen ohnehin leicht fielen. Auch die Vergabe von Beobachterrollen kann unter Umständen sinnvoll sein. Anschließend müssen den Studierenden Informationen zur Verfügung gestellt werden, mithilfe derer sie sich auf ihre konkrete Rolle einstimmen können (vgl. Weber 1995, S. 38). Hierbei sollten den Studierenden nicht nur die äußeren Gegebenheiten, sondern auch die inneren Beweggründe und Charaktereigenschaften der zu spielenden Personen vermittelt werden. Darüber hinaus sind sie auf die Bedeutung von Blickkontakt, Körperhaltung und Stimme hinzuweisen und können durch diesbezügliche Übungen auf das Simulationsspiel eingestimmt werden. Diese Aufwärmspiele empfehlen sich insbesondere für Personen, die keine Erfahrung mit Simulationsspielen haben. Zuletzt sind die Studierenden auf die oben aufgeführten Ziele von Simulationsspielen aufmerksam zu machen, sowie darauf, dass sie möglichst spontan und realistisch spielen sollten (vgl. Flechsig 1991, S. 174).

Spielphase

Simulationsspiele müssen sehr flexibel durchgeführt werden, da sie grundsätzlich ergebnisoffen sind. Die Teilnehmenden nehmen zwar vorgegebene Rollen ein, sind in deren Ausgestaltung aber weitgehend frei. Die Spielleitung greift nur zu Zwecken der Moderation ein oder, wenn die Situation festgefahren und die gesamte Durchführung des Planspiels in Gefahr ist – etwa, weil die Rollen zu realistisch oder zu unrealistisch gespielt werden (vgl. Flechsig 1991, S. 174). Fehler der Teilnehmenden werden während der Spielphase zugelassen, auch um die Konsequenzen erfahrbar zu machen (vgl. Reich 2007). Die Spielleitung und gegebenenfalls die passiven Teilnehmerinnen und Teilnehmer können während des Spiels zweierlei überprüfen und bewerten: das Wissen, welches die Teilnehmenden zum Ausdruck bringen und die o.g. Soft Skills, also wie die Teilnehmenden ihr Wissen zum Ausdruck bringen.

Bei erfahrenen Simulationsspiel-Teilnehmenden kann das Spiel visuell und/oder akustisch aufgezeichnet werden. Andernfalls sollte davon abgesehen werden, um Hemmungen während des Spiels zu vermeiden und dadurch den Realitätsbezug womöglich zu mindern. Werden digitale Medien eingesetzt, müssen die Teilnehmenden selbstverständlich vorab darauf hingewiesen und ihr Einverständnis muss eingeholt werden.

Reflexions-/Nachbereitungsphase

Da die Teilnehmenden in der Gestaltung der Spielphase sehr frei sind, individuelle Erfahrungen sammeln und nicht unmittelbar auf Fehler hingewiesen werden, ist eine gründliche Nachbereitung jedes Simulationsspiels unerlässlich, um die erwünschten Lernergebnisse sicherzustellen. Hierfür sollten der Spielverlauf sowie das Verhalten der Teilnehmenden zunächst gründlich analysiert werden. Dabei sollten sie – gegebenenfalls zunächst von den Beobachtern oder Beobachterinnen, in jedem Fall aber von der Spielleitung – auf ihre Fehler, Stärken und Schwächen hingewiesen und Handlungsalternativen ermittelt werden. In diesem Zusammenhang sollte auch untersucht werden, ob und gegebenenfalls inwieweit die Teilnehmenden von ihren Rollen abgewichen sind. Darüber hinaus muss geprüft und herausgestellt werden, wie realitätsgetreu das jeweilige Simulationsspiel wahrgenommen und gestaltet wurde. Zur Nachbereitung sollte gegebenenfalls auch das Video- und Tonmaterial ausgewertet werden. Rollenspiele können anschließend mit wechselnden Rollen wiederholt werden, damit die Teilnehmenden weitere Erfahrungen sammeln können. (vgl. Weber 1995, S. 38; Geuting 2000, S. 39f.)

2. Der Einsatz von Simulationsspielen an der DUW

Wie einleitend dargestellt werden die Präsenzveranstaltungen an der DUW oft in Form von Simulationsspielen durchgeführt, da hier das theoretische Wissen vertieft und die sozial-kommunikativen Fähigkeiten der Studierenden gestärkt werden sollen.

Als Lehrende für Planspiele werden grundsätzlich nur erfahrene Personen zugelassen. Auch für Rollenspiele ist eine gewisse Lehrerfahrung unerlässlich; zusätzlich werden die Lehrenden von der DUW in die Methode eingewiesen. Die Konzepte für die Präsenzveranstaltungen werden von den Lehrenden in enger Abstimmung mit der Studiengangleitung und der wissenschaftlichen Gesamtleitung erstellt. Um den hohen Qualitätsansprüchen gerecht zu werden, werden durchgeführte Simulationsspiele im Nachgang sowohl von den Lehrenden als auch von den Teilnehmenden anonym evaluiert.

Aus den bisherigen Ausführungen wird deutlich, dass sich das Simulationsspiel für jeden Bildungsbereich anbietet. Von besonderem Wert ist es jedoch im Sicherheitsbereich, da es gerade hier vorteilhaft ist, den Umgang mit Risikosituationen einzuüben, bevor sie tatsächlich eintreten. Die folgenden Beispiele wurden daher dem DUW-Masterstudiengang *Sicherheitswirtschaft und Unternehmenssicherheit* entnommen, der (angehende) Sicherheitsmanager aus- bzw. weiterbildet.

Beispiel 1: Sicherheit an Flughäfen – Zusammenarbeit von privaten Sicherheitsdienstleistern und der Polizei

Zur Einstimmung in die Thematik des Studiengangs *Sicherheitswirtschaft und Unternehmenssicherheit* und die Teilnahme an Simulationsspielen führen die Studierenden einige Rollenspiele zum Thema *Sicherheit an Flughäfen* durch. Zuvor sind sie mit den theoretischen Inhalten der Sicherheitsarchitektur, also den unterschiedlichen Zuständigkeiten für Sicherheit in Deutschland im Allgemeinen sowie im Bereich der Luftsicherheit im Besonderen, vertraut gemacht worden. Anschließend wird ihnen ein Sicherheitsvorkommnis an einem Flughafen geschildert und ihnen werden die Reaktionen der Beteiligten vermittelt. Dies erfolgt auch unter Einsatz digitaler Medien möglichst realitätsgetreu, um Spannung und damit Interesse an dem späteren Simulationsspiel zu erzeugen.

Im Anschluss daran beginnt die Spielphase: Die Teilnehmenden nehmen die ihnen zugewiesenen Rollen der unterschiedlichen Sicherheitsverantwortlichen ein und müssen sich überlegen und erläutern, welche Maßnahmen in ihrem Verantwortungsbereich unmittelbar nach Bekanntwerden des Ereignisses zu treffen sind. Je nach Teilnehmendenzahl wird dieses Rollenspiel in Einzel-, Partner- oder Gruppenarbeit durchgeführt. Die Rolleneinteilung nimmt der Dozent in Absprache mit der Studiengangleitung vor. Sie erfolgt anhand der Studierendenprofile, die die beruflichen Hintergründe der Studierenden abbilden, sowie anhand der bisherigen Beteiligung der Anwesenden. Nach der ersten Spielphase und einem ersten Lehrenden-Feedback, welches schriftlich festgehalten wird, wird den Teilnehmenden die Weiterentwicklung der Lage geschildert. In einem zweiten Rollenspiel mit neu verteilten Rollen halten sie eine Einsatzbesprechung ab. Diese wird anschließend von dem Dozenten analysiert und die Ergebnisse werden wiederum schriftlich festgehalten. Erneut entwickelt sich die Lage weiter – Medienanfragen und -spekulationen häufen sich – sodass in einem dritten Rollenspiel eine Pressekonferenz durchgeführt wird. Auch hier nehmen die Studierenden mit neu verteilten Rollen die Positionen der jeweils Verantwortlichen sowie der Journalisten unterschiedlicher Medien ein. Bevor der

Dozent auch dieses Rollenspiel analysiert, gibt die Gruppe der Journalisten zunächst den Sicherheitsverantwortlichen Feedback. Auch diese Einschätzungen werden wieder schriftlich festgehalten. Eine Besprechung der persönlichen Erfahrungen sowie ein Fotoprotokoll der schriftlichen Analysen runden die Präsenzveranstaltung ab.

Beispiel 2: Betriebliche Sicherheitsvorkommnisse

In einer weiteren Präsenzveranstaltung findet ein Simulationsspiel zu betrieblichen Sicherheitsvorkommnissen und den sich daraus ergebenden Herausforderungen für Führungskräfte statt. Die Studierenden werden wieder auf die Rollen eingestimmt, indem sie detaillierte Beschreibungen der Situation sowie des Charakters und der Interessen der zu spielenden Person erhalten. Grundlage des Simulationsspiels ist ein Brand in einer Produktionsstätte, nach dem nicht geklärt werden kann, ob er auf technischem oder menschlichem Fehlverhalten beruht. Die theoretischen Grundlagen zur Aufklärung derartiger Vorkommnisse sowie zu den erforderlichen Führungskompetenzen sind den Studierenden auch hier im Vorhinein vermittelt worden. Während der Veranstaltung nehmen sie in mehreren Rollenspielen und unterschiedlicher Verteilung z.B. die Rolle des Betriebsrats, der Sicherheitsverantwortlichen, des Geschäftsführers, vermeintlicher Zeugen und einer Beobachterin ein. Gegenstand der Rollenspiele sind u.a. Aufklärungsgespräche, Mobbingvorwürfe, Verwarnungen der Beschäftigten sowie das ungewollte Bekanntwerden von Informationen in der Öffentlichkeit. Im Anschluss werden die Rollen zunächst von den Beobachtenden, dann von den Teilnehmenden und schließlich von der Spielleitung analysiert, wobei insbesondere auf den Realitätsbezug eingegangen wird.

Beispiel 3: Umsetzung von Sicherheitskonzepten

Das letzte Beispiel für Simulationsspiele an der DUW liefert ein zweitägiges Planspiel zum Thema *Umsetzung von Sicherheitskonzepten*. Das Spielmodell wurde anhand der Vorkommnisse des Arabischen Frühlings entwickelt. Das notwendige theoretische Wissen, insbesondere zum Personal- und organisatorischen Sicherheitsmanagement, ist den Studierenden wiederum aus vorangegangenen Studieneinheiten bekannt. Zusätzlich erhalten sie ein ausführliches Skript, welches die konkrete Situation in einem ausgewählten Land beschreibt. Der Realitätsbezug wird – neben der ohnehin bekannten Aktualität des Themas – durch Kartenmaterial und echte Zeitungsartikel unterstrichen. Das Planspiel dreht sich im Wesentlichen um die Evakuierung der Beschäftigten eines vor Ort ansässigen Unternehmens. Die Teilnehmenden nehmen dabei die Rollen verschiedener Sicherheitsverantwortlicher in Deutschland und vor Ort ein. Sie haben mit einem geringen Informationsfluss zu kämpfen und werden von der Spielleitung mittels neuer Inputs, die sie z.B. in Form eines Newstickers erreichen, immer wieder aufs Neue herausgefordert. Am Ende jedes Spieltags wird der

Ablauf analysiert; nach Abschluss des Planspiels erhalten die Studierenden von der Dozentin zusätzlich eine Zusammenfassung des Simulationsverlaufs.

3. Reaktionen der Beteiligten

Zur Auswertung der Simulationsspiele wurden Studierende sowie Lehrende des Studiengangs *Sicherheitswirtschaft und Unternehmenssicherheit* um ihre Einschätzungen gebeten. So wurden sie nach den Vor- und Nachteilen dieser Lehrmethode, den besonderen Anforderungen an die Lehrenden, der Unterstützung beim Einnehmen der Rollen, der Steigerung ihrer sozial-kommunikativen Kompetenzen, der Nachhaltigkeit des Erlernten sowie dem Spaß an Simulationsspielen gefragt. Auffallend war die weitgehend einheitliche Beantwortung der Fragen.

Positiv wurden die Intensität des Erlebten, die Festigung des Stoffes sowie der Abwechslungsreichtum und die Interaktivität dieser Lehrmethode hervorgehoben. Auch der Realitätsbezug sowie das Einüben von Flexibilität wurden sehr gut bewertet.

Als negativ wurden die notwendigen und möglichst einheitlichen Vorkenntnisse der Spieler und Spielerinnen, das Erfordernis einer relativ eng beschränkten Gruppengröße und der hohe Vorbereitungsaufwand empfunden.

In Bezug auf die Lehrenden wurde ihre Qualifikation betont, insbesondere im Hinblick auf Flexibilität, Rollenzuweisungen und Nachbereitung des Simulationsspiels. Als hilfreich wurden vorab zugegangene Informationen, das Aufbauen einer gewissen Spannung, die Rollenzuweisung durch die Spielleitung, der persönliche Bezug zur Rolle sowie die dauerhafte Visualisierung der Ausgangssituation für alle Beteiligten empfunden.

Eine Kompetenzsteigerung der o.g. Soft Skills wurde ebenso wie die Nachhaltigkeit des Gelernten durchgehend bejaht. Auch gaben alle Befragten an, Spaß an dieser Lernmethode zu haben.

Abschließend gaben die Befragten noch folgende Hinweise: Ein mehrmaliger Rollentausch sowie der Wechsel zwischen Wissensvermittlung und Spiel sei gut, der hohe Anspruch an die Planung und Durchführung von Simulationsspielen dürfe aber nicht unterschätzt und das Lehrkonzept nur sehr bewusst eingesetzt werden.

4. Fazit

Simulationsspiele eignen sich sehr gut für die Festigung und Veranschaulichung theoretischen Wissens. Sie tragen außerdem dazu bei, dass die sozial-kommunikativen Kompetenzen der Teilnehmenden gesteigert werden und diese sicherer in ihrer Berufspraxis agieren. Simulationsspiele können in Form von Rollen- und Planspielen durchgeführt werden, wobei Rollenspiele in der Regel nur wenige Minuten, Planspiele durchaus auch tagelang dauern. Sie bieten sich insbesondere in der Erwachsenenbildung an, da Soft Skills hier vornehmlich gefragt sind und die Teilnehmenden ihre Berufspraxis reflektieren können.

Für gelungene Simulationsspiele müssen sowohl die Lehrenden als auch die Teilnehmenden ausreichend qualifiziert sein. Zudem bedürfen die Teilnehmenden einer intensiven Vorbereitung und dauerhaften Betreuung durch eine flexibel agierende Spielleitung. Hierbei ist insbesondere darauf zu achten, dass die Teilnehmenden weder über- noch unterfordert werden und das Spiel eine durchweg hohe Dramaturgie beibehält. Um die Lernerfolge sicherzustellen und zu festigen, ist eine gründliche Nachbesprechung unerlässlich.

Literatur

Böttger, Ilona (2001): *Planspiel*, in: *sowi-online-Methodenlexikon*, Bielefeld. http://www.sowi-online.de/praxis/methode/planspiel.html_0 (zuletzt am 05.04.13).

Döring, Klaus W. (2008): *Handbuch Lehren und Trainieren in der Weiterbildung*, Weinheim/Basel.

Flechsig, Karl-Heinz (1991): *Kleines Handbuch didaktischer Modelle*, Göttingen.

Geuting, Manfred (2000): *Soziale Simulation und Planspiel in pädagogischer Perspektive*, in: Herz, Dietmar/Blättle, Andreas (Hrsg.): *Simulation und Planspiel in den Sozialwissenschaften*, Münster u.a.O., S. 15–62.

Kriz, Willy Christian (2000): *Lernziel: Systemkompetenz. Planspiele als Trainingsmethode*, Göttingen.

Markowitsch, Jörg/Messerer, Karin/Prokopp, Monika (2004): *Handbuch praxisorientierter Hochschulbildung*, Wien (facultas wuv universitätsverlag).

Reich, Kersten (Hrsg.): *Planspiel*, in: *Methodenpool*, Universität zu Köln. http://www.uni-koeln.de/hf/konstrukt/didaktik/download/planspiel.pdf (zuletzt am 05.04.13).

Reich, Kersten (Hrsg.): *Rollenspiele*, in: *Methodenpool*, Universität zu Köln. http://www.uni-koeln.de/hf/konstrukt/didaktik/download/rollenspiele.pdf (zuletzt am 05.04.13).

Weber, Birgit (1995): *Handlungsorientierte Methoden*, in: Steinmann, Bodo/Weber, Birgit (Hrsg.): *Handlungsorientierte Methoden in der Ökonomie*, Neusäß, S. 17–45. http://www.sowi-online.de/praxis/methode/handlungsorientierte_methoden.html (zuletzt am 05.04.13).

Eva Cendon/Ada Pellert

Tandemlernen – Lernen mit- und voneinander

Studierende in der wissenschaftlichen Weiterbildung verfügen über eine hohe Eigenmotivation und sind interessiert an Anschlussstellen für ihr (Praxis-)Wissen. Sie wissen ziemlich genau, was ihnen fehlt, was sie brauchen, wo ihre Lücken sind und warum sie (wieder) lernen. Sie haben professionelles fachliches, aber nicht unbedingt disziplinäres Wissen, das sie stärker systematisieren und damit auch zum Teil mit einem formalen Abschluss zertifizieren lassen möchten. Sie stehen vor beruflichen Umbrüchen, vor Auf- oder Umstiegen, vor Neuanfängen. Sie möchten sich fit machen für Neues, sich beruflich umorientieren oder ihr Fachwissen vertiefen und verbreitern. Oder sie haben einfach Spaß am Weiterlernen und am Austausch mit anderen Expertinnen und Experten.

Dabei haben berufsbegleitend (Weiterbildungs-)Studierende unterschiedliche Lern-Vorerfahrungen. Formal verfügen sie meist über Abschlüsse, die sie im (hoch-)schulischen oder beruflichen Kontext erworben haben. Darüber hinaus verfügen sie über eine Vielfalt oftmals informeller Lernerfahrungen aus ihrem privaten Umfeld oder dem Arbeitsprozess. Sie haben selbstgesteuert viel praktisches Wissen erworben, im privaten und beruflichen Handeln, im Tun, oft nebenher und zumeist im Austausch mit anderen. Nichtsdestotrotz ist ihr Verständnis vom Lernen oft geprägt von (früheren) Lernerfahrungen im formalen Kontext, die zum Teil emotional negativ geladen sind und zu einem zumeist sehr engen und spezifischen Lehr-Lern-Verständnis führten. Bilder vom Alleinlernen, Vorstellungen von sehr abstraktem fachlichem Wissen, von Klausuren, großen Prüfungen, dicken Schmökern in schwieriger Fachsprache, Erinnerungen an Prüfungs- und Versagensängste sind damit verknüpft.

Diesen Ausgangsbedingungen muss eine Hochschule sowohl auf inhaltlicher als auch methodisch-didaktischer Ebene Rechnung tragen, wenn sie erfolgreich wissenschaftliche Weiterbildung für Berufstätige bereitstellen möchte. Konkret gilt es für die Hochschule in diesem Zusammenhang

- *inhaltlich*: Theorie und Praxis in eine entsprechende Beziehung zueinander zu setzen.
- *methodisch-didaktisch*: unterschiedliche Zugänge zu Lernen zu ermöglichen und zu unterstützen.

Im Folgenden gehen wir zunächst auf die theoretischen Implikationen dieser Anforderungen ein, bevor wir auf ihrer Folie zeigen, wie ihnen das Tandemlernen als ein besonderes Lehr-Lern-Format praktisch Rechnung tragen kann. Dabei betrachten wir die konkreten Voraussetzungen erfolgreichen Tandemlernens ebenso wie seine Reichweite im Kontext wissenschaftlicher Weiterbildung insgesamt, bevor wir abschließend Feedback und Peer-Review als besondere Ausprägungen charakterisie ren, die das Tandem-Lernen an der Deutschen Universität für Weiterbildung (DUW) findet.

1. Theorie-Praxis-Bezug

Wissenschaftliche Weiterbildung gründet in der Verbindung von Theorie und Praxis oder der Verschränkung der wissenschaftlichen Welt mit der Welt der Professionals, wie sie im Modell des Reflective Practitioner ihren Ausdruck findet. Dieses Modell geht auf den US-amerikanischen Philosophen Donald A. Schön zurück (vgl. Schön 1983, 1987) und basiert seinerseits auf der Erkenntnis, dass sich die moderne Arbeitswelt durch hohe Komplexität und zunehmend wissensbasierte Berufsfelder auszeichnet. In diesem sind Praktikerinnen und Praktiker ständig gefordert, ihr professionelles Handeln und ihre dahinter liegenden praktischen Theorien zu reflektieren und weiterzuentwickeln. Schön plädiert vor dem Hintergrund dieses kontinuierlichen Wechselspiels von Aktion und Reflexion für ein Modell reflexiver Praxis, das auf der Gleichwertigkeit von Theorie und Praxis beruht. Das Studienmodell wissenschaftlicher Weiterbildung trägt diesem Anspruch Rechnung, wenn die Reflexion als zentrales Element des Lernens einbezogen wird. Dies kann beispielsweise dadurch geschehen, dass gezielt Anlässe geschaffen werden für die systematische Reflexion der praktischen Theorien der Studierenden, um diese im Lehr-Lern-Prozess theoriebasiert und berufsbezogen weiterzuentwickeln.

Darüber hinaus gehen wir, aufbauend auf dem Paradigma der wissensbasierten Gesellschaft, von einer gemeinsamen Wissensproduktion aller an ihrem Prozess Beteiligten aus. Dies schließt auch und vor allem die Studierenden ein, die selbst in unterschiedlichen wissensbasierten Berufen und als Wissensarbeiterinnen und -arbeiter tätig sind. Aufgrund ihres spezifischen professionellen Wissens sind sie als Expertinnen und Experten zu betrachten und demnach den (Hochschul-)Lehrenden grundsätzlich gleichberechtigt, die ihrerseits vermehrt akademisches Wissen in den Lehr-Lern-Prozess einbringen. Wissen entsteht hier im Zusammenspiel aller beteiligten Akteurinnen und Akteure mit Bezügen zu unterschiedlichen Anwendungskontexten, durch Kommunikation als zentrale Strategie der Verbreitung von Wissen, durch (Selbst-)Verantwortung und Reflexivität sowie durch unterschiedliche Systeme der Qualitätskontrolle (vgl. Gibbons et al. 1994; Nowotny/Scott/Gibbons 2001).

2. Zugänge zum Lernen

Auf methodisch-didaktischer Ebene ist die Kompetenzorientierung das zentrale Element wissenschaftlicher Weiterbildung. Das Lernen der Weiterbildungsstudierenden hat, insbesondere auf der Folie von Berufserfahrung, zu einem hohen Anteil außerhalb formaler Lehr-Lern-Settings stattgefunden, d.h. bei der Arbeit oder im privaten Bereich. Diese Lernerfahrungen und die gewonnenen Erkenntnisse leisten einen wesentlichen Beitrag zu den praktischen Theorien der Studierenden und ihrem Handlungswissen. Integriert in die Kompetenzen der Studierenden müssen sie daher neben den formal bescheinigten Qualifikationen als wesentliche Ressource angesehen werden.

Eine solche Kompetenzorientierung hat mehrere Facetten. Sie methodisch-didaktisch zu implementieren, bedeutet:
- die Kompetenzen ernst zu nehmen, die die Studierenden mitbringen, und ihnen zu ermöglichen, diese Kompetenzen – als Ausgangsbasis für die weitere Entwicklung – sichtbar zu machen.
- im Sinne von problembasiertem Lernen an konkreten Fragestellungen der Studierenden, an ihren Praxisfällen und Fallstudien anzusetzen – und diese zum Dreh- und Angelpunkt der Kompetenzentwicklung zu machen.
- die Lehr-Lern-Formate kompetenzorientiert auszurichten, d.h., die Kompetenzentwicklung der Studierenden entsprechend methodisch-didaktisch zu begleiten und ihnen am Ende des Lernprozesses die Möglichkeit zu geben, ihre Kompetenzen im Rahmen adäquater Prüfungsformen zu zeigen.

In diesem Setting ändert sich die Rolle der Lehrenden. Sie lernen ebenfalls und gemeinsam mit den Studierenden im Wechselspiel von Theorie und Praxis und mit bzw. von dem Handlungswissen und der professionellen Expertise der Studierenden. Daraus folgt, dass die Lehr-Lern-Prozesse nicht (mehr) durch ein hierarchisches und durch den Wissensvorsprung der Lehrenden gekennzeichnetes Verhältnis geprägt sind, sondern zwischen Lehrenden und Lernenden stattdessen ein kooperatives und kollaboratives Verhältnis von Partnerinnen und Partnern im Lernprozess herrscht.

3. Ein besonderes Format

Vor diesem Hintergrund sind jene Formate für die wissenschaftliche Weiterbildung besonders wichtig, die in unterschiedlichen Ausprägungen *gemeinsames* Lernen in der Verschränkung von Theorie und Praxis ermöglichen. Hierzu zählt, neben Field-Trip und Shadowing, das Tandemlernen, das auf unterschiedlichen Ebenen im Lehr-Lern-Geschehen zum Einsatz kommen kann.

3.1 Kennzeichen und Voraussetzungen

Tandemlernen bezeichnet einen organisierten Lernprozess zweier Personen. Am häufigsten wird der Begriff im Kontext des Fremdsprachenlernens verwendet, sowohl für seine in einer Bildungseinrichtung (von Schule bis Hochschule) organisierte Form als auch für selbstorganisiertes Lernen im Rahmen von unterschiedlichen Verbänden. Tandemlernen ist geprägt von einer hohen Eigenverantwortung für das eigene Lernen. Die Lernenden entscheiden sich autonom für ihr jeweiliges Gegenüber, ihre Tandempartnerin oder ihren Tandempartner, definieren die Ziele für ihr Lernen, sind gleichzeitig Lehrende und Lernende in Bezug auf das eigene Lernen. Sie wechseln sich in der Rolle als Lehrende oder Lernende ab und entscheiden über den Einsatz etwaiger unterstützender Begleitmaterialien sowie über Zeit, Ort und Intensität des Mit- und Voneinanderlernens (vgl. Lernberatung Selbstlernzentrum o.J.).

Eng mit dem Konzept des Tandemlernens verknüpft ist das der *Lernpartnerschaft*. Auch hier geht es um einen freiwilligen Zusammenschluss zweier Personen auf Zeit mit dem Ziel, mit- und voneinander zu lernen. Vorrangig geht es dabei um das kritische Hinterfragen und Weiterentwickeln des eigenen Lernverhaltens anhand des Bearbeitens von eigenen Lernpaketen. Ein weiteres Ziel ist die gegenseitige Qualifizierung im je eigenen Kompetenzbereich. Die Lernpartner und -partnerinnen vereinbaren gemeinsam ihre jeweiligen Lernziele, erstellen einen Lehrplan und legen die periodischen Treffen zur Reflexion des Gelernten und ihres jeweiligen Lernverhaltens fest. Als ein mögliches Hilfsmittel zur Beobachtung des Lernverhaltens und der Dokumentation der Eindrücke bei den Treffen mit der Lernpartnerin oder dem Lernpartner dient das Lernjournal (vgl. ISORBA o.J., S. 1). Lernpartnerschaften sind vorrangig im Bereich der beruflichen Bildung zu finden.

Erfolgreiches Lernen in diesen Settings hängt aus unserer Sicht von einer Reihe von Voraussetzungen ab:

1) *Rahmenbedingungen und Unterstützung für selbstgesteuertes Lernen* – Institutionen oder Verbände schaffen entsprechende organisationale Rahmenbedingungen und stellen praktisches Begleitmaterial wie Lernvereinbarungen, Leitfäden und Checklisten zur Verfügung.

2) *Hohes Maß an Selbstorganisation und Selbststeuerung* – Die Entscheidung für gemeinsames Lernen treffen die Lernenden selbst: allein bzw. zu zweit. Dies beinhaltet auch, dass es keine Zuteilungen gibt, sondern sich am Tandemlernen Interessierte gegenseitig suchen und finden. Dabei ist allerdings darauf zu achten, dass eine bestimmte Übereinstimmung von Interessen und Zielen vorhanden ist.

3) *Klarer Zeitrahmen* – Die Lernzeit wird zu Beginn definiert. Das gemeinsame Lernen und die gemeinsame Reflexion des Lernens haben einen klaren Anfang und ein definiertes Ende.

4) *Nutzen für beide* – Voraussetzung für die Zusammenarbeit ist der ersichtliche Nutzen für beide. Dies wird sichergestellt, indem die Lernziele zu Beginn des Lernprozesses ausgehandelt werden.

5) *Abwechslung von Allein- und Zu-Zweit-Lernen* – Im Vordergrund steht individuelles Lernen, bereichert und ergänzt durch gemeinsames Von- und Miteinanderlernen, das wiederkehrend und periodisch organisiert ist.

6) *Reflexion des eigenen Lernens* – Sie ist das zentrale Element des eigenen und des gemeinsamen Lernprozesses.

7) *Komplementarität bzw. Verschiedenheit der Lernenden* – Jeder bzw. jede Lernende besitzt Wissen oder Können, das die oder der andere nicht hat und in dem sich die beiden Lernenden ergänzen.

Soll das Tandemlernen in der wissenschaftlichen Weiterbildung eingesetzt werden, so brauchen die *Lernenden* ein hohes Maß an Selbstorganisationsfähigkeit und

Selbststeuerung, um erfolgreich zu lernen. Sie müssen interessiert sein an ihrem Gegenüber, den Nutzen ihres Austausches für sich selbst erkennen und bereit sein zur kontinuierlichen Reflexion ihres Lernens.

Die *Institution* wiederum muss entsprechende organisationale Rahmenbedingungen schaffen und Support-Strukturen etablieren. Sie muss beispielsweise das Kennenlernen der Studierenden – nicht nur in den obligatorischen Online- und Präsenzveranstaltungen, sondern auch in anderen, informelleren Zusammenhängen und auch über den eigenen Masterstudiengang hinausgehend – forcieren, um gerade den Umgang mit Verschiedenheit im Tandemlernen zu fördern. Es gilt, virtuelle und physische Orte zur Verfügung zu stellen, Zeiträume für das Tandemlernen festzulegen und für ein offenes Lernklima bzw. eine offene Lernkultur zu sorgen. Zudem muss die Hochschule den selbstorganisierten Austausch durch entsprechende Hilfestellungen (beispielsweise Checklisten, Begleitmaterialien) unterstützen.

3.2 Verankerung von Tandemlernen in der Hochschule

Wo Tandemlernen in das Konzept der wissenschaftlichen Weiterbildung Eingang findet, kommen ihm Funktionen auf organisatorischer, inhaltlicher und methodisch-didaktischer Ebene zu.

Bezogen auf die *(studien-)organisatorische* Ebene wissenschaftlicher Weiterbildung spielt das Tandemlernen eine wichtige Rolle. Gerade ein berufsbegleitendes Studium erfordert vonseiten der Studierenden hohes Organisationstalent und ausgeprägte Projektmanagement-Kompetenzen. Als Berufserfahrene bringen die Studierenden in der Regel zwar schon ein hohes Maß an Selbstorganisationsfähigkeit und Selbststeuerung mit, doch immer wieder geht es auch darum, „motivationale Einbrüche" zu überstehen. Hier kann die Tandempartnerin oder der Tandempartner helfen durchzuhalten. Das Erinnern an den Abgabetermin der Projektarbeit oder den Beginn der Online-Phase, manchmal auch ein simples „Wie geht es dir?", und dies in wechselnden Rollen, erleichtern die Organisation des Studienalltags ungemein.

Inhaltlich geht es beim Tandemlernen darum, ein Gegenüber sowohl für die Reflexion des Gelernten als auch für seine Übersetzung in die eigene Praxis zu haben. Studienangebote zur wissenschaftlichen Weiterbildung sind zumeist durch eine große Heterogenität der Berufs- und Bildungsbiografien sowie der Alters- und Branchenzugehörigkeit gekennzeichnet. Diese Vielfalt kann für die gemeinsame Wissenskonstruktion und die Weiterentwicklung des eigenen Praxiswissens sehr lernträchtig sein, wenn etwa in spezifischen Settings in Tandems unterschiedliche Perspektiven eingebracht und berücksichtigt werden. Wichtig hierfür ist ein Vertrauensverhältnis, das den Tandempartnerinnen und -partnern ermöglicht, sich aufeinander einzulassen, und ihnen die Möglichkeit eröffnet, abwechselnd in die Rolle des oder der Lehrenden bzw. des oder der Lernenden zu schlüpfen. Längere, etwa für die Dauer eines zweijährigen Masterstudiengangs bestehende Tandembeziehungen besitzen darüber hinaus den Vorteil, dass die Partnerinnen und Partner die Arbeitssituation des Ge-

genübers vertieft kennenlernt. Daher kann sie oder er den Transfer des Gelernten in den persönlichen beruflichen Kontext besonders gut unterstützen und begleiten.

Aus *methodisch-didaktischer Sicht* schließlich ist das Tandemlernen ein Format, das auf das Mit- und Voneinanderlernen Gleicher abzielt. An der DUW wird Tandemlernen in Planspielen, Fallstudien und der Bearbeitung von Praxisfällen der Studierenden eingesetzt, um problembasiert die Kompetenzentwicklung der Studierenden zu unterstützen. Daneben werden Methoden der strukturierten Rückmeldung im Tandemlernen eingeführt und verwendet, die die Studierenden in ihre Berufspraxis und in die (dozierendenfreie) Tandemarbeit übernehmen sollen. So kann die Methode der kollegialen Fallberatung, deren Qualität von einem gut strukturierten Vorgehen abhängig ist, besonders intensiv in der Zweierbeziehung eingeübt und vertieft werden.

Eine besondere Bedeutung kommt in diesem Zusammenhang dem Feedback zu. Ist erst einmal das entscheidende Vertrauensverhältnis aufgebaut, so erhalten die Tandempartnerinnen und -partner in der Rolle der bzw. des Lernenden von ihrem Gegenüber eine ehrliche und kollegiale Rückmeldung, die zudem einen ganzheitlichen Blick auf die verschiedenen Dimensionen der eigenen Kompetenzentwicklung werfen kann. In der Rolle der Lehrenden, als Feedbackgeberin, schult die jeweils andere Person ihre Beurteilungskompetenz. Diese Kompetenz wollen wir bei unseren Studierenden, die bereits Führungskräfte sind oder es noch werden, besonders pflegen: Worauf muss geachtet werden, wenn eine Leistung beurteilt werden soll? Wie lassen sich Veränderungen gegenüber einer persönlichen Ausgangsdiagnose feststellen? Wo setzt man mit konstruktiven Rückmeldungen am besten an? Und wie sieht die richtige Mischung aus Wertschätzung und konstruktiver Kritik aus? Im Tandemlernen können das Geben und Entgegennehmen von Feedback „mit Netz" und jenseits eines (hierarchischen) Verhältnisses zu Vorgesetzten und Mitarbeitenden über einen längeren Zeitraum hinweg eingeübt werden. Voraussetzung hierfür ist allerdings – und dies wollen wir an der DUW zukünftig noch weiter verstärkt umsetzen – eine Verdeutlichung der Möglichkeiten des Tandemlernens und seine systematische Einführung gleich zu Beginn des Studiums.

Dem Tandemlernen verwandt ist das Peer-Learning, das wir in Gestalt der Peer-Review als Möglichkeit einer fokussierten und strukturierten Rückmeldung ebenfalls in DUW-Lehrveranstaltungen einführen und erproben. Damit tragen wir dem Umstand Rechnung, dass der Erwerb und die Vertiefung der Kompetenz zu bewerten, zu beurteilen und Qualitäten einschätzen zu können, zu den Charakteristika wissenschaftlicher Weiterbildung zählt. Nicht von ungefähr gilt die Peer-Review als ein wichtiges Element der Qualitätsentwicklung im Wissenschaftsbereich und wird auch im Praxissystem immer wichtiger. Wie aber wird man ein guter *Peer*? Und wie kann man durch Peer-Review Beiträge zur qualitätsvollen Weiterentwicklung des Wissenschaftsbetriebs und anderer wissensbasierter Bereiche leisten? Diese Fragen werden in unseren Augen noch weitgehend vernachlässigt und die Studierenden selten auf die Übernahme der Rolle des Peer vorbereitet. Dabei könnte der Nutzen des Peer-Review – sowohl im Wissenschaftssystem als auch in der beruflichen Praxis – gesteigert werden, wenn sich die Studierenden mit ihr gezielter auseinandersetzten. Insofern glauben wir fest daran, dass sich der Ertrag des Tandemlernens noch steigern lässt, wenn wir dieses Format dazu nutzen, Peer-Review in der wissenschaftlichen Weiterbildung gezielt einzuüben oder sie zumindest verstärkt zu thematisieren.

4. Schlussfolgerungen

Das Tandemlernen ist ein wichtiger Baustein der Lernarchitektur, die wir auf Basis der Erfahrungen, die wir in den letzten 15 Jahren in der hochschulischen Weiterbildung sammeln konnten, speziell für die Zielgruppe berufstätiger Studierender in der wissenschaftlichen Weiterbildung an der DUW seit 2009 entwickeln. Als methodisch-didaktisches Grundelement findet es sich in allen drei Säulen unseres Blended-Learning-Modells in den entsprechend unterstützten Selbstlernphasen, den kollaborativen E-Learning-Phasen und in den interaktiven Präsenzveranstaltungen. Darüber hinaus ermutigen wir die Studierenden, Tandems im Sinne einer Lernpartnerschaft zu bilden, um sich zum einen in der Lernmotivation gegenseitig positiv zu verstärken und zum anderen noch weiter vom Beitrag des Tandemlernens zur persönlichen Kompetenzentwicklung zu profitieren.

Literatur

Gibbons, Michael et al. (1994): *The new production of knowledge. The dynamics of science and research in contemporary societies*, Los Angeles u.a.O. (Sage).

ISORBA (o.J.): *Script: Lernpartnerschaft*, o.O., S. 1–3. http://www.isorba-basel.ch/daten/weiterbildung/pdfscript/Lernpartnerschaft.pdf (zuletzt am 17.04.13).

Lernberatung Selbstlernzentrum (o.J.): *UNITandem. Lernen im Tandem. Leitfaden für die Tandemarbeit*, Universität Freiburg i. Br. http://www.unifr.ch/unitandem/Doc/leitfaden-dt_2009.pdf (zuletzt am 17.04.13).

Nowotny, Helga/Scott, Peter/Gibbons, Michael (2001): *Re-Thinking Science. Knowledge and the Public in an Age of Uncertainty*, Cambridge (Polity Press).

Schön, Donald A. (1983): *The Reflective Practitioner. How Professionals Think in Action*, New York (Basic Books).

Schön, Donald A. (1987): *Educating the Reflective Practitioner. Toward a New Design for Teaching and Learning in the Professions*, San Francisco (Jossey-Bass). Higher Education Series.

Eva Cendon/Kai Verbarg

Der Field-Trip – Ein reflektierter Praxisdialog

Der vorliegende Beitrag fokussiert auf ein besonderes Lehr-Lern-Format an der Deutschen Universität für Weiterbildung (DUW), den *Field-Trip* – ein hochschulisches Lehr-Lern-Format, das Elemente akademischer Praktika und verwandter betrieblicher Formate aufgreift und weiterentwickelt. Die Besonderheit des Settings liegt darin, dass es sich bei den Studierenden der DUW um Berufstätige und damit selbst um Praktikerinnen und Praktiker handelt, die mit Partnerinnen und Partnern aus ausgewählten Organisationen die Praxis kritisch beleuchten und *be*-forschen. Ziel des Beitrags ist eine Darstellung, Einordnung und kritische Beurteilung der bisherigen Entwicklung und Praxis dieses Lehr-Lern-Formats, das seit seiner erstmaligen Durchführung im Herbst 2010 Bestandteil aller Masterstudiengänge der DUW ist.

1. Einordnung des Field-Trip in das Studienmodell

Das Studienmodell der DUW ist dem kontinuierlichen Austausch von Theorie und Praxis verpflichtet. Orientiert an dem handlungstheoretischen Modell des *Reflective Practitioner* von Donald A. Schön (1983, 1987) erhebt das Modell den ambitionierten Anspruch, die Erfahrungen der berufstätigen und somit berufsbegleitend Studierenden kontinuierlich zum Gegenstand ihrer wissenschaftlichen Reflexion zu machen. Grundlage dieses Zugangs ist die Erkenntnis, dass sich die moderne Arbeitswelt durch hohe Komplexität und zunehmend wissensbasierte Berufsfelder auszeichnet. Praktikerinnen und Praktiker sind in ihrem beruflichen Alltag ständig gefordert, ihr professionelles Handeln und ihre dahinter liegenden praktischen Theorien kontinuierlich weiterzuentwickeln. Für eine universitäre Einrichtung, die sich zum einen *Professional Studies* auf Ihre Fahnen geschrieben hat und zum anderen ausschließlich universitäre Weiterbildung anbietet, stellt sich die Frage, in welcher Form sie Praktikern und Praktikerinnen Möglichkeiten bietet, ihre praktischen Theorien sowohl theoriebasiert als auch berufsbezogen weiterzuentwickeln.

Ein solches Format ist der in diesem Beitrag vorgestellte und durchleuchtete Field-Trip, der einen „Mikrokosmos" des DUW-Studienmodells darstellt und die grundlegenden Bausteine dieses Studienmodells in einem Blended-Learning-Ansatz vereinigt:
- die prinzipielle Gleichrangigkeit von Theorie und Praxis,
- die konsequente Orientierung an Kompetenzen und Lernergebnissen,
- die Neudefinition der Rolle der Lehrenden als Lernprozessbegleitende sowie
- die Bereitstellung einer adäquaten Lernarchitektur mit einem Format-Mix aus Selbststudium, webbasierter Online-Interaktion sowie Präsenzstudium.

2. Der Field-Trip als Mittler zwischen den Welten?

In einer ersten Annäherung wollen wir den Field-Trip zwischen anderen Formaten betrieblicher wie hochschulischer Praktika positionieren. Als ein Format zwischen den Welten intendiert der Field-Trip, das Spannungsfeld zwischen wissenschaftlicher Theorie und innovativer Anwendung für die Studierenden im Sinne reflexiver Praxis erlebbar und nutzbar zu machen. Der Kategorisierung von Peter Dehnbostel (2007, S. 44 ff.) folgend, handelt es sich um ein Modell arbeitsbezogenen Lernens, spezifisch um eine Form des Lernens durch Hospitationen bzw. Erkundungen. Diese lässt sich jedoch von verwandten Formaten sowohl auf akademischer (Exkursionen, Praktika, Betriebsbesichtigungen) wie auch auf betrieblicher Seite (Rotation, Benchmarking, Learning Journeys) abgrenzen, wobei eine größere konzeptionelle Nähe zu den Formaten auf betrieblicher Seite besteht.

2.1 Verwandte akademische Formate

Bei den schulischen bzw. akademischen *Exkursionen,* die häufig auch mit dem Synonym Field-Trip umschrieben werden, steht einerseits der anreichernde Aspekt der außerschulischen bzw. außeruniversitären Lernumgebung, andererseits die beobachtende oder teilnehmende Observation des natur- oder sozialwissenschaftlich interessierenden Objekts im Feld im Mittelpunkt. Im Gegensatz zum Field-Trip-Konzept an der DUW findet ein Austausch mit dem beobachteten Objekt in der Regel nicht statt.

Die den Exkursionen verwandte *Betriebsbesichtigung* beschreibt eine – häufig nur eher oberflächliche – Begehung und Betrachtung eines betrieblichen Umfelds durch Betriebsfremde; auch hier findet ein Austausch mit Angehörigen des besuchten Betriebs in der Regel nicht oder nur stark reglementiert und durch ein Selbstdarstellungsinteresse des Betriebes potenziell verzerrt statt.

Praktika, die mit einem Studium in Verbindung stehen, dienen der Vertiefung oder Verankerung akademisch erworbenen Wissens in der praktischen Anwendung und scheinen daher dem Format des Field-Trip ähnlich zu sein. Der Unterschied zum Field-Trip besteht hier darin, dass die Praktikantinnen und Praktikanten ausschließlich akademisch-theoretische Vorkenntnisse mitbringen, während Studierende an der DUW per definitionem sowohl theoretisches Wissen als auch praktische Erfahrung vorweisen und daher mit den Gesprächspartnerinnen und Gesprächspartnern auf Augenhöhe diskutieren können.

Zusammenfassend lässt sich festhalten, dass der zentrale Unterschied des DUW Field-Trip zu den akademischen Formaten im meist fehlenden partnerschaftlichen Austausch zwischen den Beteiligten besteht.

2.2 Verwandte betriebliche Formate

Unterschiedliche Formen der *Rotation* werden innerbetrieblich oder, etwa im Rahmen von Qualifizierungsverbünden und Berufsbildungsnetzwerken, auch zwischenbetrieblich angewendet, um den Erwerb arbeitsplatzspezifischer oder berufsspezifischer Qualifikationen zu ermöglichen (vgl. Dehnbostel 2007, S. 48). Unter der Prämisse „Mitarbeiter schulen Mitarbeiter" nehmen Mitarbeitende bei der Rotation abwechselnd die Rolle von Lernenden bzw. Lehrenden ein. Auch hier stehen sich die Gesprächspartner und Gesprächspartnerinnen nicht auf gleicher Hierarchie- respektive Kompetenzebene gegenüber. Ähnliches gilt für Formate wie *Mentoring* oder *Shadowing*, die immer ein Kompetenz- und Hierarchiegefälle voraussetzen. Die Problematik einer Begegnung auf Augenhöhe wird auch deutlich in Ansätzen von *Reverse* oder *Intergenerational Mentoring*.

Bei institutionellen Lernformaten wie dem *Benchmarking* liegt der Fokus auf dem systematischen Vergleich unternehmensbezogener Methoden, Strukturen und Prozesse mit deren Entsprechung in als vorbildhaft betrachteten Unternehmen oder Institutionen. Der Diskurs findet also auch nur begrenzt auf Augenhöhe statt, da eine qualitativ unterschiedliche Kompetenz per definitionem vorausgesetzt wird. Der Fokus liegt zudem primär auf dem Nutzen für das Unternehmen und nur sekundär auf der Kompetenzerweiterung des Individuums, während es beim Field-Trip umgekehrt ist.

Eine gewisse Nähe hat das Konzept des Field-Trip zum ebenfalls neuen *Learning-Journey*-Ansatz. In der von der Unternehmensberatung Heitger Consulting (Heitger/Antia, 2011) praktizierten 3×3×3-Variante sind z.B. drei gemischte Managementteams eines Unternehmens jeweils drei Tage zu einem intensiven und kritischen Austausch bei drei unterschiedlichen „Champions" unterschiedlicher Branchen zu Besuch mit dem Ziel der Perspektivenerweiterung und Generierung innovativer Impulse, ohne dass jedoch eine wissenschaftliche Grundlegung vorgenommen wird.

So ist als Fazit die fehlende wissenschaftliche Fundierung, Begleitung und Auswertung der Erkenntnisse als der zentrale Unterschied des DUW Field-Trip zu den betrieblichen Formaten zu nennen.

Wie sich aus dem Dargestellten zeigt, sind Begriff und Ansatz des Field-Trip nicht neu, aber in der Konzeption der DUW in neuartiger Weise als Verschränkung von Theorie und Praxis umgesetzt. Keines der genannten und bekannten akademischen oder betrieblichen Formate weist diese für den Bereich der akademisch fundierten Weiterbildung in besonderer Weise geeignete Mischung auf. Insofern lässt sich das Format zumindest vorläufig als Mittler zwischen Modellen arbeitsbezogenen Lernens im akademischen und im betrieblichen Kontext bezeichnen, da es Anleihen aus beiden „Welten" nimmt und unterschiedliche Ansätze zusammenführt sowie weiter entwickelt.

3. Was ist der Field-Trip? Das Konzept

Der Field-Trip ist integrativer Bestandteil des Curriculums jedes DUW-Masterstudiengangs und baut auf den im jeweiligen Studiengang erworbenen Kenntnissen und Fertigkeiten auf. Die Studierenden absolvieren ihn ungefähr in der Mitte ihres auf zwei Jahre angelegten Masterstudiengangs.

3.1 Inhalte und Themen

Inhaltlich fokussiert der Field-Trip schwerpunktmäßig anwendungsbezogene Themen der studiengangbezogenen Module, dies in enger Verbindung mit Praxisthemen der Studierenden. Auch bei einem Fokus auf ausgewählte Fachthemen besteht immer ein Bezug zur übergreifenden Synthese der bisher absolvierten studiengangspezifischen Module sowie ein Ausblick auf die folgenden Lehr-Lern-Inhalte. In seiner Funktion als „Brücke" zum abschließenden studiengangspezifischen Modul 3 liegt der rahmenthematische Fokus z.B. im Masterstudiengang *Bildungs- und Kompetenzmanagement* je nach Durchführungsort auf aktuellen Modellen individuellen und organisationalen Lernens oder auf innovativen Antworten auf Problemstellungen, die sich aus dem demografischen Wandel für Personal- und Organisationsentwicklung ergeben.

3.2 Methode und Zielsetzung

Der Field-Trip ermöglicht den Studierenden eine angeleitete *reflexive Auseinandersetzung* mit zentralen Aspekten der spezifischen Berufspraxis, die der jeweilige Studiengang thematisch-inhaltlich im Blick hat. Er erlaubt damit Einsicht in ausgewählte praktische Zusammenhänge und vertieft so die bislang im Rahmen des DUW-Studiums erworbenen Kenntnisse und Fertigkeiten.

Der Field-Trip zielt ab auf die Weiterentwicklung der *Transferfähigkeit* der Studierenden. Sie sind nach erfolgreichem Abschluss dieser Studieneinheit in der Lage, berufliche Praxis auf der Grundlage ihrer wissenschaftlichen Auseinandersetzung mit dem Berufsfeld und mittels der Methoden der Praxisforschung zu analysieren.

Zugleich wird durch den Field-Trip das *Community Building* zwischen den Studierenden gestärkt; sie sind einander beruflich interessante Peers wie auch kollegiale Beraterinnen und Berater. Schließlich gewährleistet das Gemeinschaftserlebnis eine dauerhaftere emotionale Verankerung des Gelernten und Erfahrenen, als dies bei herkömmlichen Lehr-Lern-Formaten der Fall ist.

Aber nicht nur die Studierenden profitieren von dem Format, auch für die Partnerorganisationen ergibt sich ein Mehrwert: Im Sinne eines Dialogs von Theorie und Praxis eröffnet der Field-Trip den aufnehmenden Einrichtungen – Unternehmen, Behörden, Institutionen, Verbänden usw. – die Möglichkeit eines *maßgeschneiderten Wissenstransfers,* der Impulse für die eigene Betriebspraxis gibt. Durch die exemplarische Kopplung an die berufliche Praxis wirkt dieser Wissenstransfer seinerseits schließlich wieder auf den Lehr- und Forschungsbetrieb an der DUW zurück.

3.3 Konzeption und Format-Mix

Der zentrale Aspekt und „pädagogische Mehrwert" (Kornprath 2008, S. 226) von Blended Learning besteht in der transferunterstützenden Vor- sowie der reflexiven Nachbereitung von Präsenzveranstaltungen. Folgerichtig bildet der Field-Trip in der Konzeption der DUW einen Mikrokosmos, der die verschiedenen Lehr-Lern-Formate verschränkt: Insgesamt ist er auf einen Gesamtzeitraum von zwei Monaten angelegt, wobei der Field-Trip im engeren Sinne aus einer Präsenzphase von fünf Tagen vor Ort in einschlägigen Einrichtungen besteht. Vorbereitet wird der Field-Trip durch eine Selbststudienphase anhand von Studienmaterialien und in einer Online-Einheit, nachbereitet wird er im Rahmen einer Projektarbeit. Die fünftägige Präsenzveranstaltung besteht aus einem intensiven wissenschaftsbasierten und praxisorientierten Dialog mit Expertinnen und Experten des jeweiligen Berufsfeldes, der vor Ort in Abteilungen besonders repräsentativer oder innovativer Unternehmen, Behörden oder Organisationen stattfindet. Zwischen den Gesprächsterminen besteht die Möglichkeit der Reflexion und Recherche entweder am Standort der DUW oder in einer Partnereinrichtung vor Ort.

3.4 Organisation und Betreuung

Als spezifisches Lehr-Lern-Format ist der Field-Trip im Rahmen jedes Masterstudiengangs obligatorisch. Er wird zweimal jährlich, meist in je einer ausländischen und einer inländischen Variante angeboten. Beide Varianten führen grundsätzlich zu denselben Lernergebnissen. Bei der Auslandsvariante kommt als Herausforderung der kompetente Umgang mit der je nach Fachgebiet mehr oder weniger ungewohnten Geschäftssprache Englisch hinzu. Der Field-Trip vor Ort wird von einer oder einem Lehrenden des jeweiligen Studiengangs konzipiert; dies geschieht in enger Abstimmung mit der Studiengangleitung sowie mit den Vertreterinnen und Vertretern der Partnerorganisationen. Die Vor- und Nachbereitung des Field-Trip wird von Lehrenden der DUW betreut. Diese fungieren auch als Prüferinnen oder Prüfer. Während der Präsenzphase werden die Studierenden von der Studiengangleitung begleitet. In der Regel sind auch die Lehrenden vor Ort, die den Field-Trip konzipiert haben und über persönliche Kontakte in den besuchten Einrichtungen verfügen. In der internationalen Variante des Field-Trip werden die Studierenden zusätzlich von einer ortskundigen Kontaktperson der Partnereinrichtung vor Ort betreut, die vor allem für organisatorische Belange, oft aber auch für inhaltlichen Input zuständig ist.

4. Der Ablauf des Field-Trip – Konzeption und Erfahrungen

Damit die Studierenden dieses für die Verschränkung von Theorie und Praxis so wichtige Lehr-Lern-Format bestmöglich nutzen können, sieht die Konzeption des Field-Trip insgesamt fünf Phasen vor. Die fünfte Phase ist Ausgangspunkt und Endpunkt zugleich: nämlich die eigene Praxis, das berufliche Umfeld der Studierenden.

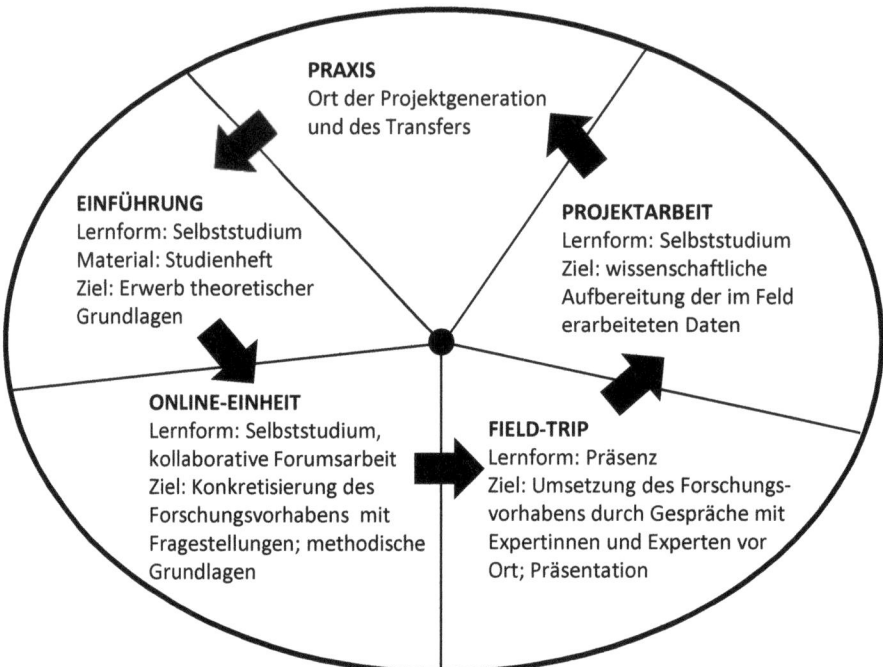

Abbildung 1: Das Konzept des Field-Trip an der DUW

4.1 Die Praxis als Ausgangspunkt des Field-Trip

Zentrales Element des Field-Trip sind die individuellen Praxisforschungsprojekte der Studierenden. Diese Projekte werden aus dem eigenen Praxiskontext im Zusammenhang mit den Themen des Studiengangs generiert. Die Verknüpfung mit einem Rahmenthema dient dabei der Eingrenzung des möglichen Themenuniversums entlang der Dimensionen Innovationskraft, Aktualität, und Machbarkeit. Geachtet wird darauf, dass sich die relevanten Praxisfragen der Studierenden auf das jeweilige Rahmenthema beziehen.

4.2 Phase Einführung: Einstieg in die Praxisforschung und Erarbeitung – Ausgangsfrage(n)

Zu Beginn steht eine Einführung mit studiengangspezifischen Materialien, die die Studierenden in Selbststudienphasen durcharbeiten. Darin werden ihnen Ziel und Zweck des Field-Trip nähergebracht, verbunden mit allgemeinen organisatorischen, inhaltlichen und methodischen Informationen. Des Weiteren setzen sich die Studierenden mit der Praxisforschung – einem weiterentwickelten Ansatz der Aktionsforschung (vgl. Moser 1995) – als erste konkrete Vorbereitung auf den kommenden Praxisdialog auseinander. Und schließlich erarbeiten sie sich an der Schnittstelle von eigenem Forschungsinteresse und thematischer Rahmenvorgabe Ausgangspunkte für ihre Praxisforschungsvorhaben und wählen dafür (eine) geeignete Methode(n). Diese einführende Phase erwies sich in der bisherigen Praxis als unerlässliche Grundlage für das thematische und methodische Einarbeiten.

4.3 Phase Online-Einheit: Konkretisierung und Fokussierung

In der Online-Einheit konkretisieren die Studierenden ihre Fragen an die Praxis, finden Zugang zu geeigneten methodischen Vorgehensweisen, recherchieren zu Organisationen und Personen, mit denen sie im Rahmen des Field-Trips in einen Dialog eintreten werden, und vertiefen anhand zur Verfügung gestellter Dokumente und Links sowie durch eigene Recherchen ihren individuellen Zugang zum jeweiligen Rahmenthema. Dies erfolgt online im Forum im Austausch mit den Mitstudierenden, angeleitet durch die und begleitet von der Studiengangleitung. Den Abschluss der Online-Einheit bilden eine virtuelle Präsentation und Diskussion der Fragestellungen, sodass am Ende der Online-Einheit ein ausgefeiltes Praxisforschungsprojekt einschließlich konkreter Fragestellungen und ein methodischer „Instrumentenkoffer" stehen, den die Studierenden mit auf die Reise nehmen.

Ein zentrales Ziel der Online-Einheit ist es, aus den noch etwas diffusen, häufig entweder zu weit oder zu eng angedachten Forschungsvorhaben der Teilnehmenden konkrete und im Rahmen der Möglichkeiten handhabbare Forschungsfragen mit entsprechenden Forschungsplänen zu generieren. In der ersten Woche der Online-Einheit wird das Rahmenthema des Field-Trip vorgestellt. Rahmenthemen waren z.B. *Auswirkungen des demografischen Wandels auf die Personal- und Organisationsentwicklung* oder *Het Nieuwe Werken/Die neue Art zu Arbeiten* (beide Masterstudiengang *Bildungs- und Kompetenzmanagement*), *Einrichtung und Umsetzung von Compliance-Funktionen im Ländervergleich* (Masterstudiengang *Compliance*) oder *Dimensionen transnationalen Managements* (MBA). Eine Auswahl von Texten und Links wird dabei als Ausgangspunkt für die eigene Recherche zur Verfügung gestellt. Bis zum Ende der Woche soll es den Studierenden gelingen, ihre Forschungsfrage zu konkretisieren und Anknüpfungspunkte zum Rahmenthema zu identifizieren. In der zweiten Woche der Online-Einheit geht es um die Rahmenbedingungen des Field-Trip, also um die zu besuchenden Organisationen und Personen, bei Field-

Trips ins Ausland auch um die jeweiligen gesellschaftlichen Rahmenbedingungen. Die Studierenden recherchieren und stellen Bezüge zu Ihren Forschungsfragen her; ggf. erarbeiten sie in diesem Stadium auch schon konkrete Fragen, die sie ihren Gesprächspartnerinnen und Gesprächspartnern im Rahmen der Interviewsettings stellen wollen. Die Aufgabenstellung der dritten und letzten Woche der Online-Einheit wurde im Laufe der Durchführung mehrerer Field-Trips überarbeitet. Sie dient der Zuspitzung des Forschungsvorhabens auf Basis der erweiterten Kenntnisse und der Formulierung möglicher Fragen für die Vor-Ort-Gespräche. Ging es bei den ersten Durchführungen noch um eine begründete Auswahl aus einer Bandbreite unterschiedlicher Methoden der Praxisforschung, so wurde im Zeitverlauf deutlich, dass sich für die vorgesehenen Settings die Methode der moderierten Gruppendiskussion besonders eignet. In der Planung der Gesprächssettings wird darauf geachtet, dass jede Teilnehmerin und jeder Teilnehmer mindestens einmal die Rolle des Moderators bzw. der Moderatorin einer Gruppendiskussion übernimmt.

Den Abschluss der Online-Einheit bildet eine virtuelle Konferenz, in der die Studierenden ihr jeweiliges Forschungsdesign den Mitstudierenden sowie der Studiengangleitung und den beteiligten Tutorinnen und Tutoren präsentieren und zur Diskussion stellen. Bis zum Beginn des Field-Trip vor Ort bleibt dann noch eine Woche Zeit, um Kritik und Anregungen aus der virtuellen Konferenz zu reflektieren und die Projektskizze weiter zu überarbeiten.

4.4 Phase Field-Trip: Durchführung und erste Ergebnisse

Der Field-Trip vor Ort dient der Durchführung des Praxisforschungsprojekts. Ein Kick-off-Workshop dient neben der organisatorischen Abstimmung auch dem Austausch von Erwartungen an die Woche. Der aktuelle Status der jeweiligen Forschungsfragen wird erneut kurz dargestellt und diskutiert. Im Anschluss an den Auftakt finden die Gesprächstermine statt, in der Regel ein bis zwei pro Tag. Über das zentrale Element der Führung und Moderation von Gesprächen hinaus besteht die Aufgabe auch darin, weitere Daten zu sammeln, zu beobachten, und flexibel die Möglichkeit der Gesprächssituationen zu nutzen. Wesentlicher Bestandteil sind im Laufe der Field-Trip-Woche regelmäßige Reflexionsgespräche mit der Studiengangleitung, um die gesammelten Daten einer ersten geleiteten Analyse zu unterziehen und um die gesammelten Eindrücke festzuhalten. Die Ergebnisse der Praxisforschung werden am letzten Tag des Field-Trip den Mitstudierenden, den Praktikern und Praktikerinnen sowie den Begleiterinnen und Begleitern des Field-Trip im Rahmen einer bewerteten Prüfung präsentiert und mit ihnen diskutiert. Dieser Austausch mit theoretisch wie praktisch Involvierten dient zum einen einer ersten Kompilation der eigenen Erkenntnisse und ermöglicht zum anderen das Überprüfen erster praktischer Theorien sowie einen möglichen Rückfluss zurück in die betriebliche Praxis vor Ort.

4.5 Phase Projektarbeit: Theoretische Verdichtung und Reflexion

Nach Abschluss des Field-Trip haben die Studierenden drei Wochen Zeit, um ihre Daten auszuwerten und in eine strukturierte Form zu bringen: Sie erstellen eine bewusst auf einen Umfang von etwa zehn Seiten beschränkte Projektarbeit, in der sie die vor Ort gesammelten Daten auch unter Einbeziehung der geführten Diskussionen aggregieren und mit Theorie unterlegt zusammenführen. Die Studierenden sollen mit dieser Arbeit zeigen, dass sie in der Lage sind, innerhalb der vorgegebenen Zeit und unter Heranziehung theoretischer Grundlagen eine praxisorientierte Fragestellung nachvollziehbar und formalen und wissenschaftlichen Vorgaben genügend zu bearbeiten.

In aller Regel schließt sich der Kreis nach Anfertigung der Projektarbeit, indem die Studierenden das abgeschlossene Projekt wieder in ihren jeweiligen organisationalen und/oder individuellen Arbeitskontext einbringen. Die Ergebnisse werden auch den Partnerorganisationen zugänglich gemacht.

Die Erfahrungen zeigen, dass die aus dem Field-Trip generierten Themen und Erfahrungen bis hin zur Projektarbeit für die Eine oder den Anderen bereits ein thematischer Einstieg in das wenige Monate später folgende Projekt der Master-Thesis sind.

5. Fazit und Anschlussstellen für die Weiterentwicklung

Ein Fazit auf Basis von Einzelbefragungen und der strukturierten Evaluation des Field-Trip nach dem DUW-Modell fällt positiv aus: Inhaltlich und methodisch-didaktisch bestätigen sowohl das informelle Feedback von Studierenden und Lehrenden als auch formelle Rückmeldungen im Rahmen der Evaluation, dass die hohen Erwartungen erfüllt wurden. Die Studierenden hatten, auch aufgrund der intensiven Vorbereitung durch Selbstlernphase und Online-Einheit, sehr präzise Vorstellungen davon, was sie auf dem Field-Trip erleben und welche projektbezogenen Ziele sie erreichen wollten. Für die Studierenden war der herausragende Aspekt die Kombination des „Eintauchens" in eine mehr oder weniger fremde Umgebung mit der Herausforderung, zielführende Praxisforschung zu betreiben. Die Begleitenden betonen bei ihrer Einschätzung die optimale Mischung formellen und informellen, expliziten und impliziten Lernens. Bei grundsätzlicher Bewährung des Formats Field-Trip ergeben sich interessante Ansatzpunkte für eine konzeptionelle Weiterentwicklung. Dabei lassen sich organisatorische, inhaltliche und methodisch-didaktische Aspekte differenzieren.

5.1 Organisatorisches

Der Ansatz, Partner mit Erfahrung im internationalen Austausch, in der Anbahnung von geeigneten Unternehmenskontakten und in der detaillierten Ablauforganisation vor Ort auszuwählen, hat sich bewährt. Nach der Durchführung von bislang fünf Field-Trips allein im Masterstudiengang *Bildungs- und Kompetenzmanagement* zeigt sich auch schon eine erste Bewährung der Kooperationen und ein erste Stabilisierung und Vertiefung der Beziehungen; zumal auch vonseiten der Partnerorganisationen ein Interesse daran besteht, die Kontakte aufrechtzuerhalten. Die Gesprächspartnerinnen und -partner bringen bereits eigene Vorstellungen zu Ablauf und Inhalten mit ein. Bewährt hat sich die Vorabinformation zu den Forschungsvorhaben – die auch den Partnerorganisationen ein gewisses Matching in Bezug auf geeignete Ansprechpersonen erlaubt. Die zu Beginn noch geringe Beteiligung der Gesprächspartnerinnen und -partner aus den Unternehmen an der Abschlussrunde erhöht sich von Mal zu Mal. Es lässt sich konstatieren, dass von Unternehmensseite nun auch stärker die Mehrwerte für die eigene Organisation gesehen werden. Die Zusendung der Projektarbeiten – bei den englischsprachigen Field-Trips einigten wir uns auf einseitige Abstracts für die Gesprächspartnerinnen und -partner und die Partnerorganisationen – ist inzwischen ein zentraler Teil der Kooperation.

5.2 Inhaltliche Differenzierung

Inhaltlich ist die Idee aufgegangen, studiengangspezifisch praxisnahe Forschungsvorhaben aus dem beruflichen Kontext der Studierenden zu generieren. Hier haben vor allem die Forschungsvorhaben durch die interdisziplinäre Mischung der Beteiligten sowohl aufseiten der Studierenden als auch der Lehrenden erkennbar an Qualität gewonnen und allen den Blick über den disziplinären Tellerrand ermöglicht. Eine wesentliche *Lesson Learned* und erste inhaltliche Weiterentwicklung besteht in einer stärkeren inhaltlichen Differenzierung im Rahmen des Field-Trip. Zum einen steht hier ja die Forschungsarbeit im Rahmen der Unternehmensbesuche an. Zum anderen dienen auch die Gruppendiskussionen und die einmal einzunehmende Rolle der Moderatorin oder des Moderators als wichtige Impulse für die eigene Kompetenzentwicklung. Insofern ist diese Rolle, zu deren Ausgestaltung die Studierenden anschließend auch Feedback erhalten, eine gute Möglichkeit zu methodischem Probehandeln in Bezug auf die Gruppendiskussion und Interviewsituationen sowie zu sozial-kommunikativem Probehandeln (Moderation, Einbezug der Mitstudierenden) in einem geschützten Rahmen.

5.3 Methodisch-Didaktisches

Im Zuge der mehrmaligen Durchführung des Field-Trip stellte sich heraus, dass das sehr wichtige Element des Innehaltens und Reflektierens nicht nur für die inhaltliche Weiterentwicklung zentral ist, sondern auch insbesondere für die persönliche Kompetenzentwicklung. Zudem bietet der Field-Trip der Studiengangleitung die Chance, eine längere und intensivere Lernzeit mit den Studierenden zu verbringen und deren Performanz in realen Situationen zu erleben. Um dies beides stärker zu nutzen

– die Reflexion über die weitere Kompetenzentwicklung wie auch die Möglichkeit des verstärkten Austauschs mit der Studiengangleitung –, werden mittlerweile von den Studierenden und der Studiengangleitung vorbereitete und im Rahmen des Field-Trip durchgeführte Kompetenzentwicklungsgespräche geführt. Diese dienen dem Blick auf das Erreichte, auf die zu Beginn des Studiums gesetzten Ziele, und auf mögliche Veränderungen oder Neuausrichtungen für das weitere Studium. Die Studiengangleitung gibt Feedback zu dem Erleben der Studierenden, und es wird gemeinsam besprochen, welche Schwerpunkte sich die Studierenden für das weitere Studium ggf. auch schon mit Blick auf die Master-Thesis vornehmen; dies auch vor dem Hintergrund der Erfahrungen mit der wissenschaftlichen Arbeit im Rahmen des laufenden Field-Trip. Das Reflexionselement insgesamt ist in der Woche zentral, daher wird nun auch verpflichtend ein Reflexionstagebuch eingeführt, in dem die Studierenden ihre Erfahrungen und Erkenntnisse nochmals betrachten und weiterhin Ideen skizzieren. Als Ort für das Festhalten der Erfahrungen und die Reflexion wird das E-Portfolio der Studierenden empfohlen und auch verstärkt genutzt.

Aus Sicht von Autorin und Autor sowie auch der bisher Beteiligten lässt sich konstatieren, dass die Konzeption des Field-Trip innovativ und tragfähig ist. Die *Lessons Learned* der ersten Durchgänge wurden kontinuierlich für die konzeptionelle Weiterentwicklung herangezogen und genutzt – und auch die nächsten Field-Trips werden darauf aufbauend gemeinsam mit Studierenden, Lehrenden und beteiligten Unternehmen weiterentwickelt.

Literatur

Dehnbostel, Peter (2007): *Lernen im Prozess der Arbeit*, Münster u.a.O. Studienreihe Bildungs- und Wissenschaftsmanagement, Bd. 7.

Heitger, Barbara/Antia, Delna (2011): *Resilienz. Innovation per Expedition,* in: *personal manager* 1/2011, S. 29–31.

Kornprath, Karin (2008): *Ist das Konzept des Blended Learning eine zufriedenstellende pädagogische Antwort auf didaktische Defizite des E-Learning?*, in: Greif, Hajo/Mitrea, Oana/Werner, Matthias (Hrsg.): *Information und Gesellschaft. Technologien einer sozialen Beziehung*, Wiesbaden, S. 225–238.

Moser, Heinz (1995): *Grundlagen der Praxisforschung*. Freiburg i. Br.

Moser, Heinz (2008): *Instrumentenkoffer für die Praxisforschung*. 4., überarbeitete Auflage, Freiburg i. Br.

Schön, Donald A. (1983): *The Reflective Practitioner. How Professionals Think in Action*. New York (Basic Books).

Schön, Donald A. (1987): *Educating the Reflective Practitioner. Toward a New Design for Teaching and Learning in the Professions,* San Francisco (Jossey-Bass). Higher Education Series.

Myriam Nauerz/Barbara Walder

Shadowing – Lernen durch Beobachten

Ein Schwerpunkt des DUW-Masterstudiengangs *General Management (MBA)* liegt in der wissenschaftlichen Beschäftigung mit den Aspekten Führung und Leadership. Dabei betrachten die Studierenden insbesondere die Dimensionen und Aufgaben von Führung in Unternehmen und Organisationen und richten einen speziellen Fokus auf den Zusammenhang zwischen Führungsprozessen und Unternehmenskultur. Ein wichtiges Element ist dabei die Reflexion und Weiterentwicklung des eigenen Führungsverständnisses der Studierenden. Um diese persönliche Führungskompetenz – eine essenzielle Managementfertigkeit – nicht nur theoriebasiert weiterzuentwickeln, sondern auch in der Praxis zu vertiefen, und um neue Impulse für das eigene Führungsverhalten zu bekommen, wurde ein besonderes Lernelement eingeführt: das *Shadowing*. Beim Shadowing begleiten die Studierenden eine ausgewählte Führungskraft einen Tag lang, um die Person bei der Arbeit zu beobachten und von diesen Beobachtungen zu lernen.

1. Theoretischer Hintergrund

Ursprünglich kommt das Format des Shadowing aus der Arbeitspsychologie, „(…) wo der Untersucher dem Mitarbeiter – insbesondere bei der Beobachtung komplexer und nicht stationärer Arbeitstätigkeiten – ‚wie ein Schatten' folgt, während dieser wie gewohnt mit seiner Arbeit fortfährt" (Winter 2000). In der Marktforschung wird das Shadowing als Instrument der qualitativen Erhebung eingesetzt, um direkte Einblicke in die Welt der Konsumenten und Konsumentinnen zu erhalten. Auch beim Coaching spielt das Shadowing eine Rolle, wenn etwa die Beraterin ihren Klienten zu Beginn des Beratungsprozesses begleitet, um seine Handlungen in seinem direkten (Arbeits-)Umfeld zu beobachten und in diesen Kontext einzuordnen. Ein weiteres Gebiet, auf dem das Shadowing immer mehr zum Einsatz kommt, ist die Karriereplanung. Dabei lernen Berufseinsteiger und -einsteigerinnen ein Arbeitsfeld kennen, wobei es sich beim Shadowing – im Gegensatz zu einem Praktikum – nur um eine Maßnahme von einem Tag oder wenigen Tagen handelt und die Personen nicht in die Arbeitsprozesse involviert sind, sondern das Geschehen passiv verfolgen. Beim Shadowing an der DUW schließlich stehen nicht Arbeitsinhalte allgemein im Vordergrund, sondern das Führungsverhalten einer von den Studierenden ausgewählten Führungskraft.

1.1 Das Shadowing als „passiv teilnehmende Beobachtung"

Mit Blick auf all diese genannten Einsatzgebiete hat das Format des Shadowing als *„passiv teilnehmende Beobachtung"* (Nothhaft 2010, S. 177; Herv. d. Verf.) viele Vorteile (vgl. SDI-Research-Lexikon):
- Die Beobachtung ist unmittelbar, d.h., sie geschieht direkt während der Handlung, im Falle des DUW-Lernformats also während das Führungsverhalten gezeigt wird.
- Sie ist ganzheitlich, d.h., auch die äußeren Einflüsse auf das Verhalten der Person können erfasst werden.
- Sie ist tiefgehend, d.h., auch unbewusst gesteuerte Handlungen und Verhaltensweisen können in die Beobachtung einfließen.

Allerdings ist die passiv teilnehmende Beobachtung auf optisch sichtbare Aspekte beschränkt. Um diesem großen Nachteil entgegenzuwirken, wird das Lernformat des Shadowing an der DUW durch zwei Instrumente flankiert:

Zum einen haben die Studierenden die Aufgabe, vor Antritt des Shadowing Informationen zu dem Unternehmen/der Organisation und zu der Person zu recherchieren, die sie „beschatten" werden. So erhalten sie erste Anhaltspunkte, um das gezeigte Verhalten der Führungskraft in organisationalen oder persönlichen Hintergründen zu verorten.

Zum anderen führen die Studierenden während oder am Ende ihres Shadowing-Tages ein qualitatives, semistrukturiertes Interview mit der Führungsperson. Darin thematisieren sie Aspekte, die an diesem Tag nicht beobachtet werden konnten oder die grundsätzlich nicht beobachtbar sind (wie z.B. verhaltensauslösende Faktoren), und gewinnen so weitere Grundlagen für die Interpretation des beobachteten Führungsverhaltens. Zudem dient das Interview dazu, Verständnisfragen bezüglich der Beobachtungen zu klären und eine erste gemeinsame Analyse durchzuführen. Dieses Interview setzt sich aus Fragen zusammen, die vorgegeben und von den Studierenden im Vorfeld vorbereitet werden, sowie aus Fragen, die sich aus den Beobachtungen des Shadowing-Tages spontan ergeben.

Mit diesem Methodenmix aus Recherche, Beobachtung und Interview soll der „blinde Fleck" der teilnehmenden Beobachtung so weit wie möglich verkleinert werden.

1.2 Lernen durch Beobachtung

Ziel des Shadowing ist es, bei den Studierenden durch die Beobachtungen einen Lernprozess auszulösen, etwa im Sinne der sozialkognitiven Lerntheorie von Albert Bandura, der Lernen als Beobachtung, Beurteilung und schließlich Reproduktion des Verhaltens eines Modells versteht (vgl. 1979). Claus Otto Scharmer bezeichnet den Lernprozess, der durch das Shadowing in Gang gesetzt wird, als Aufdecken und

„Absorbieren" von praktischem und auch intuitivem Wissen der Führungskraft (vgl. Scharmer 2011, siehe auch: Scharmer 2009, S. 28ff.).

Die Ergebnisse dieses Lernprozesses formuliert die DUW folgendermaßen: „Beim Shadowing
- gewinnen Sie ‚Echtzeit-Einsichten' in die Arbeitspraxis einer (anderen) Führungskraft;
- bekommen Sie informellen Zugang zu täglichen Routinen von (anderen) Führungskräften, ohne selbst on stage zu sein;
- erlangen Sie ein tieferes Verständnis für die Arbeit einer (anderen) Führungskraft;
- identifizieren Sie Barrieren und Möglichkeiten für Leadership;
- erhalten Sie neue Ideen für das eigene Führungs- oder Experten- bzw. Expertinnenverhalten;
- gewinnen Sie mehr Klarheit über Ihr eigenes Führungs- oder Expertinnen- bzw. Expertenprofil und
- erweitern Sie u.U. Ihr persönliches Netzwerk." (DUW 2012, S. 1)

Ein Nebeneffekt, der sicher auch zum bisherigen Erfolg des DUW-Shadowing beigetragen hat, ist die Möglichkeit für die „Beschatteten", ihrerseits ebenfalls aus den Beobachtungen des Tages zu lernen. Bereits im Interview mit dem Studierenden im Anschluss an das Shadowing erhalten sie ein erstes Feedback auf ihr Führungsverhalten und können dieses anhand von Nachfragen analysieren. So wird ihr praktisches und intuitives Wissen aufgedeckt, von dem oben die Rede war. Vertieft wird diese Reflexion durch den schriftlichen Bericht, den die Studierenden im Nachgang zum Shadowing erstellen und auch den „Beschatteten" zukommen lassen. Dies führt zum nächsten Punkt, dem konkreten Ablauf des Shadowing als DUW-Lernformat.

2. Ablauf

Die Studierenden des Masterstudiengangs *General Management (MBA)* absolvieren das Shadowing in der Regel nach einem Jahr. So kann davon ausgegangen werden, dass sie über angemessene theoretische Vorkenntnisse hinsichtlich der Themen Führung und Leadership verfügen. Das Shadowing ist ein verpflichtendes Lernelement und sein erfolgreicher Abschluss ist eine der Voraussetzungen für die Anmeldung zur Master-Thesis; das Lernelement wird jedoch nicht bewertet.

Die Studierenden werden über den Ablauf des Shadowing-Prozesses zu Beginn ihres Studiums sowohl schriftlich als auch mündlich im Rahmen einer einführenden Präsenzveranstaltung informiert. Zudem bietet die Studiengangleitung in unregelmäßigen Abständen ein Webinar zum Thema Shadowing an.

2.1 Vorbereitung

In Vorbereitung auf den Tag des Shadowing klären die Studierenden zunächst das Ziel ihres Shadowing-Prozesses sowie ihre eigene Intention: Was möchte ich lernen? Was soll das Ergebnis dieses Tages sein? Inwiefern kann das Shadowing ein Schritt in die Richtung meines eigenen beruflichen Erfolgs sein?

Ein weiterer, sehr wesentlicher Schritt ist die Identifikation einer passenden Person, die „beschattet" werden soll. In einer ersten Pilotphase vermittelte die DUW den Studierenden Personen auf der Grundlage ihrer Kontakte zu Führungskräften in Wirtschaft und Politik. Das Matching zwischen den einzelnen Studierenden und den Führungskräften erfolgte anhand der Interessen der Studierenden sowie der zeitlichen und räumlichen Verfügbarkeit der zu beschattenden Personen. Nach Abschluss dieser Pilotphase liegen die Identifikation und Ansprache einer Führungskraft in der Hand der Studierenden und bilden einen ersten wichtigen Bestandteil des Shadowing-Prozesses als solchem. (Nur noch im Ausnahmefall ist die Studiengangleitung bei der Suche nach einer Führungskraft behilflich.)

Für die Auswahl der Person, die beschattet werden soll, gilt folgendes Kriterium: "The target person and (its) context should be both interesting (from the viewpoint of the shadower) and unfamiliar. Shadowing is not an interview or a visit with an old buddy." (Scharmer 2011) Das heißt, dass die Lernergebnisse am besten erreicht werden, wenn die Studierenden eine ihnen bislang fremde Führungskraft beschatten und dabei außerdem „über den eigenen Tellerrand" hinaus in ein anderes Berufsfeld oder eine andere Branche schauen. Der Abstand zu den Arbeitsinhalten ermöglicht es ihnen, den Fokus der Beobachtung tatsächlich auf die Führungsaspekte zu legen. Daher wurde das Shadowing bislang nur in Einzelfällen bei einer Führungskraft im Unternehmen der Studierenden durchgeführt – dann aber zumindest in einem anderen Bereich oder an einem anderen Standort.

Die Studierenden sind verpflichtet, ihre Wahl der zu beschattenden Führungskraft mit der Studiengangleitung abzustimmen, bevor sie die jeweilige Führungskraft anfragen. Daraufhin bekommen sie zur Unterstützung ihrer Anfrage ein Begleitschreiben der Präsidentin der DUW, in dem Ziel und Zweck des Shadowing noch einmal gleichsam offiziell erläutert werden.

In einem nächsten Schritt nehmen die Studierenden mit der ausgewählten Person Kontakt auf, stellen sich vor, informieren die potenziell zu beschattende Führungskraft über ihr Vorhaben und vereinbaren – bei positiver Resonanz – einen Termin für das geplante Shadowing. Schon bei der Kontaktaufnahme ist es wichtig, die Vertraulichkeit aller Beobachtungen und Informationen als ein Prinzip des DUW-Shadowing herauszustellen. Zudem werden im Rahmen der ersten Kontakte die gegenseitigen Erwartungen geklärt und ggf. weitere Informationen, beispielsweise zum Unternehmen/der Organisation oder zum Tagesablauf oder hinsichtlich logistischer Fragen wie der Anreise ausgetauscht.

Zur inhaltlichen Vorbereitung auf den Shadowing-Tag gehört, wie bereits beschrieben, eine ausführliche Recherche frei verfügbarer Informationen über das Unternehmen/die Organisation und die Führungskraft sowie eine entsprechende Aufbereitung von Informationen, die die Studierenden möglicherweise vorab von der zu beschattenden Führungskraft erhalten haben. Zudem entwickeln die Studierenden einen Interviewleitfaden, der sich u.a. an folgenden Fragestellungen orientieren sollte (vgl. Scharmer 2011):

- Wie sind Sie in Ihre jetzige Position gelangt?
- Mit welchen zentralen Herausforderungen sind Sie im Moment beschäftigt?
- Was macht Ihre Arbeit als Führungskraft aus? Was würde in Ihrer Organisation fehlen, wenn Sie nicht da wären? Welchen Mehrwert tragen Sie bei?
- Was mussten Sie hinter sich lassen („verlernen"), als Sie diese Position einnahmen? Welche Kompetenzen mussten Sie neu oder weiterentwickeln?
- Welche guten und weniger guten Beispiele von Führung haben Sie selbst erlebt?
- Welche Barrieren gibt es im jetzigen System, die Ihr Team oder Ihre Organisation daran hindern, das volle Potenzial auszuschöpfen?
- Welche persönlichen Methoden wenden Sie an, um Ihr eigenes Potenzial bestmöglich zu nutzen?

2.2 Shadowing und Interview mit der Führungskraft

Am Tag des Shadowing nimmt der bzw. die Studierende am Tagesablauf der Führungskraft teil und beobachtet ihr Verhalten, möglichst ohne die beobachtete Person dabei zu beeinflussen oder gar zu stören. Die beschattete Führungskraft wird gebeten, sich so zu verhalten wie im Alltag.

Während des Shadowing sollten von den Studierenden die folgenden drei Prinzipien beachtet werden:
1) Beobachten! Eigene Vorannahmen und Vorurteile beiseiteschieben, (zunächst) nicht urteilen.
2) Eigene Unwissenheit zulassen! Jede Frage und jede Beobachtung ist wichtig.
3) Empathie zeigen! Aus der Perspektive der beschatteten Person beobachten, mit Sympathie für ihren Zugang und ihr Handeln.

Nach dem regulären Arbeitsablauf dieses Tages führen die Studierenden mit der von ihnen beschatteten Führungskraft ein Interview anhand der vorbereiteten Leitfragen sowie anhand der Fragen, die sich aus ihren Beobachtungen im Laufe des Shadowing-Tages ergeben.

Abschließend unterzeichnen beide eine standardisierte Verschwiegenheitserklärung; ein Exemplar reichen die Studierenden bei der Studiengangleitung ein.

2.3 Persönliche Nachbereitung

Direkt im Anschluss an das Shadowing erfolgt eine erste persönliche Reflexion der Studierenden, die sich an folgenden Fragen orientieren kann (vgl. Scharmer 2011):

- Was waren die zwei bis drei zentralen Beobachtungen an diesem Tag?
- Was ist mir besonders aufgefallen? Was hat mich überrascht, was war unerwartet?
- Was sind die Implikationen für meine eigene Arbeit?
- Welchen zwei bis drei wichtigen Herausforderungen als Führungskraft musste sich die von mir beschattete Person heute stellen?
- Gab es Momente, in denen ich mich unbehaglich fühlte? Warum?
- Gab es Momente, die mich inspirierten? Warum?
- Was habe ich noch über mich herausgefunden?
- Andere Beobachtungen oder zentrale Eindrücke?

2.4 Abschlussbericht

Auf der Basis dieser persönlichen Nachbetrachtung fertigen die Studierenden einen Abschlussbericht in Form einer ca. zweiseitigen Reflexion über das Lernergebnis des Shadowing an. Darin verarbeiten sie ihre Beobachtungen und greifen die Ergebnisse ihrer ersten Reflexion auf. Außerdem gehen sie auf die Aussagen ein, die die von ihnen beschattete Person im Interview machte. Diesen Abschlussbericht stellen sie der von ihnen beschatteten Person zur Verfügung und leiten ein Exemplar an die Studiengangleitung weiter.

3. Resümee

Die bisherigen Erfahrungen der Studierenden mit dem Shadowing haben gezeigt, dass das Format geeignet ist, um Lernen durch Beobachtung zu stimulieren und das theoretische Wissen um Führung durch praktische Einblicke in die alltägliche Arbeitswelt einer Führungskraft zu erweitern.

3.1 Die Auswahl und Ansprache einer Führungskraft

Ein wesentlicher Aspekt im gesamten Shadowing-Prozess ist die Suche nach einer geeigneten Führungskraft, die beobachtet werden kann. Grundsätzlich kann festgehalten werden, dass die Bereitschaft der angesprochenen Führungskräfte, sich einen Tag lang „beschatten" zu lassen, sehr hoch ist. Bedenken bestanden bislang vor allem hinsichtlich der Vertraulichkeit, insbesondere dann, wenn – wie z.B. im Falle von Consultants – auch andere Personen/Kunden und deren Betriebsinterna beobachtet werden. In den meisten Fällen konnten diese Bedenken durch eine Vertraulichkeitserklärung ausgeräumt werden. Nur selten kam es zu Absagen.

Personen, die auch in einem anderen Kontext bereits mit der DUW verbunden sind, waren naturgemäß eher bereit, sich beobachten zu lassen. Doch hat sich gezeigt, dass die Studierenden mit eigenem Engagement z.T. sehr hochrangige Führungskräfte aus unterschiedlichen Wirtschaftsbereichen sowie aus Politik und Verwaltung für das Shadowing gewinnen konnten. Dabei reicht die Bandbreite bislang von Abgeordneten des Europäischen Parlaments über Vertreterinnen und Vertreter von Berufsverbänden und Kammern bis hin zu Führungskräften großer Unternehmen wie Siemens, Bayer oder die Deutsche Bahn. Situationen, in denen Studierende, etwa aufgrund eigener zeitlicher oder räumlicher Einschränkungen, mangelnder Ideen oder wiederholter Absagen, grundsätzliche Schwierigkeiten hatten, eine Person zu finden, blieben bisher die Ausnahme.

Die Erfahrung zeigt ohnehin, dass die vorangehende Identifikation einer geeigneten Führungskraft durch die Studierenden kritischer ist als die Aufgabe, sie für das Shadowing zu gewinnen. So lässt sich beobachten, dass die Studierenden oftmals nur schwer trennen können zwischen den Führungsaspekten – dem eigentlichen Fokus des Shadowing – und den Arbeitsinhalten bzw. Sachgebieten, in denen sich die Führungskraft bewegt. So begründen sie ihre Auswahl einer Führungskraft meist mit dem Interesse an dem Unternehmen oder dem Berufsfeld, nicht aber mit möglicherweise interessanten Führungsaspekten, die in der Person der Führungskraft liegen. Diese Tendenz wird z.T. noch durch die Vorgabe verstärkt, das Shadowing idealerweise branchenfremd zu absolvieren. So ist das Kriterium für die Wahl einer Führungskraft oftmals entweder ein bereits bestehender Kontakt oder aber das Interesse an der Branche bzw. der Organisation als solcher. Ein solches Bias kann unter Umständen die Lernergebnisse verzerren, weshalb die Studiengangleitung im Rahmen des Auswahlprozesses gegensteuert. Wie die abschließenden Berichte der Studierenden zeigen, gelang es in den meisten Fällen, den Fokus (wieder) auf die Führungsaspekte zu lenken.

3.2 Die Lernergebnisse

In ihren Abschlussberichten betonen die Studierenden durchgängig, dass das Shadowing für sie ein beeindruckendes Erlebnis war. Insgesamt konnten sie verschiedene Führungsstile identifizieren, wobei meist ein situatives Führungsverhalten überwog, indem die Führungskraft ihr Verhalten an die jeweiligen Mitarbeiter und Mitarbeiterinnen oder Situationen anpasste und im Laufe des Tages sehr unterschiedlich agierte. Außerdem wurde den Studierenden deutlich, dass die Rahmenbedingungen essenziell sind für die Ausprägung des jeweiligen Führungsstils (z.B. Größe des Unternehmens bzw. des Teams, hierarchischer Aufbau der Organisation, unterschiedliche Marktgegebenheiten). Dies traf in besonderem Maße auf Führungskräfte zu, die in anderen kulturellen Kontexten tätig sind. (Einzelne Studierende absolvierten ihr Shadowing in den USA oder in Australien.)

Als wichtige Fähigkeiten oder Verhaltensweisen einer Führungskraft wurden von den Studierenden folgende Aspekte identifiziert:
- Empathie und Wertschätzung gegenüber den Mitarbeitenden,
- konsequentes und berechenbares Handeln (was auch das Eingestehen von eigenen Fehlern beinhaltet),
- Entscheidungsfreudigkeit,

- die Fähigkeit (und auch der Wille), sich selbst aus der operativen Arbeit herauszunehmen und Tätigkeiten zu delegieren,
- ein sehr gutes Zeitmanagement,
- die ständige Reflexion auf Führung und das eigene Führungsverhalten sowie
- insgesamt ein großes Interesse und Freude an der Arbeit und der Führungstätigkeit.

Ein wesentliches Element, in dem sich Führungskompetenz zeige, sei die Kommunikation mit den Mitarbeitenden, aber auch mit anderen Führungskräften und externen Partnern oder Kunden. So sei eine gute Gesprächsführung und Leitung von Gruppengesprächen (zuhören, den Gesprächspartner ernst nehmen, ein gemeinsames Verständnis entwickeln, moderieren, Beteiligung und Lösungen einfordern, zuspitzen, zusammenfassen etc.) essenziell für den Erfolg als Führungskraft.

Als große Herausforderungen von Führungskräften sahen die Studierenden die oftmals sehr langen Arbeitszeiten an und die Notwendigkeit, sich schnell auf einen nächsten Termin bzw. Gesprächspartner um- und einzustellen.

Neben neuen Impulsen für die Gestaltung ihrer eigenen Führungsrolle erhielten viele Studierende auch konkrete Hinweise auf Methoden (z.B. für das Zeitmanagement oder die Gestaltung von Mitarbeiter-Feedbacks) sowie Instrumente (z.B. spezielle Software für das Projektmanagement oder Wiedervorlage-Systeme). Außerdem konnten durch das Shadowing teilweise erste Kontakte mit Blick auf die anstehende Erstellung der Master-Thesis geknüpft werden.

Vereinzelte kritische Anmerkungen der Studierenden zum Shadowing bezogen sich etwa darauf, dass die ständige Beobachtung der Führungskraft während eines gesamten Tages trotz allem eine „künstliche Situation" gewesen sei. Deshalb wird der Methodenmix des Shadowing mit der vorausgehenden Informationsrecherche und insbesondere dem abschließenden Interview als sehr hilfreich empfunden, um die Interpretation der Beobachtungen „nachzujustieren". Außerdem erwähnten einzelne Studierende, dass es durchaus auch unangenehme Situationen gab, in denen z.B. Gesprächsbeteiligte nicht mit ihrer Anwesenheit gerechnet hatten und sich deshalb unwohl fühlten.

Insgesamt aber stimmten alle Studierenden bislang darin überein, dass sie das Shadowing als sehr bereichernd und „lehrreich" empfanden. Neben den vielen neuen Erkenntnissen, die sie gewannen, konnten die Studierenden die bestätigende und damit positive Erfahrung machen, dass (andere) Führungskräfte mit sehr ähnlichen (z.T. ganz praktischen) Problemen und Fragen konfrontiert sind, wie sie selbst in ihrer eigenen Berufstätigkeit.

Literatur

Bandura, Albert (1979): *Sozial-kognitive Lerntheorie*, Stuttgart.
DUW (2012): *Shadowing – Informationen für Studierende*, Berlin.

Nothhaft, Howard (2011): *Kommunikationsmanagement als professionelle Organisationspraxis. Theoretische Annäherung auf Grundlage einer teilnehmenden Beobachtungsstudie,* Wiesbaden.
Scharmer, Claus Otto (2009): *Theorie U. Von der Zukunft her führen,* Heidelberg.
Scharmer, Claus Otto (2011): *Theory U Toolbook 1.1: Shadowing,* Cambridge MA (Precensing Institute). http://www.presencing.com/sites/default/files/tools/UTool_Shadowing.pdf (zuletzt am 10.04.13).
SDI-Research-Lexikon: *Beobachtung,* Wien (SDI-Research, Dr. Villani & Partner KG). http://www.sdi-research.at/lexikon/beobachtung.html (zuletzt am 10.04.13).
Winter, Stefanie (2000): *Shadowing,* Mannheim. http://imihome.imi.uni-karlsruhe.de/nshadowing_b.html (zuletzt am 10.04.13).

Ada Pellert

Anforderungen an eine moderne Managementausbildung

Was sind eigentlich die heutigen Herausforderungen und Spannungsfelder in modernen Unternehmen, für die Führungskräfte einen passenden Umgang finden müssen, um ihre Rolle erfüllen zu können? Und wie können Führungskräfte besser darauf vorbereitet werden? Mit diesen Fragen beschäftigt sich der vorliegende Beitrag. Ziel ist, Bedingungen für die Aus- und Weiterbildung von Führungskräften zu formulieren, damit sie bei dem unterstützt werden, was als eine ihrer wesentlichen Funktionen angesehen wird: die Zukunftsfähigkeit von Unternehmen zu gewährleisten.

Als zentrale Herausforderungen mit Blick auf die Sicherung der Zukunftsfähigkeit von Unternehmen werden dabei der Umgang mit Wissen, das strategische Personalmanagement, die Gestaltung von Veränderungsprozessen und das Gestalten von Vielfalt im Sinne von Diversity Management gesehen. Aus diesen Herausforderungen werden Ausgangspunkte für die Führungs- und Leitungsarbeit in Unternehmen abgeleitet sowie daraus folgende Ansatzpunkte einer modernen Managementaus- und -weiterbildung – im Sinne der Vorbereitung auf und der Begleitung von Führungsaufgaben – skizziert. Als besonders wichtig werden dabei folgende Punkte angesehen:

1) Die Aus- und Weiterbildung von Führungskräften muss sich stärker an den aktuellen Herausforderungen orientieren und in ihrer didaktischen Form besser in den Alltag von Führungskräften integrierbar sein.
2) Lernen muss als selbstgesteuertes, reflexives Lernen erfolgen, um mit der Explosion von Wissen und der zunehmenden Komplexität angemessen umgehen zu können.
3) Erst die Verbindung von Aktion und Reflexion ermöglicht Führungskräften, den aktuellen Herausforderungen gerade in wissensintensiven Organisationen gerecht zu werden.

1. Aktuelle Herausforderungen für Führung und Leitung

Business Schools sind nicht erst seit der Finanzkrise ins Gerede gekommen. Auch davor war es schon fraglich, ob ein betriebswirtschaftlicher Instrumentenkasten – wie er oft über MBA-Programme vermittelt wird – tatsächlich die beste Zugangsweise ist, um vorrangig fachspezifisch und häufig akademisch ausgebildete Nachwuchsführungskräfte über eine adäquate Managementausbildung auf ihre weiteren Führungsaufgaben vorzubereiten.

Welchen konkreten Herausforderungen müssen Führungskräfte bei der Wahrnehmung von Leitungsaufgaben in Unternehmen aktuell begegnen? Diese sollen zunächst kurz skizziert werden und als Basis für die Formulierung der Ausgangspunkte sowie neuer Ansätze von Führung und Leitung dienen.

1.1 Wissensmanagement

Die zunehmende Wissensbasierung der Gesellschaft wird in ihren Konsequenzen noch immer unterschätzt. Die Wissensproduktion ist nicht nur zum zentralen Produktionsfaktor geworden, sie ist auch schon lange nicht mehr nur auf die klassischen wissensproduzierenden Einrichtungen wie Universitäten und Forschungseinrichtungen beschränkt. Vielmehr entsteht Wissen an vielen Orten, immer schneller und oft auch abgekoppelt von diesen Einrichtungen.

Für Wirtschaftsorganisationen ist der Zugang zu neuem Wissen mittlerweile zu einer Frage des ökonomischen Überlebens geworden. Wissen wird – über die Mitarbeitenden als Wissensarbeiter und -arbeiterinnen – zu *dem* Kapital von Organisationen. Das Know-how und die Expertise der Mitarbeitenden werden in den wissensintensiven Bereichen zur in jeder Hinsicht wertvollsten Ressource, die pfleglich behandelt und weiterentwickelt werden muss (vgl. Schneider 2001). Angesichts des beschriebenen rasanten Wandels ist dies eine Herausforderung für Unternehmen, aus der neue Anforderungen an die Rolle der Führungskräfte, an das Steuern von Kompetenzen im organisationalen Kontext und an das Lernen der Mitarbeitenden erwachsen.

1.2 Personalmanagement

Viele Unternehmen haben große Schwierigkeiten, sich von der Personalverwaltung weg in Richtung auf ein strategisches Personalmanagement zu bewegen, da dies zum einen eine Rückbindung der Personalentwicklung an die strategischen Grundfragen des Unternehmens erfordert, zum anderen zudem ein Verständnis von Personalmanagement voraussetzt, das insbesondere Kompetenz- und Talentmanagement als Kernaufgabe versteht. Geht man dann noch einen Schritt weiter und legt John Erpenbecks Verständnis von Kompetenz als Handlungsfähigkeit in ergebnisoffenen Situationen zugrunde (vgl. Erpenbeck/Heyse 2007), resultiert daraus die zentrale Frage moderner Personalentwicklung: Welche (Meta-)Kompetenzen werden benötigt, und wie können entsprechende Lernprozesse gestaltet werden? Vor dem Hintergrund der im vorhergehenden Abschnitt beschriebenen zunehmenden Wissensintensität in Verbindung mit dem demografischen Wandel hin zu einer alternden Gesellschaft rückt dabei das Konzept des Lebenslangen Lernens in das Zentrum des strategischen Personalmanagements. Damit verbunden ist nicht nur die Notwendigkeit einer Weiterentwicklung von der reinen Personalverwaltung hin zur strategischen Personalentwicklung, sondern vor allem auch das Erfordernis, individuelles und organisationales Lernen viel systematischer als bislang in den Organisationen zu verankern. Die Herausforderung besteht hierbei darin, zum einen individualisiert und zum anderen lebensphasenspezifisch vorzugehen und zu beachten, dass in modernen Berufsbiografien immer neue Mischverhältnisse zwischen Berufs-, Privat- und Bildungsleben hergestellt werden müssen.

Organisationen, die auf Innovation und Zukunftsgerichtetheit setzen, stehen dabei aber noch vor einer weiteren großen Herausforderung: Sie müssen ihre Mitarbeitenden auf den Umgang mit dem Ungewissen vorbereiten, denn in Zeiten des rasanten Wandels können wir heute nicht wissen, was morgen benötigt wird. Und das Unbestimmte lässt sich nur schwer in standardisierte Kompetenzmanagementsysteme integrieren.

1.3 Change Management

Infolge der stärkeren Dynamik und höheren Geschwindigkeit von Veränderungsprozessen ist das bewusste Gestalten von Veränderungen in Organisationen von der außergewöhnlichen und einmaligen Situation zum Dauerbrenner und damit zum Bestandteil der täglichen Arbeit von Führungskräften geworden. Change Management, das Management von Veränderungsprozessen, steht somit auch im Zentrum des Anforderungsprofils einer zeitgemäßen Führungskraft. Führungskräfte sind dabei für die Planung, die Strukturierung und den Ablauf des Veränderungsprozesses verantwortlich. Manager und Managerinnen in Unternehmen, genauso wie Führungskräfte in der öffentlichen Verwaltung oder in Non-Profit-Einrichtungen übernehmen durch diese Entwicklung heute mehr und mehr die Rolle von Change Agents. Hauptaufgabe ist dabei, die Rahmenbedingungen für die geplante Veränderung zu schaffen und die Organisation nötigenfalls neu zu gestalten, das heißt, sie diagnostizieren nicht nur den Veränderungsbedarf, sondern sie entscheiden auch über die Ergebnisse. Die zentrale Herausforderung für Führungskräfte im Rahmen des Change Management ist die Organisation des Informationsaustausches, der in Change-Prozessen durch ein horizontales und vertikales Voneinander-Lernen und Miteinander-Prioritäten-Setzen charakterisiert ist, das über alle Ebenen und Strukturen hinweg stattfinden muss.

1.4 Diversity Management

Das bewusste Gestalten von Vielfalt ist zu einer weiteren aktuellen Herausforderung für Unternehmen geworden. In einem durch die verschiedenen Zielgruppen und Kundenbedürfnisse geprägten gesellschaftlichen Umfeld gilt es, die mannigfaltigen Logiken des gesellschaftlichen Umfeldes im Inneren der Organisation abzubilden und monokulturelle Verengungen z.B. in der Besetzung von Führungsebenen zu verhindern. Das ist der Kern des Diversity Management. Vielfalt gestalten bedeutet also zum einen, interkulturelle Kompetenz zu entwickeln und zum anderen, zu lernen, mit den mannigfaltigen organisationsinternen Unterschieden produktiv umzugehen. Zu den intensiv diskutierten klassischen kulturellen Unterschieden zählen jene in Bezug auf Gender oder Ethnie, in einem weiteren Sinne von Interkulturalität sind aber auch die Unterschiede zwischen verschiedenen innerbetrieblichen Kulturen mit ihrer je eigenen Logik, wie z.B. Vertrieb und Produktion zu finden, die gleichermaßen die modernen, zumeist international agierenden Organisationen kennzeichnen. Einen verständigen Umgang mit diesen Unterschieden zu entwickeln sowie ein Stück organisationsbezogener Einheit in dieser Vielfalt zu ermöglichen und die Unterschiede für die Erreichung der gemeinsamen Ziele produktiv zu machen, wird zur täglichen Anforderung. Und das nicht nur im Fall etwa von Unternehmensfusionen – die im Übrigen, wenn sie scheitern, zumeist an der nicht produktiven Verarbeitung der Unterschiede scheitern.

Da Wissen kontextgebunden und oft nicht nur abteilungs-, sondern personengebunden ist, sind Austausch- und Übersetzungsleistungen zwischen den unterschiedlichen Wissenswelten notwendig. Experten und Expertinnen unterschiedlicher Fachabteilungen müssen zu einer über die interkulturelle Kommunikation hinausgehenden gemeinsamen Reflexion befähigt sein, damit Organisationen sich als Ganze weiterentwickeln können. So sind von Individuen und Abteilungen Transferleistungen zwischen den unterschiedlichen Rollen und (Fach-)Logiken zu erbringen.

2. Ausgangspunkte für Management und Führung

Die aktuellen Herausforderungen für Führung und Leitung sind nun abgesteckt. Um neue Ansätze für die Wahrnehmung von Leitungsaufgaben zu finden, muss darüber hinaus zunächst die Ausgangssituation bekannt sein. Welche Qualitäten von Führung bieten sich als Ausgangspunkte für neue Ansätze an?

2.1 Führung als Begleiten und Ermöglichen

In wissensbasierten Gesellschaften findet Kompetenzentwicklung vor allem im Kontext von Organisationen statt. Die Durchdringung der Organisation mit dieser Vorstellung von Lernen erfordert einen Job-Person-Fit im Sinne eines stärkeren Zusammenbringens von Organisation und Person. Beide müssen (auch voneinander) lernen und dabei geht es auch darum, die Kompetenzentwicklung der oder des Einzelnen in der Organisation zu „erden".

Vor diesem Hintergrund kommt der Führungskraft als Mittlerin zwischen der individuellen und der organisationalen Welt eine wichtige Aufgabe zu. Sie verbindet die individuelle Kompetenzentwicklung mit den organisationalen Ansprüchen. So verstanden ist Führung keine Qualität einer einzelnen Person, sondern einer Beziehung. Und eine gute Beziehung wiederum benötigt entsprechende Rahmenbedingungen.

Die Führungskraft muss vor allem in der Lage sein, eine Umgebung des Vertrauens zu schaffen. Vertrauen, damit die oder der Einzelne auch über das eigene organisationale Handeln reflektieren kann. Dies wiederum erfordert eine entsprechende Fehlerkultur, um Fehler auch besprechbar zu machen, zu reflektieren und die Möglichkeit zu haben, aus ihnen zu lernen. Für eine Umgebung des Vertrauens und der wechselseitigen Wertschätzung sind zudem Frei- und Spielräume für Diskussion und Austausch vonnöten – Freiräume für Kreativität, für Querdenken, Neu-Denken und Reflexion. Darüber hinaus gehört dazu eine Kultur des Zuhörens, auf deren Basis ein Voneinander-Lernen erfolgen kann. Und nicht zuletzt heißt dies auch, den Mitarbeiterinnen und Mitarbeitern Unterstützung für ihre Kompetenzentwicklung zu bieten, sie bei ihren Lern- und Veränderungsprozessen zu begleiten.

2.2 Steuerung als Selbststeuerung

Das Thema Führung ist untrennbar mit der Frage der Steuerung verknüpft. Mit Blick auf die für eine individuelle Kompetenzentwicklung genannten veränderten Anforderungen an Führungskräfte ist daher auch ein anderes Verständnis von Steuerung vonnöten.

Wenn Wissensarbeiterinnen und -arbeiter bzw. ihre Expertise als Kapital ihrer Organisation betrachtet werden, bedeutet das zum einen, dass sie befähigt werden müssen, dieses Kapital zu pflegen und weiterzuentwickeln, wofür sie wiederum entsprechende Rahmenbedingungen benötigen. Zum anderen bedeutet dies, dass sie nicht mit kleinteiligen Vorgaben und Direktiven gesteuert werden können. Denn sie selbst wissen am besten, was sie für die Entwicklung ihrer Expertise und ihrer Arbeitsplätze benötigen. Steuerung muss hier vielmehr als *Kontextsteuerung* erfolgen – so hat das etwa der Soziologe Helmut Willke bezeichnet (vgl. 2004): Führungskräfte müssen Rahmenbedingungen zur Selbstentwicklung schaffen. Eine Steuerung im Sinne von „per ordre de mufti" ist in diesen Rahmenbedingungen wenig zielführend. Steuerung im Sinne von Kontextsteuerung muss vielmehr Selbststeuerung ermöglichen oder diese zumindest nicht behindern. Das wiederum führt jedoch zu einem Führungsverständnis, das viele nicht mit „klassischer" Führung assoziieren, zumal diese Form der Steuerung im Vergleich zu herkömmlichen Vorstellungen von Führung und Leitung sehr passiv anmuten mag. Genau das ist sie jedoch nicht, denn es erfordert viel Kraft und Energie, den Kontext adäquat zu gestalten. Zudem verlangt Kontextsteuerung manchen Vorgesetzten viel ab, nämlich sich zurückzunehmen, zuzuhören und andere bei ihrer Entwicklung „nur" zu unterstützen. Kontextsteuerung heißt für die moderne Führungskraft auch, sich selbst von operativer Arbeit zu befreien. Sie darf sich nicht an einen vollen Schreibtisch mit viel fachlicher Arbeit flüchten, sondern sollte sich im Wesentlichen um die Schaffung von Rahmenbedingungen kümmern, die das Ineinandergreifen von Kompetenzentwicklung der Individuen und der Organisation durch strategisch sinnvolle Vorgaben ermöglichen. Führung wird somit zu einem interaktiven, situativ zu gestaltenden Prozess, in dem die einzelnen Untergebenen eher begleitet und beraten werden müssen und weniger geführt (im Sinne von angeleitet).

Nicht nur für Führungskräfte ist dadurch ein Umdenken nötig. Auch die Mitarbeitenden sehen sich mit der – von einigen durchaus als Zumutung empfundenen

– Anforderung konfrontiert, sich selbst zu steuern, nicht lediglich auf Anforderungen zu warten, sondern den eigenen Arbeitsplatz täglich neu zu erfinden, weiterzuentwickeln und sich eigeninitiativ in Bezug zu setzen zu den Entwicklungen in der Organisation.

Ohne die Entschlossenheit des bzw. der Einzelnen, sich mitentwickeln zu wollen und auch mitzusteuern, findet weder Kompetenzentwicklung statt, noch ist Führung in der wissensbasierten Organisation oder auch in der Gesellschaft erfolgreich. Kompetenzentwicklung erwachsener Menschen ist – so formuliert es die Erziehungswissenschaftlerin Michaela Brohm – ein intrapersonaler Vorgang. Man kann nur selbst die eigenen Kompetenzen entwickeln (vgl. Brohm 2009). Allerdings kann die Umgebung diese Prozesse stützen oder behindern.

In Ergebnissen von Befragungen kommt häufig die komplexe und widersprüchliche Situation der Mitarbeitenden zum Ausdruck: Die einen haben das Gefühl, dass ihre Arbeitsumgebung sie nicht genug fordert und sie in ihrer Expertise nicht ernst genug nimmt (Gefahr des Bore-out), und die anderen fühlen sich von der Anforderung der Selbststeuerung und der Notwendigkeit, das eigene Lernen zu organisieren, überfordert (Gefahr des Burn-out). Die schon in den letzten Jahrzehnten im Arbeitsleben beobachtbare Erhöhung der Komplexität der Aufgaben wird durch die zunehmende Wissensintensität noch verschärft. Wissen ist tendenziell uferlos, man kann nie genug wissen (zumindest wurden wir in diesem Geiste erzogen) und man weiß auch nie – anders als bei klassischen, materiellen Produkten –, ob eine Arbeit nun auch wirklich zu Ende ist. Diese Grenzenlosigkeit des Wissens macht – zusätzlich zu einem veränderten Verständnis von Steuerung – auch eine veränderte Herangehensweise an das Lernen erforderlich.

3. Ansatzpunkte von Führung und Leitung

Zu den wichtigen Ansatzpunkten der Leitungsarbeit gehören grundsätzlich die Strukturen, die Prozesse und die Kultur von Organisationseinheiten. Und obwohl sehr unterschiedlich, sind alle drei gleichermaßen wichtig als Interventionsbereiche, die im Folgenden unter verschiedenen Aspekten näher beleuchtet werden.

3.1 Strukturen

Leitung muss vor allem die Arbeitsfähigkeit dezentraler Organisationseinheiten stärken. Denn die Leistungsfähigkeit der Gesamtorganisation ist von der Leistungsfähigkeit dieser Einheiten abhängig. Es ist auch die Aufgabe der Leitung, darauf zu achten, dass die einzelnen Basiseinheiten die Belange der Gesamtorganisation mitbedenken und somit stets ein Rückbezug auf das Ganze stattfindet. In diesem Sinne besteht Leiten darin, das Zusammenspiel weitgehend selbstständiger und eigenverantwortlicher Einheiten zu organisieren. Auf der Ebene der dezentralen Organisationseinheiten ist die Gestaltung von Entscheidungsstrukturen sowie von Informations- und Kommunikationsstrukturen von großer Bedeutung. Wie kann das im Einzelnen aussehen?

Leitung als Schaffung geeigneter Aufgabenverteilung – Rollenformung

Zu den klassischen Leitungsaufgaben gehört es, sich mit der Aufbau- und Ablauforganisation auseinanderzusetzen und klare Profile für die einzelnen Funktionen zu entwickeln. Die Festlegung von Verantwortlichkeiten und gemeinsamen Arbeitsstrukturen ist hierbei ein wichtiges Gestaltungsmoment. Jede Funktion kann nur jene Entscheidungen treffen, für die sie die nötigen Informationen hat und die Kompetenz besitzt. Es geht also um die Teilung der Arbeit in spezialisierte Rollen, Funktionen und Einheiten sowie gleichzeitig die Entwicklung von Einheiten und Funktionen, die ihrerseits die spezialisierten Elemente wieder koordinieren und integrieren.

Zur Strukturentwicklung gehört somit auch die Teamentwicklung. Dabei geht es vor allem darum, die sozialen mit den fachlichen Aspekten der Teamarbeit zu verbinden. In stark wissensbasierten und sich in permanenter Veränderung befindlichen Organisationen ist damit die Verknüpfung der Kooperationsbeziehungen zwischen verschiedenen Führungsebenen und (Team-)Mitarbeitenden eine weitere wichtige Leitungsaufgabe.

Leitung als Schaffung geeigneter Informationsflüsse und -qualität

Das Informationssystem muss so umgestaltet werden, dass es von einem Instrument des Vollzugs von Anweisungen und Anordnungen zu einem Instrument der zielgerichteten Lenkung leistungserstellender Prozesse wird. Zahlreiche Kommunikations- und Informationsprobleme ließen sich dabei durch die Nutzung moderner Telekommunikation umgehen bzw. lösen.

Darüber hinaus geht es auch um die Frage, welche Informationen gezielt erhoben werden – das ist die Basis der Informationsdiagnose. Wichtig sind hierbei die kontinuierliche Auswertung der Informationen und insbesondere die gemeinsame Erarbeitung von verbindlichen Erfolgsindikatoren.

Leitung durch Zielvereinbarung

Führung primär über Zielvereinbarungen auf der Basis gemeinsamer Controllinginstrumente ist ein wesentlicher Teil moderner Leitungsarbeit. Wechselseitige Verbindlichkeiten entstehen nicht mehr nur durch hierarchische Vorgaben, sondern verstärkt durch Selbstfestlegungen, die im Prozess der Aushandlung unterschiedlicher Positionen erfolgen. Für solche Aushandlungsprozesse sind geeignete Kommunikationsstrukturen, Rahmenbedingungen und Entscheidungsgrundlagen zu schaffen. Deshalb ist es gerade in Veränderungsprozessen besonders wichtig, dass

Führungskräfte Ziele klar kommunizieren. Denn geteilte Ziele helfen einer Organisation, eine gemeinsame Vorstellung der Zukunft zu kreieren und sind somit die Stützen der Gesamtstrategie.

3.2 Prozesse

Neben den Strukturen sind die Prozesse ein ganz wichtiger Ansatzpunkt für Veränderungen in Führung und Leitung. Dies betrifft insbesondere Veränderungen der Kommunikationsbeziehungen, der Gestaltung von Lernprozessen, der Entscheidungsfindung und des Managementstils.

Leitung als Gestaltung der Kommunikation

Eine wichtige Aufgabe der Leitung ist darin zu sehen, institutionell unterstützte Gelegenheiten zur Diskussion der Ziele und für die Auseinandersetzung über die Richtung der Veränderungsprozesse zu schaffen. Gerade in modernen, wissensbasierten Organisationen existieren – aufgrund geänderter Rollenbilder und der Breite der Anforderungen – vielfältige Orientierungsprobleme und sehr disparate individuelle Lageinterpretationen. Es werden also dringend Plätze benötigt, welche die Entwicklung eines gemeinsamen Problemverständnisses ermöglichen, denn das gleiche Ereignis kann von verschiedenen Personen sehr unterschiedlich interpretiert werden. Mit der Bereitstellung entsprechender Möglichkeiten der Zusammenkunft ist es aber nicht getan, sondern diese müssen so gestaltet sein, dass tatsächlich Raum ist für unterschiedliche Interpretationen und gemeinsame Argumentation. Miteinander geteilte Ansichten entstehen darüber hinaus aus gemeinsamen Erfahrungen. Das bedeutet, je besser es gelingt, Gelegenheiten für gemeinsame Erfahrungen zu schaffen, desto größer ist die Wahrscheinlichkeit, dass die für den organisatorischen Zusammenhalt so notwendigen ähnlichen Interpretationen entstehen. Auch hieraus erwächst wieder eine wichtige Leitungsaufgabe, die darin besteht, die informelle wie formelle Kommunikation in der Organisation anzuregen und zu gestalten.

Auch bezüglich der Vertretung der Organisation nach außen ist die Gestaltung der Kommunikation ein wichtiger Ansatzpunkt. Führungskräfte sind Übersetzerinnen zwischen Außenwelt und Innenwelt. Es wird erwartet, dass sie einerseits die externen Ansprüche abfedern, um die interne Arbeit nicht unnötigen Irritationen auszusetzen. Andererseits müssen sie natürlich um aktive Unterstützung der Institution werben und die Interessen der Institution gegenüber den verschiedensten Öffentlichkeiten vertreten. Der diesen Anforderungen immanente Widerspruch ist offensichtlich: Die Leitung sollte nach außen sehr präsent sein, dominant, wortstark und aktiv auftreten. Nach innen hingegen stößt ein derartiges, eher aggressives Leitungsverhalten tendenziell auf Widerstände und ist – wie oben beschrieben – für die Entwicklung eines organisatorischen Zusammenhalts nicht förderlich.

Leiten als Gestalten von Lernen

Anpassung an neue Anforderungen geschieht nicht von alleine; sie muss immer von Neuem angeregt und organisiert werden. Ein partnerschaftliches Lernmodell, bei dem auch Rollen und Verhalten der Führungskräfte zum Gegenstand des gemeinsamen Nachdenkens gemacht werden können, wird dabei am ehesten zum Erfolg führen. Denn mitentscheidend darüber, ob und inwiefern Mitarbeitende Veränderungen akzeptieren, ist auch die Lernfähigkeit und -bereitschaft der Führungskräfte. Führungskräfte sind nicht glaubwürdig, wenn sie sich selbst vom Lernprozess der Organisation ausschließen und meinen, sie könnten Lernen an die Mitarbeitenden oder an externe Experten und Expertinnen delegieren. Lernfähigkeit und Lernbereitschaft der Führungskräfte werden so zu Gradmessern für Erfolge bei Veränderungen in der Organisation.

Führungskräfte als Change Agents können auch Lernprozesse anstoßen, wenn sie den Alltagsbetrieb in der Organisation „stören" und damit der Veränderung vorangehen. Unter anderem geht es dabei darum, Wirklichkeitskonstruktionen der Mitarbeitenden zu irritieren, um sie darauf vorzubereiten, was unweigerlich kommen wird: Veränderung. Um das Tagesgeschäft nach den immer gleichen Routinen abzuwickeln – dazu braucht man keine Führungskräfte. Um aber kreative, initiative, selbstverantwortlich handelnde Mitarbeitende zu entwickeln, müssen die Führungskräfte sie zuallererst zur Einsicht in die Notwendigkeit von Veränderungen führen und dazu, die Unausweichlichkeit von Veränderung bei gleichzeitiger Unsicherheit und Nichtplanbarkeit der Zukunft zu akzeptieren.

Leitung als Mitarbeiterführung – Personalmanagement

Die wichtigsten Dimensionen des Personalmanagements beziehen sich auf die nachfolgend genannten Punkte, wobei jeweils zentrale Fragestellungen formuliert werden:
- *Personalplanung und -gewinnung:* Wie rekrutiert man aktiv die „besten Köpfe"? Wie gestaltet man Aufnahmeprozesse sorgfältig?
- *Personalbeurteilung:* Was sind die Standards? Wer legt sie fest und wendet sie an? Wie werden sie vereinbart?
- *Personalerhaltung:* Wie (er)hält man hohe Leistungsbereitschaft, Motivation und Arbeitszufriedenheit? Wie sichert man potenzial- und zielorientiertes Denken und Handeln im Sinne eines gemeinsamen Profils auf allen Ebenen der Organisation?
- *Personalentwicklung:* Welche gezielten Förderungs- und Entwicklungsmöglichkeiten kann und möchte man anbieten?

In allen diesen Dimensionen des Personalmanagements muss darauf geachtet werden, ob die Zielvorstellungen, Normen und Werte, auf die die geplanten Veränderungen abzielen, auch tatsächlich auf der personellen Ebene umgesetzt werden.

Leitung als Dienstleistung – die Führungskraft als Coach

Hierarchisch gedachte Steuerung gerät an zahlreiche Grenzen; Machtkonzentrationen sind oft dysfunktional, da dezentrale Expertise vorhanden ist. Veränderungen, die von der Spitze ausgehen, benötigen die Unterstützung durch Interessen von unten. Leitung erreicht wenig durch Top-down-Manipulationen; sie muss sich eher als Dienstleistung vermitteln. Leitung sollte als Unterstützung für selbstorganisierte Prozesse verstanden werden.

Führungskräfte können die Rolle eines Coachs einnehmen, um Leistung und Qualität der Arbeitsergebnisse der Teammitglieder zu erhöhen, um die Mitarbeitenden in ihrer Entwicklung zu unterstützen und um die Beziehungen zwischen den Mitarbeitenden untereinander sowie zwischen der Führungskraft und den Mitarbeitenden zu verbessern und somit die Arbeitsatmosphäre angenehmer zu gestalten. Die Führungskraft in der Rolle des Coachs ist also sozusagen der Katalysator für die Entwicklung der gecoachten Mitarbeitenden, indem sie diese dabei unterstützt, persönliche Verantwortung für ihre eigene Weiterentwicklung zu übernehmen. Die Führungskraft als Coach ist hingegen keine Problemlöserin.

Die Rolle eines Coachs einzunehmen, bringt eine Reihe von Vorteilen: Für die Führungskraft selbst ist ein wesentlicher Vorteil die vermehrt frei werdende Zeit, die daraus resultiert, dass die Mitarbeitenden selbst Verantwortung übernehmen und häufige Kontrollen entfallen.

Darüber hinaus wird die Kreativität der Mitarbeitenden besser genutzt, denn sie lernen, ihre eigenen Fähigkeiten und Ressourcen besser einzusetzen, wodurch auch die Flexibilität und Wandlungsfähigkeit des Teams steigt. Das Lernen wird als lustvoller empfunden und damit effektiver.

Coaching als Führungsaufgabe in Veränderungsprozessen hat also insofern eine besondere Bedeutung, als die Führungskraft den Mitarbeitenden mehr Kompetenz zuspricht und sie damit mitverantwortlich für den Erfolg des Wandels macht. Dabei muss stets darauf geachtet werden, dass einzelne Mitarbeitende weder über- noch unterfordert werden und dass die Ziele im Dialog auf partnerschaftlicher Ebene gesteckt werden.

3.3 Kultur

Realer Wandel setzt zumindest graduelle Veränderungen der Einstellungen und der Organisationskultur voraus. Dabei bezieht sich Kultur darauf, was die Mitglieder einer Organisation in Bezug auf ihre Arbeit denken und fühlen, sowie umgekehrt darauf, wie dieses Denken und Fühlen durch die Organisation geprägt wird. Vor allem Leitungskräfte prägen durch das, was sie leben, kommentieren, durch die Art, wie sie mit Konflikten umgehen und Rollen formen, die Organisationskultur. Ihr Verhalten ist damit auch ein wichtiger Ansatzpunkt für Veränderungen in derselben.

Leitung als Kulturprägung

Leitung in lose gekoppelten, häufig projektförmigen und wissensintensiven Organisationen sollte insbesondere symbolisches Management betonen und über Symbole wie z.B. Traditionen, Grundsätze, Mythen, Rituale oder Zeremonien versuchen, die zentralen Systemwerte zum Ausdruck zu bringen. Zwar können überholte Mythen Anpassung und Lernen verhindern, doch können Leitende, die sich Zeit nehmen, symbolische Formen und Aktivitäten zu verstehen, für ihre Organisationen kreative Alternativen entwickeln, die zu den aktuellen Anforderungen passen. Leitung fungiert so als Stimulanz für Prozesse der Sinngebung.

Bewusst oder unbewusst bringen Führungskräfte ihre Überzeugungen zum Ausdruck, indem sie bestimmte Verhaltensweisen beachten und belohnen oder in bestimmter Weise auf kritische Vorfälle reagieren. Wenn eine Organisation z.B. in einer Krise steckt, werden allein durch die Art, wie die Unternehmensleitung darauf reagiert, neue Werte und Normen geschaffen und wichtige Grundannahmen offenbart. Was Führungskräfte beachten und was sie nicht beachten, alles ist kulturprägend. Beispielsweise werden die Kriterien, die sie bei Rekrutierung, Selektion, Beförderung und Ausschluss von Mitarbeitenden anwenden, sehr genau registriert. Gleichzeitig sind diese Kulturprägungsmechanismen meist sehr subtil, da sie oft unbewusst sind. So wird oft etwa Kandidaten und Kandidatinnen der Vorzug gegeben, die bereits vorhandenen Mitarbeitenden ähneln. In einem Prozess der Veränderung, in dem die bisherigen Werte ja infrage gestellt werden müssen, ist es daher besonders wichtig, sich diese impliziten Werte und Normen bewusst zu machen. Oder anders ausgedrückt: Will man Wandel initiieren, muss man zunächst herausfinden, in welche Richtung die bestehende Organisationskultur ihre Mitglieder prägt.

Leitung als visionäre Prioritätensetzung

Visionen in Organisationen dürfen weniger als Visionen der Leitung entstehen, sondern sie müssen sich vielmehr mit den Vorstellungen *aller* Mitarbeitenden treffen. Die Vision ist eher der Ausdruck, zugehört zu haben, und des Respekts für Andere als Ausdruck der Ziele der Leitung. Wichtig ist, dass eine Vision nicht so sehr darauf deutet, dass die Organisation anders wird, sondern darauf, dass sie *besser* wird. Aus den vorhandenen Zielen werden dann jene ausgewählt, denen besondere Aufmerksamkeit zuteil werden soll. Dabei müssen die neuen Schwerpunkte konsistent mit den institutionellen Kernwerten und Traditionen sein. Eine Vision wird dann geteilt werden, wenn es ihr gelingt, die Vergangenheit der Institution mit zentralen Werten der Gegenwart zu verknüpfen. Vision in diesem Sinne kann als institutionelle Prioritätensetzung und klare Vorgabe von institutionellen Werten verstanden werden. Sie erhöht nicht nur die Kohäsion der Organisation, sondern ermöglicht auch Orientierung. Wichtig ist, dass Vertrauen in die Kompetenz der Leitung erzeugt wird, dass sie zuhören kann, und dass sie den Mitarbeitenden das Gefühl gibt, dass deren eigene Vorstellungen angehört und berücksichtigt werden.

Leitung als Widerspruchs- und Konfliktmanagement

Veränderungsprozesse sind Lernprozesse. Nicht nur muss Neues gelernt, sondern Altes muss auch „verlernt" werden. Das kann kaum ohne Konflikte erfolgen. Die Fähigkeit, die Ursachen von Konflikten zu analysieren und Konfliktparteien aus einer Blockadehaltung heraus in die Kooperation zu bringen, wird somit zur Schlüsselkompetenz einer Führungskraft. Vor allem aber müssen Führungskräfte in der Lage sein, mit Ambivalenz, Unklarheit, Komplexität, Widersprüchen und interkulturellen Spannungen umzugehen und ein entsprechendes Verständnis für die auch positiven Effekte dieser Paradoxie aufbringen. Gerade in Veränderungssituationen ist es kaum angebracht, sich selbst und anderen vorzumachen, man hätte alles im Griff.

4. Konsequenzen für die Managementaus- und -weiterbildung

Welche Konsequenzen ergeben sich nun aus dem oben Ausgeführten für die Aus- und Weiterbildung von Führungskräften? Abschließend sollen einige unverzichtbare Aspekte für eine zeitgemäße und den aktuellen Herausforderungen gerecht werdende Weiterbildung von Führungskräften angesprochen werden.

4.1 Klarheit über die Zieldimension

Zunächst ist zu klären, welche Herausforderungen für Unternehmen identifiziert werden: Was ist die Hintergrundfolie, die Zieldimension, auf welche Lernergebnisse hin wird eine spezifische Aus- und Weiterbildung entwickelt? Im Vorangegangenen wurden ausgewählte Dimensionen der Leitungs- und Führungsarbeit als besonders wichtig für die Zukunftsfähigkeit von Unternehmen hervorgehoben.

Dann ist zu fragen, welcher Kompetenzbegriff unterstellt wird. Die Gestaltung von Strukturen, Prozessen und Kultur kann jedenfalls nicht mit kognitiven Fertigkeiten allein bewerkstelligt werden. „Mit Kopf, Hand und Herz" lautet ein altes pädagogisches Prinzip, das für die Führungskräfteausbildung von besonderer Gültigkeit ist.

Des Weiteren ist auch die Vorbereitung auf Leitungsaufgaben selbst phasenspezifisch zu sehen. Man durchläuft auch als (Nachwuchs-)Führungskraft verschiedene Lebensphasen; die Erfahrungen müssen dann immer wieder neuen und der jeweiligen Erfahrung angemessenen Reflexionsschritten unterzogen werden.

Damit eine Aus- und Weiterbildung von Führungskräften regelmäßig stattfinden kann, muss sie in ihrer didaktischen Form auch in den Alltag von Führungskräften integrierbar sein, das heißt, es muss ein Format-Mix gewählt werden, der auch tatsächlich eine berufsbegleitende Reflexion der Erfahrungen ermöglicht.

4.2 Lernen als systematische Reflexion

Oft wird unter Lernen noch immer ein Hinzufügen von neuem, meist fachlich-lexikalischem Wissen verstanden. Angesichts der steigenden, schier uferlosen Wissensmengen geht es heute aber auch sehr oft darum – und das zeichnet selbstgesteuertes, reflexives Lernen aus –, Gelerntes einer weiteren Reflexionsschleife zu unterziehen, neue Facetten zu erkennen, neue Anschlüsse herzustellen. Dieser Lernprozess ist ein umgekehrter – aus der Reflexion von bereits Gewusstem folgt Lernen. Jennifer Moon bezeichnet dies als „cognitive housekeeping", als Möglichkeit, neuen Sinn zu stiften aus dem, was ich bereits weiß (Moon 2004). Reflexives Lernen besteht aus zwei Aspekten. Zum einen hat es einen ordnenden Aspekt: Es dient dazu, komplexe Wissensmengen zu ordnen, zu strukturieren und zum Teil auch wieder zu reduzieren, das heißt, es ermöglicht damit auch die Reduktion von Komplexität. Zum anderen hat es einen reflexiven Aspekt: Bereits Gelerntes und Gewusstes kann in neue Zusammenhänge gebracht, neue Erkenntnisse können generiert und Anschlussstellen gefunden werden. Dabei erlauben unterschiedliche Arten der Reflexion verschiedene Formen der Erkenntnis.

Reflexives Lernen hat darüber hinaus eine enge Verbindung mit Emotionen. So können Emotionen – positive wie negative – Anlässe oder Auslöser sein für Reflexion. Umgekehrt kann auch die Reflexion Auslöser für Emotionen sein, beispielsweise in der Auseinandersetzung mit oder durch das Infragestellen von Einstellungen und Werthaltungen. Emotionen können kognitive Prozesse erleichtern oder verändern – man denke an den Flow, das Versinken in einer Tätigkeit. Insgesamt eröffnet reflexives Lernen die Möglichkeit, sich selbst im Verhältnis zu seinem Wissen und zur Qualität seines Wissens einzuschätzen und weiterzuentwickeln; dies mit dem Ziel, die Qualität unabhängigen Urteilens zu erreichen. Bewusste Gelegenheiten für diese Form von reflexivem Lernen müssen daher als Steuerungselemente moderner Berufsbiografien von Führungskräften gestaltet werden.

Reflexives Lernen ist allerdings nicht nur ein Akt der Selbstreflexion und der persönlichen Kompetenzentwicklung, sondern kann auch im organisationalen Kontext, in der Auseinandersetzung und der gemeinsamen Reflexion mit anderen gut eingesetzt werden. Dies spielt gerade in wissensbasierten Organisationen eine wichtige Rolle.

4.3 Lernen und Führung

Die Verbindung und das ständige Abwechseln von Aktion und Reflexion – im Sinne der Reflection-on-Action von Donald A. Schön (1983) – werden zu einer individuellen, organisationalen und gesellschaftlichen Anforderung. Reflexive Selbststeuerung auf allen drei Ebenen erlaubt das Schaffen von Zonen der Begegnung sowie von Anschlussstellen an unterschiedliche Kontexte. Dafür muss die Organisation – vermittelt durch ihre Führungskräfte – Räume und Ressourcen zur Verfügung stellen und die Individuen müssen die entsprechende (Lern-)Bereitschaft mitbringen.

Emotionale und motivationale Aspekte spielen hier eine wesentliche Rolle. Sowohl der sehr individuelle Zustand, für etwas zu „brennen" als auch die „emotionale Labilisierung", das Erleben von Erschütterungen, Widersprüchlichkeiten, Dissonanzen oder sogar Grenzerfahrungen sind wichtige Elemente einer konstruktiven Verbindung von Lernen, Kompetenzentwicklung und Führung. Darauf werden sich die Individuen im Rahmen von Wirtschaftsorganisationen aber nur bei Vorhandensein oder im Rahmen der Entwicklung einer entsprechenden Vertrauens- und Fehlerkultur einlassen.

Die skizzierten Aufgaben von Führung und Leitung lassen sich, um an unseren Ausgangspunkt zurückzukommen, demnach kaum allein mit dem traditionellen Instrumentenkasten der Betriebswirtschaftslehre bewältigen. Dieser kann sinnvoll sein als *eine* Logik bzw. Sprache, die Unternehmen gefunden haben, um sich über ihre Zielerreichung auf quantitativer Ebene zu verständigen. Moderne Leitungsarbeit ist aber, wie ausgeführt, bedeutend breiter angelegt. Eine professionelle Vorbereitung und Begleitung von Führungsarbeit in modernen wissensintensiven Organisationen sollte daher deutlich andere Akzente setzen, als möglichst viele Menschen lediglich mit dem speziellen Paradigma einer einzelnen Disziplin zu versorgen.

Literatur

Brohm, Michaela (2009): *Sozialkompetenz und Schule. Theoretische Grundlagen und empirische Befunde zu Gelingensbedingungen sozialbezogener Interventionen*, Weinheim/München.

Erpenbeck, John/Heyse, Volker (2007): *Die Kompetenzbiographie. Wege der Kompetenzentwicklung*, 2., aktualisierte und überarbeitete Auflage, Münster, u.a.O.

Moon, Jennifer A. (2004): *Reflection in Learning & Professional Development. Theory and Practice*, London/New York (RoutledgeFalmer).

Moon, Jennifer A. (2008): *Critical Thinking. An exploration of theory and practice*, London/New York (Routledge).

Schneider, Ursula (2001): *Die 7 Todsünden im Wissensmanagement. Kardinaltugenden für die Wissensökonomie*, Frankfurt a.M.

Schön, Donald A. (1983): *The Reflective Practitioner. How Professionals Think in Action*, New York (Basic Books).

Willke, Helmut (2004): *Systemtheorie II. Interventionstheorie. Grundzüge einer Theorie der Intervention*, Stuttgart/Jena.

Die Autorinnen und Autoren

Dr. Eva Maria Bäcker
Eva Maria Bäcker entwickelt und betreut als Expertin für E-Learning mehrere Online-Einheiten an der Deutschen Universität für Weiterbildung (DUW). Insbesondere wirkt sie an der Online-Einheit *Das E-Portfolio: Kompetenzen sichtbar machen (O-EPORT)* zur Kompetenzerfassung anhand von E-Portfolios mit. Ihr Studium der Soziologie, Ethnologie und Organisationspsychologie absolvierte Eva Maria Bäcker an der Ludwig-Maximilians-Universität in München. Sie ist als wissenschaftliche Leiterin an der Internationalen Hochschule Bad Honnef · Bonn (IUBH) für das Modul *Wissenschaftliches Arbeiten* im Bachelor *Betriebswirtschaftslehre* verantwortlich.

Dr. Eva Cendon
Eva Cendon ist Leiterin der *Forschungsstelle Weiterbildungsforschung und Bildungsmanagement (FWB)* und Studiengangleiterin des DUW-Masterstudiengangs *Bildungs- und Kompetenzmanagement*. Als Mit-Entwicklerin des DUW-Studienmodells, als Weiterbildungsforscherin und als Lehrende beschäftigt sie sich mit Themen wie dem Reflective Practitioner, neuen Formen der gemeinsamen Wissensproduktion, Kompetenz- und Lernergebnisorientierung und experimentiert mit kompetenzorientierten Lehr-Lern- und Prüfungsformaten.

Prof. Dr. Peter Dehnbostel
Peter Dehnbostel nimmt die Professur *Betriebliches Bildungsmanagement* an der DUW in Berlin wahr. Von 1999 bis 2010 war er Universitätsprofessor für Berufs- und Arbeitspädagogik an der Helmut-Schmidt-Universität Hamburg. Zuvor war er langjährig in verschiedenen Bildungsinstitutionen tätig, u.a. als Leiter der Abteilung Lehr- und Lernprozesse am Bundesinstitut für Berufsbildung (BIBB). Zu seinen Arbeitsschwerpunkten zählen Lern- und Kompetenzforschung, Betriebliche Bildungsarbeit und Bildungsmanagement.

Dr. Birte Fähnrich
Birte Fähnrich ist Wissenschaftliche Mitarbeiterin (Postdoc) für Strategische Kommunikation und Studiengangleiterin des Masterstudiengangs *European Public Affairs* an der DUW. Als Kommunikationswissenschaftlerin ist sie zudem in das interdisziplinäre *Interuniversitäre Netzwerk Politische Kommunikation – netPOL* involviert. Ihre Arbeitsschwerpunkte in Lehre und Forschung liegen in den Feldern Strategische Kommunikation und Kommunikationsmanagement in Politik, Wirtschaft und Wissenschaft.

Dr. Roswitha Grassl
Roswitha Grassl ist Handelslehrerin und Leiterin der Programmentwicklung an der DUW. In dieser Rolle trägt sie maßgeblich zur (Weiter-)Entwicklung des DUW-Studienmodells bei. Zudem betreut sie – departmentübergreifend – die Entwicklung und Realisierung der DUW-Studienhefte. Roswitha Grassl forscht insbesondere zu den Themen didaktisches Schreiben und Kompetenzentwicklung. Ihre Ergebnisse

wendet sie praktisch als Studiengangleiterin des DUW-Departments Gesundheit an, in das sie sich insbesondere mit Blick auf die überfachliche Kompetenzentwicklung selbst in der Online- und Präsenzlehre einbringt.

RA'in Lili Chai Hammler M.A.
Lili Chai Hammler studierte Rechtswissenschaften in Berlin und Barcelona. Ihr Referendariat absolvierte sie in Brandenburg, Berlin und in der Terrorism Prevention Branch der UNO in Wien. 2009 wurde sie als Rechtsanwältin zugelassen. Bevor sie 2010 die Leitung des DUW-Studiengangs *Sicherheitswirtschaft und Unternehmenssicherheit* übernahm, war sie als Lehrende im Studiengang *Compliance* tätig. Im Rahmen der Studiengangleitung war sie u.a. für die konkrete Umsetzung des DUW-Studienmodells zuständig und befasste sich auch mit der Entwicklung von Plan- und Rollenspielen, einem wesentlichen Format der DUW-Präsenzveranstaltungen. Heute leitet Lili Chai Hammler als Lektorin den Fachbereich Unternehmensschutz des Richard Boorberg Verlags.

Prof. Dr. Claudia I. Janssen
Claudia I. Janssen ist Professorin für PR/Kommunikationsmanagement und Leiterin des Departments Corporate Communications an der Quadriga Hochschule in Berlin. Zuvor war sie als Juniorprofessorin für Kommunikation und Medien an der DUW tätig. Als Kommunikationswissenschaftlerin beschäftigt sie sich insbesondere mit der Rhetorik von Organisationen im gesellschaftlichen Umfeld. Ihre Lehre umfasst Online- und Präsenzseminare.

em. Prof. Dipl.-Kfm. Dr. Dr. h. c. Ekkehard Kappler
Ekkehard Kappler studierte Betriebswirtschaftslehre an der Ludwig-Maximilians-Universität München. Er promovierte über organisationales Lernen und habilitierte sich mit einer Arbeit über das Informationsverhalten der Bilanzinteressenten. Er war tätig an den Universitäten München, Münster, Wuppertal, Witten-Herdecke (Gründer der Wirtschaftsfakultät) und Innsbruck sowie Gastprofessor an vielen Universitäten in Deutschland, Österreich, Portugal und Asien. Am Department für Philosophie der Universität München ist er Lehrbeauftragter. Hauptarbeits- und Beratungsgebiete sind Strategisches Management, Change Management, Controlling und Methodologie. In der berufsbegleitenden Weiterbildung arbeitete Ekkehard Kappler an zahlreichen Weiterbildungsinstituten in mehreren Ländern Europas und in Bangkok. Er legte bislang über 200 Veröffentlichungen vor. An der DUW wirkt Ekkehard Kappler an der Entwicklung des Masterstudiengangs *General Management (MBA)* mit und bringt sich in verschiedenen Rollen in die Lehre ein.

Benjamin Michels (MBA)
Benjamin Michels ist stellvertretender Direktor des Institut für Qualität und Management im Gesundheitswesen (IQM) in der Internationalen Akademie (INA gGmbH) an der Freien Universität Berlin, Unternehmensberater und mehrfacher Unternehmensgründer. Mit 15 Jahren gründete er sein erstes von mittlerweile drei

Unternehmen. Er arbeitet als Berater und Dozent mit dem Ziel, seine Erfahrung rund um Existenzgründung und Führung an andere weiterzugeben.

Dipl.-Volkswirtin Maria Mikoleit
Maria Mikoleit arbeitet als Studiengangkoordinatorin der DUW-Masterstudiengänge *Compliance* sowie *Sicherheitswirtschaft und Unternehmenssicherheit*. Zu ihren Aufgaben gehören das E-Tutoring der Online-Einheiten, Organisation und Planung der Field-Trips, das Vertragsmanagement sowie die Betreuung der Studierenden.

Mag. Anita Mörth
Anita Mörth, Erziehungs- und Bildungswissenschaftlerin, ist an der DUW für den Bereich Qualitätsmanagement und Akkreditierung verantwortlich. Darüber hinaus wirkt sie an der (Weiter-)Entwicklung des Studienmodells der DUW mit und forscht insbesondere zu den Themen Kompetenzentwicklung/(E-)Portfolioarbeit und gendersensible Lehre. Das Thema Gender in die Lehre verfolgt sie praxisorientiert im Rahmen von Prozessbegleitungen und Workshops zu gendersensibler Didaktik.

Myriam Nauerz M.A., M.E.S.
Myriam Nauerz ist Wissenschaftliche Mitarbeiterin und Programmkoordinatorin verschiedener Zertifikatsprogramme an der DUW. Als Politikwissenschaftlerin mit dem Schwerpunkt Europäische Integration absolvierte sie 2004 den Master of Arts in *European Political and Administrative Studies* des Europakollegs in Brügge. An der DUW ist sie neben der Programmkoordination auch in der Lehre tätig und beschäftigt sich mit immer neuen Lehrformen im Blended-Learning-Format.

Prof. Dr. Ada Pellert
Ada Pellert studierte Betriebswirtschaft an der Wirtschaftsuniversität Wien (Promotion 1987). Sie habilitierte sich 1998 an der Universität Klagenfurt auf dem Gebiet der Organisationsentwicklung für Wissenschafts- und Bildungseinrichtungen. Zu ihren Schwerpunkten zählen Bildungs- und Hochschulmanagement, Bildungspolitik, Organisations- und Personalentwicklung, Qualitätssicherung, Life-Long-Learning-Strategien sowie Personal- und Diversity-Management. Seit 2009 ist sie Gründungspräsidentin und Universitätsprofessorin der DUW in Berlin.

Prof. Dr. Arne Petermann
Arne Petermann lehrt und forscht als Juniorprofessor für Betriebswirtschaftslehre an der DUW u.a. in den Bereichen Führung, Entrepreneurship, Organizational Change und Internationales Management. Nach dem Studium der Betriebswirtschaftslehre und Politikwissenschaft in Berlin und Seoul wurde er an der Freien Universität Berlin im Bereich Management promoviert. Seine Forschungsergebnisse wurden auf den weltweit führenden Konferenzen vorgestellt, mehrfach als beste wissenschaftliche Beiträge ausgezeichnet und sind in Büchern und wissenschaftlichen Journalen veröffentlicht. Arne Petermann ist als Gründer und geschäftsführender Gesellschafter der Linara GmbH seit 2008 selbst unternehmerisch tätig.

Dr. Oliver Schoepke
Oliver Schoepke arbeitet als Studiengangleiter des Masterstudiengangs *Compliance* an der DUW. In dieser Funktion konzipierte er neben Online-Einheiten auch die 7-Schritt-Methode zur Entwicklung eines Compliance-Management-Systems in KMUs. Oliver Schoepke studierte Rechtswissenschaften an der Freien Universität Berlin und promovierte dort auch zum Thema der *Geringfügigkeit des Gehilfenbeitrags* im Strafrecht.

Prof. Dr. Dr. h.c. mult. Rolf Stober
Rolf Stober ist Gründungsprofessor an der DUW in Berlin und Wissenschaftlicher Direktor des *Forschungsinstitutes für Compliance, Sicherheitswirtschaft und Unternehmenssicherheit (FORSI)*. In diesem Zusammenhang ist er verantwortlich für die Master- und Zertifikatsstudiengänge in den Bereichen Sicherheitswirtschaft und Unternehmenssicherheit sowie Compliance. Zuvor hatte Rolf Stober Professorenstellen in Stuttgart, Köln, München, Tübingen, Münster, Dresden und Hamburg inne. Ferner war er Gastprofessor an chinesischen und osteuropäischen Universitäten und verfasst seit 1986 Studienhefte für die FernUniversität Hagen. Seine Forschungsschwerpunkte liegen im Wirtschaftsverwaltungsrecht und im Sicherheitswirtschaftsrecht.

Dr. Udo Thelen
Udo Thelen ist Kanzler und Geschäftsführer der DUW. Er war an Hochschulen sowie in Unternehmen und Förderorganisationen im In- und Ausland in den Bereichen Unternehmensentwicklung, Marketing und Geschäftsführung tätig. Als zertifizierter Management-Coach befasst er sich mit Personalentwicklung und Weiterbildung an der Schnittstelle von Hochschule und Unternehmen.

Dipl.-Psych. Kai Verbarg
Kai Verbarg ist wissenschaftlicher Mitarbeiter der Masterstudiengänge *Bildungs- und Kompetenzmanagement* und *General Management (MBA)* sowie der *Forschungsstelle Weiterbildungsforschung und Bildungsmanagement (FWB)*. Außerdem ist er Programmleiter der Zertifikatsprogramme *Kompetenzentwicklung und Neue Medien*, *Unternehmensführung & Controlling* und *Interkulturelle Kommunikation*. Seine Forschungsinteressen gelten der Studierfähigkeit und der Studienmotivation.

Dipl.-Kffr. Barbara Walder (MSc.)
Barbara Walder leitet den Masterstudiengang *General Management (MBA)* des DUW-Departments Wirtschaft und Management. Als zertifizierte Projektmanagerin (International Project Management Association, Level C) ist sie ebenfalls Programmleiterin für das Zertifikatsprogramm *Projektmanagement und Praxistransfer*. Nach einem Studium der Betriebswirtschaftslehre in Deutschland, Master of Science in England und mehr als zehn Jahren Berufserfahrung in England und China liegen ihre Stärken sowie Interessen in der internationalen sowie interkulturellen Arbeit in den Bereichen Führung, Organisation und Projektmanagement.

Quellennachweis

Die Herausgeberinnen danken den jeweiligen Verlagen für die Genehmigung des – teilweise veränderten – Wiederabdrucks der folgenden Beiträge:

Grassl, Roswitha/Mörth, Anita (2011): *Lebenslanges Lernen als profilbildendes Merkmal der Deutschen Universität für Weiterbildung. Ein Bericht aus der Praxis*, in: *Zeitschrift für Hochschule & Weiterbildung*, 2/2011, S. 17–24.

Pellert, Ada (2013): *Rollenkonzepte in der akademischen Weiterbildung – eine Herausforderung für die Personalentwicklung*, in: Hofer, Christian/Schröttner, Barbara/Unger-Ullmann, Daniela (Hrsg.): *Akademische Lehrkompetenzen/Academic teaching competences*, Münster u.a.O. (Waxmann Verlag), S. 95–102.

Cendon, Eva (2013): *Reflective Learning und die Rolle der Lehrenden*, in: Hofer, Christian/Schröttner, Barbara/Unger-Ullmann, Daniela (Hrsg.): *Akademische Lehrkompetenzen/Academic teaching competences*, Münster u.a.O. (Waxmann Verlag), S. 103–115.

Pellert, Ada (2012): *Das Good-Practice-Beispiel der Carl Benz Academy,* in: Tomaschek, Nino/Hammer, Edith (Hrsg.): *University Meets Industry – Perspektiven des gelebten Wissenstransfers offener Universitäten*, Münster u.a.O. (Waxmann Verlag), S. 189–197.

Mörth, Anita (2011): *Lernen und wissenschaftliche Weiterbildung mit E-Learning. Eine Entzauberung*, in: Schröttner, Barbara/Hofer, Christian (Hrsg.): *Looking at Learning. Blicke auf Lernen*, Münster u.a.O. (Waxmann Verlag), S. 101–110.

Bäcker, Eva Maria/Cendon, Eva/Mörth, Anita (2011): *Das E-Portfolio für Professionals. Zwischen Lerntagebuch und Kompetenzfeststellung*, in: *Zeitschrift für e-learning*, 6. Jg. (3), S. 37–50.

Cendon, Eva/Verbarg, Kai (2011): *Der Field-Trip als innovatives Lehr-Lernformat für den reflektierten Praxisdialog*, in: *Das Hochschulwesen*, 02/2011, S. 44–49.

Cendon, Eva/Pellert, Ada (2011): *Tandem-Lernen in Masterstudiengängen – Konzept, Erfahrungen, Schlussfolgerungen*, in: Berendt, Brigitte u.a. (Hrsg.): *Neues Handbuch Hochschullehre*, Berlin (Raabe Verlag), A.3.10.

Pellert, Ada (2013): *Leitung als Arbeit an der Zukunftsfähigkeit von Unternehmen. Kennzeichen einer modernen Managementausbildung*, in: Hendrich, Fritz (Hrsg.): *Ethik und Management. Zum 60. Geburtstag von Ursula Hendrich-Schneider,* Graz (Verlag Nausner und Nausner), S. 87–101.